KB092492

연등문화의 역사

인도 · 중국 · 한국으로 이어진

등불의 문화사

연등
문화의
역사

오대혁
백창호 지음

담앤북스

무엇을 웃고 무엇을 기뻐하랴.
세상은 끊임없이 불타고 있는데
그대는 암혹에 둘러싸인 채
어찌하여 등불을 찾지 않는가?

『법구경』 146

서울 인사동의 허름한 막걸릿집에 앉아 연등의 문화사를 기획한 것이 어느덧 6년이 지났다. 초파일이면 전국에 등불을 밝히고 최근에는 지역 행사마다 밤을 화려하게 장식하는 등불이 어떻게 생겨나고 전해졌는지, 그 등불에 담긴 종교적·민속학적 의미는 무엇인지 등을 담아내면 될 것이라 생각했다. 선학들이 밝혀놓은 기존의 연구를 바탕으로 일반인들이 읽을 만한 교양서를 생각하며 2~3년이면 충분히 쓸 수 있을 것이라 짐작했다. 그런데 막상 쓰려니 등불을 밝혀 온 역사가 곧 인류의 역사이며, 그 속에는 국가와 민족의 성쇠가 있고 종교, 사상, 문화와 예술, 풍속 등이 뒤섞여 있어 글의 진척이 쉽지 않았다.

교양서라는 게 그 분야의 전문가가 아니고서는 써 내려가기 어려운 것임을 절감했다. 한국의 연등회에 초점을 맞추고 인도·중국·한국으로 이어진 동아시아 연등문화의 역사를 서술한다고 했을 때, 학술적 접근을 통해 꼼꼼하게 정리하지 않고 엮는다면 그릇된 문화사를 보여 주게 된다는 생각이 스쳤다. 연등 관련 자료들은 불경佛經에서부터 중문과 한문, 고문, 근대 국한문 등 온갖 언어들로 채워져 있는 까닭에 그것들을 한 글자 한 글자 세심하게 들여다볼 필요가 있고, 종교 · 역사 · 민속 · 예술 등 전 분야의 연구를 아울러야 한다. 연구를 거듭할수록 언제면 끝날 수 있을까 걱정스러웠다. 그 사이에 코로나19가 찾아와 연등 행사가 취소되고 전통등연구원의 연등 사업도 쉽지 않았다. 그런 와중에도 2020년 11월 17일 연등회가 유네스코 지정 세계무형문화유산으로 등재되었다는 낭보가 들려왔다.

연등은 우리에게 어떤 의미를 던지고 있는 것일까? 우선 '연등'은 한자로 '燃燈'이라 쓴다. 등불의 다른 표현일 따름인데 사람들은 보통 부처님오신날 사찰에 매단 연꽃 모양의 등롱을 떠올린다. 그리고 동아시아에서 연등은 불교와 깊은 관련을 맺으며 전해져 온 것이 사실이지만 중국이나 우리나라에서 연등은 무속에서 도교, 다시 불교 행사로의 변화가 나타나고, 현대에 들어서는 종교를 떠나 누구나 즐기는 민간 축제의 모습을 띠고 있다. 또한 동아시아에서 연등은 국가 통치자가 자신의 권력을 과시하기 위한 도구로 국가 의례에 이용하기도 하였으며, 서민들이 무병장수를 기원하는 도구로 떠받들기도 했다. 따라서 연등문화를 특정 종교나 계층에 한정된 것으로 보아서는 적절치 못하다.

그렇지만 사람들이 어둠을 밝히면서 다양한 소원을 담아내는 도구로 연등을 밝혔다는 점은 다르지 않다. 입신과 출세라는 세속적 욕망에서부터 아름다운 세상을 이루고자 하는 발원에 이르기까지 연등은 우리에게 '소원 도구'였다. 그런데 소원의 결은 차이가 없지 않으니, 인도의 가난한 여인 난타가 세운 서원誓願은 깊은 울림을 주면서 미망에 사로잡힌 우리를 일깨운다. 끼니도 챙기지 못하는 여인이 자신의 전 재산이라 할 1전의 돈으로 기름을 사서 연등을 공양하며 "저는 지금 가난해서 부처님께 이렇게 작은 등불이나마 공양합니다. 그렇지만 이 인연 공덕으로 돌아오는 생에는 지혜 광명을 얻어 일체중생의 어둠을 없애 주옵소서."라고 서원한다. 모든 이들이 어리석음이라는 어둠을 걷어 내고 지혜의 등불을 밝히기를 바라는 서원은 중생을 깨달음으로 이끌고자 하는 불보살의 기원이다. 난타 여인의 이야기나 첫머리에 인용한 『법구경』의 표현은 현재의 우리를 다시금 돌아보게 한다.

끊임없이 불타는 세상에서 우리는 암흑에 둘러싸여 살아가고 있다는 것을 자각하지도 못하는 것은 아닐까? 아니, 알면서도 모른 척하고 웃고 기뻐하는 일에만 빠져 살아가고 있는 것은 아닐까? 게걸스럽게 지구를 먹어 치우는 이들 때문에 세계의 절빈은 굶고 있으며, 인간의 탐욕으로 숲은 사라져 가고 바다는 오염되어 간다. 기후 위기로서 이상기후 현상으로 많은 이들이 죽어 가고, 경제적 이득을 취하려는 패권주의 국가들이 평화보다는 전쟁을 선택한다. 미래를 볼모로 삼아 현재의 포식을 꿈꾸는, 불타는 세상이라 아니할 수 없다. 이런 세상에 사로잡힌 개인들은 온갖 욕망에 시달리며, 검소하게 살며 이웃과 어우러져 사는 공동체를 꿈꾸지 못한다. 『비유경』에 나오는 이야기가 떠오른다. 코끼리에게 쫓기는 젊은이가 독사들이 우글거리는 마른 우물 속에서 칡넝쿨을 잡고서도 손에 묻은 꿀을 핥느라 죽음이 다가오고 있음을 잊어버린 형국이다.

이런 상황을 생각할 때 연등은 밤을 밝히는 도구를 뛰어넘어 우리

인류가 무엇을 도모해야만 하는지를 알려 준다. 탐욕과 성냄, 어리석음을 훌훌 벗어 버리고 소외된 곳을 밝게 비추고 지혜로써 지구와 인류를 구해 내야만 한다는 것을 연등은 오랜 세월 가르쳐 왔던 것이다. 연등문화의 역사를 통해 확인할 수 있는 가르침의 핵심은 여기에 있다.

　　이번에 출간하는 『연등문화의 역사』는 인도·중국·한국으로 이어진 수천 년의 등불 역사를 종교와 문화, 민속, 예술 등 다양한 영역에 걸쳐 살피면서 연등문화의 고갱이를 드러내고자 노력했다. 동아시아 연등문화를 중심에 둔 것은 필자들의 연구 역량 탓도 있고, 현재의 연등회까지의 사적 흐름을 고려한 바도 없지 않다. 수많은 선학이 밝혀 놓은 길이 없었다면 이번 책은 어려웠을 것이다. 그리고 담앤북스 오세룡 대표님과 박성화, 손미숙 선생님 등 편집진의 섬세한 교정, 사진을 비롯한 수많은 자료를 제공해 준 전통등연구원 덕택에 6년간의 작업을 끝내게 되었다. 이분들의 노력이 없었다면 책의 발간은 요원했을지도 모른다. 이 책이 나오기까지 애써 주신 분들께 고마운 마음을 전한다.

2024년 4월

오대혁·백창호 올림

불과 등불,
그리고 연등의 문화사

불과 등불, 그리고 연등의 문화사

떨어지는 날을 곱게 단장하는
저녁놀은 누구의 시詩입니까.
타고 남은 재가 다시 기름이 됩니다.
그칠 줄을 모르고 타는 나의 가슴은
누구의 밤을 지키는 약한 등불입니까.

한용운의 〈알 수 없어요〉라는 시의 마지막 구절이다. 타고 남은 재
가 기름이 된다고 했다. 불교에서는 이건 좋고 저건 싫다며 분별심에
사로잡혀 욕망으로 들끓는 것을 불에 빗대곤 한다. 그 욕망이 사그라
진 상태가 곧 '재'로 표현된 것이다. 그 재는 기름이 되어 심지를 타고
올라 누군가의 밤을 지키는 등불이 된다. 만해 한용운 선사가 일제강
점기라는 궁핍한 시대에 굴종의 삶을 강요당하는 조선의 백성들을 위
한 등불이고자 했던 것이다. 여기에서 '등불'은 나의 욕망을 내려놓고
이타적 삶을 살아가는 부처요 보살의 모습을 형상화한 것이다. 부처를

연등불이라 하듯 불교의 보살행을 단적으로 보여 주는 시라 하겠다. 등불은 어떻게 언제부터 이러한 종교적 경지를 표현하는 상징으로까지 변화한 것일까.

불과 등불, 연등의 의미

"하늘은 검고 땅은 누렇고, 우주는 넓고도 거칠구나." 『천자문』의 첫 문장이 보여 주는 세계는 무엇일까. 본래 하늘과 땅이 있었고, 우주는 혼돈의 상태였음을 말하는 것이다. 그 혼돈의 세계에서 불이 나와 화재 · 전쟁 · 죽음 · 파괴 등의 재앙을 만들어 내기도 하고, 어둠을 밝히고, 추위를 이기게 하며, 음식을 조리하게 하고, 에너지를 만들고, 종교적 · 문화적 상징으로 인류를 복되게 만들기도 했다. 불이 없었다면 생명은 존재할 수 없었으며, 지구와 우주가 생겨날 수 없었다고 해도 지나친 말이 아니다. 바로 태양이 불이요, 밤하늘에 빛나는 수많은 별들이 다 불이니까. 그래서 인류, 아니 이 우주의 역사와 함께 불은 존재해 왔고 인류가 끝나더라도 불은 존재할 것이다.

불은 우리 인류의 역사와 문화를 이야기할 때면 빼놓을 수 없는 것이다. 천지창조를 이야기하는 창세신화에서부터 불은 등장한다. 원시시대나 고대의 제사장은 불을 중요하게 모셨으며, 국가가 탄생하고 왕권을 붙잡은 영웅들은 불을 이용해 제사를 지내고 잔치를 벌이면서 권좌의 위용을 과시하기도 했다. 종교인들은 불을 신성한 것으로 여기면서 악귀를 물리치고 죽어 가는 것들의 재생 의식에도 사용했다. 우리 조상들은 불씨를 꺼뜨리지 않으려 하였고, 이사를 갈 때면 성냥이나 양초를 선물하여 불처럼 살림이 일어나기를 기도하기도 했다.

그래서 불을 이야기하는 분야는 다양하다. 역사학, 민속학, 종교학, 축제, 예술, 산업과 기술, 화학과 공학 등 불과 관련하여 논의될 수 있는 분야는 다채롭다. 그중에서 인류가 창조해 낸 인공으로서의 불인 등불은 인간의 생활을 복되게 하였을뿐더러 역사적·문화적·종교적 차원에서 중요한 의미를 내포하고 있다.

엄격한 의미에서 불, 등불, 연등이 내포하는 의미는 동일하지 않다. '불(fire)'이 물질이 산소와 화합해 높은 온도로 빛과 열을 내면서 타는 것이라는 사전적 의미를 갖는다면, '등불(lamp)'은 어두운 곳을 밝히거나 신호를 보내는 기구, 일종의 '불 그릇'을 뜻한다. 이를 보통 '등燈'이라고도 한다. 또한 등불은 등잔燈盞에 켜 놓은 불을 의미하면서 앞날에 희망을 주는 존재라는 비유적 의미로 사용되기도 한다. '연등燃燈'은 연꽃을 뜻하는 '연蓮'이 아닌 불사르는 것을 뜻하는 '연燃'이 쓰여서 등불의 또 다른 이름이라 볼 수 있다. 한편 연등은 연등놀이를 할 때에 밝히는 등불이나 부처님 탄생일인 사월초파일에 공양 올리는 등을 이르기도 한다. 오늘날 사월초파일의 연등축제 등 연등은 불교적 의미가 강하게 담긴 표현임에는 틀림없다. 등불과 연등은 불을 담아내는 불 그릇이라는 의미에서는 동일하고, 여기에 불교적 의미가 강하게 더해진 것이 연등이라 볼 수 있겠다.

문화와 문화사

문화文化(culture)는 자연 상태의 사물이 아닌 인간의 작용에 의해 변화되거나 창조된 것을 의미한다.[1] 문화사文化史(cultural history)라는 표현은 어떤 역사 현상을 인간 정신에서 비롯된 것으로 보고 일정한 가치관價値觀을 가지고 종합적으로 고찰하는 학문 영역을 가리킨다.[2] 등불이나 연등은 불을 담아내기 위해 인간이 인위적으로 창조해 낸 도구라는 측면에서 문화의 한 영역이고, 그것의 창조와 변화를 인간 정신과 연결하여 살펴본다는 측면에서 문화사의 영역이기도 하다. 그래서 '등불(연등)의 문화사'라는 것이 가능하다 하겠다.

그런데 등불의 문화사라고 한다면 불 그릇의 문화 전체를 다루어야 한다는 측면에서 동서양의 모든 등불문화를 대상으로 하여 논의되어야 할 것이다. 몇 년간 이 책을 엮어 나가면서 우리 연구자들이 전 세계의 등불문화까지 포괄하는 일은 좀 더 시간을 필요로 한다는 것을 알았다. 태양신인 아폴론의 신전이 있는 그리스 델포이를 둘러보고, 올림픽 성화를 채화하는 올림푸스에 대해서도 자세한 연구가 필요하다. 서양의 역사와 문화 전체를 고려하여 깊이 연구해야 가능하다.

따라서 우리의 등불문화를 담아내면서 그 근원을 탐구하는 영역에 한정할 필요가 있었다. 그래서 우리 연구자들은 인도, 중국, 한국으로 이어진 등불의 문화에 우선 초점을 맞추기로 하였다. 이들 지역은 불

---

1 「문화」, 『한국민족문화대백과사전』, 한국학중앙연구원, 2001.
2 「문화사」, 『두산세계백과사전』, (주)두산, 1996. (doopedia 두산백과)

불과 등불, 그리고 연등의 문화사

교적 의미가 큰 연등을 공유하는 곳이요, 역사와 종교, 문화 등 여러 영역에 걸쳐 장구한 교류의 역사를 지닌 곳이다. 이들 지역을 중심으로 등불의 문화사를 탐구하고 엮을 필요가 있었다. 그래서 지역적 · 종교적 색채를 지니면서 장구한 역사를 보여 주는 동아시아 등불문화를 '연등문화의 역사'라는 제목으로 이야기하게 되었다.

등불 및 연등 문화를 다룬 책과 글 그리고 그림들

본론에 들어가기에 앞서 지금까지의 등불과 관련된 서적이나 논문들을 살펴보면, 먼저 미하일 일리인의 『책상 위의 태양-일리인이 들려주는 등불의 역사』[3]가 있다. 이 책은 아동용 도서로 출간되었는데 '등불의 역사'라는 표현을 제목에 달고 있다. 리시아의 아동문학가이며 과학소설가인 미하일 일리인은 모닥불에서 횃불로, 그리고 램프, 양초, 가로등, 가스와 석유 등불, 전기 등으로 이어진 불 그릇의 역사를 정말 흥미롭게 쓰고, 여기에 틈틈이 엮은이가 우리나라의 등잔이나 등불과 관련된 인물들에 대해 보충 자료를 덧붙여서 등불의 역사를 이해하는 데 많은 도움을 주고 있다. 아동용이라 했지만 어른들이 읽어도 유용한 책이다. 그런데 안타깝게도 우리 민족을 비롯하여 동아시아의 등불문화를 포괄하지 못하면서 '등불의 역사'라 한 듯하여 견강부회牽强附會

---

3 미하일 일리인 글/ 박수현 엮음, 『책상 위의 태양-일리인이 들려주는 등불의 역사』, 아이세움, 2003.

한 느낌이 있다. 하지만 기구로서 등불의 기본적인 변화를 담아냈다는 점에서 '등불의 역사'라 하더라도 큰 문제는 없어 보인다. 그 외 서양의 등불과 관련된 서적이나 연구 논문들은 앞날의 연구 과제로 남겨둘 수밖에 없다.

우리나라, 나아가 동아시아에서 등불 및 연등과 관련된 서적이나 그림은 적지 않다. 인도와 관련해서는 『법화경法華經』, 『현우경賢愚經』, 『자타카(jātaka)』(『본생경本生經』) 등 수많은 불교 경전과 돈황석굴의 그림이 있다. 중국과 관련해서는 『시경詩經』, 『한비자韓非子』를 비롯하여 고대의 저작물에 등장하는 신화 관련 서적과 도세道世의 『법원주림法苑珠林』 같은 불교 서적, 『몽양록夢粱錄』, 『동경몽화록東京夢華錄』, 『제성경물략帝城景物略』과 같은 중국풍속 서적, 수많은 고전 시가와 〈헌종행락도憲宗行樂圖〉 등 정말 많은 저작과 그림이 존재한다. 그리고 우리나라의 연등과 관련해서는 〈창세가〉와 『청학집靑鶴集』, 『규원사화揆園史話』 같은 신화 관련 기록, 『삼국사기』, 『삼국유사』, 『고려사』, 『고려사절요』, 『조선왕조실록』과 같은 역사서, 『조선무속고朝鮮巫俗考』와 같은 무속 관련 자료, 『동국이상국집』, 『목은선생문집』, 『동문선』, 『운곡행록』, 『점필재집』, 『청허집』 등과 같은 유교·불교 문집, 『경도잡지京都雜志』, 『세시기歲時記』, 『열양세시기洌陽歲時記』, 『동국세시기東國歲時記』와 같은 풍속지와 『원행을묘정리의궤園幸乙卯整理儀軌』, 〈부벽루연회도〉와 같은 그림까지 남아 전한다. 일일이 밝히기에 매우 많은 자료이다. 그리고 근현대의 연등회와 관련하여 『초파일 행사 100년-연등축제를 중심으로』[4]라는 책

---

4 한국불교연구원, 『초파일 행사 100년-연등축제를 중심으로』, 대한불교조계종 행사기획단, 2008.

불과 등불, 그리고 연등의 문화사

은 1907년에서 2007년까지 100년 동안의 연등회 기록을 신문 기록 중심으로 집대성해 놓았다. 이 자료는 기존의 연구 성과를 뛰어넘을 수 있는 기초 자료를 잘 엮어 놓아 후대의 연구자들에게 적지 않은 도움을 줄 것이다.

이러한 기초 자료를 바탕으로 수많은 연구자들이 많은 저작을 보여 주었다. 우선 눈에 띄는 연구들을 보면 편무영의 『초파일민속론』[5]은 불교문화권이라 할 중국, 한국, 일본, 스리랑카 등에서 민속적 축제일로 발전하게 된 초파일을 연구한 책이다. 연등 문제, 일제강점기의 사월초파일, 한일의 초파일 비교, 중국과 스리랑카의 초파일 등 나라별로 초파일이 어떤 행사이며 어떤 의미를 담아내고 있는지 민속학적 관점에서 비교 연구한 결과물이다. 2006년 한국전통등연구원이 10주년 기념으로 행한 국제학술세미나 자료로 엮은 『한 · 중 · 일 전통등 문화의 어제와 오늘』에는 심우성 · 진철승 · 백창호 · 캉보아청[康保成] · 마츠오쿄이찌[松尾恒一] 등의 연구 논문[6]이 실렸고, 2008년 대한불교조계종 총무원 문화부가 주최한 학술토론회 발표 논문집인 『연등제의 역사와 전통』에는 전경욱 · 김명자 등의 논문이 실렸으며,[7] 2009년 대한불교조계종 총무원 문화부와 한국민속학회가 주최한 학술대회 발표 논

---

5 편무영, 『초파일민속론』, 민속원, 2002.

6 한국전통등연구원, 『한 · 중 · 일 전통등 문화의 어제와 오늘』, 2006. 여기 실린 논문은 다음과 같다. 심우성, 「한국 전통등 문화의 어제와 오늘」/ 진철승, 「한국 전통등의 연원과 발전과정에 관한 일고찰」/ 백창호, 「근 · 현대 한국 전통등 문화의 전개와 확산」/ 캉보아청(康保成), 「중국의 전통등 문화 현황과 이해」/ 마츠오쿄이찌[松尾恒一], 「일본의 전통등 문화 현황과 이해」.

7 대한불교조계종 총무원 문화부 엮음, 『연등제의 역사와 전통』, 2008.

문집『연등회의 문화재적 가치와 한·중·일 연등축제의 비교』에는
김용덕·전경욱·소방蕭放·하야시마시히코[林雅彦]·백창호·서연호
등의 논문[8]이 실렸다. 이 외에도 수많은 연구논문들이 연등회를 중심
으로 하여 국내에서 나왔다. 이들 연구는 연등회의 기원과 성격, 연등
회의 의례 기능이나 설행 양상, 연등회의 공연 공간과 연행물, 연등회
의 연등 풍속과 제등 등 많은 부분에서 가시적인 연구 성과를 냈다.[9]

이러한 연구 성과를 종합적으로 엮은 것이『연등회의 종합적 고
찰』[10]이다. 위에 보이듯 다양한 학술 행사를 몇 년간 지속적으로 수행
하는 과정에서 만들어진 결과물인 이 책은 연등의 역사, 문화사를 살
펴보기 위해 가장 기본적인 연구 텍스트가 될 것이다. 2012년에 국가
지정문화재로 지정된 연등회를 종합적으로 고찰하고 있는 이 책은 여

---

8 『연등회의 문화재적 가치와 한·중·일 연등축제의 비교』, 2009. 여기 실린 논문은 다음과
   같다. 김용덕, 「연등회의 문화재적 가치와 세계화 방안」/ 전경욱, 「연등회의 전통과 현대축
   제화의 방안」/ 소방(蕭放), 「當代中國的燈會慶典(현대 중국의 등회)」/ 하야시마시히코(林雅
   彦), 「일본의 등롱과 관련된 민속행사」/ 백창호, 「전통등문화의 특징과 새로운 전망」/ 서연
   호, 「연등축제의 현황과 개선방향」.

9 전경욱, 「연등회의 전통과 현대축제화의 방안」, 『연등회의 종합적 고찰』, 민속원, 2013, 79쪽.
   이 글에서 기존 연구들에 대한 연구를 정리하고 있다.

10 한국불교민속학회·연등회보존위원회, 『연등회의 종합적 고찰』, 민속원, 2013. 여기 실린
   논문은 기존의 연구 성과들 가운데 뛰어나다고 여겨지는 글들을 엮고 있다. 논문은 다음과
   같다. 홍윤식, 「연등회의 전통과 그 전승의 의미」/ 편무영, 「초파일연등의 역사성과 고유사
   상」/ 박진태, 「한국 연등회의 지속과 변화 양상」/ 전경욱, 「연등회의 전통과 현대축제화의
   방안」/ 진철승, 「사월초파일과 등놀이 축제」/ 구미래, 「연등의 상징성과 수용양상」/ 홍태한,
   「민간신앙에서 등의 의미」/ 한금순, 「제주도 연등절의 시대적 변천」/ 정형호, 「한국 연등회
   에 나타난 연희와 놀이의 양상」/ 윤광봉, 「중세 한일 불교의식과 연희 양상」/ 윤아영, 「관화
   의 연행양상 및 변천에 관한 연구」/ 최윤영, 「고려연등회의 화산과 〈화산희〉」/ 서연호, 「연
   등축제의 현황과 개선방향」/ 이윤수, 「문화콘텐츠로 고찰하는 연등회의 축제성」/ 김인호,
   「고려시대 잔치, 축제와 공감대」/ 표정옥, 「불교 축제가 현대 사회에 함의하는 문화기호학
   적 의미와 대중성 고찰」/ 고상현·김기정, 「전통 그림자극 만석승회의 구성과 문화콘텐츠
   화 방안」.

불과 등불, 그리고 연등의 문화사

러 연구자에 의해 다양한 주제로 쓰였다. 1부에서는 '역사적 접근'으로 연등회의 전통과 변화 양상들을 살폈고, 2부에서는 '민속적 접근'으로 등놀이 축제와 민간신앙에서의 등을 살폈으며, 3부에서는 '연희적 접근'으로 연등회의 놀이 양상이나 한일 불교의식과 연희 양상 등을 살폈다. 4부에서는 '축제적 접근'이라 하여 연등축제의 현황이나 문화 콘텐츠로서 연등회의 축제성 등을 다루었고, 5부에서는 '공예적 접근'이라 하여 전통등 문화의 특징이나 중국의 등회 등을 살폈다. 분야별 연구자들의 뼈를 깎는 노력이 연등회의 실체를 파악하는 데 많은 도움이 되고 있다.

아쉬운 점이 있다면 논의들이 겹치는 대목이 많고, 한국의 연등회에 초점을 두면서도 통사적 접근을 시도하다 보니 중국의 등불을 말하다 급작스럽게 한국의 연등회로 옮겨 가는 문제가 있다. 인도에서 중국으로, 다시 한국으로 이어지는 흐름을 보여 주려고 중국 당나라 때까지의 연등회를 다룬 후 한국의 신라 연등회로 옮겨서 이야기를 전개하는 부분 등이다. 송나라, 명나라, 청나라 때에도 '원소절'이라 하여 등불 축제는 계속되었는데 그 실체를 다루지 못하였다. 문제의 초점이 우리의 연등회가 어떻게 형성되어 전해졌는지에 있었기 때문이다. 역사가의 눈에는 역사적 사실에 대한 천착 때문에 등불의 형태에는 별 관심이 없고, 예술가의 눈에는 등불이 구체적으로 어떤 형태를 띠었는지가 주된 관심이다 보니 문화사적 의의나 종교적 의미에는 커다란 관심을 두지 않곤 했다. 이러한 한계를 뛰어넘는, 일관된 통사로서 연등의 문화사가 절실함을 이 책은 잘 보여 주었다.

이러한 연구 결과물들은 연등의 문화사를 써 나가는 데 기본 바탕

을 이루고 있다. 기존의 연구가 없었다면 이렇게 문화사를 쓸 생각을
하지 못했을 것이다.

연등문화의 역사 서술 방향

이 책에서 독자 여러분은 인도, 중국, 한국으로 이어지는 불과 등불, 연
등의 역사를 보게 될 것이다.

　인도의 석가모니부처님(기원전 624~기원전 544)이 계셨던 시기로부터
마갈제국摩竭提國, 우전국于闐國 등에서 행해졌던 등불이 이야기된다. 주
로 불교 경전에 나타나는 종교적 차원의 등불 이야기를 다루면서 인도
의 여러 나라에서 쓰였던 등불 기름에 대해서도 자세하게 살펴볼 것이
다. 불교 경전에 나오는 난타 여인뿐만 아니라 연등부처님 이야기 등
지금까지도 우리나라의 연등축제에 그 뜻이 이어져 오는 이야기의 원
형들을 발견할 수 있을 것이다.

　중국의 신화 속에서 그리고 춘추전국시대 · 한漢 · 양梁 · 수隋 · 당唐 ·
송宋 · 명明 · 청淸 등 중국사 내내 등불의 역사가 이어진다. 등불은 중
국 여러 국가의 흥망성쇠와 결부되면서 찬란하게 궁궐과 거리를 비추
기도 하고 흐릿하게 빛나기도 했다. 예컨대 송나라에서 행해진 정월대
보름의 원소절元宵節 축제는 황실에서부터 일반 백성에 이르기까지 함
께 어우러져 화려한 등불을 켜 놓고 노래하고 춤추며 사랑을 나누는
장이었다. 그런데 명나라에서는 황실의 허영심이 높아 지나치게 돈을
낭비하면서 등불 축제를 벌여 나라의 멸망에 영향을 끼쳤던 것으로 나

온다. 등불이 어떻게 정치권력과 연결되면서 역사의 부침浮沈을 거듭하게 되는지를 보여 주는데, 참 흥미롭다.

다음은 우리 민족의 연등과 관련하여, 먼저 신화시대의 등불이라 하여 〈창세가〉를 비롯한 신화나 제전 속의 불을 살피고, 불귀신이나 쥐불놀이 등과 관련된 민속·무속의 불을, 그리고 삼국시대의 편린으로 남은 기록을 통해 등불 축제의 흔적을 살필 것이다. 불교문화가 가장 화려하게 꽃피웠던 고려시대에 행해졌던 연등회나 그 모습을 지켜보며 읊은 한시와 가요를 꼼꼼하게 들여다볼 것이다. 조선시대에는 왕실, 사찰, 민간 등에서 어떤 연등회가 이어졌는지를 살펴보되 선비들의 한시 및 〈관등가〉와 같은 가사 작품을 통해 연등의 구체적 모습과 정서를 세밀하게 들여다볼 것이다. 그리고 마지막으로 개화기부터 현재까지 이어진 근현대의 제등행렬과 연등축제의 모습을 신문 기록을 중심으로 살펴보게 될 것이다.

이 글은 참으로 기나긴 연등문화사의 노정路程을 서술하고 있다. 연등의 역사나 풍습뿐만 아니라 연등을 바라보며 느꼈던 당대인들의 정서를 다양한 한시와 신화 같은 문학적 텍스트를 통해 살피고 있다. 역사이면서 민속인 연등문화와 그러한 문화를 즐기는 향유층의 정서 세계까지 온전하게 드러낼 수 있어야 참된 문화사文化史일 수 있다고 생각했기 때문이다. 완벽한 서술은 아니더라도 연등의 문화사를 통해 역동적인 역사와 문화의 흐름, 나아가 종교적 이상을 독자 여러분들이 잘 느낄 수 있기를 바란다.

불교 연등의 기원과 인도

—

불교 연등燃燈의 기원
인도와 서역에서 행해졌던 연등회

이 등불을 켠 이야말로

은근하고 정중한 마음이 있었다.

그 때문에 등불은 항상 밝았느니라.

설령 나한 사리불 등과 벽지불이

신통변화의 공덕으로 함께 끈다 하여도

이 등불은 끌 수 없을 것이며

금시왕에게 큰 바닷물을 치게 하고

사자왕이 크게 울부짖으면서

뛰어올라 함께 끄려 하여도

이 등불은 끌 수 없을 것이니라.

—
『빈녀난타경貧女難陀經』

불교 연등燃燈의 기원

연등이란?

사람들은 연등이라고 하면 무엇을 떠올릴까. 대부분 부처님오신날이면 사찰을 화려하게 수놓는 연등을 생각할 것이다. 사찰 주변에서부터 입구까지 그리고 사찰 마당에 이르기까지 형형색색 휘날리는 등불은 장엄하고 화려하기 이를 데 없다. 그런데 사람들 중에는 연등을 연꽃 모양의 등불이라 생각하는 경우가 많다. 연꽃이 불교의 상징으로 사용되고, 등불이 연꽃 모양으로 만들어져 많이 걸려 있는 것을 보았기 때문에 생긴 착각이다. 연등의 한자어를 찾아보면 '蓮燈'이 아니라 '燃燈'임을 확인할 수 있다. 연꽃 연蓮이 아니라 불사를 연燃인 것이다. 그러고 보면 연등은 '등불'의 다른 표현임을 알 수 있다.

부처님 시절의 연등 공양

이 연등을 가지고 불교 신도들이 불을 밝힌 것은 참으로 오랜 역사를 지닌다. 당나라 의정義淨(635~713)이 번역했다는 책에는 부처님이 불법을 전파하실 때부터 연등회가 열렸음을 알려 주고 있다.

세존께서 교살라국憍薩羅國의 국왕을 위해 설법하신 후에 왕이 감격하고 존경하는 마음을 표하며 "1구지俱胝의 여러 향유병香油瓶을 가지고 밤중에 연등회然燈會를 하려 합니다."[1]라고 말하고 있다. 1구지는 대략 천만의 수를 일컬으니 참으로 많은 등불을 밝혔음을 알리고 있다. 이렇게 불을 밝히자 "사방의 멀고 가까운 곳에 사는 군중들이 모두 이 일을 듣고 등 하나씩 불을 피워 세존을 공양하고 부처님의 수기授記를 받아 성불하였다."[2]라고 쓰고 있다.

이 이야기는 승광왕勝光王 때의 일인데, 이 사람은 바사닉왕波斯匿王(Prasenajit)을 가리킨다. 중인도 사위국의 왕으로 정치를 잘했다고 하는데, 그의 아들인 기타태자는 신하 수달다와 함께 그 유명한 기원정사祇園精舍를 지어 바치기도 했다. 바사닉왕은 부처님과 생일이 같다고 하며, 부처님이 성도하시던 해에 왕위에 올랐다는 설이 있다. 연등을 참으로 장엄하게 밝힌 것은 이 바사닉왕 때부터였던 것이다.

그리고 이때 밝힌 연등의 모습이 어떠했는지를 소개하는 대목이 다음과 같이 나온다.

---

1 義淨, 『根本說一切有部毘奈耶藥事』 권제12, "復持一俱胝諸香油瓶, 欲於夜中為然燈會."
2 義淨, 위의 책, "是時四方遠近人眾咸聞斯事, 以然一燈供養世尊, 蒙佛授記當來成佛."

승광왕勝光王은 이야기를 듣고서 평생 그만큼 생각지 못한 터라 일천 가지의 향기가 나는 기름이 담긴 커다란 병을 마련하였고, 사종보四種寶로 등잔을 만들었다. 부처님이 가시는 곳마다 등불을 밝혔다. 그리고 부처님께 말씀드리기를 "대덕大德 세존이시여! 제가 성자 대가섭파大迦葉波를 위하고 세존과 승가를 청하여 받들고자 삼월 어느 날에 공양을 하려 하오니, 비구[苾芻] 한 분 한 분께 수많은 의복들을 올리고, 1구지의 기름 병으로 연등회를 할까 합니다. 세존께서는 저에게 최상의 올바르고 바른 깨달음의 수기授記를 주십시오. 바라건대 세존께서는 제가 성불할 수 있도록 이끌어 주십시오."라고 하였다.[3]

사종보는 금·은·수정·유리의 네 가지 보물을 가리킨다. 이렇듯 귀하디귀한 사종보로 만든 등잔에 수많은 향기가 나는 기름을 넣고는 심지에 불을 붙였던 것이다. 요즘과 같은 등롱燈籠의 모습은 아니었다.

바사닉왕은 부처님과 여러 사람들에게 공양하면서 너비 160리나 되는 기원을 등불로 가득 채웠다. 그런데 부처님은 아난에게 "어느 큰 장자가 위없는 복을 일으켰으나 스스로 와서 문을 열고 들어오지 못하는구나."라고 하면서 바사닉왕을 칭찬하지는 않았다. 그래서 바사닉

---

3 義淨, 위의 책, "勝光王聞, 生無比想, 即備香油一千大瓶, 以四種寶而作燈盞, 佛經行處然燈布置. 又白佛言:「大德世尊! 我為聖者大迦葉波, 奉請世尊及苾芻僧伽七日供養. 蒙佛說我往昔奉施無鹽米膏因果業緣, 由斯事故, 我復奉請世尊并與僧伽, 於三月日供養, 一一苾芻皆施價直百千衣服, 一俱胝油瓶而作燈會, 不蒙世尊授我當來成於無上正等覺記. 願見世尊記我成佛, 當來應有得為導首."

　　　　　　　　　　　　　　　불교 연등의 기원과 인도

왕은 '나는 사위국이라는 한 나라의 높은 사람이다. 도의 공양을 일으킨 것에 어찌 나보다 뛰어난 이가 있겠느냐? 부처님께서는 무엇 때문에 나를 칭찬하지 않고 또 장자를 말씀하실까?'라고 의심을 한다.[4]

부처님은 화려하고 장엄하게 등불을 밝힌 바사닉왕보다 난타라는 가난한 여인이 바친 등불을 찬양하고 그녀에게 부처가 될 수 있을 것이라 한다. 『현우경賢愚經』에서는 이 난타 여인에 대한 이야기를 매우 세밀하게 전하고 있다.

난타 여인이 밝힌 등불

나는 이와 같이 들었다. 어느 날 부처님께서 사위국의 기수급 고독원[5]에 계실 때였다. 그때 나라 안에 난타難陀라는 여인이 있었다. 그녀는 가난하고 고독하였으며, 늘 구걸하여 살아야 했다. 국왕과 모든 백성들은 남녀노소 가리지 않고 각자 부처님과 스님들께 공양을 베풀었는데, 그 모습을 지켜보던 그 여인은 마음속으로 생각하였다.

'나는 전생에 무슨 죄를 지었기에 가난한 집에 태어나 부처님과 같은 복밭[6]을 만나고서도 공양을 드리지 못하는 것일까?'

4 『經律異相』卷第三十八(優婆夷部), 「難陀燃燈聲聞神力共不能滅八」.

5 기수급고독원(祇樹給孤獨園): 고대 중인도 사위국 사위성의 남쪽에 자리했던 승원(僧園).

6 복전(福田): 공양을 받을 만한 법력이 있는 사람에게 공양하고 선행을 쌓아서 내생의 복을 마련하는 일.

그녀는 몹시 괴로워하고 슬퍼하였으며, 스스로의 허물을 깊이 참회하였다. 비렁뱅이 짓을 하여서라도 작은 공양이나마 드릴 수 있기를 바랐다. 그리하여 하루가 다 가도록 쉬지 않고 일했지마는 얻은 것이라곤 겨우 몇 푼이었다. 그녀는 그 돈을 가지고 기름집에 가서 기름을 사고 싶다고 했다. 기름집 주인이 물었다.

"1전[7]어치 기름을 사 봤자 쓸데가 없을 텐데 도대체 어디에 쓰려는 겐가?"

난타는 마음에 품은 생각을 말하였다. 그러자 기름집 주인은 그녀를 가엾이 여겨 기름을 갑절로 주었다. 그녀는 그 기름을 얻고는 매우 기뻐하면서 등불 하나를 만들어서 기원정사를 향해 갔다. 그리고 석가세존께 받들어 올리고는 부처님 앞의 수많은 등불 가운데 두면서 서원을 세웠다.

'저는 지금 가난해서 부처님께 이렇게 작은 등불이나마 공양합니다. 그렇지만 이 인연 공덕으로 돌아오는 생에는 지혜 광명을 얻어 일체중생의 어둠을 없애 주옵소서.'

이와 같이 서원을 세우고 부처님께 예배하고 떠나갔다.[8]

가난한 여인 난타는 비렁뱅이 노릇을 하여 얻은 1전으로 기름을 사서는 기원정사에 불을 밝힌다. 수많은 등불 가운데 이 초라한 여인의

7 일전(一錢): 몇 푼 안 되는 돈.
8 『賢愚經』卷第三, 「貧女難陀品」.

불교 연등의 기원과 인도

등불은 그 여인의 전 재산과 같은 것이었다. 자신의 전 재산과 등불을 바꾼 여인은 자신의 안락과 평안을 기원하는 것이 아니었다. 지금의 삶은 고통스럽지만 돌아오는 생에서는 지혜 광명을 얻어 뭇 생명의 어둠을 없애 달라는 소원을 빌었다. 불교에서 말하는 '상구보리上求菩提 하화중생下化衆生'[9]이라는 보살의 길을 소망했던 것이다. 깨달음을 얻어 중생을 제도하겠다는 대승불교 보살의 정신을 드러낸 것이었다.

바사닉왕은 부처님과 수많은 비구에게 옷을 바치고 화려한 연등회를 올리면서 깨달음을 얻게 해 달라고, 성불하게 해 달라고 간청한다. 우리는 그것이 진정 누구를 향해 있었는지를 생각해 보아야 한다. 왕이 공양 올린 그 많은 재물은 모두 백성들이 바친 세금으로 만들어진 것이다. 바사닉왕은 그의 전 재산도 아니며, 백성들이 고생하여 바친 재물을 부처님과 비구들에게 공양하면서 그것을 전부 자신의 것인 양 여기고 있었다. 공양을 자신보다 더한 사람이 없다는 자만심에 빠져 여인의 등불 공양을 하찮게 여겼던 것이다. 부처님은 두 사람의 공양이 갖는 크기를 바라보았다. 보살의 길을 걷고자 하는 간절함을 보았던 것이다. 깨달음을 얻어 중생을 구제하겠다는 소망은 바사닉왕보다 가난한 여인이 더욱 간절했다. 난타 여인이 바친 등불은 다음과 같은 신통력을 발휘한다.

밤이 샐 무렵이 되자 등불들이 꺼져 갔다. 그런데 유독 그녀의

---

9 깨달음을 얻어 중생을 구제한다는 뜻.

등불만은 계속 불타고 있었다. 그날은 목련존자[10]가 불을 끄는 당번을 맡고 있었다. 하늘을 보니 이미 날이 밝아 오고 있었으므로 꺼진 등불들을 거두어서 잘 놓아두려 했다. 그런데 한 등불이 홀로 밝게 타고 있는 것이 아닌가. 기름 심지는 줄어들지도 않고 새롭게 피운 등불과 같았다. 목련존자는 생각했다.

'대낮에 등불을 밝히는 것은 쓸모없는 일이다. 이걸 꺼 두었다가 저물녘에 다시 켜야 할 텐데.'

목련은 바로 손을 들어 바람을 일으켜 등불을 끄려 했다. 그런데 등불은 예전처럼 불타면서 꺼지지 않았다. 다시 수람隨藍의 바람을 일으켜 불을 끄려 했으나 소용없었다. 부처님은 목련이 그 등불을 끄려 하는 것을 보시고는 목련에게 말씀하셨다.

"지금 이 등불은 너희 성문승聲聞僧들이 어찌할 수 있는 게 아니다. 네가 사해의 바닷물을 끌어와 거기에 끼얹더라도, 산바람을 끌어다 불게 해도 역시 그 불을 끌 수는 없다. 어째서 그런가 하면 이것은 넓은 원념을 내고 대자비심을 내어 보시를 한 물건이기 때문이다."

부처님이 이렇게 말씀하신 후 난타 여인이 다시 와서는 부처

---

10 목련(目連): 목건련(目揵連, Maudgalyāyana). 석가모니의 십대 제자 가운데 한 사람으로 신통제일이라 일컬어진다. 마가다(Magadha)의 브라만 출신이다. 처음에는 사리불과 함께 사리사바(波離闍婆)의 외도인 산사야(珊闍野)에게 가서 도를 배웠다. 사리불이 5비구의 하나인 아설시(阿說示)를 만나 불법을 알아 깨달은 뒤 서로 손을 잡고 죽림정사에 가서 부처님의 제자가 되었다. 불교에 귀의한 뒤에는 여러 고장으로 다니면서 부처님의 교화를 펼쳤다고 한다.

불교 연등의 기원과 인도

님을 향해 예를 드렸다. 이때 부처님은 수기[11]를 주셨다.[12]

난타 여인의 등불은 아침이 될 때까지도 불타고 있었다. 목련존자는 손으로 거센 바람을 일으켜서 그 등불을 꺼 보려 했지만 소용없었다. 부처님은 바닷물로도 산바람으로도 끌 수 없는 등불이라고 했다. 그 등불은 난타 여인의 간절한 염원과 커다란 자비심으로 보시한 물건이기 때문에 그렇다고 한 것이다. 그리고 부처님은 난타 여인에게 수기授記를 준다. 수기란 부처가 제자에게 다음 생에 부처가 될 것이라는 예언을 해 주는 것으로, 부처님은 난타 여인에게 이렇게 수기하셨다.

> "너는 오랜 세월[二阿僧祇百劫][13]이 흐르는 가운데 마땅히 부처가
>
> 될 것이다. 이름은 등광燈光이요, 여래의 열 가지 명호[14]를 모두
>
> 갖출 것이다."

---

11 수기(授記): 1. 문답식 또는 분류적 설명으로 되어 있는 부처의 설법. 2. 부처가 그 제자에게 내생에 성불(成佛)하리라는 예언기(豫言記)를 줌.

12 『賢愚經』卷第三, 「貧女難陀品」.

13 이아승기백겁(二阿僧祇百劫): 아승기(阿僧祇)는 수로 표현할 수 없는 가장 많은 수, 또는 그런 시간을 가리킨다. 겁(劫)은 어떤 시간의 단위로도 계산할 수 없는 무한히 긴 시간을 가리킨다. 하늘과 땅이 한 번 개벽한 때에서부터 다음 개벽할 때까지의 동안이라는 뜻이다. 매우 긴 시간을 뜻하는 말로 쓴 것이다.

14 십호(十號): 부처님의 10가지 명호. 1. 여래(如來): 수행을 완성한 사람 2. 응공(應供): 존경 받아야 할 사람. 공양을 받아야 할 사람. 3. 정변지(正遍知): 올바르게 깨달은 사람. 4. 명행족(明行足): 명지(明知)와 행(行)을 완전히 갖추고 있는 사람. 5. 선서(善逝): 잘해 나가고 있는 사람. 행복한 사람. 6. 세간해(世間解): 세간을 안 사람. 7. 무상사(無上士): 더할 나위 없는 사람. 8. 조어장부(調御丈夫): 인간의 조어자(調御者). 채찍을 들고 말을 조련하는 조마사(調馬師) 관념에서 따옴. 9. 천인사(天人師): 신들과 인간의 스승. 10. 불세존(佛世尊): Buddha Bhagava. 세존의 원어.

이에 난타는 수기를 받고는 기쁨에 넘쳐서 무릎을 꿇고 부처
님께 출가할 수 있기를 바랐다. 부처님은 그 말을 들으시고는
비구니가 되는 것을 허락하셨다.[15]

이름은 등광燈光이라 했고 여래의 열 가지 명호를 모두 갖출 것이라
고 했다. 여래如來란 수행을 완성한 사람인데, 정변지正編知라 하여 올바
르게 깨달은 사람, 천인사天人師라 하여 신들과 인간의 스승 등 열 가지
칭호마저 갖게 될 것이라고 했다. 그러자 난타 여인은 부처님께 출가
하기를 원하였고, 부처님은 그녀가 비구니(여자 승려)가 되는 것을 허락
하였다.

여성이 승려가 되는 것은 부처님 당시에 쉬운 일이 아니었다. 가장
심하게 차별을 받는 집단으로 수드라라는 천민 집단이 있었지만 이들
보다 더 극심한 차별을 받는 사람이 여성이었다. 아버지의 딸로, 남편
의 아내로, 남편이 죽은 후에는 아들의 어머니로 살아야 하는 존재가
여성이었다. 여성은 독립된 인간으로 살 수 없었고, 수행하는 사람이
된다는 것은 말도 안 되는 일이었다. 그리고 당시 수행자들은 숲에서
잠을 자고 누더기 차림으로 걸식하여 생활하던 시기였으니 부처님도
처음에는 여성의 출가를 반대했던 것으로 보인다.

그런데 남편 숫도다나왕이 세상을 떠난 후 홀로 남은 마하프라자
파티 부인, 부처님의 부인이었던 야소다라, 남편이 출가해 혼자 남게
된 여인 등 500명이나 되는 여성이 스스로 머리를 깎고 부처님을 따라

---

15 『賢愚經』卷第三, 「貧女難陀品」.

불교 연등의 기원과 인도

맨발로 거칠고 험한 길을 마다않고 쫓아간다. 그리고 나서야 부처님은 그 여인들의 출가를 허락한다. 여성이 출가해 수행한다는 것은 결코 쉬운 일이 아니었기 때문에 부처님은 처음에는 꺼리시다가 결국 비구니로 받아들인다. 평등을 강조하는 불교가 여성이라고 받아들이지 않는다면 말이 안 되는 것이다. 하지만 당시의 시대상으로 여성들을 교단에 받아들이는 게 현실적으로 많은 어려움이 있었던 것으로 보인다.

어쨌든 난타 여인은 부처님의 수기를 받고 비구니로 출가하게 되었다. 천민이요 여성인 난타가 최고의 신성 집단인 부처님의 교단에 소속된 것이다. 그것은 참으로 놀라운 결정이었다. 부처님의 뛰어난 제자인 아난과 목련은 그 가난한 여인이 고통과 재앙에서 벗어나 수기 받고 출가하는 것을 보고는 "난타라는 여인은 과거에 어떤 행함이 있었기에 이 세상을 살면서 걸인으로 살아야 했습니까? 또한 어떤 행함 때문에 부처님을 만나 출가하고, 사방의 무리가 공경하여 우러르고 공양하기를 다투게 된 것입니까?"라고 그 이유를 묻게 된다. 난타 여인이 전생에 어떤 업業을 지었기에 현생에서 거지의 삶을 살게 되었으며, 출가하여 수많은 사람들이 따르게 되었는지를 여쭌 것이다.

부처님은 아난에게 말씀하셨다.

"과거에 부처님이 계셨는데, 이름을 가섭迦葉이라 했다. 그때 세상에는 거사居士[16]의 부인이 있었는데, 몸소 가서는 부처님

---

16 거사(居士): 집에 기거하는 선비라는 뜻인데, 불교가 성행하던 시기에는 재화를 쌓아 가업

과 비구들을 청하였다. 그런데 부처님은 이미 한 가난한 여인에게서 공양을 받는 중이었다. 그 여인은 이미 아나함도阿那含道[17]를 얻은 상태였다.

그때 장자의 부인은 많은 재산을 갖고 있었지만 그 가난한 사람을 가볍고 소홀하게 여기고, 부처님이 그가 청하는 것을 받아들이는 것을 싫어하여 거듭 부처님께 말씀드렸다.

"세존께서는 어찌하여 저의 공양을 받지 않으시고 먼저 저 걸인의 청에 응하신 것입니까?"

이렇게 악한 말로 성인을 업신여겼다. 그래서 그 후 500년 동안 그는 항상 가난하고 천하여 비렁뱅이 노릇이나 하는 집안에 태어나야 했다.

그러나 그날 여래와 승려들께 존경의 마음과 기쁨에 차서 공양을 올린 까닭에 이제는 부처님을 직접 만나 뵙고 출가하고 수기를 받고 공경과 우러름을 받게 된 것이다."[18]

과거에 가섭이라는 부처님이 계셨을 때, 부유한 한 여인이 부처님과 비구들을 청하였다. 그런데 부처님은 아나함도를 얻은 가난한 여인에게 공양을 받고 있었다. 그때 부자의 아내였던 그 부인은 어찌하여 자신의 공양을 받지 않고 가난한 여인의 공양을 받는가 하고 업신여기

에 종사하고, 재산이 풍부한 사람을 뜻했다.

17 아나함도(阿那含道): 욕계로 돌아오지 않는 사람의 도(道), 또는 상태라는 뜻.

18 『賢愚經』卷第三, 「貧女難陀品」.

불교 연등의 기원과 인도

는 말을 했던 것이다. 그 악한 말 때문에 부자의 아내는 가난하고 천한 집안에 태어나게 되었는데 그 부자의 아내가 바로 앞서 보았던 등불을 바치던 여인이었다고 했다. 여래와 승려들께 존경과 기쁨의 마음으로 공양을 올린 까닭에 과거의 잘못이 모두 씻어지고 출가하고 수기를 받게 되었다는 것이다.

전생에 지은 악업이 현생의 고통을 가져올 수 있지만 마음을 돌려 선행을 닦으면 고통에서 벗어나게 된다는 가르침이 담겨 있다. 원인이 있으면 반드시 결과가 따른다는 인과의 법칙이 등불 이야기에서도 그대로 나타난다.

부처님이 말씀하신 전생 이야기는 그때 사람들을 모두 기쁘게 하였다. 가난한 여인이 등불을 올리고 부처님이 될 것이라는 수기를 받았다는 이야기는 많은 사람을 감동시키기에 부족하지 않았다. 그 소식이 있은 후에 사람들은 그를 우러르고 좋은 옷을 보시하고 온갖 물건을 모자라지 않게 해 주었다고 한다. 그리고 존경을 받는 자나 비천한 자, 어른 아이 할 것 없이 온 나라 남녀들이 기름으로 등불을 밝히고 기원으로 가서 부처님께 공양했다고 한다. 기원과 숲속은 등불로 가득 채워져 수많은 별들이 반짝이듯 7일 동안 밤하늘을 밝혔다고 한다.

등불을 밝힌 부처의 전생 이야기

이런 모습을 보고 아난은 다시 여쭈었다. 부처님은 어떤 선한 일을 하셨기에 이처럼 등불 공양의 과보果報를 받으시는지를 여쭈었던 것이다. 그러자 부처님은 다음과 같은 전생 이야기를 들려준다.

먼 옛날 두 아승기의 91겁 전[19] 이곳 염부제閻浮提[20]에 큰 나라
의 왕이 있었는데 이름이 파새기波塞奇였다. 그는 팔만사천이
나 되는 작은 나라들의 주인이었다. 왕과 대부인은 태자를 낳
았는데 몸이 자줏빛 유약의 색을 지녔고, 32상[21]에 80종호[22]를
지녔고, 그 정수리에는 저절로 된 보배가 있어 여러 가지 빛나
는 모양이 사람의 눈을 부시게 하였다.

왕은 관상가를 불러 그 상의 길흉을 점치게 하고, 이름을 지으
라 하였다. 관상가는 그 기묘한 상을 보고 손을 들어 외쳤다.

"아, 훌륭하고 훌륭하여라. 이제 이 태자는 이 세상의 천상과
인간에서 짝할 이가 없습니다. 만일 집에 있으면 전륜성왕이
될 것이요, 집을 떠나면 스스로 깨치는 부처가 될 것입니다."

관상가는 이어 왕에게 물었다.

"태자가 날 때에 어떤 이상한 일이 있었습니까?"

왕이 대답하였다.

---

19 원문은 2아승기91겁(二阿僧祇九十一劫)으로 나와 있다. '아승기'는 10의 59승(乘)을 의미
하고, '겁'은 측정할 수 없는 긴 시간을 뜻한다.

20 염부제(閻浮提): 수미산의 남방에 있는 대륙. 수미산을 중심으로 인간세계를 동서남북 4주
로 나누는데, 염부제는 남주로 인도 등은 염부제에 속한다고 한다. 본래는 인도의 땅을 가
리키던 것이 후에는 인간세계를 일컫게 되었다.

21 32상(三十二相): 위대한 인간이 가진 32가지 상서로운 모습. 부처님의 신체에 갖추어져 있
다는 32가지 표상.

22 80종호(八十種好): 팔십의 길상이라는 뜻. 부처님의 신체에 갖춰졌다는 80가지의 부차적
특징.

불교 연등의 기원과 인도

"정수리에 빛나는 보배가 저절로 솟아나 있었다."

그래서 곧 이름을 지어 늑나식기勒邢識祇(진晉나라 말로는 보계寶
髻[23]라는 뜻이다)라 하였는데, 그는 차츰 장성하여 집을 떠나 도
를 배워 부처가 되었다. 그리하여 인민들을 교화하였고 많은
사람들을 제도하였다.[24]

왕자는 몸이 자줏빛 유약의 색을 지녔고, 32상에 80종호를 지녔으
며, 정수리에는 보배가 있어 눈부셨다고 했다. 이는 고타마 싯다르타
의 전기에 흔히 등장하는 이야기이다. 그리고 관상가라고 나온 이는
역사적 부처의 전기에 등장하는 선인仙人 아시타와 매우 유사하다. 산
스크리트어로 쓰인 『랄리타비스트라(Lalitavistra, 유희전개遊戱展開)』에는 다
음과 같은 이야기가 전한다.

그 당시 위대한 선인 아시타가 산맥의 제왕인 히말라야 북단
에 여동생의 아들 나라다타와 함께 살고 있었다. 그는 다섯 가
지 신통력을 갖춘 사람이었다. 보살이 태어났을 때 아시타 선
인은 여러 가지 기적을 보았다. 하늘에서는 신의 아들들이 너
무 기쁜 나머지 천을 흔들면서 이리저리 뛰어다녔다. 그것을
보고 아시타 선인은 이렇게 말했다.
"이거 내 주위를 한번 살펴봐야겠는걸."

---

23 보계(寶髻): 보살이나 불상 머리 위에 얹는 상투.
24 『賢愚經』卷第三,「貧女難陀品」.

인도 전역을 한꺼번에 볼 수 있는 천안天眼을 한 번 굴리자 카필라라고 하는 도성의 숫도다나 왕가에 어린 왕자가 태어났음을 알 수 있었다. 온몸이 100가지 광휘로 빛나고 전 우주의 칭송을 받는 그 왕자는 32상을 갖추고 있었다.[25]

천안통天眼通을 지닌 아시타 선인은 왕가에 전 우주의 칭송을 받는 왕자가 태어난 것을 일찌감치 알았다. 선인은 왕의 부름을 받고 왕실을 찾았는데 왕은 그 선인에게 왕자의 길흉을 점치게 하였다. 선인은 그 왕자가 집에 있으면 전륜성왕이 될 것이요, 집을 떠난다면 부처가 될 것이라고 예언해 주었다. 전륜성왕은 무력을 사용하지 않으면서 오로지 정의만으로 전 세계를 다스리는 이상적인 제왕을 가리킨다. 싯다르타의 전생을 다루고 있는 『현우경』에서는 왕자가 집을 나가 부처가 되었다고 바로 얘기를 전개하고 있어 실제 부처의 전기들과는 다르게 나온다.

실제 부처의 전기에서 아버지 왕은 왕자가 전륜성왕이 되기를 바랐다. 왕자가 왕실을 벗어나 부처가 되는 것을 달가워하지 않았다. 그래서 왕자에게 온갖 즐거움을 선사하면서 중생의 고통을 보지 못하게 하고, 태자로 삼고 결혼도 시킨다. 그런데 왕자가 열두 살이 되던 해 봄날에 왕이 농경제[26]에서 파종식을 거행하는 모습을 보게 된다. 농부

---

25 『랄리타비스트라(Lalitavistra)』7장(장 부아슬리에 지음, 이종인 옮김, 『붓다』, 시공사, 1996, 44쪽.)
26 군주가 농사를 짓기 전에 첫 삽을 뜨면서 풍년을 기원하는 제사.

불교 연등의 기원과 인도

들은 벌거숭이로 고생을 하고, 밭을 가는 소들은 매를 맞아 가며 피를 흘리고 있었다. 왕자는 그 광경을 보고 '중생들은 참으로 불쌍하구나. 서로가 잡아먹고 먹히니 말이다.'[27]라고 생각한다. 그리고 왕자는 가비라성의 동서남북 4대 문을 나가 다니다가, 동문에서는 늙은이를 보고, 남문에서는 병든 이를 보고, 서문에서는 죽은 사람을 보고, 북문에서는 승려를 보고는 출가를 결심하게 되었다고 한다.

부처의 전생을 다루는 『현우경』에서는 이런 이야기를 자세하게 밝히고 있지 않다. 성장하여 부처가 되었고, 중생들을 교화하고 제도하였다고만 하고 있다. 이는 『현우경』에서 말하는 부처가 우리가 알고 있는 고타마 싯다르타를 가리키는 것이 아니라 '먼 옛날 두 아승기의 91겁 전'에 계셨던 부처를 말하고 있기 때문이다. 부처는 과거에도 현재에도 미래에도 존재하며, 수많은 부처님이 시대와 지역을 초월하여 존재한다는 사고가 반영된 이야기이다. 그런데도 역사적 존재인 고타마 싯다르타의 탄생과 출가 이야기와 유사한 전생 부처가 등불과 연관을 맺고 이야기되고 있는 것이다. 그리고 이야기의 초점은 왕자가 아니라 왕자의 아버지와 공주, 그리고 주인공 '아리밀라'라는 비구에게 모아진다.

그때 그 부왕은 부처님과 스님들을 청하여 석 달 동안 공양하였는데, 거기에는 이름이 아리밀라阿梨蜜羅(진晉나라 말로는 성우聖友라는 뜻이다)라는 비구가 있었다. 이 비구는 등을 만들어 석

---

27 『불본행집경』.

달 동안 공양하는 시주를 구하려고 날마다 성으로 들어가 여러 장자와 거사와 인민들에게 가서 소유蘇油 등불의 재료를 구하였다.

그때 그 나라 공주 모니牟尼는 높은 다락에 올라 그 비구가 날마다 성에 들어와 무엇을 구하는 것을 보고, 마음으로 공경하고 존중하여 사람을 보내어 물었다.

"존자는 늘 그처럼 수고하시는데, 무슨 일을 경영하십니까?"

비구는 대답하였다.

"나는 지금 석 달 동안 부처님과 비구 스님들을 위해 등불을 켜려고 시주를 구합니다. 그래서 성에 들어가 여러 현자를 찾아다니면서 소유 등불의 재료를 구하고 있습니다."

사신이 돌아가 보고하자 공주는 기뻐하면서 아리밀라에게 말을 전하였다.

"지금부터는 다니면서 구걸하지 마십시오. 제가 등을 만들 재료를 공급하겠습니다."

비구는 그리 하라 하였다. 그 뒤로 왕의 딸은 늘 소유 등불의 재료를 절에 보내었다.

아리밀라 비구는 날마다 주선하여 등불을 켜 공양하고 일체중생을 두루 제도할 서원을 세웠는데, 정성이 지극하고 독실하였다. 부처님께서는 그에게 수기를 주셨다.

"너는 오는 세상 아승기겁 뒤에 부처가 되어 이름을 정광定光이라 할 것이요, 10호號를 완전히 갖출 것이다."

오랜 옛날 부처님이 계실 때에 아버지 왕이 부처님과 스님들을 모셔 놓고 석 달 동안 공양했다고 한다. 그때 아리밀라라는 비구와 모니라는 공주가 주인공으로 등장한다. 비구는 등을 만들기 위하여 성에 들어가 사람들에게 소유蘇油 등불의 재료를 구한다. 공주는 그런 비구의 노력을 알고 자신이 등을 만들 재료를 공급한다. 그러한 비구의 정성을 본 부처는 그에게 아승기겁이라는 오랜 세월이 지난 후 정광定光이라는 부처가 될 것이라고 수기를 주었다는 것이다.

여기에 등장하는 소유蘇油는 버터로 제조한 기름으로 식용으로도 쓰고 신체에 바르는 데에도 사용하는 것을 말한다고 한다. 또는 재스민(jasmine)의 일종으로 일컬어지는 소말나蘇末那(sumanā)의 꽃즙으로 만든 향유라고도 한다. 재스민의 원산지가 히말라야인 것으로 보아 부처님 당시에 이 재스민꽃의 즙으로 만든 소유로 등불을 켰다는 것을 알게 한다. 그리고 우리나라에서도 소유로 불을 피워 재앙이나 악업을 태워 없애는 의식에서 사용했다고 한다.

어쨌든 아리밀라 비구와 모니 공주가 이 소유라는 기름을 구해 등불을 피우게 되었다는 것이다. 그 공덕으로 아리밀라 비구는 부처님께 수기를 받았다고 한다. 그런데 이야기는 여기에서 끝이 아니다. 앞서 살핀 이야기의 난타 여인이 장자 부인일 때와 같이 모니 공주가 의심을 품게 된다.

왕의 딸 모니는 아리밀라 비구가 장차 부처가 되리라는 수기를 받았다는 말을 듣고 속으로 생각하였다.
'부처님께 바치는 등불은 모두 내 소유요, 비구는 그것을 주선

만 하였다. 그런데 지금 그 비구는 기별을 받는데 나만 홀로 받지 못하였구나.'

이렇게 생각하고 부처님께 나아가 자기 심정을 하소연하였다. 부처님께서는 모니에게도 수기를 주면서 말씀하셨다.

"너는 오는 세상 두 아승기의 91겁 뒤에 부처가 되어 이름을 석가모니라 할 것이요, 10호를 완전히 갖출 것이다."

이에 공주 모니는 부처님의 예언을 듣고, 기쁨이 마음속에서 터져 나오면서 갑자기 남자로 변하였다. 그가 거듭 부처님 발에 예배하고 사문이 되기를 원하자, 부처님께서는 곧 허락하셨다. 그는 용맹스럽게 정진하면서 부지런히 닦기를 쉬지 않았다."

난타라는 여인이 전생에 부잣집 여인으로 태어났을 때 아나함도를 얻은 여인을 비난한 죄로 가난하고 천한 집안에 태어나 고통을 받았다고 했다. 그런데 이번에 모니 공주는 등불이 모두 자신의 것이고, 비구는 주선만 하였다고 생각한다. 그래서 자기의 심정을 하소연했더니 모니 공주에게도 부처님이 수기를 주셨다고 한다. 이는 앞선 이야기에서 난타 여인이 500년 동안 고통을 받았던 것과는 다르다.

자세히 들여다보면 난타 여인과 모니 공주의 태도가 달랐기 때문인 것으로 보인다. 전생의 난타 여인은 부처님께 공양하는 가난한 사람을 가볍고 소홀하게 여겼고, 부처님이 그녀의 청을 받는 것조차 싫어했다. 심지어 악한 말로 성인을 업신여겼다고 했다. 그에 비해 모니 공주는 비구를 마음으로 공경하고 존경하였다. 비구가 주선만 했다고

불교 연등의 기원과 인도

생각하는 공주의 마음을 부처님께 솔직하게 털어놓는 것은 문제가 아니었던 것이다.

> 부처님께서는 이어 아난에게 말씀하셨다.
> "그때의 아리밀라 비구는 다른 사람이 아니라 과거의 정광부처님이 바로 그요, 공주 모니는 다른 사람이 아니라 이 몸이니라. 나는 옛날에 등불을 보시한 까닭에 그때부터 수없는 겁 동안에 천상과 인간에서 저절로 복을 받았고, 몸은 특별하여 다른 사람보다 뛰어났으며, 이제 부처가 되었으니 그 등불의 과보를 받은 것이니라."
> 그때 대중들은 부처님 말씀을 듣고 초과初果에서 사과四果까지 받은 이도 있고, 연각緣覺의 선근을 심은 이와 위없는 바르고 참된 도의 마음을 낸 이도 있었다. 혜명慧命 아난과 내중들은 모두 땅에 엎드려 예배하고 기뻐하면서 받들어 행하였다.[28]

마지막 대목이다. 아리밀라 비구는 정광부처님이고, 공주 모니는 바로 역사적 부처님인 석가모니 자신이라고 했다. 옛날에 등불을 보시한 까닭에 부처가 된 것이라고 했다. 등불 공양을 부처가 될 수 있는 길이라 해 놓고 있는 것이다.

여기에서 정광부처님 곧 정광여래錠光如來는 연등불燃燈佛을 가리킨다. 과거세에 출연하여 석가모니부처님이 미래에 성불할 것이라고 예

---

28 『賢愚經』卷第三, 「貧女難陀品」.

언한 부처님이다. 석가모니부처님 이전에 24명의 부처님이 계셨다고 하는데, 그 부처님들 가운데 한 사람으로 알려져 있다. 『법화경法華經』에도 '백천만억 나유타 아승기겁'이라는 아주 오래전에 부처님이 성불하셨고, 그때부터 이 사바세계에 항상 계시면서 법을 설하셨고 교화하셨으며, 중생을 인도하여 이익되게 하셨다고 한다. 그러면서 중간에 연등불燃燈佛과 같은 부처가 되어 설하셨고 열반에 드셨다고 한다.[29]

기원전 1세기 초에 나온, 부처의 전생 이야기를 담은 『자타카(jātaka, 本生譚)』에도 이 연등불에 대한 이야기가 나오는데 일부만 옮겨 보면 이렇다.

> 그리하여 수메에다[善慧] 행자가 신통의 힘을 얻고 선정의 즐거움을 누리면서 나날을 보내고 있을 때, 연등燃燈이라는 부처님이 세상에 나오셨다. 이 부처님이 어머니의 태에 들고 태에서 나오고 보리(깨달음)를 얻고 법륜法輪을 굴리실 때에는, 삼천대천세계가 모두 진동하고 큰 소리를 외치는 등 서른두 가지의 징조가 나타났다. 그러나 수메에다 행자는 선정의 즐거움을 받으면서 나날을 보내고 있었으므로, 그 소리도 듣지 못하고 그 징조도 보지 못했다. 그래서 그 경에는 다음과 같이 말하였다. (중략)
> "그는 부처가 될 결심으로 누워 있다. 그의 소원은 반드시 성취될 것이다. 그리하여 그는 그 생에서는 카필라바투라 성에

29 『法華經』, 「如來壽量品」.

살게 될 것인데, 그 아버지는 정반왕淨飯王이라는 왕이요, 그의 어머니는 마야摩耶라는 왕비일 것이다. 그리고 그의 제일 우두머리 제자는 사리불이라는 장로요, 둘째 제자는 목건련이라 할 것이다. 그 부처님의 시자는 아난다라 하고, 가장 우두머리 여 제자는 마하파사파제라는 비구니이며, 둘째 여 제자는 연화색蓮花色이라는 비구니일 것이다.

그는 지혜가 무르익은 뒤에 크게 출가하여 몹시 정진하되 니그로오다 나무 밑에서 우유죽의 공양을 받아 니련선 강가에서 그것을 먹고 보리도량에 올라가 보리수 밑에서 최상의 바른 깨달음을 얻을 것이다."[30]

연등불은 석가모니가 행자로 수행할 때에 태어나서 그의 성불에 대한 예언을 했다는 이야기이다. 전생 부처의 이름으로 '연등'이 등상할 정도로 등불을 피워 성불한다는 신앙심은 이와 같은 설화 속에도 반영되었던 것이다.

30 『本生經』 I (동국대역경원, 1972, 40~45쪽.)

가난한 여인 난타難陀

나는 이와 같이 들었다. 어느 날 부처님께서 사위국의 기수급고독원에 계실 때였다. 그때 나라 안에 난타難陀라는 여인이 있었다. 그녀는 가난하고 고독하였으며, 늘 구걸하여 살아야 했다. 국왕과 모든 백성들은 남녀노소 가리지 않고 각자 부처님과 스님들께 공양을 베풀었는데, 그 모습을 지켜보던 그 여인은 마음속으로 생각하였다.

'나는 전생에 무슨 죄를 지었기에 가난한 집에 태어나 부처님과 같은 복밭을 만나고서도 공양을 드리지 못하는 것일까?'

그녀는 몹시 괴로워하고 슬퍼하였으며, 스스로의 허물을 깊이 참회하였다. 비렁뱅이 짓을 하여서라도 작은 공양이나마 드릴 수 있기를 바랐다. 그리하여 하루가 다 가도록 쉬지 않고 일했지마는 얻은 것이라곤 겨우 몇 푼이었다. 그녀는 그 돈을 가지고 기름집에 가서 기름을 사고 싶다고 했다. 기름집 주인이 물었다.

"1전어치 기름을 사 봤자 쓸데가 없을 텐데 도대체 어디에 쓰려는 겐가?"

난타는 마음에 품은 생각을 말하였다. 그러자 기름집 주인은 그녀를 가엾이 여겨 기름을 갑절로 주었다. 그녀는 그 기름을 얻고는 매우 기뻐하면서 등불 하나를 만들어서 기원정사를 향해 갔다. 그리고 석가세존께 받들어 올리고는 부처님 앞의 수많은 등불 가운데 두면서 서원을 세웠다.

'저는 지금 가난해서 부처님께 이렇게 작은 등불이나마 공양합니다. 그렇지만 이 인연 공덕으로 돌아오는 생에는 지혜 광명을 얻어 일체중생의 어둠을 없애 주옵소서.'

이와 같이 서원을 세우고 부처님께 예배하고 떠나갔다.

밤이 샐 무렵이 되자 등불들이 꺼져 갔다. 그런데 유독 그녀의 등불만 계속 불타고 있었다. 그날은 목련존자가 불을 끄는 당번을 맡고 있었다. 하늘을 보니 이미 날이 밝아 오고 있었으므로 꺼진 등불들을 거두어서 잘 놓아두려 했다. 그런데 한 등불이 홀로 밝게 타고 있는 것이 아닌가. 기름 심지는 줄어들지도 않고 새롭게 피운 등불과 같았다. 목련존자는 생각했다.

'대낮에 등불을 밝히는 것은 쓸모없는 일이다. 이걸 꺼 두었다가 저물녘에 다시 켜야 할 텐데.'

목련은 바로 손을 들어 바람을 일으켜 등불을 끄려 했다. 그런네 등불은 예전처럼 불타면서 꺼지지 않았다. 다시 수람隨藍의 바람을 일으켜 불을 끄려 했으나 소용없었다. 부처님은 목련이 그 등불을 끄려 하는 것을 보시고는 목련에게 말씀하셨다.

"지금 이 등불은 너희 성문승聲聞僧들이 어찌할 수 있는 게 아니다. 네가 사해의 바닷물을 끌어와 거기에 끼얹더라도, 산바람을 끌어다 불게 해도 역시 그 불을 끌 수는 없다. 어째서 그런가 하면 이것은 넓은 원념을 내고 대자비심을 내어 보시를 한 물건이기 때문이다."

부처님이 이렇게 말씀하신 후 난타 여인이 다시 와서는 부처님을 향해 예를 드렸다. 이때 부처님은 수기를 주셨다.

"너는 오랜 세월이 흐르는 가운데 마땅히 부처가 될 것이다. 이름은 등광燈光이요, 여래의 열 가지 명호를 모두 갖출 것이다."

이에 난타는 수기를 받고는 기쁨에 넘쳐서 무릎을 꿇고 부처님께 출가할 수 있기를 바랐다. 부처님은 그 말을 들으시고는 비구니가 되는 것을 허락하셨다.

혜명慧命 아난과 목련은 그 가난한 여인이 고통과 재앙에서 벗어나 출가하고 수기를 받는 것을 보고 무릎을 꿇고 합장 공경하며 부처님께 아뢰었다.

"난타라는 여인은 과거에 어떤 행함이 있었기에 이 세상을 살면서 걸인으로 살아야 했습니까? 또한 어떤 행함 때문에 부처님을 만나 출가하고, 사방의 무리가 공경하여 우러르고 공양하기를 다투게 된 것입니까?"

부처님은 아난에게 말씀하셨다.

"과거에 부처님이 계셨는데, 이름을 가섭迦葉이라 했다. 그때 세상에는 거사居士의 부인이 있었는데, 몸소 가서는 부처님과 비구들을 청하였다. 그런데 부처님은 이미 한 가난한 여인에게서 공양을 받는 중이었다. 그 여인은 이미 아나함도阿那舍道를 얻은 상태였다.

그때 장자의 부인은 많은 재산을 갖고 있었지만 그 가난한 사람을 가볍고 소홀하게 여기고, 부처님이 그가 청하는 것을 받아들이는 것을 싫어하여 거듭 부처님께 말씀드렸다.

"세존께서는 어찌하여 저의 공양을 받지 않으시고 먼저 저 걸인의 청에 응하신 것입니까?"

이렇게 악한 말로 성인을 업신여겼다. 그래서 그 후 오백 년 동안 그는 항상 가난하고 천하여 비렁뱅이 노릇이나 하는 집안에 태어나야 했다.

불교 연등의 기원과 인도

그러나 그날 여래와 승려들께 존경의 마음과 기쁨에 차서 공양을 올린 까닭에 이제는 부처님을 직접 만나 뵙고 출가하고 수기를 받고 공경하고 우러름을 받게 된 것이다."

그때 사람들은 부처님이 그렇게 말씀하셨다는 것을 듣고 모두 크게 기뻐하였다. 국왕과 신하, 백성들은 이 가난한 여인이 하나의 등불을 올리고 부처님이 되는 예언을 받아 부처님이 될 것이라는 소식을 들은 후에는 모두 그를 우러르게 되었고 각기 최상의 옷을 보시했으며, 일상생활에 소비되는 일체의 물건들이 모자라지 않도록 해 주었다. 그리하여 존경을 받는 자나 비천한 자, 어른 아이 할 것 없이 온 나라 남녀들이 다투어 여러 개의 향기가 나는 기름의 등불을 밝히고서 기원祇洹으로 가서 부처님께 공양했다. 진실로 많은 사람들이 등불로 기원과 여러 숲속, 그리고 사방을 가득 채웠는데, 수많은 별들이 하늘에 펼쳐진 듯하였다. 그렇게 매일 7일 동안 밤을 밝혔다.

그때 아난이 매우 기뻐하며 여래께서 행하시는 덕행에 감탄하면서 부처님께 아뢰었다.

"알 수가 없습니다. 세존이시여! 과거 세상에서 어떤 선한 일을 하셨기에 이와 같이 다함이 없는 등불 공양의 과보果報를 받으시는 것입니까?"

부처님이 아난에게 말씀하셨다.

"먼 옛날 두 아승기의 91겁 전 이곳 염부제閻浮提에 큰 나라의 왕이 있었는데 이름이 파새기波塞奇였다. 그는 팔만사천이나 되는 작은 나라들의 주인이었다. 왕과 대부인은 태자를 낳았는데 몸이 자줏빛 유약의 색을 지녔고, 32상에 80종호를 지녔고, 그 정수리에는 저절로 된 보배가 있어 여러 가지 빛나는 모양이 사람의 눈을 부시게 하였다.

왕은 관상가를 불러 그 상의 길흉을 점치게 하고, 이름을 지으라 하였다. 관상가는 그 기묘한 상을 보고 손을 들어 외쳤다.

"아, 훌륭하고 훌륭하여라. 이제 이 태자는 이 세상의 천상과 인간에서 짝할 이가 없습니다. 만일 집에 있으면 전륜성왕이 될 것이요, 집을 떠나면 스스로 깨치는 부처가 될 것입니다."

관상가는 이어 왕에게 물었다.

"태자가 날 때에 어떤 이상한 일이 있었습니까?"

왕이 대답하였다.

"정수리에 빛나는 보배가 저절로 솟아나 있었다."

그래서 곧 이름을 지어 늑나식기勒那識祇(진뜰나라 말로는 보계寶髻라는 뜻이다)라 하였는데, 그는 차츰 장성하여 집을 떠나 도를 배워 부처가 되었다. 그리하여 인민들을 교화하였고 많은 사람들을 제도하였다.

그때 그 부왕은 부처님과 스님들을 청하여 석 달 동안 공양하였는데, 거기에는 이름이 아리밀라阿梨蜜羅(진뜰나라 말로는 성우聖友라는 뜻이다)라는 비구가 있었다. 이 비구는 등을 만들어 석 달 동안 공양하는 시주를 구하려고 날마다 성으로 들어가 여러 장자와 거사와 인민들에게 가서 소유蘇油 등불의 재료를 구하였다.

그때 그 나라 공주 모니牟尼는 높은 다락에 올라 그 비구가 날마다 성에 들어와 무엇을 구하는 것을 보고, 마음으로 공경하고 존중하여 사람을 보내어 물었다.

"존자는 늘 그처럼 수고하시는데, 무슨 일을 경영하십니까?"

비구는 대답하였다.

"나는 지금 석 달 동안 부처님과 비구 스님들을 위해 등불을 켜려고 시주를 구합니다. 그래서 성에 들어가 여러 현자를 찾아다니면서 소유 등불 재료를 구하고 있습니다."

사신이 돌아가 보고하자 공주는 기뻐하면서 아리밀라에게 말을 전하였다.

"지금부터는 다니면서 구걸하지 마십시오. 제가 등을 만들 재료를 공급하겠습니다."

비구는 그리 하라 하였다. 그 뒤로 왕의 딸은 늘 소유 등불의 재료를 절에 보내었다.

아리밀라 비구는 날마다 주선하여 등불을 켜 공양하고 일체중생을 두루 제도할 서원을 세웠는데, 정성이 지극하고 독실하였다. 부처님께서는 그에게 수기를 주셨다.

"너는 오는 세상 아승기겁 뒤에 부처가 되어 이름을 정광定光이라 할 것이요, 10호號를 완전히 갖출 것이다."

왕의 딸 모니는 아리밀라 비구가 장차 부처가 되리라는 수기를 받았다는 말을 듣고 속으로 생각하였다.

'부처님께 바치는 등불은 모두 내 소유요, 비구는 그것을 주선만 하였다. 그런데 지금 그 비구는 기별을 받는데 나만 홀로 받지 못하였구나.'

이렇게 생각하고 부처님께 나아가 자기 심정을 하소연하였다. 부처님께서는 모니에게도 수기를 주시면서 말씀하셨다.

"너는 오는 세상 두 아승기의 91겁 뒤에 부처가 되어 이름을 석가모니라 할 것이요, 10호를 완전히 갖출 것이다."

이에 공주 모니는 부처님의 예언을 듣고, 기쁨이 마음속에서 터져 나오면서 갑자기 남자로 변하였다. 그가 거듭 부처님 발에 예배하고 사문이 되기를 원하자, 부처님께서는 곧 허락하셨다. 그는 용맹스럽게 정진하면서 부지런히 닦기를 쉬지 않았다."

부처님께서는 이어 아난에게 말씀하셨다.

"그때의 아리밀라 비구는 다른 사람이 아니라 과거의 정광부처님 이 바로 그요, 공주 모니는 다른 사람이 아니라 이 몸이니라. 나는 옛 날에 등불을 보시한 까닭에 그때부터 수없는 겁 동안에 천상과 인간에 서 저절로 복을 받았고, 몸은 특별하여 다른 사람보다 뛰어났으며, 이 제 부처가 되었으니 그 등불의 과보를 받은 것이니라."

그때 대중들은 부처님 말씀을 듣고 초과初果에서 사과四果까지 받은 이도 있고, 연각緣覺의 선근을 심은 이와 위없는 바르고 참된 도의 마음 을 낸 이도 있었다. 혜명慧命 아난과 대중들은 모두 땅에 엎드려 예배하 고 기뻐하면서 받들어 행하였다.

貧女難陀

如是我聞: 一時佛在舍衛國祇樹給孤獨園. 爾時國中, 有一女人名曰難陀, 貧窮 孤獨, 乞匃自活. 見諸國王臣民大小, 各各供養佛及眾僧, 心自思惟:「我之宿罪, 生處貧賤, 雖遭福田, 無有種子.」酸切感傷, 深自咎悔, 便行乞匃, 以俟微供. 竟 日不休, 唯得一錢, 持詣油家, 欲用買油. 油家問曰:「一錢買油, 少無所逮, 用作 何等?」難陀具以所懷語之. 油主憐愍, 增倍與油. 得已歡喜, 足作一燈, 擔向精 舍, 奉上世尊, 置於佛前眾燈之中, 自立誓願:「我今貧窮, 用是小燈, 供養於佛. 以此功德, 令我來世得智慧照, 滅除一切眾生垢闇.」作是誓已, 禮佛而去, 乃至夜竟, 諸燈盡滅, 唯此獨燃. 是時目連, 次當日直, 察天已曉, 收燈摒擋, 見此一燈, 獨燃明好, 膏炷未損, 如新燃燈, 心便生念:「白日燃燈, 無益時用. 欲取滅之, 暮規還燃.」即時舉手, 扇滅此燈, 燈焰如故, 無有虧滅; 復以衣扇, 燈明不損. 佛見目連欲滅此燈, 語目連曰:「今此燈者, 非汝聲聞所能傾動, 正使汝注四大海水, 以用灌之, 隨嵐風吹, 亦不能滅. 所以爾者? 此是廣濟, 發大心人所施之物.」佛說是已, 難陀女人, 復來詣佛頭面作禮, 於時世尊, 即授其記:「汝於來世二阿僧祇百劫之中, 當得作佛, 名曰燈光, 十號具足.」於是難陀, 得記歡喜, 長跪白佛, 求索出家. 佛即聽之, 作比丘尼.

慧命阿難, 目連, 見貧女人得免苦厄出家受記, 長跪合掌, 前白佛言:「難陀女人, 宿有何行, 經爾許時, 貧乞自活? 復因何行, 值佛出家, 四輩欽仰諍求供養?」佛言阿難:「過去有佛, 名曰迦葉. 爾時世中, 有居士婦, 躬往請佛及比丘僧, 然佛先已可一貧女, 受其供養, 此女已得阿那含道. 時長者婦, 自以財富, 輕忽貧者, 嫌佛世尊先受其請, 便復言曰:『世尊云何不受我供, 乃先應彼乞人請也?』以其惡言, 輕忽賢聖, 從是以來, 五百世中, 恒生貧賤乞匃之家. 由其彼日供養如來及於眾僧, 敬心歡喜, 今值佛世, 出家受記, 合國欽仰.」

爾時眾會, 聞佛說此已, 皆大歡喜. 國王臣民, 聞此貧女奉上一燈受記作佛, 皆發欽仰, 並各施與上妙衣服, 四事無乏. 合國男女, 尊卑大小, 競共設作諸香油燈, 持詣祇洹, 供養於佛. 眾人猥多, 燈滿祇洹, 諸樹林中, 四匝彌滿, 猶如眾星列在空中, 日日如是, 經於七夜.

爾時阿難, 甚用歡喜, 嗟歎如來若干德行, 前白佛言:「不審, 世尊! 過去世中, 作何善根, 致斯無極燈供果報?」

佛告阿難:「過去久遠二阿僧祇九十一劫, 此閻浮提, 有大國王, 名波塞奇, 主此世界八萬四千諸小國土. 王大夫人, 生一太子, 身紫金色, 三十二相, 八十種好, 當其頂上, 有自然寶, 眾相晃朗, 光曜人目. 即召相師, 占相吉凶, 因為作字.

相師披看, 見其奇妙, 舉手唱言:『善哉善哉! 今此太子, 於諸世間天人之中無與

等者, 若其在家, 作轉輪聖王, 若其出家, 成自然佛.』相師白王:『太子生時, 有何

異事?』王答之言:『頂上明寶, 自然隨出.』便為立字字勒那識祇, 晉言寶髻. 年

漸長大, 出家學道, 得成為佛, 教化人民, 度者甚多. 爾時父王, 請佛及僧, 三月

供養. 有一比丘, 字阿梨蜜羅, 晉言聖友, 保三月中, 作燈檀越, 日日入城, 詣諸

長者居士人民, 求索蘇油燈炷之具. 時王有女, 名曰牟尼, 登於高樓, 見此比丘

日行入城, 經營所須, 心生敬重, 遣人往問:『尊人恒爾勞苦, 何所營理?』比丘報

言:『我今三月, 與佛及僧, 作燈檀越, 所以入城詣諸賢者, 求索蘇油燈炷之具, 使

還報命.』王女歡喜, 又語聖友:『自今已往, 莫復行乞, 我當給汝作燈之具.』比丘

可之. 從是已後, 常送蘇油燈炷之具, 詣於精舍. 聖友比丘, 日日經營, 燃燈供養,

發意廣濟誠心欷著. 佛授其記:『汝於來世阿僧祇劫, 當得作佛, 名曰定光, 十號

具足.』王女牟尼, 聞聖友比丘授記作佛, 心自念言:『佛燈之物, 悉是我有, 比丘

經營, 今已得記, 我獨不得.』作是念已, 往詣佛所, 自陳所懷. 佛復授記, 告牟尼

曰:『汝於來世二阿僧祇九十一劫, 當得作佛, 名釋迦牟尼, 十號具足.』於是王

女, 聞佛授記, 歡喜發中, 化成男子, 重禮佛足, 求為沙門. 佛便聽之, 精進勇猛,

勤修不息.』佛告阿難:「爾時比丘阿梨蜜者, 豈異人乎? 乃往過去定光佛是. 王

女牟尼, 豈異人乎? 我身是也. 因由昔日燈明布施, 從是已來, 無數劫中, 天上世

間受福自然, 身體殊異超絕餘人, 至今成佛, 故受此諸燈明之報.」

　　時諸大會聞佛所說, 有得初果乃至四果, 或種緣覺善根之者, 有發無上正真

道意. 慧命阿難, 及諸眾會, 咸共頂戴, 踊躍奉行.[31]

---

31 『賢愚經』卷第三,「貧女難陀品」.

난타難陀가 켠 등불은
성문聲聞의 신력으로도 모두 끌 수 없었다

부처님께서는 급고독정사給孤獨精舍에 유행하고 계셨다. 바사닉 왕波斯匿
王이 부처님과 여러 대중 권속들에게 공양하면서 기원祇洹의 세로와 너
비 160리에 두루 등불을 켰으므로 백성들은 다투어서 구경하였다. 가
난한 집 여인 난타難陀는 일정한 거처가 없었으므로 길 가는 이에게 물
어서 알게 되었다. 바사닉왕은 기름 천 곡斛으로써 부처님을 위하여 등
불을 켰으므로 난타는 자신을 원망하면서 '나는 무엇 때문에 이렇게 가
난할까?' 하였다. 이내 마을 거리로 들어가서 집집마다 구걸하여 조금
의 잡곡밥을 얻었으므로 생각하기를 '나는 이것을 팔아서 등불 값을 마
련해야겠구나.' 하고 팔아서 1전錢을 얻어 기름집으로 갔더니, 기름집
에서는 여인에게 물었다.

"1전어치 기름을 가지고 무슨 복덕을 짓겠다는 것이오?"

난타는 대답하였다.

"부처님께 등불을 켜고 싶어서입니다."

기름집 주인은 그 말을 듣고 그를 도우며 기뻐 뛰면서 한 등 몫의
기름을 가져다 그에게 주자, 가난한 여인은 기뻐하며 받아서는 기원에
이르렀다.

부처님께서는 아난에게 말씀하셨다.

"어느 큰 장자가 위없는 복을 일으켰으나 스스로 와서 문을 열고 들
어오지 못하는구나."

바사닉왕은 부처님의 이 말씀을 듣고 이윽고 생각하였다.

'나는 사위국이라는 한 나라의 높은 사람이다. 도의 공양을 일으킨

것에 어찌 나보다 뛰어난 이가 있겠느냐? 부처님께서는 무엇 때문에 나를 칭찬하지 않으시고 또 장자를 말씀하실까?'

잠시 후에 가난한 여인이 부처님께로 와서 가지고 있는 등불을 켜서 부처님 앞에 놓으면서 소원을 빌었다.

"이제 큰 서원을 세우고 아울러 일체를 위하여 부처님의 지견知見을 구하오며, 이 광명으로 시방에 사무쳐서 깊고 어두운 나쁜 길[惡道]은 모두 다 사라지게 하여지이다."

이렇게 하고 물러나 다음 날 아침까지 있었다. 어진 이 목련目連은 지나다니면서 모든 등을 점검하다가 난타가 켠 등불만이 홀로 그대로였으므로 목련이 곧 불었으나, 불어서는 끌 수가 없었다. 이내 신통력으로 다섯의 항하수를 가져다 들이부었으나 역시 꺼지지 않았고, 수람隨藍의 큰 바람으로 불었으나 끌 수 없었으며, 그 신통력을 다 썼지마는 끝내 끌 수 없었으므로 두려운 마음이 들었는데, 부처님께서 목련에게 말씀하셨다.

"이 등불을 켠 이야말로 은근하고 정중한 마음이 있었다. 그 때문에 등불은 항상 밝았느니라. 설령 나한羅漢 사리불舍利弗 등과 벽지불이 신통변화의 공덕으로 함께 끈다 하여도 이 등불은 끌 수 없을 것이며, 금시왕金翅王에게 큰 바닷물을 치게 하고, 사자왕師子王이 크게 울부짖으면서 뛰어올라 함께 끄려 하여도 이 등불은 끌 수 없을 것이니라."

난타 여인은 해가 돋을 적에야 몸소 가서 살피고 다니다가 어제 켰던 등불이 꺼지지도 않았고 불빛도 줄어들지 않은 것을 보고 크게 기뻐하면서 부처님 발에 머리 조아렸다. 부처님께서는 여인이 마음으로 위없는 도를 구하고 있음을 알고 오색의 광명을 입 안으로부터 내셨

다. 부처님께서는 매양 3승乘의 법으로 설법하시는데, 성문聲聞의 기별
記別을 주시면 광명이 정수리로 들어갔고, 벽지불의 기별을 주시면 광
명이 두 눈썹 사이로 들어갔고, 보살의 기별을 주시면 광명이 입으로
들어갔다. 부처님의 넓은 광명은 위로 33천까지 모두 다 밝히고 다닌
뒤에 돌아와서 부처님을 세 바퀴 돌고 입으로 들어갔다. 이때 아난이
일어나서 묻자 부처님께서 말씀하셨다.

"아난아, 너는 어젯밤에 등불을 켠 여인을 보았느냐? 이 여인은 죽
으면 이 공덕으로 인하여 여인의 몸을 바꾸어 남자가 될 것이며, 그로
부터 20겁 동안 나쁜 길에 떨어지지 않고 여러 하늘에 가 태어나고 금
륜왕金輪王이 될 것이요, 20겁 후에는 부처가 되어서 명호를 삼만타우
가불三曼陀優訶佛이라 할 것이니라."[『빈녀난타경貧女難陀經』에 나온다.]

難陀燃燈聲聞神力共不能滅八

佛遊在給孤獨精舍. 波斯匿王供養於佛及諸大衆眷屬. 祇洹縱廣百六十里. 波斯
匿王周遍燃燈民人競看. 貧女難陀居無舍宅. 問行路者知. 波斯匿王以油千斛為
佛燃燈. 難陀自責. 我以何故獨貧如此. 即入街里. 家家乞匃得少雜飯. 心自念
言. 我當賣之以為燈直. 賣得一錢齎詣油家. 油家問女持一錢油作何福德. 難陀
答言. 欲為佛燃燈. 油主聞之. 助其喜踊持一燈油. 即施與之. 貧女歡喜受到祇
祖. 佛告阿難言. 有大長者興無上福. 不能自到開門使前. 波斯匿王聞佛此教.
尋自思惟. 吾於舍衛一國之尊. 興起道供豈殊我者. 佛何以故. 不讚於我復稱長
者. 須臾貧女來到佛所. 燃所齎燈當佛之前. 今發大願. 並為一切. 求佛知見. 令
此光明徹於十方. 幽冥惡道悉皆休息. 如是便退至明晨朝. 賢者目連歷撿諸燈.
難陀所燈光獨如故. 目連即吹. 吹不能滅. 便以神力持五恒水澆亦復不滅. 吹以

隨藍大風漂不能滅. 盡其神力竟不能滅. 心懷恐懼. 佛告目連. 燃此燈者有慇重
心. 以是之故燈為常明. 設羅漢舍利弗等及辟支佛. 神化功德共滅此燈不能滅
也. 令金翅王搏大海水. 若師子王振吼犇騰共滅此燈. 燈不可滅. 難陀女人以日
出時. 自往案行昨所燃燈. 燈亦不滅. 光不缺減. 即大歡喜稽首佛足. 佛知女心求
無上道. 放五色光從口中出. 佛每說法三乘之業授聲聞別. 光從頂入. 授辟支佛
別. 光從兩眉間入. 授菩薩別光從口入. 佛之洪光上至三十三天. 皆悉通達. 已便
迴還. 繞佛三匝從口入. 時阿難起問. 佛言. 阿難. 汝見昨夜燃燈女不. 此女壽終
因是功德. 轉女人身當作男子. 却後二十劫不墮惡道. 即生諸天及金輪王. 二十
劫後. 當得作佛. 號三曼陀優訶(出賢愚經又云比丘出貧女難陀經).[32]

───────────
32 『經律異相』卷第三十八(優婆夷部),「難陀燃燈聲聞神力共不能滅八」.

불교에서 연등 공양의 의미

고타마 싯다르타가 부처가 될 수 있었던 것은 과거세에 지은 등불 공양과 관련이 있다. 앞선 이야기를 통해 우리는 부처님이, 우리들이 흔히 아는 역사적 부처님만이 아니라, 과거에도 있었고 현재에도 미래에도 있으며, 공간적으로는 사방팔방 어느 곳에나 존재한다는 것을 알 수 있다. 불교에서는 부처가 되는 것, 곧 성불成佛은 시간과 공간을 초월하여, 가난하거나 부유하거나 권력을 가졌거나 갖지 못했거나 모든 계급과 성별, 인종을 넘어서 가능하다고 보았던 것이다. 물론 이런 생각은 개인 중심으로 깨달음을 얻고자 하는 상좌부불교와는 다른 대승불교의 논리이다. 인간을 비롯하여 생명 있는 모든 존재가 부처가 될 수 있다고 보는 것이다.

연등 공양의 공덕은 이러한 대승불교 사상과 밀접한 관련을 냇으면서 3세기 중엽 이후 한역漢譯된 『법화경』에도 나오고 있다.

> 만일 이 경을 써서 꽃 · 향 · 영락, 사르는 향 · 가루 향 · 바르는 향, 번기 · 일산 · 의복, 소등蘇燈 · 유등油燈 · 향유등香油燈 · 첨복유등瞻蔔油燈 · 수만나유등須曼那油燈 · 바라나유등波羅羅油燈 · 바리사가유등婆利師迦油燈 · 나바마리유등那婆摩利油燈의 갖가지 등불로 공양하면 그 사람이 얻는 공덕은 한량없느니라.[33]

---

33 『法華經』, 「藥王菩薩本事品」.

스리랑카 시기리야의 벽화로 오른손에 들고 있는 꽃이 참파카이다.

황색의 참파카 꽃

아라비아 재스민

참으로 많은 등불이 언급되고 있다. 유등이나 향유등은 대충 짐작이 가는데 낯선 등이 많이 보인다. 여기서 첨복유등은 첨복의 기름으로 밝힌 등불일 텐데, 첨복은 산스크리트어 '참파카(campaka)'에서 왔다.

불교 연등의 기원과 인도

참파카는 황색의 향기 있는 꽃을 피우는 큰 나무의 일종으로 치자나무와 비슷하다. 향기가 멀리까지 느껴져서 금시조金翅鳥가 날아와 앉는다고 한다. 수만나유등의 수만나(須曼那, 須摩那, Sumana)는 '소마나蘇摩那'로 불리는 꽃으로 아라비아 재스민(Jasminum sambac)을 가리킨다고 한다. 참으로 곱고 아름다운 향기를 내뿜는 꽃으로 기름을 넣은 등불을 만들었음을 보여 주고 있다. 그렇게 등불로 공양하는 사람은 한량없는 공덕을 쌓게 된다고 하고 있다.

부처님이 사리불에게 등불을 보시하는 공덕이 얼마나 큰지를 설법하는 대목이 『불설시등공덕경佛說施燈功德經』에 전해 온다.

> 사리불아! 만약 중생으로서 불탑묘佛塔廟에 등을 베풀어 밝히
> 는 사람은 네 가지 즐거움의 법을 얻게 되느니라. 어떤 것이
> 네 가지인가? 첫째는 색신色身이요, 둘째는 자재資財요, 셋째
> 는 대선大善이요, 넷째는 지혜智慧이니라.[34]

등불을 공양하면 네 가지의 즐거움을 얻게 되는데 색신과 자재, 그리고 대선과 지혜라 했다. 색신色身은 물질적인 신체를 가리키니 등불을 공양하면 육신이 즐겁게 되고, 자재資財는 생활을 위한 재산을 가리키니 등불을 공양하면 재산이 많아져 즐겁게 된다고 한다. 등불 공양이 몸과 재산의 풍요를 가져다준다는 것이다. 그리고 거기에서 나아가

---

34 『佛說施燈功德經』, "舍利弗! 若有眾生於佛塔廟施燈明者, 得於四種可樂之法. 何等為四? 一者, 色身; 二者, 資財; 三者, 大善; 四者, 智慧. 舍利弗! 若有眾生於佛支提施燈明者, 得如是等可樂之法."

매우 선한 행위이며 지혜를 발휘할 수 있다는 것이다.

　　사리불아! 만약 선남자 선여인이 대승에 머물며 불탑묘에 등
　　불을 베풀어 밝히면 저 세세世世 중에 여덟 가지의 즐거움이라
　　는 최고의 법[八種可樂勝法]을 얻느니라. 어떤 것이 여덟 가지인
　　가? 첫째, 뛰어난 육안肉眼을 얻을 것이요, 둘째, 헤아릴 수 없
　　을 정도로 뛰어난 생각을 얻게 될 것이요, 셋째, 최고에 달하
　　는 천안天眼을 얻을 것이요, 넷째, 만족스럽게 도를 닦게 되므
　　로 결여됨이 없는 계를 얻을 것이요, 다섯째, 만족스럽게 지
　　혜를 얻어 열반을 증명할 것이요, 여섯째, 먼저 선善을 지어서
　　어려움이 없을 것이며, 일곱째, 선업善業을 지어서 바로 부처
　　가 되어 능히 일체중생의 눈이 될 것이며, 여덟째, 만약 선남
　　자와 선여인이 저 선근善根으로써 전륜왕轉輪王이 되고 윤보輪
　　寶를 얻어 다른 장애가 없고 그 몸은 단정하게 되느니라. 혹은
　　제석帝釋이 되어 커다란 위력을 얻고 천안千眼을 구족할 것이
　　다. 혹은 범왕梵王이 되어 범사梵事를 잘 알고 대선정大禪定을
　　얻을 것이다. 사리불아! 깨달음과 선근을 회향함으로써 여덟
　　가지의 즐거움이라는 최고의 법을 얻게 되느니라.[35]

---

35 『佛說施燈功德經』, "舍利弗! 若善男子, 善女人住於大乘, 於佛塔廟施燈明已, 彼世世中得於
　　八種可樂勝法. 何等為八? 一者, 獲勝肉眼; 二者, 得於勝念, 無能測量; 三者, 得於勝上達分天
　　眼; 四者, 為於滿足修本道故, 得不缺戒; 五者, 得智滿足, 證於涅槃; 六者, 先所作善, 得無難
　　處; 七者, 所作善業, 得值諸佛, 能為一切眾生之眼; 八者, 若善男子, 善女人以彼善根得轉輪
　　王, 所得輪寶不為他障, 其身端正; 或為帝釋, 得大威力, 具足千眼; 或為梵王, 善知梵事, 得大
　　禪定. 舍利弗! 以其迴向菩提善根, 得是八種可樂勝法."

불교 연등의 기원과 인도

등불 공양은 '여덟 가지의 즐거움이라는 최고의 법[八種可樂勝法]'을 선물한다고 뒤에서 또 이야기하고 있다. 육안肉眼, 생각, 천안天眼, 지계持戒, 열반涅槃, 작선作善, 부처가 됨, 선근善根으로써 전륜왕轉輪王이 되고 몸이 단정하게 된다고 했다. 제석이 되면 천안千眼을 갖추고 범왕이 되면 대선정大禪定을 얻을 것이라고도 덧붙인다. 등불 공양은 실로 놀라운 영험을 지녔다는 것이다.

6세기 후반에 한역漢譯된 『불위수가장자설업보차별경佛爲首迦長者說業報差別經』에서도 등불을 공양하면 다음과 같은 영험을 얻는다고 하고 있다.

첫째로 세상 비추기가 등불과 같고, 둘째로 어디서 나든지 눈이 완전하며, 셋째로 천안통天眼通을 얻고, 넷째로 선악법에 대해 좋은 지혜를 얻으며, 다섯째로 큰 어둠을 없애고, 여섯째로 밝은 지혜를 얻으며, 일곱째로 세상을 돌아다니되 언제나 어두운 곳에서는 살지 않고, 여덟째로 큰 복의 갚음을 갖추며, 아홉째로 목숨을 마치고는 천상에 나고, 열째로 열반을 빨리 증득한다.[36]

등불은 단지 어둠을 밝히는 의미로 끝나지 않는다. 밝은 지혜를 얻음과 같은 무명의 극복을 상징하게 된다. 심지어 "선남자 선여인이 부처님 앞에 다른 사람이 보시한 등불을 보고 신심이 청정해져 합장하고

---

36 『佛爲首迦長者說業報差別經』.

기뻐하면 이 선근善根만으로도 여덟 가지 증상법增上法을 얻게 된다."[37] 라고 표현되기도 한다. 등불을 공양하는 것만이 아니라 공양 올린 등불을 보는 '관등觀燈'도 공덕을 쌓는 일이라 하고 있는 것이다.

이처럼 등불은 대승불교와 밀접한 관련을 맺으면서 이와 같은 의미의 심화가 이루어졌던 것이다. 이는 대승경전이 성립되고 보급되는 과정에서 연등행사의 등불 공양이 공덕을 쌓는 일로 여겨졌던 데서 비롯된 것으로 보인다. 『대보적경大寶積經』이나 『대반야바라밀다경大般若波羅蜜多經』에서도 등불은 공양물의 하나로 여겨지고, 앞서 살펴본 『현우경』이나 『잡보장경』에서도 다양한 설화들이 전해 온다.[38]

대승경전의 하나인 『화엄경華嚴經』 또한 등불의 공덕을 구체적으로 그려 내고 있어 들여다볼 필요가 있다.

> 보살마하살은 등불을 보시합니다. 이른바 젖등불, 기름등불,
> 보배등불, 마니등불, 칠등불, 화등불, 침수향등불, 전단향등
> 불, 일체향등불, 무량불꽃과 광명불꽃 등불입니다. 이런 한량
> 없는 등불을 보시할 때 그는 이렇게 회향합니다. "이 선근으
> 로 일체중생을 이롭게 하고 일체중생을 섭취하여 그 일체중
> 생으로 하여금 한량없는 광명을 얻어 모든 부처님의 법을 두
> 루 비추게 하리라."[39]

---

37 『佛說施燈功德經』, "舍利弗! 若有善男子, 善女人於如來前見他施燈, 信心淸淨, 合十指掌, 起
  隨喜心, 以此善根, 得於八種增上之法."

38 김종명, 「고려 연등회와 그 유산」, 『불교연구』 16, 한국불교연구원, 1999, 48~49쪽.

39 『大方廣佛華嚴經』 권16, 「金剛幢菩薩十迴向品」, "菩薩摩訶薩惠施燈明, 所謂: 酥燈, 油燈, 寶

금강당보살金剛幢菩薩이 설하는 열 가지 회향廻向 가운데 여섯 번째 회향에 있는 이야기이다. 이 여섯 번째 회향에서 모든 보시행이 설해지고 있는데, 그 청정한 보시 가운데에 등불의 보시가 들어 있다. 등불 보시는 회향의 방법이다. 그렇다면 회향은 무엇일까. 이 부분에서 "회향이란 무슨 뜻인가. 세간의 생사가 없는 저 언덕으로 영원히 건너가게 하므로 회향이라 한다."라고 하고 있다. 저 언덕, 곧 피안彼岸, 깨달음의 세계를 말한다. 진정한 깨달음에 도달하는 방편의 하나로 등불 보시가 언급되고 있는 것이다.

불교에서는 진정한 깨달음에 이르기 위해 다양한 방편을 제시한다. 반야般若의 지혜를 닦는다는 보시, 지계, 인욕, 정진, 선정, 지혜 등과 같은 육바라밀六波羅蜜도 깨달음에 이르기 위한 방편이자 회향이다. 참선, 염불, 경전, 문학 텍스트 등도 진정한 깨달음에 이르는 방편이다. 그 가운데 보시布施에 등불 보시가 놓여 있는 것이다. 수도하는 이들을 위해 재산을 들여 기름을 사고 등을 정성스레 만드는 행위를 대승적인 보살이 행해야 할 일 중의 하나로 본 것이다.

본생담 속의 등불

민중이 정성을 다해 등불을 보시한다면 큰 복을 받을 것이라는 이야기

燈, 摩尼燈, 漆燈, 火燈, 沈水香燈, 栴檀香燈, 一切香王燈, 無量色光焰燈, 以如是等無量燈明施時, 如是迴向: '以此善根饒益一切衆生, 攝取一切衆生, 令一切衆生得無量光, 普照一切諸如來法.'

외에 허구적인 설화를 통해 등불 보시의 위대함을 설한 것도 있다. 그 가운데서도 과거세에 몸 전체를 연등으로 밝혀 부처가 되었다는 부처의 본생담本生談이 있어 흥미를 더한다. 『현우경賢愚經』의 「범천청법육사품梵天請法六事品」에 있는 설화가 그것인데, 불교에서 연등을 밝히는 의미를 매우 흥미롭고 극적으로 그려 내고 있다.

세존께서는 먼 과거 아승기겁에 이 염부제에서 큰 나라 왕이 되었는데, 이름은 건사니바리虔闍尼婆梨였습니다. 여러 나라와 8만 4천 촌락을 맡아 다스리고 2만의 부인과 궁녀 그리고 1만의 대신을 두었습니다. 그는 자비가 있어 일체를 가엾이 여겼으므로 백성들은 힘을 입었고 곡식은 풍성하여 모두 왕의 은혜에 대해서 인자한 아버지를 우러르듯 하였습니다.

그때 왕은 생각하였습니다.

'나는 지금 제일 높은 왕의 지위에 있다. 백성들은 내 안에서 모두 편히 살고 있다. 그러나 나는 이것만으로 만족할 수가 없다. 묘하고 보배스러운 법의 재물을 구해 저들을 이롭게 하리라.'

이렇게 생각하고는 사신을 보내어 영을 내려 일체에 두루 알렸습니다.

"누가 나를 위해 이 묘한 법을 설명하겠는가? 그의 요구를 따라 그가 필요로 하는 것을 모두 주리라."

노도차勞度差라는 바라문이 궁문에 와서 말하였습니다.

"제게 법이 있습니다."

왕은 그 말을 듣고 매우 기뻐하면서 곧 나가 맞이하여 예배하

불교 연등의 기원과 인도

고는 좋은 자리를 펴서 앉게 한 뒤에 좌우와 함께 합장하고 말하였습니다.

"원컨대 대사는 이 어리석은 이를 가엾이 여기시고 묘법妙法을 설명하여 그것을 듣고 알게 하소서."

노도차는 다시 말하였습니다.

"제 지혜는 먼 곳에서 구한 것이라 공부하기 쉽지 않았습니다. 어떻게 거저 그것을 들으려 하십니까?"

왕이 대답하였습니다.

"무엇이나 필요한 것을 말씀하시면 모두 공급하겠습니다."[40]

백성을 사랑하는 건사니바리왕이 보배로운 법의 재물을 구해 그 백성들을 이롭게 하겠노라고 다짐한다. 백성들에게 주고 또 주어도 모자랐던 왕은 물질만이 아니라 백성들에게 참된 진리를 주겠다는 마음을 먹은 것이다. 이를 사방에 알리자 노도차라는 바라문이 나타나서 그 진리를 밝혀 주겠노라고 큰소리를 쳤다. 그런데 노도차는 자신이 밝히고자 하는 진리가 먼 곳에서 구한 지혜이기 때문에 공부하기가 쉽지 않다며 왕에게 뭔가 큰 대가를 요구하려 하였다.

노도차가 말하였습니다.

"대왕이 지금 그 몸을 쪼개어 천 개의 등불을 켜서 공양하면 그 법을 설하겠습니다."

<hr>

40 『賢愚經』, 「梵天請法六事品」. (동국대역경원 번역 한글대장경)

왕은 그 말을 듣고 못내 기뻐하여 곧 신하를 보내어 하루 8만 리를 달리는 코끼리에 태워 온 염부제에 알렸습니다.

"건사니바리왕은 지금부터 이레 뒤에 법을 위하여 그 몸을 쪼개어 천 개의 등불을 켤 것이다."

여러 작은 나라의 왕들과 모든 백성은 이 말을 듣고 근심하면서 모두 왕에게 나아가 예배하고 아뢰었습니다.

"지금 이 세계에서 목숨을 가진 중생들이 대왕을 의지해 사는 것은, 마치 장님이 길잡이를 의지하고 어린애가 어머니를 의지하는 것과 같습니다. 그러한데 왕이 돌아가시면 저희들은 누구를 의지하겠습니까? 만일 그 몸을 쪼개어 천 개의 등불을 켜신다면 반드시 나라가 온전치 못할 것입니다. 어떻게 그 바라문 한 사람 때문에 이 세계의 일체중생을 버리려 하십니까?"

그때 그 궁중에 있던 2만의 부인과 5백의 태자와 1만 대신들이 모두 합장하고 그와 같이 호소하였습니다.[41]

노도차의 요구는 목숨 붙어 있는 인간이라면 누구나 거부할 수밖에 없는, 정말 말도 안 되는 것이었다. 진리를 밝혀 드릴 테니 당신의 몸을 쪼개어 천 개의 등불을 밝히라는 요구가 아닌가. 그런데 왕은 전혀 당황하는 기색이 없었다. 온 세상에 몸을 태워 등불을 밝힌다는 소식을 전하였고, 백성들이나 궁궐 사람들이 그것을 만류하느라 진땀을 흘리고 있다. 백성들은 어떻게 바라문 한 사람 때문에 일체중생을 버

---

41 『賢愚經』, 「梵天請法六事品」 (동국대역경원 번역 한글대장경)

불교 연등의 기원과 인도

리느냐고 왕에게 호소했던 것이다. 그렇다면 왕은 도대체 어떤 답을 했고 어떻게 행했을까.

> 왕은 대답하였습니다.
> "너희들은 부디 나의 위없는 도의 마음[無上道心]을 꺾지 말라. 나는 그렇게 함으로써 맹세코 부처가 될 것이요, 부처가 된 뒤에는 반드시 너희들을 먼저 제도하리라."
> 백성들은 왕의 뜻이 바른 줄 알면서도 괴로이 울면서 땅에 쓰러졌습니다. 그러나 왕은 그 뜻을 고치지 않고 바라문에게 말하였습니다.
> "지금 내 몸을 쪼개어 천 개의 등불을 켜소서."
> 바라문은 곧 왕의 살을 쪼개고 기름 심지를 박았습니다. 사람들은 그것을 보고 기절하였다가 다시 살아나서 땅에 쓰러지니, 마치 큰 산이 무너지는 것과 같았습니다.
> 왕은 다시 아뢰었습니다.
> "원컨대 대사는 나를 가엾이 여겨 먼저 설법하소서. 그리고 등불을 붙이소서. 혹 내 목숨이 먼저 끊어져 법을 듣지 못할까 합니다."[42]

왕은 무상도無上道, 즉 절대적인 진리를 알고야 말겠다는 강한 의지의 소유자였다. 그 의지는 자신의 목숨까지 내어놓는 것을 마다하지

---

42 『賢愚經』, 「梵天請法六事品」. (동국대역경원 번역 한글대장경)

않았다. 백성들이 아무리 울고불고해도 진리에 대한 그 의지 앞에서는 어쩔 수 없었다. 살을 쪼개고 기름 심지를 박는 고통이 왕에게 닥쳤다. 백성들이 기절하며 태산이 무너지는 고통을 느꼈지만 왕은 미동도 하지 않았다. 오직 절대적 진리에 대한 설법을 듣는 것만이 그의 바람이었다. 그러자 노도차는 다음의 게송을 말한다.

온갖 존재는 다 없어지나니
높은 것은 반드시 무너지든가
만나면 언젠가 떠나게 되며
태어난 이는 모두 다 죽고 만다네.[43]

모든 것이 무상無常하다는 것이다. 불교사상의 특징으로 꼽는 삼법인三法印 가운데 제행무상諸行無常을 말한다. 그것은 단순히 덧없음을 말하는 것이 아니라, 어떤 가요의 노랫말처럼 '영원한 건 절대 없어.'를 뜻한다. 불교사전에는 무상이 '온갖 것들이 변해 가며 조금도 머물러 있지 않는 것. 아무것도 정지하지 않는 것. 고정되어 있지 않는 것. 언젠가는 없어지는 것. 변해 감. 변화변천. 헛됨. 덧없음. 이 몸이 헤아리지 못하는 것. 변하기 쉬움. 아주 잘 변하는 인생. 영구히 존속하는 것이 아닌 것. 영원성이 없는 것.'[44]이라고 설명되어 있다.

영원한 것은 절대 없다. 영원한 것은 절대 없다는 것만이 절대적 진

---

43 『賢愚經』, 「梵天請法六事品」. (동국대역경원 번역 한글대장경)
44 吉祥, 『佛教大辭典』, 弘法院, 2001, 647쪽.

리이다. 그러므로 목숨이 붙어 있는 이 순간을 흥미롭고 뜻있게 살아
야 하는 것이다. 왕은 바라문에게 이 진리를 듣기 위해 온몸을 태워 등
불을 밝혔던 것이다.

이 게송을 마치고는 곧 불을 붙였습니다.

그때 왕은 매우 기뻐하면서 조금도 후회하는 마음이 없이 스
스로 서원을 세웠습니다.

"나는 지금 법을 구하여 불도佛道를 성취할 것이다. 부처가 된
뒤에는 지혜의 광명으로 중생들의 결박과 어두움을 비추어 깨
닫게 할 것이다."

이렇게 서원하자 천지는 크게 진동하여 정거천淨居天에까지
이르러서 그 궁전이 모두 흔들렸습니다. 그들은 모두 내려다
보다가 보살이 법공양을 짓는 데 그 몸을 허물어뜨리면서 목
숨을 돌아보지 않는 것을 보았습니다.

그래서 모두 허공을 덮고 내려오면서 슬피 울었는데, 눈물이
마치 쏟아지는 비와 같았습니다. 그리고 하늘꽃[天華]을 뿌려
공양하였습니다.

그때 제석천은 왕 앞에 내려와 갖가지로 칭송하면서 물었습
니다.

"대왕은 지금 고통이 매우 심할 것입니다. 혹 마음에 후회하
는 일은 없습니까?"

왕은 대답하였습니다.

"없습니다."

제석은 다시 물었습니다.

"지금 왕의 몸을 보니 벌벌 떨면서 편치 못합니다. 후회가 없

다고 스스로 말하지만 누가 그것을 믿겠습니까?"

왕은 다시 서원을 세웠습니다.

"만일 내가 처음부터 지금까지 마음으로 후회하지 않았거든,

내 몸의 상처가 당장 낫게 하소서."

이렇게 말하자 몸은 이내 회복되었습니다.

그때의 그 왕은 바로 지금의 부처님이십니다.[45]

기어코 왕의 몸에 불을 붙였다. 왕은 전혀 후회하지 않으면서 마음
속으로 서원을 세웠다. 불도를 성취하여 부처가 되면 지혜의 광명으로
중생들이 묶여 있는 결박과 어두움을 가시게 하겠노라고. 그것은 보살
이요, 대승불교의 핵심 사상을 보여 주고 있는 것이다. 보살이자 부처
가 된 왕에게 눈물이 비처럼 쏟아지고 하늘꽃[天華]이 흩뿌려졌다. 제석
은 왕이 후회하지 않고 있음을 사람들이 믿겠느냐고 묻는다. 해탈한
왕이 자신의 상처를 당장 낫게 해 달라고 서원하자 당장 상처가 치유
되는 기적을 일으킨다.

이 설화는 불보살의 연원을 밝히는 본생담 형식을 취하면서 몸에
불을 붙이는 것도 마다하지 않는 불퇴전의 불교적 영웅을 그려 내고
있다. 그리고 그 속에는 등불이 지향하는, 나아가 불교가 지향하는 진
리에 대한 갈망이 흥미로운 서사물로 전해지고 있다 하겠다.

---

45 『賢愚經』, 「梵天請法六事品」. (동국대역경원 번역 한글대장경)

불교 연등의 기원과 인도

인도와 서역에서 행해졌던 연등회

석가세존은 불법을 널리 퍼기 위해 입멸할 때까지 쉼 없이 노력했다. 그런데 그는 승려들의 지도자를 자처하지 않았고, 여러 신도들에게 조언을 하는 것으로 만족했다고 한다. 그러다 보니 불교 승단이 급속히 팽창했지만 단일한 조직을 갖지는 못했다. 그래서 세존이 입멸한 이후 중심을 잃고 흩어져야 했다. 그리고 세존의 말씀을 따로 기억해 놓지 않았으므로 잊혀져 가고 혼란스러운 불교적 가르침을 정리해야 할 필요를 느끼게 되었다. 세존의 말씀을 한데 결집하는 일과 승단의 내부적 분열을 끝낼 수 있는 승단의 계율을 정하는 문제 등도 남게 되었다. 그래서 세존의 말씀을 결집하는 과정 속에 경전들이 쓰였고, 그 경전들 속에 연등에 대한 공덕이 이야기되고 있음을 앞에서 확인할 수 있었다. 그런데 이런 연등을 밝히는 것이 인도에서 불교의례로 정착되어 꾸준히 이어졌는지는 명확히 알 수가 없다.

마갈제국의 연등회

지금까지 알려진 바에 따르면 중국의 승려 법현法顯이 405년에서 411년 사이 인도를 기행한 내용을 담고 있는『고승법현전高僧法顯傳』[46]을 들여다보면 연등 행사와 관련된 이야기가 보인다.

강을 건너 남쪽으로 1유연 내려가서 마갈제국摩竭提國의 파련불읍巴連弗邑에 이르렀다. 파련불읍은 아육왕이 다스리던 곳이다. 성중의 왕궁은 모두 귀신에게 짓게 한 것으로 돌을 쌓아 담과 문을 만들었으며, 조각이나 장식은 이 세상 사람이 만든 것이 아니었는데 지금도 남아 있다. (중략) 무릇 중인도에서는 이 나라의 도성都城인 파련불읍이 제일 컸다. 성안 사람들은 부유하고 융성하며 다투어 인의仁義를 행했다. 매년 건묘월建卯月의 8일에는 항상 행상行像을 행했다. 네 바퀴의 수레를 만들고 대나무를 엮어 5층을 만든 다음 승로承櫨와 알극揠戟을 세우면 높이가 2필 남짓 되고, 모양은 탑과 같다. 흰 무명 베로 묶은 뒤 채색으로 제천諸天의 형상을 그리고, 금은과 유리로 그 위를 장엄하게 꾸미고서 채색 깃발과 번개幡蓋를 세운다. 사방 벽면의 감실龕室에는 좌상불坐像佛과 협시보살脇侍菩薩이

---

46 『불국기(佛國記)』라고도 한다. 법현은 동진의 승려로 율장을 구하기 위해 399년에 장안을 출발해 돈황, 선선, 우전을 거쳐 총령을 넘고, 인도에 가서 여러 성지들을 참배하고『마하승기율(摩訶乘記律)』을 얻고, 다시 사자국을 거쳐 바닷길로 416년 귀국한다. 30여 나라를 17년간 기행하면서 보고 들은 것을 기록한 문헌이다.

안치되어 있는데, 수레가 20여 개나 되지만 수레마다 장식이
제각기 다르다. 이날에 경내의 승려와 속인이 모두 모이고, 기
악을 공연하고, 꽃과 향을 공양한다. 바라문이 와서 부처님을
초청하면, 부처님이 차례로 성으로 들어가서 성안에 머물며
이틀 밤을 지내는데, 밤중 내내 등불을 밝히고 기악을 공양한
다. 나라마다 모두 이처럼 행한다.[47]

법현은 마갈제국摩竭提國의 파련불읍巴連弗邑에 이르렀다고 했다. 마
갈제국은 마가다(Magadha)국의 음역으로 갠지스강 남쪽에 있었던 중인
도 최대의 왕국이었다. 파련불읍은 파탈리푸트라(Pātaliputra)의 음역으
로 마가다국의 수도로서 현재의 파트나(Patna)를 가리킨다. 이곳은 아
육왕阿育王, 곧 아소카(Aśoka)왕이 다스리던 곳이라 했다. 기원전 3세기
에 자신의 왕국을 확장하여 인도를 통일하고 불교를 세계에 전파한 인
물이 아소카왕이다. 그는 성품이 몹시 사나워서 부왕이 죽은 후에 배
다른 형을 죽이고 왕이 되었는데, 왕이 되고 나서는 신하와 여자들을
죽이면서 실로 지옥 같은 세상을 만들었다. 그러다 어떤 승려의 설법
을 듣고 호불의 왕이 되었다고 한다. 즉위 8년에 가릉가를 정복해 포
로 15만 명, 살육된 사람 10만 명 등 헤아릴 수 없는 주검을 대하고는

---

47 法顯, 『高僧法顯傳』, "度河南下一由延到摩竭提國巴連弗邑 巴連弗邑是阿育王所治城 城中王
宮殿皆使鬼神作累石起牆闕 彫文刻鏤非世所造 今故現在…(中略)…凡諸中國唯此國城邑為
大 民人富盛競行仁義 年年常以建卯月八日行像 作四輪車縛竹作五層 有承櫨揬戟高二丈餘
許 其狀如塔 以白氎纏上 然後彩畫作諸天形像 以金銀琉璃莊挍其上 懸繪幡蓋四邊作龕 皆有
坐佛菩薩立侍 可有二十車 車車莊嚴各異 當此日境內道俗皆集作倡伎樂 華香供養 婆羅門子
來請佛 佛次第入城 入城內再宿 通夜然燈伎樂供養 國國皆爾."

아소카왕이 세운 산치대탑.

불교에 귀의했다고도 한다. 그의 재위 18년에 3차 결집이 있고 나서는 지금의 타이와 스리랑카 등 9개 지역에 포교단을 보냈고, 불교 성지에 탑(스투파)을 세우고 화려한 고대 불교미술을 창조해 냈다. 그가 죽고 나서 기원전 2세기 순가 왕조가 들어서고 브라만교가 다시 흥성하면서 불교가 박해를 받았지만 인도 중서부로 교세는 확장되었고 1세기에는 중국으로도 불교가 흘러들었다.[48]

법현이 인도를 찾은 때는 5세기에 들어선 때였는데, 인도에서 4세

---

48 Jean Boisselier, 『*La sagesse du Bouddha*』. (이종인 역, 『붓다, 꺼지지 않는 등불』, 시공사, 1996, 120~124쪽.)

불교 연등의 기원과 인도

420년경 굽타제국.

5세기경 굽타제국 시대의 불상.(마투라박물관)

기부디 8세기까지의 굽타 왕조가 자리하던 시기였다. 굽타왕조의 황제들은 힌두교도였지만 힌두교뿐만 아니라 자이나교나 불교의 미술품이나 유적에 대해서도 관대하게 후원해 주었다. 불교 수도원에는 황금을, 브라만에게는 촌락의 땅이나 수확 농산물을 기증했다고 한다.[49] 법현은 그런 시대에 불교문화가 살아서 등불을 공양하는 축제가 이어지고 있었음을 보여 주고 있다.

인도에서는 수많은 신들을 맞이하는 축제가 지금도 이어지고 있는데, 당시 불교인들은 축제의 형식을 끌어와서 등불 공양의 행사를 했던 것으로 보인다. 건묘월建卯月은 인도의 각월角月(歲首)로서 북두성北斗星이 묘위卯位를 세우는 때로 음력 2월을 가리킨다. 음력 2월 8일에 불상을 실은 수레를 만들었다고 했다. 네 바퀴의 수레를 만들고 대나무를 엮어 5층으로 쌓은 다음에 승로承櫓와 알극擐戟을 세운다고 했다. '승로'는 '쪼구미'라고도 하는 '동자기둥'을, '알극'은 '기다란 창'을 가리키는 것으로 보인다. 그것을 흰 무명 베로 묶은 다음 여러 천신의 모습을 그려 넣고 금은과 유리로 장식했다. 그리고 채색된 깃발과 덮개를 매달았고, 사방의 벽에는 앉아 있는 부처님과 보살들이 봉안되어 있었다. 그런 수레가 20여 개나 되었는데 수레마다 제각기 다른 장식을 했다고 한다. 그러고는 가두행렬이 이어졌던 것이다. 불상을 실은 수레를 초청하여 성안에 들어가 이틀 밤 동안 머물렀는데, 밤새도록 등불을 밝히고서 기악 연희를 공연했다고 한다.

---

49 Maria Angelillo, 『INDIA, HISTORY AND TREASURES OF AN ANCIENT CIVILIZATION』. (이영민 옮김, 『인도』, 생각의 나무, 2007, 109쪽.)

불교 연등의 기원과 인도

우전국과 축찰시라의 연등회

다음의 글은 법현이 4월 1일부터 14일까지 우전국에서 행해졌던 불교 행사와 축찰시라에서 행해졌던 연등회를 전하고 있다. 앞서 살펴본 글이 성에서 행해졌던 연등행사임에 반해, 여기서는 사찰에서 그리고 탑 앞에서 행해졌던 연등행사를 보여 주고 있다.

혜경慧景·도정道整·혜달慧達은 먼저 갈차국竭叉國을 향해 떠났으나 법현 등은 행상行像을 보려고 3개월을 머물렀다. 그 나라(우전국)에는 14개의 큰 사찰이 있었고, 헤아릴 수 없을 정도로 많은 작은 사찰들이 있었다. 4월 1일이 되자 성안의 도로는 깨끗이 청소되고 거리는 장엄하게 꾸며졌다. 성문 위에는 갖가지 장식으로 꾸며진 큰 장막이 쳐지고, 그 아래에 왕과 왕후 그리고 채녀婇女들이 자리를 잡았다. 구마제瞿摩帝 사원의 승려들은 대승을 배우고 있어서 왕이 공경하고 존중하는 바이기에 제일 먼저 행상行像을 하게 된다. 성에서 3~4리 떨어진 곳에 불상을 모시는, 네 바퀴로 된 수레를 만드니 높이가 3장丈이 넘었고, 형상은 마치 칠보로 꾸민 움직이는 전당과 같았으며, 비단으로 된 깃발幡과 덮개天蓋를 매달았다. 불상을 그 수레 안에 세워 두 보살로 하여금 모시게 하였고, 여러 천신天神들을 만들어 모시게 하였는데 모두 금과 은으로 조각하여 공중에 매달았다. 불상을 모신 수레가 성문 100보 앞에 이르자 왕은 왕관을 벗고 새로운 옷으로 갈아입고서 손에 꽃과 향을 들고 맨발로 성문에서 걸어 나와 불상을 맞이하여 이마를 부처님의 발에 대면서 절하고 꽃을 뿌리고 향을 살랐다. 불상이 성으로 들어올 때 문루門樓 위에 있던 왕비와 채녀들이 꽃을 뿌리자 그 꽃들은 나부끼며 아래로 떨어졌다. 이와 같이 장엄하게 꾸며진 수레들은 저마다 각기 달랐는데, 한 사원에서 하루씩 행상을 했으므로 백월白月 1일에 시작해서 14일에 행상을 마쳤고 행상을 마치면 왕과 왕비는 궁으로 돌아갔다.[50]

우전국于闐國에서 3개월을 머물면서 법현은 불교 행사를 기다렸다. 고대 중앙아시아에 있던 우전국은 티베트인들이 리국(Liyul)이라 부르던 곳으로, 현재의 타림 분지에 있는 호탄(khõtan) 오아시스에 해당하는 곳이다. 법현 이후에 이곳을 찾은 현장 스님은 『대당서역기』(629년에 장안을 출발해서 645년 귀국할 때까지의 서역과 인도 기행기)에서 "구살단나국(호탄)의 둘레는 4천여 리이고, 모래와 자갈이 태반을 이루고 있으며 땅은 좁다. 농사가 잘되며 온갖 과일이 많이 난다. 양탄자와 가는 털을 생산하는데 가늘게 실을 뽑아내는 기술이 특히 뛰어나다. 백옥白玉과 예옥을 생산하고 있으며, 기후가 온화하고 화창하며 먼지가 날아다닌다."[51]라고

---

50 法顯, 『高僧法顯傳』, "慧景道整慧達先發向竭叉國 法顯等欲觀行像 停三月日 其國中有十四大僧伽藍不數小者 從四月一日城裏便掃灑道路莊嚴巷陌 其城門上張大幃幕 事事嚴飾 王及夫人婇女皆住其中 瞿摩帝僧是大乘學 王所敬重 最先行像 離城三四里作四輪像車 高三丈餘 狀如行殿 七寶莊校 懸繒幡蓋 像立車中二菩薩侍 作諸天侍從 皆以金銀彫瑩懸於虛空像去門百步 王脫天冠易著新衣 徒跣持花香翼從出城 迎像頭面禮足散花燒香 像入城時 門樓上夫人婇女遙散眾花紛紛而下 如是莊嚴供具車車各異 一僧伽藍則一日行像 自月一日 為始至十四日行像乃訖 行像訖王及夫人乃還宮耳."

51 玄奘, 『大唐西域記』.

묘사하였다. 그리고 현장 스님이 머물렀던 이 시기에도 호탄에 불교가 성행했음을 다음과 같이 기록하고 있다.

> 부처님의 법을 숭상하고 가람은 백여 곳 있으며 승도는 5천여
> 명이 있다. 이들은 모두 대승법의 가르침을 익히고 있다. 왕
> 은 매우 굳세고 용감하며 부처님의 법을 깊이 받들고 있으며,
> 스스로를 가리켜 비사문천毘沙門天의 후손이라고 말하고 있
> 다.[52]

그렇게 법현이 5세기에 찾았던 서역의 불교문화는 현장이 찾았던 7세기에도 화려하게 피어나고 있었다. 음력 4월 1일부터 14일까지 행해졌던 불교 축제는 왕실과 민간이 힘을 합쳐 정말 화려하고 성대하게 치러졌다.

성안은 깨끗하게 청소되고 거리는 장엄하게 꾸며졌으며, 성문 위에는 화려한 장식을 한 장막이 쳐지고 그 아래에 왕과 왕후, 채녀들이 자리를 잡았다. 그리고 마갈제국과 같이 구마제 사원의 승려들이 제일 먼저 가두행렬을 마련했다. 그들은 수레를 화려하게 장식하고 길거리를 활보했다. 수레는 3장丈 높이가 넘고, 칠보로 꾸민 움직이는 전당과 같았다. 비단 깃발과 덮개가 매달려 있었고, 수레 안에 부처님과 두 보살의 상을 모셨으며, 겉에는 여러 천신天神을 금과 은으로 조각하여 공중에 매달았다.

---

52 玄奘, 『大唐西域記』.

그렇게 화려하게 장식을 한 수레를 이끌고 구마제사 승려들이 성 앞에 이르면 왕은 왕관을 벗은 채 맨발로 달려 나왔다. 새 옷으로 갈아입고 손에 꽃과 향을 든 왕은 불상을 맞이하여 이마를 부처님 발에 대면서 절하고 꽃을 뿌리고 향을 살랐다. 그리고 성 위에 머물던 왕비와 채녀들은 꽃을 흩뿌렸다. 그렇게 14개의 사찰이 매일 가두행렬을 하여 14일 만에야 끝이 나는 행사였다.

화려한 이 축제는 장엄한 불국토의 세계를 그대로 옮겨 놓은 듯하다. 『무량수경』에는 이 축제와 비슷한 대목이 다음과 같이 나온다.

> 사방에서 서늘한 바람이 불어와 보석으로 된 나무를 스치면 다섯 가지 아름다운 소리가 울려 퍼지고, 공중에서는 많은 꽃이 비처럼 내려 바람을 타고 온 나라에 흩날린다. 이와 같이 저절로 나타나는 공양이 그 국토에서는 그칠 새가 없다.
> 모든 천신들도 백천 가지 꽃과 향과 음악으로 무량수 부처님을 비롯하여 여러 보살과 성문들을 공양한다. 두루 꽃과 향을 뿌리고 갖가지 음악을 연주하면서 조용히 길을 따라 오고 간다. 이때의 즐거움을 말로써는 다할 수 없다.[53]

불국토는 꽃비가 바람을 타고 날리고, 수많은 꽃과 향과 음악으로 부처님과 보살들을 공양하는 세계이다. 우전국에서 행해진 축제는 그와 같은 불국토의 장엄함을 연출하는 국가적 행사로 자리를 잡았던 것

---

53 『無量壽經』.

이다. 물론 그것은 『화엄경』에 따른다면 객관적 현실 세계가 아니라 사람의 마음이 그려 낸 세계이다. "화가가 채색화의 그림을 그려 낸다는 것을 알듯이, 이와 마찬가지로 불국토는 마음의 화가가 그려 낸다는 것을 아네. 중생의 마음이 각각 다르기 때문에 여러 가지 망상을 일으키듯이, 이와 마찬가지로 불국토도 모두 환화幻化와 같네."[54]라고 『화엄경』에서는 이야기하고 있다. 우전국의 왕과 민중들은 인간의 마음이 만들어 낸 환상을 현실 세계에 드러내는 축제를 펼쳤던 것이다.

물론 법현이 말하는 우전국의 축제에서 14일 동안 불을 밝혔다는 기록은 보이지 않는다. 그렇지만 앞서 본 마갈제국의 경우와 마찬가지로 이 행사를 위해 등불을 밝혔을 것이라는 짐작을 우리는 충분히 할 수 있다.

여기서 동쪽으로 5일간 가서 건타위국揵陀衛國에 도착하였다. 이곳은 아육왕阿育王(아소카왕)의 아들 법익法益이 통치하던 곳이다. 부처님께서 보살로 계셨을 때 또한 이 나라에서 당신의 눈[眼]을 남에게 보시하셨다고 한다. 그곳에도 역시 큰 탑이 세워지고 금·은으로 꾸며져 있었으며 이 나라 사람들 대부분이 소승을 배우고 있었다.
이곳에서 동쪽으로 7일쯤 가자 축찰시라竺刹尸羅라고 하는 나라가 있었는데 축찰시라란 중국어로 머리를 자른다는 뜻이다. 부처님께서 보살로 계실 때 여기에서 머리를 남에게 보시

---

54 『華嚴經』, 「盧舍那佛品」.

하셨다고 한다. 그래서 이런 이름을 갖게 된 것이다. 다시 동쪽으로 이틀쯤 가면 몸을 던져 굶주린 호랑이에게 먹인 곳에 이르게 된다. 이 두 곳에도 큰 탑이 세워져 있고 모두 갖가지 보석으로 장식되어 있었는데 여러 나라의 왕과 신하들은 다투어 공양을 올렸고 꽃을 뿌리고 등을 켜는 것이 계속 이어져 끊이지 않았다. 앞의 두 탑과 함께 그 지방 사람들은 이를 사대탑四大塔이라고 하였다.[55]

건타위국揵陀衛國(간다라)[56]에서 동쪽으로 7일쯤 갔을 때 나타나는 축찰시라竺刹尸羅에서 행해졌던 축제를 말하고 있는 부분이다. 축찰시라는 산스크리트어 탁샤실라(Takshaçila, 뱀족의 왕자를 뜻함)를 음역한 말로 달시라呾尸羅, 득차시라得叉尸羅, 달차시라呾叉尸羅 등으로도 음역된다. 이곳은 현재 파키스탄에 속하는 탁실라(Taxila)를 가리킨다. 고대로부터 서북 인도의 요충지라 할 수 있는데, 1913년 이래 22년 동안 마샬(J. Marshall)의 발굴로 희랍의 문화와 불교의 문화가 서로 교류하던 곳이었음이 밝혀진 곳이다.

법현은 건타위국을 부처님이 보살일 때 당신의 눈을 보시했던 나

---

55 法顯, 『高僧法顯傳』, "從此東下五日行到揵陀衛國 是阿育王子法益所治處 佛為菩薩時 亦於此國以眼施人 其處亦起大塔金銀挍飾 此國人多小乘學 自此東行七日 有國名竺刹尸羅 竺刹尸羅漢言截頭也 佛為菩薩時 於此處以頭施人 故因以為名 復東行二日至投身餧餓虎處 此二處亦起大塔 皆眾寶挍飾 諸國王臣民競興供養 散華然燈相繼不絕 通上二塔彼方人亦名為四大塔也."

56 Gandhara의 음역인데, 달리 건타라국(乾陀羅國)[『아육왕경』제2, 또는 『낙양가람기』제5권], 건타라국(健馱邏國)[『대당서역기』], 건타라국(建陀羅國)[『왕오천축국전』] 등으로도 음역되고 있다.

돈황 막고굴 285굴의 〈오백강도성불도五百强盗成佛圖〉 벽화의 부분.

라라고 하였다. 그리고 축찰시라라는 명칭 유래를 말하면서, 부처님이
보살이었을 적에 굶주린 호랑이에게 몸을 보시했던 곳을 찾아갔다고
도 했다. 부처님의 본생本生을 이야기하고 있는데, 짧지만 소중한 정보
를 제공해 주고 있다. 두 이야기 모두 돈황의 석굴에 화려하게 그려진
변상도變相圖와 결부되어 있고, 우리나라에 전하는 부처님의 본생담도
언급되고 있음을 알 수 있다. 먼저 부처님이 눈을 보시했다는 이야기
는 『대반열반경大般涅槃經』 권16에 나오는 인도의 고사故事로, 돈황 285
굴에 여덟 장면으로 그려진 〈오백강도성불도五百强盗成佛圖〉(통칭 득안림
得眼林)를 말하는 것으로 추측된다.

옛날 인도의 어느 나라에서 5백 명의 강도가 부락과 도성에 횡행했다. 국왕은 군대를 동원해 그들을 붙잡아 눈을 도려내고는 험한 산속으로 추방했다. 그들이 괴로운 나머지 울부짖으며 붓다의 이름을 소리 높여 불렀더니 중생을 제도하는 여래가 이를 듣게 되었다. 여래의 신통력에 의해 강도들은 다시 눈을 뜨게 되고, 여래의 설법으로 이전의 죄를 뉘우치고 불문에 귀의하여 출가한다.[57]

부처가 눈을 주었다는 점에서는 유사하지만 정확히 그 이야기를 가리킨다고 확신할 수 없다. 그런데 호랑이에게 몸을 보시했다는 이야기는 원래 『금광명경金光明經』의 「사신품捨身品」과 『현우경賢愚經』의 「마하살타이신시호품摩訶薩陀以身施虎品」의 이야기를 가리키는 것이다. 이는 돈황 428굴에 등장하는 「살타태자사신사호薩埵太子捨身飼虎」의 배경 설화가 되고,[58] 고려시대에 나온 『석가여래십지수행기釋迦如來十地修行記』 '제사지第四地 사신태자捨身太子'에서는 그 이야기가 변형되어 전해지고 있다. 살타태자로 나오는 앞의 이야기에는 3형제가 등장하는데, 사신태자로 나오는 고려시대의 수행기에는 다음처럼 간략하게 이야기가 변형되어 전한다.

---

57 타가와 준조 지음, 박도화 옮김, 『돈황석굴』, 개마고원, 1999, 49쪽.
58 타가와 준조의 위의 책에는 428굴 동벽에 〈싯다르타태자본생도〉라고 하여 소개되어 있다. (49쪽.)

불교 연등의 기원과 인도

어느 날 태자가 암자에 앉았더니 난데없는 큰 범 한 마리가 바로 토굴 앞에 와서 사람의 말로 "내가 산중에서 여러 날 굶주려 몹시 지친지라, 든건대 태자께서 보시를 수행하여 중생을 제도하신다 하므로 특별히 교화를 받고자 하오니 태자께서 몸으로 나의 굶주림을 채워 주시겠습니까?"라고 하였다. 착하고 착한 태자께서는 "진심으로 보시하기를 원하노라." 하니 큰 범이 즉시 입을 벌리고 발톱을 드러내며 꼬리를 펴고 소리를 지르니 그 소리가 산을 진동하였다. 그래도 태자께서 태연자약하여 얼굴이 조금도 변치 않으니 범이 또 태자에게 말하였다. "과연 온몸을 보시하고자 하거든 이 높은 바위에 올라가 몸을 던져 땅에 떨어지면 내가 잡아먹기를 기다리겠습니다." 태자가 즉시 그 바위에 올라가서 공중으로 몸을 던지니 별안간 한 줄기 구름이 일이니며 태자의 몸을 에워싸서 소중히 땅으로 내려앉게 하였다. 그리고 상서로운 바람이 일고 오색 무지개가 몽롱하며 땅이 온통 진동하는지라 태자께서는 황홀하여 공중을 쳐다보니 한 선인이 서서 소리를 높여 말하기를 "태자는 몸을 상하게 하지 말고, 머리를 들어 나를 보소서." 하였다. 태자가 바라보니 그 모습이 이상하여 마치 천상 사람의 모양과 같으므로 "그대는 어느 곳에 계시는 성좌이뇨?" 하고 물었다. 선인은 대답하되 "나는 하늘에 있는 제석으로 특별히 내려와서 도력을 시험하였던바, 과연 수행하는 마음이 견고한지라 장래에 반드시 무상도無上道를 증득하고 널리 중생을 제도하리라."라는 말을 마치고 빛나는 광명을 드리우며 어느 곳

인가로 사라졌다. 태자는 그것을 보고 기쁜 마음으로 더욱 열

심히 정진하여 크게 도과에 이룬 다음 하루아침에 앉아 돌아

가셨다.[59]

등불 이야기를 하는데 조금 장황하게 이야기를 늘어놓은 감이 있다. 그런데 이렇게 호랑이에게 자신의 몸을 보시하는 태자의 이야기가 우리나라에 전해져 새롭게 각색되었다는 것이 참으로 놀랍다. 그리고 그런 이야기의 배경이 되는 곳을 법현이라는 스님이 찾아갔고, 그곳에서 불교 연등이 피어나고 있었다는 것은 더욱 묘한 인연이라 여겨진다.

이러한 부처의 본생을 담은 이야기를 배경으로 하여 커다란 탑이 네 개나 세워져 있었다고 했다. 그 탑들은 모두 갖가지 보석으로 장식되고, 여러 나라의 왕과 신하들이 공양을 올리고, 꽃을 뿌리고, 그리고 등불 켜는 것이 끊이지 않았다고 했다. 그 지방 사람들은 그 탑들을 사대탑四大塔이라고 하여 늘 정성스레 모시며 등불을 피워 올렸던 것이다.

---

59 『釋迦如來十地修行記』第四地 捨身太子.

중국의 연등문화

—

중국 신화 속의 불과 등롱의 발생
중국 등불의 변화

샛바람 부는 밤에 수천의 나무에 피어난 꽃들

바람에 흩날리는데 별은 비처럼 쏟아지네.

보배 말 끄는 독수리마차 거리를 향으로 가득 채우는데

봉황퉁소 소리 울리고

옥항아리 같은 달빛도 굴러다니고

밤새워 어룡무는 계속되는데

東風夜放花千樹 / 更吹落, 星如雨 / 寶馬雕車香滿路 /

鳳簫聲動 / 玉壺光轉 / 一夜魚龍舞

신기질辛棄疾의 〈청옥안靑玉案 원석元夕〉

중국 신화 속의 불과 등롱의 발생

중국 신화 속의 불

세상이 어떻게 창조되었는지를 알려 주는 신화를 천지창조 신화라고 한다. 7일 동안 천지가 창조되고 아담과 하와라는 인류의 조상이 탄생하였다는 성경의 이야기와 같은 것이다. 중국은 이런 천지의 창조자로 반고盤古라는 신을 상정하고 있다. 혼돈의 상태에서 천지가 나뉘고, 죽어 가던 반고의 몸에서 바람과 구름, 천둥이 나오고 태양과 달, 명산, 강, 길, 전토田土 등이 나와 세상을 풍부하고도 아름답게 해 주었다고 한다. 그런데 반고 신화 속에 불의 탄생에 대한 이야기는 나오지 않는다. 중국 신화에서 인류에게 불을 선사한 인물은 복희伏羲라고 이야기

반고盤古

중국의 연등문화

투루판 지역의 아스타나 무덤에서 발견된.
중국의 천지창조 신화에 등장하는
복희와 여와 그림. 오른쪽이 복희이다.

된다(복희가 곧 반고라고 이야기되기도 한다).

신화에서는 세상에 홍수가 나자 한 오누이가 조롱박 속에 들어가 살아남게 되었는데, 그 가운데 오빠가 '복희伏羲'이다. 복희란 곧 조롱박인 '호로葫蘆'를 뜻한다고 한다. 오누이는 인류가 다 죽고 난 다음 세상을 재창조하게 된다. 팔괘를 처음으로 그렸고, 거문고를 만들었고, 새끼를 발명해 어망을 만들게 되었다고 한다. 그중에서 인류에게 가장 중요한 불을 발명했다는 점이 높이 평가된다. 복희는 사람의 얼굴을 하고 뱀이나 용의 몸을 가진 뇌신雷神의 아들로 이야기된다. 뇌신은 곧 '우레의 신'이니, 복희는 우레가 치는 사이로 번쩍거리며 섬뜩한 빛을 내는 번개와 같은 존재를 말한다. 번개가 크게 치고 수풀에 불이 발생했을 터인데, 이때의 불을 복희가 발명한 것이다.[1]

---

1 袁珂, 정석원 역,『中國의 古代神話』, 문예출판사, 1992, 52~53쪽.

뒤에 수인(燧人)이 나무를 비벼 불을 또 발명했다 하는데 이는 자연적인 불이 아니라 인공적인 불의 발명을 뜻한다. 수인의 '수(燧)'는 '부싯돌'을 뜻하는데 수인이란 불을 채취하는 자를 뜻함을 다음의 신화에서 이야기하고 있다.

아주 먼 옛날, 서쪽 머나먼 곳에 수명국(燧明國)이라는 나라가 있었다. 이 나라에는 태양이나 달의 빛이 미치지 않았는데, 해가 보이지 않으니 낮과 밤을 알 수가 없었다. 그런 이 나라에 '수목(燧木)'이라고 하는 나무가 있었다. 이 나무는 어찌나 큰지 뿌리와 줄기, 이파리가 구불구불 1만 경(頃)이나 되는 지역을 뒤덮고 있었다.

오랜 세월이 흐른 뒤에 어떤 총명하고 지혜로운 사람이 천하를 떠돌다가 아주 멀리 가게 되었는데 얼마나 멀리 갔는지 해와 달도 보이지 않을 지경이었다. 마침내 그 사람은 수명국에 도착하여 1만 경이나 뻗어 나간 수목 밑에서 잠시 쉬고 있었다. 이치로 말하자면 수명국은 본래 해가 없는 어두운 나라였으므로 넓은 수풀 속도 분명히 어둠뿐이어야 하는데, 그곳은 결코 그렇지가 않았다. 대삼림의 이곳저곳에 아름답게 빛나는 불빛이 보였으니, 진주나 보석처럼 반짝이는 광채가 그렇게도 찬란하여 사방을 환하게 비추고 있었던 것이다.

평생 해를 보지 못하고 사는 수명국의 백성들은 이 찬란하고 아름다운 불빛 속에서 일하고 쉬었으며 밥을 먹고 잠을 잤다. 총명하고 지혜로운 이 사람은 불빛이 도대체 어디서 나오는 것인지 찾아가 보았다. 마침내 수리처럼 생기고 긴 발톱에 검은 등, 그리고 하얀 배를 지닌 큰 새들이 짧고 단단한 부리로 그 나무의 줄기를 쪼는데(아마 나무 속의 벌레를 잡아먹으려는 것이었으리라), 새들이 나무를 쪼아 댈 때마다 그 찬란한 빛이 나타나는 것을 알았다.

지혜로운 사람은 그 광경을 보며 불현듯 불을 취할 수 있는 방법을 깨달았다. 그래서 수목의 나뭇가지들을 꺾어다가 작은 가지로 큰 가지를 뚫어 비벼 대니 과연 불빛이 생겨나는 것이었다. 그러나 수목을 비빌 때 생겨난 그 불은 빛만 있었을 뿐, 불꽃은 일어나지 않았다. 그 뒤 그는 다른 나무를 사용하여 불을 피워 보려 했다. 수목을 비비는 것보다 힘이 좀 더 들긴 했지만, 계속 비벼 대니 마침내 연기가 나고 불이 붙어 나무가 불타올랐다. 그때서야 그는 진정한 의미의 불을 얻게 되었다.

그후 그는 자기 나라로 돌아가 나무를 비벼 불을 얻어 내는 방법을 백성들에게 가르쳐 주었다. 이렇게 하여 불의 쓰임새가 퍼져 나가니, 이제 인간들은 불이 필요하면 언제라도 불을 얻을 수 있게 되었다. 천연적인 우레로 불을 얻으려고 기다릴 필요가 없었고 사시사철 그 불씨가 꺼질까 봐 걱정하며 지키고 있을 필요도 없게 되었다. 사람들은 나무를 비벼 불을 얻는 방법을 발견해 낸 이 사람에게 감사하는 마음으로 그를 '수인燧人'

이라 불렀으니, 수인이란 곧 '불을 얻어 낸 사람'이란 뜻이다.[2]

수인이 나무를 비벼서 불을 피울 수 있었던 과정을 위의 신화는 보여 주고 있다. 『한비자韓非子』 「오두五蠹」에도 수인에 대한 기록이 남아 있다.

수인燧人

사람들은 나무 열매나 조개를 먹었으나 비린내 나고 더러운 냄새로 배 속이 상하여 병에 걸리는 이가 많았다. 어느 성인이 나무꼬챙이를 나무판에 대고 두 손으로 비벼 불을 일으켜 날생선이나 날고기를 익히니 사람들이 기뻐하며 그를 천하의 왕으로 삼았고, 수인 씨라고 불렀다.[3]

원문에 표현되고 있는 '찬수취화鑽燧取火'라는 표현을 '부싯돌로 불을 일으켜'라고 번역하기도 하지만[4] 이는 잘못된 해석이다. 그것의 뜻은

2 위앤커 저, 전인초·김선자 옮김, 『중국신화전설 Ⅰ』, 민음사, 2007, 55~57쪽.

3 『韓非子』 「五蠹」, "民食果蓏蚌蛤 腥臊臭惡 而傷害腹胃 民多疾病 有聖人作 鑽燧取火以化腥臊 而民悅之 使王天下 號曰燧人氏."

4 위안커 지음, 김선자·이유진·홍윤희 옮김, 『중국신화사 上』, 웅진지식하우스, 2010, 63쪽.

중국의 연등문화

'나무꼬챙이를 나무판에 대고 두 손으로 비벼서 불을 일으킴. 또는 그렇게 일으킨 불'을 가리킨다. 『광재물보廣才物譜』에는 계절별로 쓰이는 나무가 달리 표현되는데, 봄에는 느릅나무[楡]와 버드나무[柳], 여름에는 대추나무[棗]와 살구나무[杏], 늦여름에는 뽕나무[桑]와 산뽕나무[柘], 겨울에는 떡갈나무[柞]와 졸참나무[楢] 등이 쓰인다고 했다.[5]

부싯돌은 일종의 차돌이라는 것으로 선사시대에는 돌과 돌을 부딪쳐서, 철기시대 이후에는 쇳조각과 부딪쳐서 불을 일으키는 데 사용되었다고 한다. 수인씨가 발명했다고 하는 불은 이런 부싯돌이 아니고 나무와 나무의 마찰을 이용한 불을 가리킨다는 것이 마땅할 것이다. 그리고 그렇게 인류가 직접 불을 일으키게 됨으로써 비린내 나고 더러운 냄새를 풍기면서 병까지 일으키던 날생선과 날고기, 나무 열매 따위를 조리하여 먹을 수 있게 되었음을 위의 인용문은 잘 보여 주고 있다.

역사적으로도 기원전 50만 년에 살았으리라 추정되는 베이징 원인(Perking man)이 최초로 불을 사용한 인류로 추정된다. 그리고 기원전 7천 년에 이르러서 신석기시대 인류는 불을 얻는 방식을 알아냈고, 이때 위에 나온 것처럼 구멍을 뚫어서 마찰의 힘으로 불을 만들어 내는 도구를 사용했던 것으로 추정된다. 그리고 부싯돌을 황철석(pyrite)에 부딪쳐 불을 만들어 내기도 했던 것으로 보인다.[6] 중국의 신화나 옛 기록은 인류가 불을 얻은 역사를 흥미롭게 전해 주고 있다.

---

5 『廣才物譜 3』, 火部, 火, "鑽燧火 卽木火. 春取楡柳 夏取棗杏, 季夏取桑柘, 冬取柞楢."
6 다음백과사전 (http://100.daum.net/encyclopedia/view/b10b1644b)

촛불과 등롱의 탄생

촛불의 탄생

불은 어둠을 밝히고 음식을 익히는 도구로 이용되었다. 그 가운데서 어둠을 밝히는, 즉 조명의 역할을 하는 데는 등불이 나타날 터인데 이보다 먼저 등장하는 것이 중국에서는 촛불[燭]이라 할 수 있다. 신화에서도 이 촛불과 관련된 이야기가 『해내북경海內北經』에 다음과 같이 나오고 있다.

> 순의 아내 등비씨는 소명宵明과 촉광燭光을 낳았으며, 황하의
> 큰 연못에 살았다. 두 여인의 영험함은 능히 이곳의 사방 100
> 리를 비출 수 있었다.[7]

순의 아내인 등비씨가 소명과 촉광을 낳았다고 했는데, 여기서 '소명'은 밤을 밝히는 불로 보이지만 명확하지 않고 '촉광'은 곧 촛불을 가리킨다는 것을 알 수 있다. 황하의 큰 연못에 살던 두 딸의 몸에서 뿜어져 나오는 빛이 사방 100리나 되었다고 했다. 신화적인 세계라 할 요순시대부터 촛불이 밝혀지고 있음을 위의 기록은 이야기하고 있다.

그렇다면 촛불은 예전에 어떻게 나타나게 된 것일까. 촛불을 가리키는 한자 촉燭과 관련해『주례周禮』「사훤씨司烜氏」에는 "무릇 나라의 큰

---

7 『海內北經』, "舜妻登比氏 生宵明燭光 處河大澤 二女之靈 能照此所方百里." (위안커 지음, 위의 책, 116쪽, 재인용.)

중국의 연등문화

일에는 모두 무덤에 촉燭을 사르고, 들에 요燎를 밝혔다."라는 대목이 나온다. 여기서 촉燭은 불이 손에 있는 것을 이르고, 요燎는 땅에 있는 모닥불을 가리키는 것으로 보인다. 그런데 당나라 고공언賈公彦과 청나라 손이양孫貽讓은 촉과 요를 같은 것으로 보면서, "갈대로 속을 만들고 헝겊으로 감싼 뒤에 물엿을 부어 만드는데 지금의 양초와 같다."라고 하였다.

그리고 뜰 가운데서 촉을 사르는 '정료庭燎'[8]가 있었던 것으로 보인다. 주대周代의 정료 의례에는 천자가 100개, 공公은 50개, 제후[侯]와 백伯, 자子, 남男의 등급은 모두 30개씩의 정료를 사른다고 하였다.[9] 『예기禮記』「상대기喪大記」에는 "임금은 당상堂上에 2촉, 당하에 2촉을 켜고, 사士는 당상에 1촉, 당하에 1촉을 켠다."라는 대목도 보인다. 요즘의 양초를 떠올려서는 안 되고, 일종의 횃불과 같은 것을 그와 같이 살랐다고 보는 것이 맞겠다.

요즘까지도 횃불을 이용한 축제는 중국에서 흔히 벌어지는 행사다. 중국 서남 지역의 이족彝族과 바이족[白族], 나시족[納西族], 라후족[拉祜族], 지눠족[基諾族] 등의 소수민족이 보통 음력 6월 24일이면 횃불 축제를 한다는데, 사람들이 수많은 횃불을 손에 들고 노래하고 춤추며 축제를 벌인다고 한다.[10] 이렇게 행하는 횃불놀이의 횃불이 초[燭]의 원

---

8 『표준국어대사전』에서 '정료(庭燎)'는 "나라에 큰일이 있을 때에, 밤중에 입궐하는 신하를 위하여 대궐의 뜰에 피우던 화톳불."이라 설명되고 있다.

9 孫貽讓, 『周禮正義』.(캉바오청(康保成), 김순희 번역, 「중국 등절(燈節)의 기원과 형성에 관한 새로운 탐색」, 『한·중·일 전통등(燈) 문화의 어제와 오늘』, 한국전통등연구원 10주년 기념 국제학술세미나 자료집, 2006, 24쪽, 재인용.)

10 캉바오청(康保成), 김순희 번역, 위의 글, 24쪽.

형이 된다고 하겠다.

등燈, 등기燈器, 등롱燈籠의 발생

한자에서 등燈은 원래 쇠 금金이 부수로 붙어 '등鐙'이라 썼다고 한다. '鐙'은 등유燈油를 담는 등잔 접시를 가리키기도 하고, 등불 등화燈火를 가리키기도 한다고 사전에는 나와 있다. 한나라 허신許愼이 지은 『설문해자說文解字』에는 "등鐙은 제기의 일종인 정錠이다. 금金을 부수로 하고 등쯩이라 발음한다.""[11]라고 되어 있다. 정錠은 다리가 세 개 달린 제기를 가리킨다. 제기에 불을 피우고 제사를 지내는 과정에서 만들어진 글자라는 것을 짐작하게 한다.

중국에서 등기燈器, 곧 등불을 담는 그릇이 생겨난 것과 관련한 기록으로 『격치경원格致鏡原』과 『사물원회事物原會』가 있는데, 이에는 "왕모가 황제에게 구화등경九華燈檠을 주었다."라고도 하고, "황제가 하도河圖를 읽기 위해 나무 열매의 기름을 짜서 면綿 심지로 삼아 불을 밝혔다."라고도 하였다.[12]

구화등은 위진남북조 시기에 도교에서 사용되었던 등불을 가리킨다고 한다. 이때의 구화九華는 음력 9월에 피는 꽃이니 국화를 가리키고, '구화등'은 국화 모양의 등불이라 하겠다. 구화등경의 '경檠'은 등잔걸이를 가리킨다. 황제가 읽으려 했다는 '하도河圖'는 복희씨 때에 황하에서 나온 용마의 등에 나타났다는 도형을 말한다. 황제는 그 하도를

---

11 "鐙, 錠也. 從金登聲."

12 최승온, 『우리의 불그릇 등잔』, 재단법인한국등잔박물관, 2014, 102쪽.

읽으려고 나무 열매의 기름을 짜서 면으로 심지를 삼아 등불을 밝혔다
는 것이다.

캉바오청이라는 학자는 "일반적으로 등鐙이 예기禮器 중의 하나인
'두豆'에서 점차 변하여 전문적인 조명기구로 사용되었다고 알려져 있
는데, …아래쪽에는 주발을 엎어 놓은 듯한 등 받침[燈座]이 있고, 중간
에는 길고 가는 등 기둥[燈柱]이 있으며, 위쪽에는 입이 넙죽한 등 접시
[燈盤]가 있어, 접시 위에 사를 수 있는 기름 혹은 촛불을 놓아둔다.'"[13]라
고 밝히고 있다. 그러면서 그는 『중국문물정화대사전中國文物精華大辭典』
을 기반으로 청동기靑銅器로 된 등燈이 전국戰國 중반기에 처음 보인다고
하고 있고, 은허殷墟에서 출토된 용각龍角 인면人面 청동등이 보이지만
조명기구로서의 등은 문자 기록 이전에 이미 발명되었을 것으로 추정
하고 있다.

등 기구 중에는 우리가 부처님오신날이면 흔히 보는 등롱燈籠이라
는 것이 있다. 등롱과 관련된 기록은 여러 곳에 남아 있는데 그 가운데
『근본설일체유부비나야잡사根本說一切有部毘奈耶雜事』 권13에 부처님이 직
접 가르쳐 만든 것이 등롱이라는 기록이 있다.

비구[苾芻][14]가 여름에 등불을 사르다가 곤충을 해치니, 부처님
께서 등롱을 만들어야 한다고 하셨다. 비구가 무엇을 말씀하

---

13 캉바오청(康保成), 김순희 번역, 「중국 등절(燈節)의 기원과 형성에 관한 새로운 탐색」, 『한 ·
    중 · 일 전통등(燈) 문화의 어제와 오늘』, 한국전통등연구원 10주년 기념 국제학술세미나
    자료집, 2006, 23쪽.
14 필추(苾芻): 비구(比丘). 곧 출가하여 구족계를 받은 남자 승려를 가리킨다.

시는지 알 수가 없어 어떻게 만들어야 하는지를 여쭈었다.

부처님께서는 이렇게 말씀하셨다.

"대나무 조각으로 바구니를 만들고 그 위를 얇게 덮어 가리도록 하라. 만일 대나무 조각을 사용하기가 어렵다면 운모雲母[15] 조각을 사용하고, 이 또한 어렵다면 흙으로 된 등롱인 백목병 百目瓶[16]을 사용하라."

비구는 그 말씀을 이해하지 못하여 어떻게 만들어야 하는지를 여쭈었다.

부처님께서는 이렇게 말씀하셨다.

"기와장이에게 등롱 모양을 만들게 하고, 거기 바깥에 여러 개의 작은 구멍을 뚫게 하여라."

그런데 기와장이를 구하기가 어려웠다.

부처님께서는 이렇게 말씀하셨다.

"병이나 항아리 밑바닥을 쳐서 이용하여라. 곁에는 여러 개의 구멍을 뚫어 두고, 등잔을 아래로 향하게 하여 그 속에 두면 된다. 만약 구멍으로 벌레가 들어올 듯하면 종이와 얇은 옷감으로 덮어 두면 되느니라."[17]

---

15 화강암 가운데 많이 들어 있는 규산 광물이다. 백색이나 흑색 두 가지가 있는데 백운모는 유리를 대신하여 사용되며, 전기 절연체 등에 쓴다고 한다. 여기서는 이 운모를 활용해 등롱을 만든다는 것을 말하고 있다.

16 백목(百目): 흙으로 만든 등롱(燈籠). 그 둘레에 여러 개의 작은 구멍이 뚫리어 있다.

17 『根本說一切有部毘奈耶雜事』卷13, "苾芻夏月然燈損蟲, 佛言:「應作燈籠.」苾芻不知云何應作? 佛言:「應以竹片為籠薄疊遮障, 此若難求用雲母片, 此更難得應作百目瓶.」苾芻不解如何當作? 佛言:「令瓦師作如燈籠形, 傍邊多穿小孔.」瓦師難求, 佛言:「應用瓶瓱打去其底, 傍穿百目, 置燈盞已向下而合. 若孔有蟲入, 應以紙絹及薄物而掩蓋之.」"

등롱

동제 등롱

등롱燈籠 만드는 방법을 자세하게 이야기하고 있다. 대나무를 엮어
등롱을 만들고, 거기에 얇은 천을 덮어서 만드는 방법을 밝히고 있다.
우리가 보통 알고 있는 등롱의 형태를 바로 떠올릴 수 있다. 그리고 덧
붙이고 있는 내용을 보면 운모雲母나 백목병百目甁을 이용해서 등롱을
만드는 방식도 이야기되고 있다. 규산 광물에 속하는 운모 가운데 백
운모는 유리를 대신하여 사용되는데, 백운모로 등롱의 모양을 만들어
불을 밝히는 것을 이야기하고 있는 듯하다. 그리고 '백목百目'은 흙으로
만든 등롱을 가리키는데, 거기에 구멍들을 뚫어 놓은 형태가 '백목등'
이라 하겠다. 게다가 기와로 등롱을 만들고 거기에 구멍을 뚫는 형태
도 언급되고, 병이나 항아리의 밑동을 뚫고 구멍을 뚫은 다음 그 속에
등잔을 두는 형태도 이야기하고 있다.

그런데 이 등롱이 부처님이 살아 계실 때 생겨난 것인지에 대해서
는 의문을 갖는 경우도 있는 듯하다. 길상이 편찬한 『불교대사전』에는

등롱에 대해 '등불을 안치하기 위한 대 그릇. 인도에서는 대나무나 기와로 만들었던 것 같지만, 우리 한국에서는 항상 부처님에 대한 헌등용으로 만들어졌음. 청동이나 석조물이 많음."[18]이라고 적고 있다.

그에 비해 캉바오청[康保成]은 "지금까지의 문헌 기록을 통해 '등롱'은 불경 번역가가 창조해 낸 중국어 어휘일 것으로 추측되며, 이는 남북조南北朝시대부터 세속 문헌에 유행하기 시작한다. 새빨간 등롱은 경사스러움의 상징으로 여겨지며, 중국 각지에서 매우 유행하고 있다. 때로 붉은 등롱은 심지어 민족 건축과 더불어 중국 문화를 식별하는 중요한 상징물의 하나가 되었다."[19]라고 밝히고 있다.

등롱의 발생과 관련된 이야기를 담고 있는 문헌은 현재까지『근본설일체유부비나야잡사』만 보이고 있다. 물론 남북조시대 이전 시기에 등롱燈籠이라는 어휘가 들어간 문헌으로 계빈국 출신의 불타야사佛陀耶舍가 홍시弘始 때(399~416)에 구마라습과 함께 번역한『사분율四分律』이 있지만 사물들을 나열하는 가운데 등롱을 살

중국 홍등

18 吉祥,『佛敎大辭典』, 弘法院, 2001, 528쪽.
19 캉바오청(康保成), 위의 글, 27쪽.

중국의 연등문화

짝 언급하고 있을 따름이다.[20] 그 밖에는 중국 선서禪書를 비롯한 문집에 등장하는 것이 대부분이다. 의정義淨(635~713)은 이전의 역경가들과 달리 밀교 관계 경전 번역에 발군의 실력을 발휘했으며, 계율에도 관심이 많아 『근본설일체유부비나야잡사』를 번역하게 되는데 여기에 등롱 탄생의 인연을 밝히고 있다. 일찍이 나온 대승경전들에는 이 등롱에 대한 언급이 없는 것으로 보아 등롱이 인도에서 들어온 것이라 단정 짓기는 어려워 보인다.

---

20 『四分律』, "遣人送六種物, 獨坐繩床, 火爐, 燈籠, 掃帚, 扇斗, 諸比丘不受."

중국 등불의 변화

등불 축제의 근원인 정료庭燎

중국에서 벌어지는 등불 축제의 근원은 '정료庭燎'라고 볼 수 있다. 이때는 불교의 연등과는 관계없이 중국 고유의 무속적 요소가 지배했던 것으로 보인다. 마귀를 내쫓고 질서를 부여하기 위한 무속적 행사로 불을 이용하는 의식이 '정료'였던 것이다. 그리고 이것이 발전하여 횃불 축제며 등불 축제로까지 이어진 것으로 보인다.

중국에서는 동지를 지나 105일이 되는 날인 한식寒食에 불을 피우는 것을 금기시했다. 한식은 새봄을 맞아 새로운 불을 맞이하고 묵은 불을 보내기 위한 날로, 그날만큼은 아예 불을 피우지 않았던 것이다. 음력 1월 1일부터 14일 동안 사람들은 파팍 하고 소리를 내며 타들어 가는 폭죽과 함께 명절을 지냈다. 폭죽이 타들어 가고 터지는 소리를 마귀를 내쫓는 것으로 인식한 것이다. 그리고 사계절마다 환절기가 되면 중국인들은 나무를 바꿔 가면서 새로운 불을 취하였다.

밤이 얼마쯤 되었는지

밤은 아직 새지 않았고

뜰의 횃불만 밝았어라

제후들이 이르러

방울 소리 짤랑거린다.

밤이 얼마쯤 되었는지

밤은 아직 새지 않았고

뜰의 횃불만이 반짝반짝

제후들이 이르러

방울 소리 땡그렁거린다.

밤이 얼마쯤 되었는지

밤은 새벽에 가까운데

뜰의 횃불만이 빛나는구나

제후들이 이르러

그들의 깃발이 보이는구나.[21]

　공자(기원전 551~기원전 479)가 편찬했다는 『시경詩經』「소아小雅」편의 〈정료庭燎〉라는 시다. 3언과 4언이 자유롭게 뒤섞이고, 의성어와 의태어

---

21 『詩經』, 小雅, 庭燎, "夜如何其 夜未央 庭燎之光 君子之止 鸞聲將將 夜如何其 夜未艾 庭燎晣
　晣 君子至止 鸞聲噦噦 夜如何其 夜鄕晨 庭燎有輝 君子至止 言觀其旂."

가 사용되면서 매우 자유로운 형식으로 지어진 시이다. 깊은 밤 마당에는 횃불이 밝게 빛나는데 제후들이 조회를 하려고 말방울 소리를 울리며 궁중에 이르는 장면을 그리고 있다. 이때의 정료는 앞서 살폈던 횃불을 가리키는 것이요, 폭죽을 터뜨리는 것과는 다른 것이다.

그렇게 춘추전국시대 궁중에서 횃불로 자리 잡았던 정료는 양梁(502~557)의 종름宗懍이 편찬했다는『형초세시기荊楚歲時記』에 이르면 조금 다르게 언급되고 있음을 확인할 수 있다.

> 정월 초하루는 삼원三元의 날이다. 닭 소리가 울리면 일어나 먼저 뜰 앞에서 폭죽을 터뜨려 산에 사는 비릿한 악귀를 물리쳤다. … 세상 사람들은 폭죽을 터뜨리는 것으로 정료를 시작한다.[22]

삼원이란 연·월·일의 시작을 말한다. 예부터 중국에서는 정월 초하루에 폭죽을 터뜨려 악귀를 물리치는 정료를 시작했던 것이다. 중국에서 불은 그와 같이 악귀를 물리치는 것으로 인식되었고, 마침내 정료가 횃불 축제로까지 이어지게 된 것이다.

한편 중국인에게 불은 사회 질서의 규율이면서 우주의 선후 관계를 갖추게 하는 규범으로 여겨졌다.[23]『한서漢書』「오행지五行志」(4)신이

---

22 宗懍,『荊草歲時記』, 說郛 卷69, "正月一日是三元之日夜. 鷄鳴而起, 先於庭前爆竹, 以辟山臊惡鬼. ……俗人以爲爆竹起於庭燎."

23 한국문화상징사전편찬위원회,『한국문화상징사전』, 동아출판사, 1992, 372쪽.

경神異經에서 공자가 불에 대해 언급한 대목이 나온다. 여기서 공자는 참소가 행해지지 않으면 명철하다 할 수 있고, 현명한 사람과 간사한 이를 구별하고, 관리에 질서가 있으면서 옛 제도를 따르고, 공훈이 있는 이를 공경하고 적서嫡庶를 구별하면, 불은 그 본성을 찾는다고 했다. 그에 반해 사악한 것이 바른 것을 이기면 불은 그 본성을 잃게 되어 쓸데없는 불이 망령스럽게 일어나 종묘를 태우고 궁궐을 불살라 구할 수 없다고 했다. 지상의 질서는 하늘의 뜻이며, 하늘의 밝음은 인간 생활의 척도가 된다고 했고, 하늘의 밝은 빛을 경외하듯 지상의 불도 경외하고 숭배하는 것을 신조로 삼았다고 했다.[24]

그러고 보면 고대 중국에서 불은 권력의 상징이었다고 하겠다. 정료라 일컬어지던 횃불은 어둠을 밝히는 도구이면서 피지배층으로 하여금 그 아름다움에 매료되어 감복하게 함으로써 지배층에 대한 무한한 복종심을 불러일으키는 도구였던 것이다. 앞서 살폈듯 주대周代의 정료 의례에서 천자는 100개나 되는 횃불을 밝히지만 공이나 제후는 그보다 훨씬 적은 불을 밝힌다고 하였다. 지배층은 아름답고 화려한 불꽃을 환하게 밝히는데, 피지배층은 단조롭고 초라한 불을 밝힐 수밖에 없었던 것이다. 궁중음악이 왕권을 강화하는 차원에서 세련되게 연출되었듯, 중국의 정료 의례도 권력을 상징하는 도구로 활용되었던 것이다.

---

24 한국문화상징사전편찬위원회, 위의 책, 374쪽, 재인용.

한나라 명제明帝와 중국 연등회의 시작

불을 밝힘으로써 권력을 과시하던 중국의 전통은 어느 시점에선가 종교적 차원으로의 변화를 일으키게 된다. 고대 중국에는 인간의 화복禍福이나 길흉吉凶을 주관하는 천天 · 지地 · 수水에 제사를 지내며 복을 내려주기를 기원하는 전통이 있었다. 그런데 한대漢代에 이르러 궁정에서 행해지던 제전祭典이 변한다. 『효경수신계孝經授神契』에 기재되어 있는 "옛 제사에 쓰이던 번료燔燎는 한漢 무제武帝 때에 태일太一에 제사를 지내면서 처음으로 향등香燈을 사용하게 되었다."[25]는 기록이 이를 알려주고 있다. '번료燔燎'는 정료庭燎와 같은 횃불을 뜻하는 말이고, '향등香燈'은 불전佛前이나 신상神像 앞에 밤낮으로 켜 두는 등불을 가리키는 말이다. 한 무제에 이르러 정료를 대신해 향등으로 태일천신께 제사를 올리게 되었고, 그러던 것이 불교가 중국으로 들어오면서 점차 연등燃燈이 불법의식과 결합했던 것이다.[26]

처음에 중국에 불교가 전파되도록 힘쓴 사람으로 한나라 명제明帝가 있다. 그가 불교를 받아들이게 된 계기에 대해 진晉나라 원굉袁宏 (328~379)의 『후한기後漢記』는 다음과 같은 기록을 남기고 있다.

명제는 꿈에 목덜미에 태양과 달빛이 있는 장대한 금인金人(불

---

25 『孝經授神契』, "古祭祀有燔燎, 至漢武祠太一, 始用香燈."(蘇慧霜, 『華人社會與文化: 社會風俗篇』, 新學林出版股份有限公司, 2008, 59쪽, 재인용.)

26 蘇慧霜, 위의 책, 59쪽.

상)을 보고 군신들에게 물었다. 어떤 자가, "서방에 신이 있는 데, 그 이름을 부처라고 합니다. 폐하가 꿈에 본 것은 이것이 아닐까요?"라고 답하였다.[27]

꿈속에서 부처의 모습을 보고는 한 명제가 불교를 받아들이게 되었음을 알려 주는 기록이다. 그래서 한 명제가 도교적인 정료 대신 연등을 밝히게 되었음을 알 수 있다. 『불교대사전』에는 다음과 같은 서술을 하고 있다.

> 한漢나라 명제明帝 때에 불법이 처음 동쪽으로 전해졌다. 마등摩騰 · 축법란竺法蘭이 도사道士와 서로 다투어 승리한 것이었다. 그래서 명제는 상원上元에 연등을 밝히고 불법을 빛나게 했다. 후대에는 그것을 본받게 되어 삼원에 모두 등을 밝히기에 이르렀다.[28]

한나라 명제明帝는 후한의 황제로 57년부터 75년까지 재위한 인물이다. 광무제光武帝의 넷째 아들로, 일찍이 낭중郎中, 채음蔡愔 등을 인도에 보내어 불법佛法을 구하였다. 67년에 채음과 사문沙門 섭마등攝摩騰, 축법란竺法蘭 등을 낙양洛陽에 모시고 와서 백마사白馬寺를 세운 후『사십

---

27 대한불교조계종 교육원 불학연구소 편찬,『세계불교사』, 불광출판사, 2012, 151쪽, 재인용.
28 『佛法大辭典』, "漢明帝時, 佛法初東漸, 摩騰竺法蘭與道士角力勝之, 明帝救於上元燃燈, 以表佛法光明. 後代倣之, 至三元皆放燈."(蘇慧霜, 위의 책, 60쪽, 재인용.)

이장경『四十二章經』을 편집하고 번역하게 했다고 한다. 그러는 와중에 연등이 자리를 잡게 된 것이다.

양나라의 연등 행사

정월 8일에 연등을 밝혔음을 알려 주는 작품으로 양梁나라 간문제簡文帝 소강簫綱(재위 549~551)의 〈정월 초파일 연등 행사에 응해 짓다[正月八日燃燈應令詩]〉가 있다.

연꽃과 나무들이 끝없이 섞였는데	藕樹交無極
꽃구름 옷은 여러 겹이다.	華雲衣數重
대나무 엮어 능히 코끼리 만들고	織竹能爲象
갈대를 묶어 솜씨 좋게 용을 만든다.	縛荻巧成龍
재를 떨어뜨려 많은 꽃술 태우고	落灰然玌盛
기름을 부어 그림 봉우리 적신다.	垂油濕畵峰
만일 천궁天宮을 잘 비추면	天宮儻若照
등왕燈王을 다시 만날 수 있으리.	燈王複可逢[29]

위 시를 지은 간문제 소강은 시적 재능이 매우 뛰어났고 훌륭한 작

---

29 道宣, 『廣弘明集』, 統歸篇 第十 卷三十; 道世, 『法苑珠林』, 然燈篇, 第三十一. (逯欽立, 『先秦漢魏晋南北朝詩』, 中華書局, 1983, 1962쪽; 캉바오청(康保成), 위의 글, 28쪽, 참조.)

품을 많이 남겼다고 한다. 그런데 재위 기간이 2년에 그치고 후경이라는 권력자의 손아귀에서 황제 노릇을 제대로 해 보지도 못하고 죽음을 맞은 인물이다. 그는 양나라의 연등을 밝힌 장면을 잘 그려 내는 시를 전해 주고 있다.

도세법사道世法師가 670년에 완성한 『법원주림法苑珠林』이나 당나라 도선道宣(596~667)이 지은 『광홍명집廣弘明集』에 실려 전하고 있는 소강의 작품이다. 이 작품은 양나라의 연등 행사를 알려 주고 있다고 하겠다. 연꽃 모양, 꽃구름 옷 모양의 등불이 휘황찬란하게 걸려 있다. 그리고 대나무로 엮은 코끼리, 갈대로 엮은 용을 형상화한 등불이 걸렸다. 어떤 형태를 뜻하는지 명확하지는 않지만 재를 떨어뜨려 꽃술을 태우고 기름을 부어 그림의 봉우리를 적신다고 했다. 이렇게 찬란한 연등 행사를 그리고 시인은 이렇게 하여 천궁을 잘 비추면 등왕燈王을 만날 수 있으리라 노래한다.

사전에서 등왕燈王을 찾으면 수미등왕보살須彌燈王菩薩이 나온다.[30] 이 보살은 『유마힐소설경維摩詰所說經』에 등장하는 부처님이다. 동방으로 36항하사만큼이나 많은 나라를 지나 나타나는 수미상이라는 세계에 계신 부처님이 수미등왕須彌燈王이라 했다. 수미등왕부처님은 3만2천 개의 사자좌를 유마힐의 방으로 들어오게 했는데, 그것들은 한결같이 광대하고 장엄하고 청정하였다고 나와 있다.[31] 그런데 위의 시에서 말

---

30 吉祥, 위의 책, 530쪽.

31 鳩摩羅什, 『維摩詰所說經』, 不思議品 第六, "文殊舍利言 居士 東方度三十六恒河沙國 有世界 名須彌相 其佛號須彌燈王…(中略)…卽時 彼佛遣三萬二千師子座 高廣嚴淨 來入維摩詰室."

하는 등왕이 반드시 수미등왕만을 뜻한다고 말할 수는 없을 듯하다. 『법원주림』에도 다음과 같이 등왕이 언급되고 있다.

> 무릇 해가 펴지면 밤은 감기고, 달이 생기면 어둠[陰]은 사라지며, 등불이 어둠을 부수는 것은 마치 지혜가 업장業障을 녹이는 것과 같도다. 그런 까닭에 등왕燈王에게 정성을 들이면 능히 미타의 높음을 이룩할 수 있고, 힘을 다해 밝음을 이으면 마침내 정광定光의 호號를 받는 것이다. 띠 풀을 비추는 가벼운 인연으로도 신색身色의 빛남을 얻고, 촛불을 보시한 조그만 인연으로도 안근眼根이 깨끗해지는데, 하물며 이 큰 지혜를 떨쳐 저 훌륭한 광명을 여는 것이야 어떠하겠는가.[32]

  여기에 등장하는 등왕은 등불을 공양하는 대상이다. 그 공양은 아미타불이 계신 아미타 정토로 극락왕생할 수 있는 행위라 말한다. 등불 밝히기를 계속 이어 간다면 '정광定光'의 호를 받는다고 했다. 정광은 앞에서 살폈던 정광불 또는 연등불이라 이야기되던 부처님으로, 석가세존에게 미래에 반드시 성불할 것이라 수기授記하신 부처님이다. 이런 사항들을 생각한다면 '등왕'은 등불을 밝힌 인연으로 이루게 되는 부처를 뜻한다 하겠다.

---

32 道世, 『法苑珠林』, 然燈篇, 第三十一, "夫日舒則夜卷. 月生則陰滅. 燈之破暗. 猶慧之銷障. 是以虔躬燈王. 克成彌陀之尊. 致力續明. 逐受定光之號. 茅照輕綠. 乃獲身色之暉. 燭施微因. 爰果眼根之淨. 況乃振此大智開彼勝光者哉."

수나라의 연등회 정착

앞서 살핀 양나라 간문제가 보여 주는 연등회의 모습은 중국 연등회의 본격적인 모습으로 보기 어렵다고 본다. 캉바오청은 "중국의 원소元宵 등회燈會는 상고시대上古時代에 이미 탄생한 정료庭燎 풍습의 기초 위에 점차 유입된 불교의 영향을 받아 남조南朝부터 수隋나라 때까지의 기간에 정식으로 형성되었다고 말할 수 있다."[33]라고 주장한다. 그리고 그 근거로『수서隋書』의「유욱전柳彧傳」에 등장하는 연등회의 성대함을 들었다. 여기에서는 연등회가 단순히 등불을 밝히는 것으로 끝나지 않고 온갖 놀이를 겸한 축제의 모습을 보여 주고 있다.

> 매년 정월이 되면 만국에서 내조하여 15일까지 머물렀다. 단
> 문 밖 건국문 안쪽에서 8리에 걸쳐 희장戲場이 있었다. 백관들
> 이 길을 끼고 붕棚을 세워 놓고 해 질 녘부터 아침까지 마음껏
> 구경했다. 해가 어둑해져서야 파했다.[34]

정월 초하루부터 15일까지 단문 밖의 건국문 안쪽에서 8리에 걸쳐 희장戲場, 곧 놀이마당이 펼쳐졌다. 모든 벼슬아치들이 길에 누각을 세

---

33 캉바오청(康保成), 위의 글, 30쪽.

34 標點校勘,『隋書』,「柳彧傳」, 522쪽, "每歲正月, 萬國來朝, 留至十五日, 於端門外, 建國門內, 綿亘八里, 列爲戲場. 百官起棚夾路, 從昏達旦, 以縱觀之. 至晦而罷."(鄭元祉,「時序觀念의 淵源과 展開—時序觀念이 傳統時期 中國 公演文化에 미친 影響」,『中國語文論譯叢刊』第30輯, 중국어문논역학회, 2012, 95쪽, 재인용.)

위 놓고 해 질 녘부터 아침까지 구경했다고 한다. 당연히 해 질 녘부터 아침까지의 구경을 위해서는 등불을 밝혔을 것이다. 그리고 그때 펼쳐진 놀이마당의 풍경은 다음을 보면 알 수 있다.

신욱이 보건대 근대 이래 도읍의 백성들은 정월 15일이 되면 각저희角抵戱를 하면서 서로 경쟁하는데 재력을 탕진하는 수준에 이르게 되어 금절시켜 주시길 상주합니다. …제 생각엔 경사에서 외주에 이르기까지 매번 보름날이 되면 길거리를 가득 메울 정도로 놀이판을 벌입니다. 북을 울려 하늘이 떠나갈 듯하고 횃불을 만들어 천지를 환하게 비추며 동물 가면을 쓰고, 남자가 여장을 한 창우들이 잡기를 벌이는데 그 모습이 괴이하기 짝이 없습니다. 외설스럽고 추악한 것을 보고 즐거워하며 비루하고 저질스러운 것을 웃음거리로 삼아 남녀가 함께 보며 피할 줄 모릅니다.[35]

정월 15일이 되어 각저희를 하는데, 서로 경쟁한다고 했다. 각저角抵는 씨름을 가리킨다. 사람들이 씨름대회에서 내기를 하며 논다는 것이다. 그런데 재산을 탕진할 정도로 내기를 하여 문제이니 금해 달라고 황제에게 상주하고 있다. 그리고 길을 가득 메울 정도로 놀이판을 벌

---

35 標點校勘,『隋書』,「柳彧傳」, 797~798쪽, "或見近代以來, 都邑百姓每至正月十五日, 作角抵之戲, 遞相誇競, 至於靡費財力, 上奏請禁絶之,… 竊見京邑, 爰及外州, 每以正月望夜, 充街塞陌, 聚戲朋游. 鳴鼓聒天, 燎炬照地, 人戴獸面, 男爲女服, 倡優雜技, 詭狀異形, 以穢嫚爲歡娛, 用鄙褻爲笑, 內外共觀, 曾不相避."(鄭元祉, 위의 논문, 95~96쪽, 재인용.)

중국의 연등문화

이고, 여장을 한 창우들이 잡기를 벌이는데 괴이하고 외설스러우며 저질스럽다고 문제 삼고 있다. 잡기의 내용이 무엇인지 구체화되지 않았는데, 양현지楊衒之가 쓴『낙양가람기洛陽伽藍記』「장추사長秋寺」조의 내용은 당시의 잡기가 어떤 것이었을지 짐작하게 한다.

이 절에는 삼층탑이 하나 있었다. 탑의 금반金盤과 영찰靈刹이 성안을 환히 비추었다. 또 여섯 개의 상아가 달린 흰 코끼리가 석가를 태우고 있는 상이 허공 중에 솟아 있었다. 불상의 장식은 모두 금과 옥을 사용하여 화려하고 장엄했다. 만든 솜씨가 뛰어나 모두 말로 표현하기 어려울 정도였다.

4월 4일, 이 불상이 항상 행상을 나갔는데, 악귀를 물리치는 사자[辟邪獅子]가 그 앞을 인도했다. 칼을 삼키거나 불을 토하고, 말을 모는 묘기가 한쪽에서 행해지고, 솟대를 오르거나 줄을 타는 등 평소에는 볼 수 없는 기이한 묘기들이 행해졌다. 신기한 재주를 펼치며 이상한 옷을 입은 사람들이 도시를 가득 메웠다. 불상이 멈춘 곳에서는 구경하는 사람들이 둘러쳐진 담처럼 많아서 서로를 밟거나 뛰어넘어 죽는 자가 항상 생겨났다.[36]

---

36 "中有三層浮圖一所 金盤靈刹 曜諸城內. 作六牙白象負釋迦在虛空中. 莊嚴佛事 悉用金玉. 工作之異 難可具陳. 四月四日 此像常出 辟邪獅子導引其前. 吞刀吐火 騰驤一面 綵幢上索 詭謫不常. 奇伎異服 冠於都市. 像停之處 觀者如堵 迭相踐躍 常有死人."(楊衒之,『洛陽伽藍記』, 卷1 長秋寺條.)

불상이 행상을 나가고, 그 앞을 악귀를 물리치는 사자가 인도한다고 했다. 그리고 칼 삼키기, 불 토하기, 말 묘기, 솟대 오르기, 줄타기 등 참으로 다양한 묘기가 잡기로 행해졌음을 보여 준다.[37] 연등을 밝힌 이야기는 없지만 정월 15일에 행했던 등절이라는 연등회에서도 위와 같은 잡기가 행해졌을 것으로 짐작된다.

연등을 구체적으로 언급하고 있는 기록으로는 수隋나라 양제煬帝(재위 605~618)가 지은 시가 있다. 수 양제는 불교를 중흥시켰던 문제文帝(재위 581~604)의 뒤를 이은 임금인데, 폭군으로 악명이 높은 인물이지만 천태대사 지의와 교류하면서 보살계를 받은 호불자였다. 전국을 통일하고 국력을 증강시키면서 수많은 사찰을 짓고 탑이나 불상을 조영하고 사경寫經을 공양하는 등 불사를 많이 행했다.[38] 그런 그가 등불을 보며 지은 <정월대보름 사통팔달의 거리에 등을 세운 밤 남쪽 누각에 올라[正月十五日於通衢建燈夜升南樓詩]>라는 시가 사람들 사이에 알려져 있다.

법륜法輪이 천상에서 돌아들고 　　　法輪天上轉

범성梵聲이 천상에서 내려온다. 　　　梵聲天上來

등불 나무 천 갈래 빛을 비추고 　　　燈樹千光照

불꽃 일곱 줄기에 피어오른다. 　　　花焰七枝開

---

37 사서의 기록에 기원전 108년 봄, 한 무제가 서역의 각국 사신들을 초대해 장안(長安)에서 '백희(百戲)' 공연을 열었는데, 공연 목록에 '각저(角抵: 씨름)', '파간(爬竿: 장대 오르기)', '주대승(走大繩: 밧줄타기)', '포건(抛鍵: 제기차기)', '농환(弄丸: 공 묘기)', '찬화권(鑽火圈: 불굴렁쇠 빠져나가기)', '도립(倒立: 물구나무서기)', '거희(車戲: 자전거 묘기)', '마희(馬戲)', '환술(幻術: 마술)'을 언급하였다. 이 형태와 유사한 백희를 행하고 있음을 알 수 있다.

38 대한불교조계종 교육원 불학연구소 편찬, 앞의 책, 196쪽.

달그림자 흐르는 물에 엉기고	月影凝流水
봄바람은 밤 매화에 서려 있네.	春風含夜梅
깃발은 황금의 땅에 나부끼고	幡動黃金地
종소리 유리 누대에서 들려 오네.	鍾發琉璃臺[39]

양나라에서 정월 8일에 행하던 초파일 행사를 정월 15일에 행했음을 알려 주고 있다. 여기서 법륜이니 범성이니 하는 표현에서 불교적 의미가 가해지고 있음을 알 수 있다. 등수燈樹, 곧 등불 나무가 천 갈래 빛을 비추고 있다는 표현이 나오는데, 이는 등불로 장식한 나무를 가리킨다. 거대한 나무를 세우고 수백 수천의 등을 매달았던 것이다. 등불 나무는 돈황석굴 제220굴의 북쪽 벽화(당나라 정관 16년, 642년)에 새겨진 그림에 잘 나타나고 있다.

북쪽 벽화 그림은 〈동방야사정토변〉이라 하는데 발끝으로 서서 호선무[40]를 추는 사람이 있고, 다른 두 사람은 등을 돌리고 춤을 추고 있다. 그리고 악사들이 그 춤사위에 맞춰 악기를 연주하고 있다. 남쪽의 〈서방아미타정토변〉과 쌍을 이루면서 이 북쪽 그림에는 동방정토를 다스린다는 약사여래가 모셔져 있다. 그런데 자세히 들여다보면 그렇게 춤을 추는 사람들 뒤로 반짝거리는 하얀 점들이 바깥쪽에 펼쳐지

---

39 道宣, 『廣弘明集』, 統歸篇 第十 卷三十.

40 대체로 공[毬] 위에서 춤을 추는 것이라 하여 곡예처럼 이야기되지만, 실제 그림에서는 작은 타원형의 융단 위에서 춤을 추는 것으로 나타난다. 아마도 융단을 뜻하는 '담[毯]'을 잘못 썼거나, 혹은 잘못 전해진 것일 수도 있다고도 한다. (타기와준조 지음, 박도화 옮김, 『돈황석굴』, 개마고원, 1999, 120~121쪽.)

돈황 막고굴 220굴 〈동방약사정토변〉 벽화의 부분.

고 있다. 이것이 바로 나무에 등불을 켜 놓고 있는 것이다. 이를 자세히 들여다보면, 검은빛과 붉은빛 속에 하얀 점들이 촘촘히 찍혀 화려한 등불 나무를 표현하고 있다. 얼마나 찬란하게 등불을 매달아 놓았는지 배경이 하얀 점들로 가득 차 있다.

등불 나무를 이야기한 자료로, 오대五代 때 한림학사 등을 역임한 왕인유王仁裕(880~956)가 편찬한 『개원천보유사開元天寶遺事』가 있다. 여기에는 "한국부인韓國夫人이 100개나 되는 가지가 달린 등불 나무를 설치하였다. 높이가 80척이고 높다란 산 위에 단단히 세워 놓아서 정월대보름에 불을 붙이게 하니 100리 밖에서도 모두 볼 수 있었다. 밝은 빛은

중국의 연등문화

본래의 색을 빼앗을 정도였다."⁴¹라고 표현되고 있다. 척尺은 우리말의 '자'로 시기마다 길이가 달랐는데⁴² 그 당시에는 25㎝ 정도 되는 것으로 보인다. 그에 따른다면 등불 나무가 80척이라 했으니, 20m나 되는 등불 나무가 산 위에 세워져 100리 밖에서도 불빛을 볼 수 있었다는 것이다. 얼마나 찬란하게 등불을 밝혔는지를 알려 주는 기록이다.

그리고 위의 시에 "불꽃 일곱 줄기에 피어오른다[花焰七枝開]."라는 대목이 있는데 이는 칠지등七枝燈을 가리키는 것으로 보인다.⁴³ 칠지등을 말하고 있는 문헌으로 밀교 경전인 『다라니잡집陀羅尼雜集』 제1권 「보월광명보살주寶月光明菩薩呪」를 들여다볼 수 있다.

> 만약 어떤 중생이 선정을 닦고 싶지만 마음이 산란하고 칠흑처럼 깜깜하여 경계를 보지 못하며, 번뇌가 자주 일어나고 수면睡眠(번뇌)이 덮는다면 이 사람은 그때 반드시 이렇게 염송해야 한다. '나는 전생에 지은 죄로 음蔭과 개蓋(번뇌의 일종)에 덮여 있다. 그러니 마땅히 부끄러워하고 참회하며 자책한다.' 등燈을 계속 밝히고 향을 사르고 꽃을 흩어 여러 부처님께 공양한다. 부처님께 공양하고 나서 다시 특별히 나 보월광명보

---

41 王仁裕, 『開元天寶遺事』卷下, 天寶 下, "韓國夫人置百枝燈樹 高八十尺 堅之高山上 元夜點之 百里皆見 光明奪色也."

42 척(尺)은 시대에 따라 그 길이가 달랐는데, 중국 남북조시대까지는 후한척(後漢尺. 23㎝)과 진전척(晉前尺. 23.1㎝), 서진척(西晉尺. 약 24㎝), 동진척(東晉尺. 약 25㎝) 등이 쓰였다고 한다.

43 전경욱, 「연등의 기원과 역사적 전개양상」, 『연등제의 역사와 전통』, 대한불교조계종 총무원 문화부 행사기획단, 2008, 11쪽.

살에게 공양하되 칠지등七支燈을 켜고 침수향을 사르며 이레 낮 이레 밤 동안 자지 않고 밤낮 여섯 때마다 깊이 스스로 자책하며 앞서 지은 죄를 뉘우치는 말을 해야 한다.[44]

『양록梁錄』(502~557)에 목록이 올라 있다는 주석을 붙인 것으로 보아 그 이전에 이미 전해진 밀교 경전인 것으로 보인다.[45] 전생에 지은 죄로 색수상행식色受想行識의 오온五蘊을 가리키는 음陰과 번뇌를 가리키는 개蓋[46]에 덮여 있음을 참회하기 위한 염송과 공양의 모습이다. 염송을 할 때에는 등불을 밝히고 향을 사르며 꽃을 뿌리는 행위의 공양을 한다고 했다. 그때 특별히 보월광명보살에게 공양하되 칠지등을 켜고 침수향을 사르며 7일 밤낮 자지 않고 참회해야 한다고 했다.

칠지등七枝燈은 연지등蓮枝燈의 한 형태라고 여겨진다. 가느다랗고 긴 줄기에 여러 개의 가지들이 뻗어 나가 등잔을 올릴 수 있도록 만든 것을 가리키는 것으로 보인다. 낙랑의 유적에서 청동제의 촛대, 고배형의 등燈, 흙으로 만든 칠지등七枝燈이 발견된 바 있다고도 하니 칠지

---

44 『다라니잡집(陀羅尼雜集)』제1권「보월광명보살주(寶月光明菩薩呪)」. (찬자(撰者) 미상(未詳)[지금『양록(梁錄)』에 수록되어 있음], 김두재 번역, 『제경요집 2 · 다라니잡집』, 동국역경원, 2010, 35쪽.)

45 전경욱이 밝히고 있는『칠불소설신주경(七佛所說神呪經)』은『다라니잡집』의 맨 먼저 등장하는『칠불소설대다라니신주(七佛所說大陀羅尼神呪)』를 가리키고 있는 듯한데, 여기에는 '칠지등'에 대한 언급이 없다. 여기에 제시하듯「보월광명보살주(寶月光明菩薩呪)」라는 글에 '칠지등'이 등장한다. 아마도 착오를 일으킨 듯하다.

46 음(陰)은 오온(五蘊) 곧 물질적인 것을 의미하는 색(色), 감각의 수(受), 인식 작용의 상(想), 의지 작용의 행(行), 마음 작용의 식(識)을 말한다. 개(蓋)는 지혜를 덮고 있는 것, 곧 번뇌의 다른 이름이다. '뚜껑 개(蓋)' 자를 쓰고 있는 것은 '마음의 뚜껑'이 곧 '번뇌'라는 데서 비롯된 듯하다.

중국의 연등문화

전 평남평양 조왕리 고분에서 출토된
녹유칠지등가.

나박만羅泊灣 1호분에서 출토된 구등등.
(광서장족자치구 박물관)

등은 참으로 오랜 역사를 갖고 있음을 보여 준다.

전국시대戰國時代(기원전 403~기원전 221)에 등장한 십오연지등이나 낙랑과 한대에 출토된 다지 및 칠지등은 여러 등잔을 나뭇가지에 얹은 형태를 드러내고 있다. 수 양제가 읊은 시에 등장하는 불꽃 일곱 줄기는 이러한 등잔들을 밝히고 등절 행사를 성대하게 치렀음을 짐작하게 한다.

지금까지의 내용을 정리해 보면, 상고시대에 이미 형성된 정료庭燎라는 풍습 위에 불교가 유입되면서 도교적이던 풍습에서 불교적인 풍습으로의 변화가 확인된다. 등불 행사는 1월 1일, 1월 8일, 1월 15일 등으로 다양하게 나타나는데 수나라 때에 이르러서 1월 15일로 정착되고 있음을 볼 수 있다. 이러한 변화 과정을 거치면서 등불 행사는 중

시대	춘추전국시대	한 무제	양 간문제	수 양제
명칭	정료庭燎	원소절元宵节 ; 향등香燈	정월 초파일	등절
행사일	1월 1일~14일	1월 1일	1월 8일	1월 15일
성격	무속적	도교적 → 불교적	불교적	불교적

등불 행사의 성격 변화

국 내의 국가적 행사로 자리를 잡아 갔던 것이다.

기복과 오락의 당나라 등불 축제

남북조시대는 경전 번역이나 인도와 서역을 통한 불교의 수입에 급급
했던 시기라 한다. 그에 비해 당唐나라(618~907) 때는 중국 불교의 황금
기라고 한다. 황실에서는 불교보호정책을 펴고 여러 종파가 생겨나면
서 기틀을 잡아 갔고 구마라습鳩摩羅什(344~413)과 더불어 2대 번역의 성
인이라 일컬어지는 현장玄奘(602~664) 법사가 신역新譯의 시대를 열었다.
당나라 중기 이후는 선종禪宗이라는 중국화된 불교가 자리를 잡게 되
는 시기이다.[47] 물론 이 시기에도 상원上元이라 언급되는 정월대보름 연
등회는 엄청난 규모로 이루어졌던 것으로 기록되고 있다. 그런데 이
연등회가 앞서 살폈듯 불교적인 색채를 그대로 유지했는지는 좀 더 들

---

47 대한불교조계종 교육원 불학연구소 편찬, 『세계불교사』, 불광출판사, 2012, 197~199쪽.

중국의 연등문화

당 현종 초상화

여다볼 필요가 있다.

당나라 현종玄宗이 황제로 있던 선천先天 2년(713) 2월의 기사는 연등회가 매우 화려하게 행해졌음을 밝히고 있다. 호승胡僧 파타婆陀가 황제에게 청하기를, 밤에 성문을 열어 두어 누구나 연등회를 즐길 수 있도록 해 달라고 했다. 황제는 연등 수천 개를 3일 밤 동안 환히 밝히고, 친히 연희문延喜門 누각에 올라 등불을 바라보며 즐겼다고 했다. 현종이 어찌나 그 등불 보는 것에 도취되었는지 보다 못한 좌습유左拾遺 엄정지嚴挺之가 소疏를 올려서 불가함을 밝히고 선택을 하라고 할 정도였다.[48]

713년은 현종玄宗이 황제의 자리에 오른 해다. 그의 아버지인 예종睿宗이 황제의 자리를 태자인 현종에게 넘겨주고 이때 있었던 연등회의 모습을 지켜 보고 있었다. 연등회의 장면을 묘사하는, 장작張爵

---

48 『唐會要』「燃燈」, "先天二年二月 胡僧婆陀請夜開城門 燃燈百千炬 三日三夜 皇帝御延喜門 觀燈縱樂 凡三日夜. 左拾遺嚴挺之上疏曰 竊惟陛下孜孜庶政 業業萬幾 蓋以天下爲心 深戒 安危之理. 奈何親御城門, 以觀大酺. 累日兼夜. 臣愚竊所未喩. 且臣卜其晝. 未卜其夜. 史册 攸傳. 君擧必書. 帝王重愼. 今乃暴衣冠于上路. 羅伎樂于中宵. 陛下反橫復古. 宵衣旰食. 不 矜細行. 恐非聖德所宜. 臣以爲不可一也. 誰何警夜. 代鼓通晨. 以備非常. 古之善教. 今陛下 不深惟戒愼. 輕違動息. 重門弛禁. 巨猾多徒. 倘有躍馬奔車. 屬聲駭叫. 一塵清覽. 有軫宸衷. 臣以爲不可二也. 陛下北宮多暇. 西牖暫陟. 青春日長. 已積埃塵之弊. 紫微漏永. 重窮歌舞之 樂. 倘有司跋倚. 下人飢倦 以陛下近猶不恤 聖情攸關 豈不慄然祇畏 臣以爲不可三也. 伏望 晝盡歡娛 暮令休息 務斯兼夜 恐無益于聖朝 惟陛下裁擇."

(660~740)의 『조야첨재朝野僉載』에 실린 대목을 들여다보면 이렇다.

> 당 예종唐睿宗 선천 2년 정월 보름날 밤에 안복문安福門 밖에 등
> 륜燈輪을 만들게 했다. 높이가 20장丈이며, 수놓은 비단으로
> 옷을 입힌 5만 개의 등불을 매달아 놓아 꽃나무와 같았다. 궁
> 녀 1천 명이 나기羅綺라는 엷은 비단과 무늬가 있는 비단으로
> 만든 옷을 입고 수놓아져 있는 비단옷을 걸쳐 입었는데, 그들
> 에게서 진주와 비취가 반짝거렸다. 장안長安의 젊은 아낙네
> 1천여 명이 등불 아래에서 '발로 땅을 구르며 장단長短을 맞추
> 는 노래[踏歌]'를 했다. 이때 천자가 누각에 거둥하여 등불을 바
> 라보았다.[49]

1장丈은 10척尺에 해당하니 20장이면 대략 50m나 되는 높이의 등
륜燈輪을 매달았다는 말이다. 정월대보름의 달이 둥실 떠 있고, 그 아
래에 50m가량의 나무에 5만 개의 등불을 매달아 놓았다는 것이다. 어
마어마한 규모로 등륜을 만들었다는 것을 알 수 있다. 그리고 1천 명
이나 되는 궁녀들이 비단옷을 입고 춤을 추고, 1천여 명이나 되는 장안
의 여인들이 등불 아래에서 발로 땅을 구르며 장단에 맞춰 노래하는
장면이 연출되었다.

그런데 여기에 표현된 등륜燈輪, 곧 등불 바퀴는 어떤 것을 뜻하는

---

49 張鷟, 『朝野僉載』, "唐 睿宗先天二年正月望日夜, 于安福門外作燈輪, 高 二十丈, 衣以錦繡,
然燈五萬盞, 豎之如花樹. 宮女千數 衣羅綺 曳錦繡 耀珠翠. 長安少婦千餘人于燈下 踏歌. 此
天子御樓觀燈之始."

것일까.『전당시全唐詩』에 등장하는 장열張說(667~730)이라는 재상이 써
놓은 악부시가 그 모습을 그려 보게 한다. 그는 앞의 인용문에서 이야
기된 장안의 젊은 아낙네들이 불렀다는 '답가踏歌'(발로 땅을 구르며 장단을
맞추는 노래)를 그대로 옮긴 듯 악부시로 〈답가사踏歌詞〉를 남기고 있
다.

화악루花萼樓 앞 이슬 새롭고	花萼樓前雨露新
장안성 안 사람들 태평하구나.	長安城裏太平人
용이 불 머금은 듯 나무엔 천 개의 등불이 곱고	龍銜火樹千燈艶
닭이 딛고 선 연꽃엔 만 년의 봄이로다.	雞踏蓮花萬歲春
황궁에는 보름달 놀이가 성황인데	帝宮三五戲春臺
비 내리고 바람 불어 시기하지 말려무니.	行雨流風莫妒來
서역西域 등륜에 천 가지 그림자 일렁이고	西域燈輪千影合
동녘의 꽃들이 금궐金闕에 만 번째 피어나네.	東華金闕萬重開

천 개의 등불을 매단 나무라 했으니 등수燈樹라 하겠는데, 거기에
매달린 등불이 등륜燈輪인 듯 보인다. 그리고 그 등륜이 서역에서 비롯
되고 있음을 말하고 있다.[50] 이 등륜과 관련된 표현은 요진姚秦 때의 불

---

50 등륜의 정체에 대해서는 여러 의견이 있다. 캉바오청(앞의 글)은 "'등륜'은 중국어로 번역된
   불경(佛經)에 자주 나오지만, 해석이 일치하지 않는다. 일설에는 등륜의 특징이 회전할 수
   있는 것이라 하고, 일설에는 수레바퀴처럼 커다란 것이라 하거나, 일설에는 등륜이 바로 나
   무 등[樹燈]이라고도 한다."라고 표현하면서 주마등과 같은 것이 '등륜'이라는 견해를 밝히

타야사佛陀耶舍와 축불념竺佛念이 번역한『사분율四分律』권52에 나온다.

부처님께서 "등불을 사르는 것을 허락하노라. 만약 앉는 곳이
어둡다면 등불을 사르는 것을 허락하노라."라고 말씀하셨다.
모름지기 등불을 사르는 도구와 관련하여서는 "기름과 등의
심지를 허락하노라. 만약 밝지 않다면 심지를 높이 뽑고, 만
약 기름이 손을 더럽힌다면 젓가락을 사용하는 것을 허락하
노라. 만약 젓가락이 불에 탈까 걱정된다면 철로 된 젓가락을
사용하는 것을 허락하노라. 만약 등불의 심지가 누워 버릴까
걱정된다면 중앙에 철로 된 기둥을 세우는 것을 허락하노라.
그래도 불이 밝지 않다면 등의 심지를 크게 만드는 것을 허락
하노라. 만약 그래도 어둡다면 방의 네 귀퉁이에 등을 놓도록
하라. 그래도 밝지 않다면 실내의 네 주변에 수레바퀴 등불[轉
輪燈]을 놓도록 하라. 그래도 여전히 밝지 않다면 실내의 네 주
변에 등불들을 놓도록 하라. 만약 등불 나무[燈樹]를 세운다면
병에 물을 채우고 위에는 등 기름을 놓고 겨자를 속에 넣은 헝
겊 뭉치로 심지를 만들어 불사르면 되느니라."라고 말씀하셨
다.[51]

고 있다.

51 佛陀耶舍,『四分律』卷52, "佛言:「聽執炬. 若坐處復闇, 聽然燈.」彼須然燈器,「聽與. 須油, 須
燈炷, 聽與. 若不明, 高出炷. 若油污手, 聽作箸. 若患箸火燒, 聽作鐵箸. 若患燈炷臥, 聽炷中央
安鐵柱. 若故不明, 聽大作炷. 若復故闇, 應室四角安燈. 若復不明, 應作轉輪燈. 若故不明, 應
室內四周安燈, 若安燈樹, 若以瓶盛水安油著上以布裹芥子作炷然之.」"(『大正藏』第22冊)

　　　　　　　　　　　　　　　　중국의 연등문화

등불 만드는 방법을 자세하게 알려 주는 글이다. 여기에 사방을 환히 밝히기 위해 수레바퀴 등불을 놓도록 하라는 표현이 나온다. 이에 대해 캉바오칭은 송나라 때의 주마등走馬燈과 같은 형태의 등롱燈籠일 것이라고 주장한다.[52] 등롱 속에다 가느다란 대오리를 세운 후 대 끝에 두꺼운 종이로 만든 바퀴를 붙이고 종이로 만든 네 개의 말 형상을 달아서 촛불로 데워진 공기의 힘으로 종이 바퀴를 돌게 만든 것이 주마등이다. 등롱 속의 촛불은 달리는 말의 그림자를 만들어 낸다. 앞에 제시된 한시에서 "서역西域 등륜에 천 가지 그림자 일렁이고[西域燈輪千影合]"라는 표현은 이런 주마등과 같은 것을 말하고 있는 것으로도 보인다.

그런데 『사분율』에서는 등륜燈輪이라 하지 않고 전륜등轉輪燈이라 하고 있다. 윤등輪燈이라는 것은 수레바퀴 모양의 등불인데 불전의 좌우에 매다는 것이다. 놋으로 만드는데 위에는 뚜껑, 아래에는 뚜껑을 담는 접시, 그리고 그것을 받들게 된 말발굽 모양의 금속으로 만들어져 있다. 가운데에는 상하부를 연결하는 장방형의 금속이 있으며, 토기 위에는 등심압燈心押이라는 쇠붙이가 붙어 있는 것이라고 한다.[53] 아마도 등륜燈輪은 이 윤등輪燈과 같은 것을 가리키는 것으로도 보인다. 지금까지의 논의로는 등륜이 어떤 형태였는지 정확하지 않다. 앞으로 더 많은 논의가 있어야 할 것으로 보인다.

다시 돌아가 보면, 새롭게 등극한 현종은 연희문에서, 황제의 자리를 내어놓은 예종은 안복문에서 등불 축제를 보고 있었다. 당시의 장

---

52 캉바오칭, 앞의 글, 31쪽.
53 세종대왕기념사업회, 『한국고전용어사전』, 「윤등(輪燈)」, 2001.

안궁성을 보면 태극궁太極宮 왼쪽 밑에 안복문安福門이 보이고, 오른쪽 밑에는 연희문延喜門이 보인다. 새로운 황제의 등극을 축하하고, 황제의 권한을 아들에게 내어 준 아버지의 만수무강을 빌었을 713년 정월 대보름의 등불 축제는 정말로 화려하고 아름다웠을 것이다.

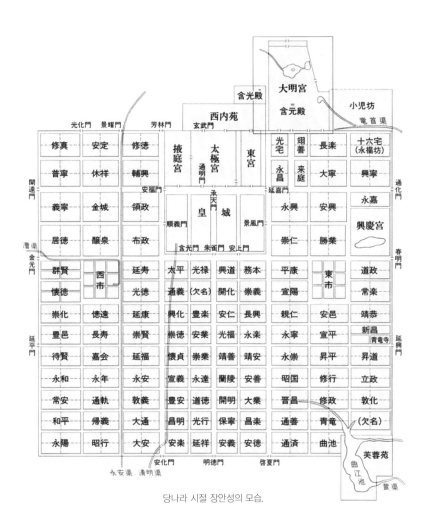

당나라 시절 장안성의 모습.

후당後唐(923~936) 때 풍지馮贄가 편찬한 『운선잡기雲仙雜記』라는 책에도 다음과 같은 이야기가 나온다.

정월대보름 밤에 현종이 상춘전常春殿에 거둥해서는 임광연臨光宴이라는 잔치를 베풀었을 때, "백로가 꽃을 맴돌 듯, 황룡이 물을 토해 내듯, 금빛 물오리, 은빛 제비, 빛이 떠 있는 골짜기, 별들을 모아 놓은 듯한 누각樓閣들"과 같이 표현한 것은 모두 등불을 말함이었다. 그리고 <월분광곡月分光曲>을 연주하게 하고, 민장[閩江]이라는 강에서 나온 금여지錦荔支[54] 1천 개를 흩어 놓은 다음 궁녀들로 하여금 서로 줍게 하여, 많이 주운 자에게는 홍권피紅圈帔와 녹훈삼綠暈衫이라는 천을 상으로 내렸다. (『영등기影燈記』)[55]

꽃을 맴도는 백로, 물을 토하는 황룡, 황금빛 오리, 은빛 제비, 별들을 모아 놓은 듯한 누각 등을 형상화한 등불로 정월대보름의 밤은 화려하고 찬란하게 빛났다. 우리가 앞서 보았던 부처님을 모시는 불교적 행사가 아니라 술 마시고 노래하고 금여지라는 나포도(여주)를 많이 줍는 궁녀에게 좋은 옷감을 상으로 내리는 유흥의 시간이 등불 축제였던

---

54 금여지는 일명 '나포도(癩葡萄)'라는 것으로 원나라 때는 '홍고랑(紅姑娘)'이다. 『시경』의 고과(苦瓜)로, 남번(南蕃)에서 나며 지금은 민(閩)·광(廣)·강남(江南) 지역에 있다. (농촌진흥청, 『고농서국역총서 11-농정회요Ⅱ(農政會要)』, 2006.)

55 馮贄, 『雲仙雜記』, "正月十五夜, 玄宗於常春殿張臨光宴. 白鷺轉花, 黃龍吐水, 金鳧, 銀燕, 浮光洞, 攢星閣, 皆燈也. 奏<月分光曲>, 又撒閩江錦荔支千萬顆, 令宮人爭拾, 多者賞以紅圈帔, 綠暈衫."(『影燈記』)

것이다.

연등을 밝히는 기록은 더 등장한다. 개원開元 28년(741) 정월대보름에 황제는 근정루勤政樓에 올라 수많은 신하들과 잔치를 열었는데, 매일 밤 등불을 밝히게 했다고 한다.[56] 이와 비슷한 이야기가 『구당서舊唐書』에도 나온다.

> 매년 정월대보름 밤이면 근정루에 나와 등불놀이를 구경하며 공연을 베푸시니, 대신들과 황척皇戚들은 간루看樓에서 구경하였다. 밤이 깊어 태상악太常樂과 부현府縣의 산악散樂이 끝나면 궁녀들을 시켜 근정루 앞에서 시렁을 묶어 놓고 공연하도록 하고 가무를 보며 즐기셨다. 승희繩戲나 간목竿木과 같은 공연은 괴이하고 교묘하기 이를 데 없어 비할 바가 없었다.[57]

정월대보름 밤이면 등불놀이를 하러 황제와 황제의 친척들이 모두 나왔다고 했다. 태상악太常樂이라고 나오는데, 이는 당나라 때 관청 중의 하나인 태상시[太常寺]에서 행했던 음악을 가리킨다. 태상시는 예악과 제사 등을 관장하던 관청으로 우리나라 발해에서도 당나라의 제도를 본받아 태상시를 두었다고 한다.[58] 태상시에서 아악雅樂을 연주했던

---

56 『唐會要』「燃燈」, "開元二十八年 以正月望日 御勤政樓 讌群臣 連夜燃燈 會大雪而罷 因命自今常以二月望日夜為之."

57 『舊唐書』卷28,「志第八音樂一」, "每初年望夜, 又御勤政樓, 觀燈作樂, 貴臣戚里, 借看樓觀望. 夜闌, 太常府縣散樂畢, 卽遣宮女於樓前縛架出 眺歌舞以娛之. 若繩戲竿木, 詭異巧妙, 故無其比."

58 한국학중앙연구회 간행, 『한국민족문화대백과사전』, 「태상시」.

중국의 연등문화

것이다. 그리고 각 부현府縣에서는 산악散樂을 연주했다고 한다. 산악은 서역西域 음악의 영향을 받아 이루어진 민간의 잡희雜戲로, 정식으로 격식을 갖춘 무악舞樂인 아악 또는 정악正樂에 대칭되는 것이다.[59] 그리고 음악이 끝나면 궁녀들을 시켜 근정루 앞에서 시렁을 묶어 놓고 공연하도록 하고 춤과 노래를 즐겼다고 한다. 승희繩戲는 공중에 줄을 치고 그 위를 걷거나 건너다니며 재주를 부리는 곡예를 가리키고, 간목竿木은 당나라 사람들이 연극하는 데 쓰던, 길이 3자쯤 되는 막대기를 말하는데 그런 막대기를 가지고 재주 부리는 곡예를 했다는 것을 가리킨다고 하겠다.

713년 호승 파타의 청에 의해 현종이 행하게 했던 등불 축제는 처음에는 불교적인 특성이 있었을 것으로 여겨지지만 세월이 30년 가까이 지난 741년에 이르렀을 때는 불교적인 색채는 보이지 않고 춤과 노래, 나아가 곡예를 즐기는 유흥을 위한 행사로 자리를 잡아 갔던 것으로 보인다.

그런데 이때까지만 하더라도 연등회는 민간인들까지 참여하는 행사는 아니었고 궁중과 성안에서만 주로 행해졌다. 그러다 천보天寶 3년(744) 11월 조서[勅]를 내렸는데 매년 정월 14일, 15일, 16일 저잣거리에 등불을 내어 걸게 했다. 그래서 연등회가 민간인들도 참여하는 온 민중의 축제로 자리를 잡게 되었던 것으로 보인다.[60] 당나라 현종 이융기

---

59 한국학중앙연구회 간행, 『한국민족문화대백과사전』, 「산악잡희」.

60 『唐會要』 「燃燈」, "天寶三載十一月勅 每載依舊正月十四十五十六日 開坊市燃燈 永為常式." 전경욱(앞의 글, 12쪽.)은 713년의 기사를 바탕으로 중국 상원 연등회가 국가의례로 정례화된 것으로 보았으나, 실은 현종의 조칙이 있었던 744년이 정례화된 때라고 봄이 타당하다.

李隆基가 재위하던 초기인 713년부터 741년까지 29년간의 통치를 가리켜 '개원지치開元之治'라고 해서 어진 정치가 베풀어졌던 중국 역사의 황금기라고 한다. 이 시기에는 도성으로 민간인들을 출입하게 하여 연등회를 열어 함께 즐겼던 것이다. 그리고 3년이 지난 744년에는 만백성들도 저잣거리에서 등불 잔치를 열어 즐길 수 있도록 허락했다. 연등회가 임금과 신하, 뭇 백성이 모두 정월대보름 밤에 소원을 빌며 춤과 노래, 곡예를 함께 즐기는 축제로 자리 잡게 되었던 것이다.

백성과 함께 즐겼던 송나라의 등불 축제

당나라 시기의 등불 축제가 국가적 행사가 되어 정월 15일을 전후한 14일부터 16일까지 3일간 등불을 밝히게 되었음을 앞에서 보았다. 그런데 이후 이어진 송宋나라 때에는 이틀이 더해졌고 명明나라 때에는 정월 8일부터 18일까지 11일간이나 등불을 밝히게 되었다고 한다.

송나라의 황제는 여민동락與民同樂, 곧 '백성과 즐거움을 함께한다.'라고 하여 등불 축제 날 저녁이 되면 황궁에서 신하들과 더불어 잔치를 벌였다. 오자목이 편찬한 『몽양록夢粱錄』(1274)을 보면, 황제는 선덕루宣德樓에 올라 등불 구경을 하였는데, 그곳의 패牌에는 선화여민동락宣和與民同樂, 즉 '선화宣和 시기(1119~1125)에 휘종徽宗 황제는 백성과 즐거움을 함께한다.'라고 했다. 백성들은 이 모습을 우러러보면서 모두들 '황

제폐하 만세萬歲'를 외쳤다고 한다.[61] 그리고 등불을 밝히는 시간이 늘어
나다 보니 상인들은 새로운 유형의 등불들을 내놓기 위해 골몰했다.[62]

남송南宋의 맹원로孟元老가 지은『동경몽화록東京夢華錄』(1149)과 오자
목이 지은『몽양록夢粱錄』을 보면 송나라에서 행해졌던 정월대보름의
등불 축제를 엿보게 한다.

> 정월正月 15일은 원석절元夕節인데 바로 상원上元으로 천관天官
> 이 복을 내려 주는 때였다. 이전에 변경汴京의 궁궐 안에서는
> 산붕山棚을 엮었는데, 선덕루宣德樓를 마주 보고 있었고, 모두
> 비단을 사용하여 엮었다. 산답山沓의 위에는 모두 여러 신선의
> 이야기를 그림으로 그려 놓았고, 좌우에는 오색五色 비단으로
> 문수文殊, 보현普賢보살이 사자와 흰 코끼리를 타고 있는 모습
> 을 엮어 냈는데, 각각의 손가락에서 다섯 줄기로 물이 흘러나
> 왔다. 그 물은 녹로轆轤로 등붕燈棚의 꼭대기까지 올려 나무로
> 만든 그릇에 받쳐 놓았다가 시간이 되면 폭포처럼 떨어져 내
> 렸다. 또 풀로 용의 모양을 만들어 푸른 막으로 그 위를 덮어
> 씌어 놓고는 만 개나 되는 등불을 빽빽하게 배치해 놓아 멀리
> 서 바라보면 마치 쌍룡雙龍이 꿈틀거리며 하늘로 올라가는 모
> 습 같았다.[63]

---

61 吳自牧,『夢梁錄』, "上御宣德樓觀燈, 有牌曰: 宣和與民同樂. 萬姓觀瞻, 皆稱萬歲."

62 「元宵节: 灯火闌珊處的"中国情人节"」(https://site.douban.com/119396/widget/notes/1807
9789/note/486918539/)

63 吳自牧,『夢梁錄』, "正月十五日元夕節, 乃上元天官 賜福之辰. 昨汴京大内前縛山棚, 對宣德

궁궐 안에 비단을 사용하여 산붕山棚을 엮었다고 했다. 산붕은 산대山臺라고도 하는데, 나무로 단段을 엮어 만든 가식무대假飾舞臺를 가리킨다. 산답 위에는 신선들의 이야기를 그림으로 그려 놓았다고 했다. 그리고 오색五色 비단으로 문수보살과 보현보살이 사자와 흰 코끼리를 탄 모습을 엮었는데, 손가락에서 다섯 줄기의 물이 흘러나오는 장관을 연출하였다고 했다. 그 물을 '녹로轆轤'라는 도르래로 등불이 있는 산붕의 꼭대기까지 올려 그릇에 담아 두었다가 시간이 되면 폭포처럼 떨어져 내리게 했다. 과연 그 모습은 어땠을까.

명나라 사람 장거정張居正이 쓴『제감도설帝鑑圖說』에 나오는 중국의 오산놀이 모습을 보면, 명나라 때 오산놀이에 보이는 거대한 장치가 오산鰲山이라고도 이야기되는 산대山臺, 산붕山棚이다. 정말 산과 같이 높게 가설무대를 만들어 놓았다. 몇 개의 단을 쌓아 산처럼 만들어 놓은 무대 위에 사자를 탄 문수보살과 하얀 코끼리를 탄 보현보살의 모습을 비단으로 엮어 놓고, 거기에서 폭포와 같은 물줄기를 흘러내리게 하는 장관을 연출해 냈다는 것이다. 그리고 풀로 만든 용을 푸른 막으로 덮은 다음에 만 개의 등불을 빽빽이 배치한, 꿈틀대는 쌍룡은 하늘로 오르는 모습을 연출했다고 한다. 화려하게 차린 산대에 5만 개의 등불을 빽빽이 배치한, 꿈틀대는 쌍룡은 정월대보름의 밤을 화려하게 장식하기에 충분했을 것이다.

樓, 悉以綵結, 山沓上皆畫羣仙故事, 左右以五色綵結文殊 普賢, 跨獅子白象, 各手指內五道出水. 其水用轆轤絞上燈棚高尖處, 以木櫃盛貯, 逐時放下, 如瀑布狀. 又以草縛成龍, 用青幕遮草上, 密置燈燭萬盞, 望之蜿蜒, 如雙龍飛走之狀."(金敏鎬 譯,『몽양록(夢粱錄)』역주(譯注)」,『中國語文論譯叢刊』第28輯, 2011, 432-433쪽 재인용.)

중국의 연등문화

오자목은 궁궐의 등불 축제를 그처럼 그려냈을 뿐만 아니라 항주杭州에서 행해진 정월대보름의 축제를 다음과 같이 매우 세밀하게 남기고 있다. 민간에서 벌어졌던 정월대보름의 등불 축제 모습을 잘 담고 있기에 그대로 옮겨 본다.

지금의 항주성杭州城은 원소절 기간에 항주성 주부州府에 원소절 제단祭壇을 설치하였다. 항주성의 감옥들에서는 정화淨化를 위한 제단을 설치하였다. 관에서는 공적, 사적 임대료를 3일 동안 면제해 주어 백성들의 부담을 덜어 주었다. 무용단은 전년 동지冬至부터 공연을 하였다. 밤이 되면 관부官府에서는 약간의 돈과 술 등을 보내어 그들을 위로하였다. 정월대보름이 되면 14일부터 시작하여 위로금이나 술 등이 지급되었다. 15일 밤이 되면 항주부 지사는 거리에 나서 규찰糾察을 하다 무용단[舞隊]을 만나면 통례에 따라 위로품을 보내어 이들을 위로하였다. 거리의 상인들 역시 그들에게 돈을 주었다. 이는 매해 항주부杭州府의 세금에서 지출되는 것으로 아마도 조정朝廷에서 백성과 즐거움을 함께한다는 의미를 갖는 것이다. 잠시 무용단[舞隊]에 대해서 얘기해 보면 다음과 같다. 청음清音, 알운遏雲, 도도포로掉刀鮑老, 호녀胡女, 류곤劉袞, 교삼교喬三教, 교영주喬迎酒, 교친사喬親事, 초추가아焦鎚架兒, 사녀仕女, 저가杵歌, 제국조諸國朝, 죽마아竹馬兒, 촌전악村田樂, 신귀神鬼, 십재랑十齋郎 등의 각사各社들은 그 숫자가 10 이하로 내려가지 않았다. 그 외에 교택권喬宅眷, 한룡선汗龍船, 척등포로踢燈鮑老,

타상사馳象社, 관항구官巷口, 소가항蘇家巷 등 24가의 괴뢰傀儡가
또 있었다. 복장이 화려하고 여장을 한 세단細旦이 꽃가지를
어깨에 꽂았고, 옥과 비취로 만든 관을 썼는데, 허리며 사지
가 가늘고 간드러진 것이 여자와 똑같았다. 관저[府第]에는 항
주부에서 고용한 소년음악대[家樂兒童]가 있어 생황笙簧과 금슬
琴瑟을 각각 연주하였는데 그 맑은 소리가 울려 퍼지면 정말
듣기 좋았다. 거리를 막아 놓고 공연을 하였는데, 밤새도록 잠
도 자지 않고 하였다. 게다가 집집마다 등불을 밝혔고, 곳곳
마다 관현악 소리가 울려 퍼졌는데, 청하방清河坊 장검열蔣檢閱
집 같은 데서는 진기한 차와 먹어 보기 어려운 훌륭한 맛의 탕
을 달라는 대로 내 주었다. 달빛처럼 커다란 포등泡燈에 불을
붙이면 그 광휘光輝가 온 집안을 비추었는데, 지나던 사람 중
발을 멈추고 보지 않는 이가 없었다. 그리고 신개문新開門 안
에 있는 우양사牛羊司 앞에는 내시 장蔣 원사苑使의 집이 있었
다. 비록 조그마한 집이지만 정亭과 대를 장식하고 불을 밝혔
으며, 옥책玉柵에 기이하고 화려한 화등華燈을 달아놓았다. 주
렴을 내리고, 생笙 반주의 노래가 함께하면 놀이를 즐기는 사
람이 이를 즐겨 차마 떠나지를 못하였다. 여러 주고酒庫에서도
등구燈毬를 밝혔는데, 하늘을 진동시킬 정도로 떠들썩하게 북
을 치고 관악기를 불어 대는 등 갖은 방법을 다하여 대량으로
술을 팔았다. 기녀들도 몰려 앉아 떠들썩거리며 풍류를 즐기
는 청년들을 유인해 웃음을 팔고 즐거움을 좇았다. 여러 군영
軍營, 반원班院들은 법으로 외유外遊를 못하게 하였기에 각자

하늘 높이 죽간竹竿에 등구燈毬를 매달았는데 멀리서 보면 마치 뭇별들이 날아다니는 것 같았다. 또 골목 깊숙한 곳에서는 자수를 놓은 현판懸板이나 주렴이 걸려 있었는데 새로 아름답게 만들어 그 화려함을 다투었다. 귀공자貴公子, 왕손王孫, 부잣집 자제들은 또 가인佳人이나 미녀들을 데리고, 얇은 깁으로 만든 등롱燈籠을 앞세워 여기저기 돌아다니며 유람을 하였다. 사람들은 모두 "시간이 다 되었어, 금계金鷄가 자꾸 울어 대네!" 하고 말하였지만, 그 흥겨움은 끝이 없었다. 그렇게 하다 보면 심지어 술에 취해 아름다운 여자의 부축을 받는 지경에 이르게 되었고, 또 비취 장식이나 머리 비녀가 떨어지는 등의 일은 일일이 다 언급할 수가 없을 정도로 많았다. 16일 밤이 되면 등을 거두었다. 그러고 나서야 춤추던 사람들은 흩어졌다.[64]

---

64 吳自牧, 『夢粱錄』, "以草縛成龍, 用靑幕遮草上, 密置燈燭萬盞, 望之蜿蜒, 如雙龍飛走之狀. 上御宣德樓觀燈, 有牌曰: "宣和與民同樂". 萬姓觀瞻, 皆稱萬歲. 今杭城元宵之際, 州府設上元醮, 諸獄修淨獄道場, 官放公私僦屋錢三日, 以寬民力, 舞隊自去歲冬至日, 便呈行放. 遇夜, 官府支散錢酒犒之. 元夕之時, 自十四爲始, 對支所犒錢酒. 十五夜, 帥臣出街彈壓, 遇舞隊照例特犒, 街坊買賣之人, 並行支錢散給. 此歲諸州府科額支行, 庶幾體朝廷與民同樂之意. 姑以舞隊言之, 如淸音·遏雲·掉刀鮑老·胡女·劉袞·喬三敎·喬迎酒·喬親事·焦鎚架兒·仕女·杵歌·諸國朝·竹馬兒·村田樂·神鬼·十齋郞各社, 不下數十. 更有喬宅眷·汗龍船·踢燈鮑老·馳象社. 官巷口·蘇家巷二十四家傀儡, 衣裝鮮麗, 細旦戴花朵□肩·珠翠冠兒, 腰肢纖裊, 宛若婦人. 府中有家樂兒童, 亦各動笙簧琴瑟, 淸音嘹喨, 最可人聽. 攔街嬉耍, 竟夕不眠. 更兼家家燈火, 處處管絃, 如淸河坊蔣檢閱家, 奇茶異湯, 隨索隨應, 點月色大泡燈, 光輝滿屋, 過者莫不駐足而觀. 及新開門裏牛羊司前, 有內侍蔣苑使家, 雖日小小宅院, 然粧點亭臺, 懸挂玉柵, 異巧華燈, 珠簾低下, 笙歌並作, 遊人戲賞, 不忍捨去. 諸酒庫亦點燈毬, 喧天鼓吹, 設法大賞, 妓女羣坐諠譁, 勾引風流子弟買笑追歡. 諸營班院於法不得與夜遊, 各以竹竿出燈毬於半空, 遠觀若飛星. 又有深坊小巷, 繡額珠簾, 巧製新裝, 競誇華麗. 公子王孫, 五陵年少, 更以紗籠喝道, 將帶佳人美女, 遍地遊賞. 人都道玉漏頻催, 金鷄屢唱, 興猶未已. 甚

원소절 기간에 제단이 설치되고, 온갖 세금을 감면해 주었고, 동지 때부터 공연을 한 무용단이 계속 무용을 하였다고 했다. 그리고 그들에게 돈과 술을 주면서 위로하고 격려하는 모습을 보여 준다. 그들은 공연 퍼레이드를 행한 것으로 보이고, 여기에 등장하는 각종 명칭은 가면무를 비롯하여 여러 인물 분장과 공연단체, 온갖 놀이, 무술, 음악 연주, 악기 등을 가리키는 것으로 추정된다. 송나라 때 원소절을 배경으로 한 주옥朱玉의 〈등희도燈戲圖〉를 보면 가면을 쓴 배우들이 도구를 들고 있고, 하남성河南省 초작시焦作市 서풍봉촌금묘西馮封村金廟의 사화전조社火磚雕에는 8명의 동자가 사화社火 때에 추는 무용의 모습이 있다.[65] 이 8명은 가면을 쓰고 있고 땅을 구르며 춤을 추는데, 항주에서 행해지던 무용단의 모습과 흡사하다고 할 것이다. 그들은 밤새도록 길을 막아 놓고 공연을 하였고, 그들에게 몰려든 사람들 주변의 집마다 환하게 등불을 밝혀 놓았음을 알 수 있다.

이때 밝히고 있는 등불들을 살펴보면, 온 집안을 환히 비추어 지나던 사람 중에 발을 멈추고 보지 않는 자가 없을 정도였다는 '포등泡燈'이 나온다. 포등은 매우 크고 달빛처럼 환하게 빛났다고 했다(이 포등에 대한 기록은 자세하게 찾을 수 없다).

장蔣 원사苑使(환관)라는 이의 집에 밝힌 등불을 보면, 그의 집은 비록 조그맣지만 정亭과 대臺를 장식하고 불을 밝혔고, 옥책玉柵 곧 울타리에

至飲酒釅釅, 倩人扶著, 墮翠遺簪, 難以枚擧. 至十六夜收燈, 舞隊方散."

65 정원지,「宋代元宵公演活動- 舞隊를 中心으로 -」,『中國人文科學』第54輯, 중국인문학회, 2013, 150~151쪽.

〈화등시연도華燈侍宴圖〉

144

는 기이하고 화려한 화등華燈을 달아 놓았다고 했다. 꽃처럼 화려한 등불을 뜻하는 듯한 화등華燈은 송나라 때의 그림에도 등장한다. 남송의 유명한 화가인 마원(1160~1225년)의 〈화등시연도華燈侍宴圖〉라는 그림에서 등불은 궁전 속에서 밝게 빛나고, 건물 속을 들여다보면 몇몇의 관리가 몸을 굽히고 황제를 모시고 잔치를 벌이고 있다. 궁전 바깥의 숲은 안개가 낀 듯 어슴푸레한 가운데 소나무가 흔들린다. 화려한 등불은 문틈을 비집고 나오며 점점이 빛나는 문을 만들어 낸다. 이런 정도는 아니었어도 장 원사의 집도 이처럼 화등을 울타리에 화려하게 밝혀 놓았음을 짐작하게 한다.

그리고 등구燈毬라는 것이 나온다. 등구는 둥글어서 꼭 공 모양과 닮았다 하여 붙은 이름인데[圓形的燈 形狀似毬], 항상 수평을 유지할 수 있도록 고안되었다고 한다. 이 등구를 주고酒庫, 곧 술집에서도 밝혔다. 그리고 여러 군영軍營과 반원班院들은 법으로 바깥나들이를 할 수 없게 했으므로 각자 하늘 높이 장대에 등구를 매달았다고 했다. 장대에 등구를 매단 모습은 멀리서 보면 마치 수많은 별들이 날아다니는 것과 같았다.

원소절은 또 집안에 갇혀 있던 사람들이 자유롭게 바깥나들이를 할 수 있는 시기이기도 했다. 그래서 "귀공자貴公子, 왕손王孫, 부잣집 자제들은 또 가인佳人이나 미녀들을 데리고 얇은 깁으로 만든 등롱燈籠을 앞세워 여기저기 돌아다니며 유람을 하였다."라고 하여 등롱을 앞세운 사람들의 움직임을 알아볼 수 있다.

남송南宋시대 이고李嵩의 〈관등도觀燈圖〉를 살펴보면, 뒤에는 수많은 등불을 매달고 있는 거대한 산붕山棚이 세워져 있고 아리따운 아가씨들이 악기를 타며 놀고 있다. 그리고 오른쪽 탁자 위에 사각이 진 등불, 곧 주마등走馬燈이 보인다. 그 뒤로 두 아이의 손에 토끼 모양의 등롱과 오이 모양의 등롱이 있다.

이처럼 등불 축제는 집안에 갇혀 있던 여인들에게 바깥나들이를 가능하게 했던 때였으므로 원소절은 사랑이 싹트는 시간이었다. 서양의 밸런타인데이처럼, 사랑하는 연인에게 초콜릿을 선물하듯 아름다운 인연을 맺고자 하는 날이 정월대보름 원소절이었다. 중국의 민속학자인 여우궈칭[由國慶]은 "고대 원소절은 낭만적인 분위기가 충만했다. 원소절에 등불을 밝히는 것은 미혼 남녀에게 만남의 기회를 마련해 주는 것이다. 예법과 도덕이 엄격했던 봉건 사회에서 미혼 여성은 허락 없이 바깥출입을 자유롭게 할 수 없었지만, 위안샤오제 이날 하루는 '외출하지 못했던' 미혼 여성이 집 밖으로 나와 흠모하던 남성을 만날 수 있는 기회를 가질 수 있었다."[66]라고 이야기한다.

정월대보름을 소재로 한 중국 송사宋詞 한 편은 사랑의 세레나데로 매우 낭만적이다.

샛바람 부는 밤에 수천의 나무에 피어난 꽃들 　東風夜放花千樹

바람에 흩날리는데, 별은 비처럼 쏟아지네. 　　更吹落, 星如雨

보배 말이 끄는 독수리마차가 　　　　　　　寶馬雕車香滿路

거리를 향으로 가득 채우는데 　　　　　　　鳳簫聲動

66 주설송 편집, 「2천여 년의 역사를 가진 중국인의 '축제'이자 '밸런타인데이'인 위안샤오제(元宵節)」(新華網). (http://kr.xinhuanet.com/2017-02/10/c_136046162.htm)

봉황퉁소 소리가 울리고

玉壺光轉

옥 항아리 같은 달빛도 굴러다니고

一夜魚龍舞

밤 새워 어룡무魚龍舞는 계속되는데

娥兒雪柳黃金縷

황금색 실로 만든 아아娥兒와

笑語盈盈暗香去

설류雪柳를 한 아가씨들

衆裏尋他千百度

담소를 나누며 사뿐히 걸어가니

驀然回首

은은한 향기도 지나가네

那人却在

많은 사람들 속에서

燈花爛珊處[67]

그 사람을 백 번 천 번 얼마나 찾았나.

문득 고개를 돌려보니

그 사람 뜻밖에 거기 있구나

등불이 잦아드는 그곳.

　　송나라 때 신기질辛棄疾(1140~1207)이 지은 송사宋詞 〈청옥안靑玉案 원석元夕〉이라는 작품이다. 청옥안靑玉案은 고시古詩를 말하므로, 고시로 쓰인 원석元夕, 곧 정월대보름을 제목으로 한 작품이다. 수천의 나무에 피어난 꽃들은 실은 정월대보름날 화려하게 밝힌 등불을 가리킨다. 비처럼 쏟아지는 별들도 마찬가지로 반짝이는 등불이다. 그 많은 등불 사이로 멋진 말이 끄는 독수리 문양으로 장식한 수레가 지나가며 향기를 뿜어 댄다. 퉁소 소리가 들려오고 옥 항아리와 같은 달빛이 반짝인다. 등불들은 물고기, 용이 춤을 추듯 밤을 밝히고 있다. 그 사이로 황

---

67 『稼軒長短句』.

금색 실로 만든 아아蛾兒와 설류雪柳를 머리에 장식한 아가씨들이 지나쳐 가는데, 아름다운 향기가 코를 찌른다. 그렇게 화려한 정월대보름 밤에 화자는 사랑하는 연인을 끝없이 찾아다니고 있었다. 그러다 문득 고개를 돌렸을 때 화자가 찾던 여인은 등불이 잦아드는 그곳에 서 있음을 발견한다. 호화로운 마차며 아리따운 아가씨들이 길거리를 오가는 화려하고 떠들썩한 원소절의 축제를 묘사하는 가운데 화자 자신이 찾던 여인의 모습을 매우 극적으로 드러낸다.

지금까지 살펴본 것처럼 송나라에서 행해졌던 정월대보름의 원소절은 황실에서부터 일반 백성들에 이르기까지 함께 어우러져 화려한 등불을 켜 놓고 노래하고 춤추며 사랑을 나누는 축제의 날이었다. 그 흥겹고 가슴 설레는 날들은 모든 이들을 참으로 행복하게 했을 것이다.

명나라의 흥망성쇠를 보여 주는 등불 축제

앞서 보았듯 원소절은 상원절上元節 또는 등절燈節로도 불리면서 중국 한족의 전통민속 명절로 지금까지 전해져 오고 있다. 특히 명나라에서는 이 원소절을 최고의 명절로 여겼다. 그리고 연등회는 사람들이 매우 좋아한 명절로 중국의 과거 역사에서 가장 풍성한 축제의 장이었다.

역사 기록에 명나라 태조 주원장朱元璋(재위 1368~1398, 홍무제洪武帝)은 응천應天(지금의 남경南京)에 도읍을 정한 후 이를 경축하기 위해 그해 원소절에 천하의 부자 상인들을 불러들여 10일 동안 등불을 밝히게 했다. 당시 남경성南京城 안에는 성대하게 아름다운 누각들을 세우고 더불어 양자강의 지류인 진회하秦淮河에 수등水燈을 띄워 불을 붙인 것이 만 개의 잔이나 있어 그 아름다움은 매우 볼 만하였다고 한다.[68] 주원장은 흉년으로 일가족을 잃고 25세에 폭도가 되었다고 한다. 그는 몽골족의 통치에 대항하여 홍건적에 가입한다. 그 뒤 비범함을 보이며 1359년에 남경 지역을 장악하고, 행정이나 군사력에서 뛰어난 수완을 발휘해 민중의 지지를 얻은 끝에 1368년 남경에서 자신을 명 왕조의 태조로 선언하였다. 몽골의 지배하에서 온갖 고초를 겪으며 명나라를 세운 주원장이었으니 의식적으로 위대한 중국의 전통과 관습을 부활시켰다.[69] 그런 가운데 주원장은 원소절의 등불 축제를 매우 성대하게 치를 수 있도록 했던 것이다.

그리고 가정嘉靖 8년(1529)에 나온 『명회전明會典』을 보면 명나라 성조成祖 주체朱棣 영락제永樂帝(재위 1402~1424)가 북경北京으로 수도를 옮긴(1421) 다음 북경의 동화문東華門 앞 양옆에 길게 등시燈市를 열었다고 한다. 그 등시는 정월 8일에 시작하여 15일에 절정에 이르렀고 17일에야 끝났다. 매일 날이 저물면 꽃등[花燈]과 불꽃놀이가 밤새 펼쳐졌고, 북을 치며 즐기고 몹시 소란스러웠다고 한다.[70]

---

68 "史載, 明太祖朱元璋建都應天(今南京)後, 爲慶賀當年的元宵節, 他招徠天下富商, 放燈10日. 當時的南京城內盛搭彩樓, 並在秦淮河上燃放水燈萬盞, 一時蔚爲大觀."(「明朝最看重的元宵節 究竟古人是怎么过的?」 https://www.kaiwind.com/n1790/c627096/content.html)

69 앤 팔루연 지음, 윤미경 옮김, 『중국 황제』, 갑인공방, 2004, 166~167쪽.

70 『明會典』, "明成祖朱棣遷都北京後, 在北京東華門開闢兩里長的燈市, 從正月初八起, 至十五達到高潮, 十七日結束, 每晚花燈, 煙火照耀通宵, 鼓樂雜耍喧鬧達旦."

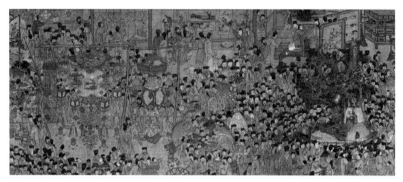

명나라 말기의 〈상원등채도上元燈彩圖〉.
당시 남경 등불 축제 기간에 사람들이 등불을 바라보는 활기찬 장면을 묘사하고 있다.

주원장이 죽고 그의 손자인 건문제建文帝(재위 1399~1402)를 물리치고 통치자가 된 영락제永樂帝는 주원장의 넷째 아들이었다. 그는 이전에 자신의 권력 기반이었으며 몽골이 북쪽에서 침입하려면 반드시 거쳐야 하는 군사적 요충지인 북경을 수도로 정했다. 남경은 공급과 소비가 자체적으로 해결되어 화북의 발전이 어려운 관계로 지역국가의 성격에서 벗어나지 못하지만 북경은 중국 전체의 통일체로서 국가 발전을 꾀할 수 있다고 판단했다고 한다.[71] 그런 가운데 새로운 수도가 된 북경에 등시燈市를 열어 백성들과의 단합을 꾀했던 것이다.

명나라 유동劉侗과 우혁정于奕正이 쓴 『제성경물략帝城景物略』(1635)을 보면, 이때 부자들은 4일 내내 등불을 달 수 있었으나, 가난한 사람들은 하루 저녁에 등불을 달고, 매우 가난한 사람들은 등불을 달 수 없었

---

71 崔晶姸, 「明朝의 統治體制와 政治」, 『講座 中國史 IV-帝國秩序의 完成-』, 지식산업사, 2006(6쇄), 15~18쪽.

다고 한다.[72] 명나라 때에 나온 작자 미상의 〈상원등채도上元燈彩圖〉를 보면 당시 등시의 모습을 상상하게 해 준다.

명나라 황실에서 행해졌던 원소절의 모습을 헌종憲宗 주견심朱見深 (1447~1487)이 다스리던 때에 나온 〈헌종행락도憲宗行樂圖〉를 통해 확인할 수 있다. 1966년에 강소성江蘇省 소주시蘇州市 호구향虎丘鄉에서 출토된 작품인데, 명나라 성화제 때 궁중의 의례를 잘 드러내고 있어 매우 중요하다 하겠다. 이 그림은 명나라 궁정 화가가 그린 작품으로 견본絹本 곧 비단에 그려졌다. 크기가 세로 36.6㎝, 가로 630.6㎝로 〈헌종원소행락도권憲宗元宵行樂圖卷〉으로도 부르는데, 헌종이 성화成化 21년 (1485)에 민간에서 벌어지는 원소절의 형태를 빌려 궁궐 내에 저잣거리를 꾸미고 폭죽을 터뜨리며 온갖 공연을 구경하고 있는 모습을 그린 그림이다. 그리고 그림에는 '신년원소경도新年元宵景圖'라는 제화題畫를 붙이고 있다. 제화의 끝에는 서명이 '성화이십일년중동길일成化二十一年仲冬吉日'로 나와 있고 '풍년상완지보豐年賞玩之寶'라는 인장이 글 위에 찍혀 있다.[73] 여기에 쓰인 글을 살펴보면 다음과 같다.

정월대보름 상원上元 명절[嘉節]은 한 계절의 봄빛이 시작되는 때이며, 정월 초하루는 한 해의 아름다운 경관이 시작되는 때로다. 도부桃符(마귀를 쫓기 위하여 문짝에 걸어 두는 복사나무로 만든 부

---

72 劉侗 · 于奕正, 『帝城景物略』, "明朝京師從正月八日至十八日, 東華門外有"燈市", "貴賤相還, 貧富相易貿, 人物齊矣. 婦人著白綾衫隊而宵行. …富者燈四夕, 貧者燈一夕, 又甚貧者無燈."

73 김순희, 「명대 궁정 연향(宴饗) 중 백희(百戲)에 관한 연구-〈헌종행락도(憲宗行樂圖)〉(1485)를 중심으로」, 『중국문학연구』 44집, 한국중문학회, 2011년 8월.

적-필자 주)를 바꾸어 놓고는 신도神荼와 욱루郁壘께 제사 지내어
지난해와 이별하며, 산초 열매로 빚은 술을 따르는 연회에서
고악鼓樂을 연주하여 새해를 축하한다. 무수히 밝은 등불에 코
끼리, 말, 사람, 물고기의 모습이 특이하구나. 하늘 가득한 별
님과 달님이 섬돌과 궁전을 비추고 있다. 축하를 담당한 이들
은 춘절春節의 고귀함을 드러내고, 공연을 올리는 자들은 세시
歲時의 즐거움을 축원힌디. 조화로운 분위기에 감응하여 궁궐
의 개울에 얼음이 녹고, 밝고 아리따운 봄빛 비추니 새벽 언덕
에 버들가지 금빛으로 늘어져 있네. 등구燈毬를 곱게 만들어
놓았으니 수많은 은빛 별님이 땅에서 구르는 듯하고, 오산鰲山
을 높이 세워 놓으니 소나무 가득한 금빛 대궐이 하늘을 밝히
는 듯하다. 붉은빛은 북두칠성을 쏘아 태울 듯, 비단 색은 은
하수로 흘러가는 듯하다. 악공樂工이 공연을 올리니 사람들은
빼곡히 모여 구경을 한다. 폭죽 소리 울리니 귀여운 시녀들 깜
짝 놀라고, 전각과 누대 황금빛으로 번쩍이며, 정원의 나무들
초록빛으로 들썩인다. 포로鮑老가 춤을 추니 온몸에 붉은 비단
펄럭이고, 주렴의 등불이 번뜩이니 처마에 푸른 유리 요동친

다. 만국萬國이 내조來朝하여 올해의 풍년을 축하하고, 사이四夷가 복속하여 천하의 태평을 칭송한다. 자손이 넘쳐나니 황실이 번창함을 즐거워하시고, 종사가 편안하니 천년만년 예절과 의리를 숭상하리라. 옹희雍熙의 태양 길이길이 굽어보며 승평昇平의 복을 영원토록 누리리라. 이에 다음과 같이 찬하도다.

정월 초하루 길일의 경사 얼마나 상서로운지
옥 같은 누대와 황금빛 궁전 모두 등불 빛이네.
요지瑤池와 자부紫府 같은 궁전에서 신선의 음악 연주하는 듯,
산초 열매로 빚은 술을 권하니 신선의 술 나누는 듯하여라.
특이하고 상서로운 것들 비단으로 장식하고,
별님과 달님 번갈아 비추니 씻은 듯이 깨끗하네.
해마다 좋은 밤 즐거움을 바랐는데,
해마다 풍년 드니 비할 데 없이 기쁘도다.
궁궐 개울의 얼음은 봄을 맞아 일찌감치 녹아들고,
갈고羯鼓 소리는 날이 밝기를 다투어 재촉하는구나.

〈헌종원소행락도권憲宗元宵行樂圖卷〉

오산의 불빛 타오르고 파란 구름이 떠오르니,

우뚝 솟은 금빛 대궐이 신선 사는 봉래산蓬萊山보다 낫구나.

무수한 옥이 박힌 듯이 하늘에 은빛 별님 반짝이고,

궁궐의 다리에는 버들 색이 푸르름을 뽐내누나.

수많은 사람들 기교스러운 공연을 구경하고,

하늘 가득히 폭죽 소리 끊이지 않네.

불꽃이 하늘을 뒤덮으니 온갖 물선이 새로워 보이고,

상서로운 빛은 황제의 마음을 사로잡누나.

원소절 경사에 승평의 노래 감상하니,

음악으로 모든 사람들의 마음이 하나 되누나.

신선 사는 영주瀛洲와 봉래로 가는 길 이어진 듯하고,

그 봉우리 곁에서 쉬는 듯 모두들 근심이 없구나.

태평스러운 통소 소리 밤새도록 들려오고,

노래 소리 북 소리가 온 세상을 가득 채우네.[74]

---

74 〈新年元宵景圖·題畵〉: 上元嘉節, 九十春光之始, 新正令旦, 一年美景之初. 桃符已換, 醮
祭鬱茶辭舊歲, 椒觴頻酌, 肆筵鼓樂賀新年. 萬盞明燈, 象馬人魚異樣. 一天星月, 堦除臺榭輝
煌. 賀郎擔担, 表年年節節之高, 樂藝呈工, 顔歲歲時時之樂. 感召和氣, 御溝水泮冰紋, 明媚

이러한 화제를 적어 놓은 그림은 가로 6m가 넘는다. 전체 그림을 보이고, 다시 네 부분으로 나눠 제시해 본다.[75]

위에서 본 화제의 내용과 그림을 함께 보면서 당시의 궁궐 내 원소절 행사를 살펴본다. 화제를 보면, 원소절을 맞이하여 도부桃符를 바꿔놓고 신도神荼와 욱루郁壘라는 귀신에게 제사를 지내는 풍습이 첫 대목에 나온다. '도부'는 마귀를 쫓기 위하여 문짝에 걸어 두는, 복사나무로 만든 부적을 가리키는데 여기에 '신도'와 '욱루'라는 글자를 써 놓고 지난해를 보내는 제사를 지내는 것이다. 그리고 술잔을 올리고 음악을 연주하면서 새해를 맞이한다고 했다. 송구영신送舊迎新의 제사를 지낸 것이다.

그리고 다음 부분에서 원소절을 맞아 수많은 등불과 거대한 오산鰲山을 세워 놓았다. 등불의 모습이 특이하여 코끼리, 말, 사람, 물고기 등을 형상화한 등불이라 했다. 등불은 등롱의 형태로 그림의 부분에서 사람과 두꺼비, 코끼리, 게와 토끼 등이 보이고 이 외에 학과 말도 나타나고 있다. 주로 궁궐 내의 황녀나 어린아이들이 등롱의 형태로 들

春光, 曉岸柳垂金線. 燈毯巧製, 數點銀星連地滾, 鰲山高設, 萬松金闕照天明. 紅光焰射斗牛墟, 綠色飄搖銀漢表. 樂工呈藝, 聚觀濟濟多人. 爆璋聲宏, 驚喜娃娃侍女, 殿閣樓臺金閃爍, 園林樹木綠參差. 鮑老佝儌, 遍體曳番紅錦綉, 簾燈晃耀, 一池搖動碧玻璃. 萬國來朝, 賀喜豐年稔歲, 四夷賓服, 頌稱海晏河清. 螽斯慶衍, 神孫聖子樂榮昌. 宗社尊安, 萬載千秋崇禮義. 長瞻化日雍熙, 永享昇平之福. 系之贊曰: 新正吉慶多禎祥, 玉樓金殿皆燈光. 瑤池紫府奏仙樂, 椒觴滿勸分瓊漿. 異祥裝成綺羅裏, 星月交輝淨如洗. 年年良夜尙歡娛, 歲歲豐登樂無比. 御溝冰泮春融早, 羯鼓聲催競天曉. 鰲山光焰翠雲浮, 金闕巍峩勝蓬島. 瑤天萬顆燦銀星, 玉橋柳色扶踈青. 濟濟人觀藝呈巧, 連天爆響無時停. 華盖中天萬象新, 祥光繚繞五雲心. 元宵慶賞昇平曲, 樂事還同萬衆心. 瀛洲路接蓬萊衢, 邊峰頓息咸無虞. 太平簫管竟終夕, 謳歌鼓腹盈寰區. (朱敏〈憲宗元宵行樂圖卷賞析〉(『收藏家』2009年 第1期)(김순희, 위의 글, 67~68쪽, 재인용.)

75 「元宵節一起欣賞國畫〈明憲宗元宵行樂圖〉」(https://kknews.cc/history/93n8aol.html)

〈헌종원소행락도권〉의 부분.

고 있는 그림이다. 물고기 모양의 등롱은 보이지 않는다. 아이들이 갖고 놀 수 있도록 동물들을 주로 등롱 형태로 만들었다 하겠다.

그런데 그 동물 하나하나에도 특별한 의미를 담고 있다고 추정된다. 우선 토끼와 두꺼비는 『오경통의五經通義』에 따른다면 음과 양이라 한다. 『회남자淮南子』에는 달 가운데에 두꺼비가 있다고 하고, 『후한서後漢書』에는 서왕모의 불로장생의 약을 훔친 항아姮娥가 달로 도망친 후 두꺼비가 되었다고도 했다. 그리고 현장玄奘의 『대당서역기大唐西域記』에는 토끼와 관련된 우화가 나온다. 불교에서 말하는 제석천帝釋天(힌두교의 인드라신이기도 하다)이 동물들에게 보시하기를 원했는데 토끼는 자신의 몸을 태워 보시했고, 이에 감동한 제석신은 토끼를 달 가운데 남겨 두었다는 이야기도 전한다.[76] 이로 보아 토끼와 두꺼비는 달과 관련 맺고 있음을 알 수 있고, 이는 정월대보름에 둥실 떠오른 보름달과 같은 등불이 연결된다고 볼 수 있다. 이처럼 동물의 모습을 형상화한 등불들은 각기 그 의미를 따져볼 필요가 있다 하겠다.

〈헌종원소행락도권〉의 화제에 보이는, 곱게 만들어져 수많은 은빛 별님이 땅에 구르는 듯하다는 등구燈毬는 그림의 사방에 가득하다. 그리고 높이 세워 놓은 '오산'이라는 것이 언급되었다. 푸른 산처럼 세워 놓은 오산鰲山(등붕燈棚)에는 공 모양으로 만들어진 등구들이 각양각색으로 매달려 있고, 가운데쯤에는 팔선八仙을 비롯한 인물 형상의 괴뢰傀儡, 즉 인형들을 매달아 놓았다.[77] 종이권鍾離權 · 장과로張果老 · 한상

---

76 허균, 『전통미술의 소재와 상징』, 교보문고, 2001, 122~125쪽.
77 김순희, 앞의 글, 60쪽.

자韓湘子 · 이철괴李鐵拐 · 조국구曹國舅 · 여동빈呂洞賓의 남자 6명과 여장

남자인 남채화藍采和 · 하선고何仙姑의 두 여선女仙이 8선에 해당하는데,

중국인들에게 매우 친숙한 인물들이다. 오산의 인형으로 올라간 인물

들이 신선이라 언급되는 것으로 보아 이 당시 등불 축제가 도교적인

색채를 띠고 있음을 확인할 수 있다. 뒷부분의 시에서도 "우뚝 솟은 금

빛 대궐이 신선 사는 봉래산蓬萊山보다 낫구나."라고 하였다. 송나라 때

에 관음보살과 문수보살을 오산에 세워 놓아 불교적 색채를 띠었던 것

과는 대조적으로 매우 도교적이다.

　궁중에서 등불 축제가 도교적이었던 데 비해 불교 사원에서는 등

불을 밝히고 사람들에게 지혜의 길을 열어 주는 데 힘썼다. 이는『청평

산당화본淸平山堂話本』[78]의 〈꽃등 가마 탄 연녀蓮女가 성불하는 이야기[花

燈轎蓮女成佛記]〉를 통해 확인할 수 있다.[79]

　　"스님, 스님, 제가 당신께 묻겠습니다. 능인사能仁寺의 등은 많

　　기도 한데, 어떤 것이 가장 밝습니까?"

　　화상은 그 물음을 듣고는 수상쩍어했다.

　　"불전 위의 등불이 가장 밝답니다."

　　그러자 다시 물었다.

78　"중국소설사에서는 일반적으로 명나라 嘉靖 때 간행된『淸平山堂話本』을 중국 최초의 화본

　　소설집으로 기술하고 있으며, 또한 중국 백화소설의 초기 형태를 보여 주는 문헌으로 간주

　　하고 있다."(李時燦,「『淸平山堂話本』을 둘러싼 몇 가지 문제에 관한 고찰」,『중국문학연구』

　　제36집, 한국중문학회, 2008. 06., 59쪽.)

79　캉바오청, 앞의 글, 33~34쪽.

"부처님의 등불은 부처님 앞에 있는데, 마음의 등불은 어디에
있습니까?"

말이 끝나자 스님은 답을 할 수 없어 부르짖었다.[80]

부처님의 수행과 가르침을 등불로 삼아야 할 터인데 사람들은 자신의 복을 구하느라 수많은 등불을 사찰이며 저잣거리에 내다 건다. 마음의 등불을 켜야 한다는 꽃등 가마 탄 연녀蓮女의 가르침을 보여 주는 대목이다. 황실이나 저잣거리, 절간에서 수많은 이들이 등불을 켜서 자기만의 복을 빌 뿐 진정한 부처님의 가르침을 등불 삼으려는 자가 부족함을 말했던 것이라 하겠다.

캉바오청은 이 대목을 인용하면서 "(1)명대에 이르기까지 불교 사원은 예전과 마찬가지로 원소절에 등을 감상하기 가장 좋은 장소의 하나였다. (2)불교 사원에서의 등화는 단순히 사람들이 감상하기 위한 것이었을 뿐만 아니라, 부처를 공양하고 인간에게 지혜의 길을 열어 주는 작용을 하였다."[81]라고 밝히고 있다. 맞는 말이다. 하지만 당시 불교 사찰에서의 연등 행사가 어찌 되었는지에 대해서는 소상히 밝히지 않아 아쉽다. 앞으로 좀 더 자세한 연구가 필요해 보인다.

어쨌든 명나라에서 등불 축제는 황실이나 민간에서 매우 세속화되어 가고 있었다. 명나라에서 꽃등을 다는 것은 매우 사치스러운 활동

---

80 『清平山堂話本』, "和尚! 和尚! 我問你: 能仁寺中許多燈, 那一碗最明？" 和尚見問得蹺蹊, 便回言道 "佛殿上燈最明." 蓮女又問曰 "佛燈在佛前; 心燈在何處?" 道罷, 和尚答不出來, 隻叫. (http://big5.quanben5.com/n/qingpingshantanghuaben/2084.html)
81 캉바오청, 위의 글, 34쪽.

중국의 연등문화

이었다. 꽃등은 매우 값이 비쌌기 때문이다. 다음에 보게 되는 정덕제 때의 등불 축제는 그 사치스러움의 극치를 보여 준다.

주후조朱厚照 정덕제正德帝(재위 1506~1521)는 쾌락을 탐한 황제로 이야 기된다. 그는 어린 시절부터 꽃등에 매료되었는데, 황제가 된 후에는 등절燈節이면 꽃등에 항상 많은 돈을 들였다. 그래서 신기하고 정교하 게 장식한 품종의 꽃등을 구입해서는 궁중에 매달아 볼 수 있도록 했 다. 『명실록明實錄』에는 "황제가 즉위한 이래로 매년 장등을 즐겼는데, 그렇게 하는 데 수만 냥이나 들었다. 1507년에는 창고의 황백랍黃白蠟 이 부족하여 관리들에게 사서 보충하라고 명령을 내렸다."[82]라는 기록 이 보인다. 그리고 중국역사연구사편사의 『명무종외기明武宗外紀』를 보 면 1507년 9월(정덕正德 2년)에 명나라 무종武宗(정덕제)이 태창太倉의 금고 를 열게 하여 35만 냥이나 되는 거액의 은자銀子를 등절燈節의 등불을 사는 데 쓰게 했다[83]고 한다.

그의 아버지인 홍치제弘治帝(재위 1488~1505)가 죽음을 맞이하면서 신 하들에게 "황태자는 총명하지만 쾌락을 탐한다."라고 하면서 아들인 정덕제를 부탁했다는 이야기가 전하는데, 사치스러움이 이만저만한 인물이 아니었다. 승마, 궁술, 수렵, 음악 등만이 아니라 씨름꾼, 곡예 사, 마술사 등으로 궁궐을 채우고 창기들을 황궁에 행진하게도 했다.

---

82 『明實錄』, "正德九年正月庚辰, 上自即位以來, 每歲張燈為樂, 所費以數万計. 庫貯黃白蠟不足, 復令所司買補之."

83 "中國歷史研究社編寫的 『明武宗外紀』記述, 1507年 9月(正德二年), 明武宗專門從太倉金庫 提取了 35萬兩巨額的銀子為燈節買燈."(「明朝最看重的元宵节 究竟古人是怎么过的?」 https://www.kaiwind.com/n1790/c627096/content.html)

심지어 1514년 정월대보름에 실화失火로 인해 건청궁乾淸宮과 곤령궁坤寧宮이 불타는 것을 보며 장대한 불꽃놀이라고 감탄했다고 한다.[84] 그는 아무래도 불에 미친 사람이었다. 아무리 등불 축제가 좋더라도 백성과 함께하고자 하는 생각 없이 권력을 누리며 쾌락에 빠져 살았으니 훌륭한 황제였다고 말하기는 어려울 듯하다.

시간이 흐르고 만력제萬曆帝(재위 1573~1620)에 이르렀을 때에는 명나라의 국력이 매우 쇠약해졌다. 그러니 원소절 행사는 이전에 비해 조용해졌다. 만력제 이후부터는 원소절 행사의 규모가 매년 예전과 같을 수 없었다.[85] 만력제는 허영심이 많아 의복이며 복식, 기타 사치품에 돈을 낭비했다고 한다. 1601년에 다섯 왕자의 책봉과 관혼의례에 2,100만 냥을 썼는데 이를 모두 국고에서 지출했다고 한다.[86] 그 결과 원소절 축소로 이어지고 명나라의 멸망을 가져오게 했다고 하겠다.

민중의 축제가 된 청나라의 등불 축제

명나라 때에 원소절에 등불을 다는 풍습은 청나라(1644~1911)에 이르러서는 더욱 흥성했다. 북경에서 행해졌던 등시燈市는 정월 8일부터 13일

---

84 앤 팔루연 지음, 윤미경 옮김, 앞의 책, 182쪽.

85 "到了万历朝, 随着明国力的衰弱, 元宵节已远不如之前热闹了. 自此之后, 元宵节的庆祝规模 也一年不如一年了."(「明朝最看重的元宵节 究竟古人是怎么过的?」, https://www.kaiwind. com/n1790/c627096/content. html)

86 앤 팔루연 지음, 윤미경 옮김, 앞의 책, 189쪽.

중국의 연등문화

까지 성대하게 이루어졌고, 17일이 되어서야 끝났다. 물론 등시 내내 밤에는 장등張燈, 곧 등불을 환히 밝히는 일이 계속되었다. 정양교正陽橋와 서랑방西廊坊의 등불이 최고였고 오성사五聖祠도 볼 만했다고 한다.[87] 그런데 청나라의 이런 등불 풍습이 처음부터 끝까지 동일했다고 볼 수만은 없을 듯하다.

청나라 초기의 등불 풍습은 반영폐[潘榮陛]가 저술한 『제경세시기승帝京歲時紀勝』(건륭乾隆 23년, 1758)에서 자세히 묘사하고 있다.

14일부터 16일까지 3일 동안 조복朝服을 입고 상원의 아름다운 절기를 경하한다. 이로써 관료들이 비틀거리고, 비단옷을 입은 이들이 끊임없이 이어진다. 성 저잣거리에 등불을 매달고 13일부터 16일까지 4일 언제나 밤늦도록 다녀도 금오金吾가 막지 않는다. 매달이 놓은 등이 뛰어닌 곳은 곧 정앙문 동쪽 월성月城 아래, 타마창打磨廠, 서하西河 연안, 낭방廊房 골목, 대책란大柵欄이 최고다. 갖가지 곡예에 이르러 전아典雅한 것은 남십번南十番만 한 것이 없다. 그 나머지 분장하고 연기하는 놀이는 대두화상大頭和尙, 분도앙가扮稻秧歌, 구곡황화등九曲黃花燈, 타십불한打十不閒, 반공자盤杠子, 포죽마跑竹馬, 격태평신고擊太平神鼓, 거중현관車中弦管, 목가회해木架詼諧, 세미결작오산細米結作鰲山, 연포찬성전각煙炮攢成殿閣, 빙수요등冰水澆燈, 족화소판簇火燒判으로 이루 셀 수 없다. 그리고 오경五更에 생황

87 상기숙, 「中國 淸代의 歲時風俗 考察」, 『중국소설논총』 17호, 한국중국소설학회, 2003, 145쪽.

> 연주와 노래가 있고, 성중의 번화한 거리에서 교만하게 말을 타고 다닌다. 화려한 수레와 늘어진 비단 고삐에 다투어 봄놀이 나온 귀족 부녀자[士女]를 볼 수 있으며 왕손들이 옥패와 귀한 가죽옷을 거리낌 없이 술과 바꾸어 마신다. 따스한 바람과 함께 천천히 걸으면 밝은 달이 머리 위에 있으니 참으로 황제가 계시는 도성은 볼 만하다 말할 수 있다.[88]

성의 저잣거리에는 행사가 있기 전날인 13일부터 16일까지 4일 동안 등불이 매달려 있었다. 월성月城 아래를 비롯하여 여러 곳에서 등불은 화려하게 빛났고, 분장하고 놀이하는 놀이패들이 헤아릴 수 없을 정도로 많았다. 대두화상大頭和尙은 가면극의 일종이고, 분도앙가扮稻秧歌는 모내기 춤이며, 포죽마跑竹馬는 어린아이들의 대나무 타기에서 따온 연희이고, 구곡황하등九曲黃河燈은 좁은 길 찾기 놀이였다. 부녀자들은 봄놀이를 나오고, 왕손들이 귀한 물건과 바꾸어 술을 마시며 밤이 새도록 놀았음을 알게 한다. 등불과 연희, 그리고 봄놀이가 함께 어우러져 있었다.

그리고 등시燈市와 관련해서도 『제경세시기승帝京歲時紀勝』에서 내용

88 潘榮陛, 『帝京歲時紀勝』, "十四至十六日, 朝服三天, 慶賀上元佳節. 是以冠蓋蹁躚, 繡衣絡繹. 而城市張燈, 自十三日至十六日四永夕, 金吾不禁. 懸燈勝處, 則正陽門之東月城下, 打磨廠, 西河沿, 廊房巷, 大柵欄為最. 至百戲之雅馴者, 莫如南十番. 其餘裝演大頭和尚, 扮稻秧歌, 九曲黃花燈, 打十不閒, 盤杠子, 跑竹馬, 擊太平神鼓, 車中弦管, 木架詼諧, 細米結作鰲山, 煙炮攢成殿閣, 冰水澆燈, 簇火燒判者, 又不可勝計也. 然五夜笙歌, 六街轎馬, 香車錦轡, 爭看士女游春, 玉佩金貂, 不禁王孫換酒. 和風緩步, 明月當頭, 真可謂帝京景物也."(상기숙 역, 『제경세시기승』, 지식을만드는지식, 2012, 재인용.)

을 전하고 있다.

매해 정월 11일부터 18일까지는 동화문東華門 밖 동쪽으로 10여
리 뻗어 시장이 열리는데 이를 등시燈市라고 하며, 묘시廟市 중
가장 성행했으며 지금의 등시구燈市口다. 조정에서는 사전을
융숭하게 해서, 해마다 봄가을로 관원을 파견해 치제致祭하고
기우祈雨하며 바람을 점치는데 역시 경건하게 제물을 바친다.
유독 5월 초하루부터 8일까지 묘시를 여는데 온갖 물건이 다
모이고 참배객이 끊이지 않는다. 도성의 묘시는 초하루와 보
름에 동악묘와 북약왕묘, 3자가 든 날은 선무문宣武門 밖 도성
토지묘, 4자가 든 날은 숭문문崇文門 밖 화시花市, 7·8자가 든
날은 서성西城의 대융선호국사大隆善護國寺, 9·10자가 든 날은
동성東城의 대융복사大隆福寺에서 열리는데 모두 진열하고 있
는 물품이 매우 많다. 일상생활의 필수품 및 금·진주·보석,
삼베·명주·비단, 가죽·모자·띠, 옷·골동품은 정교한 것
이나 거친 것이 모두 갖추어져 있어 오래 타향에서 몸을 기탁
한 사람이 돈을 휴대하고 묘시에 가면 순식간에 좋은 물건을
풍부히 살 수 있다.[89]

---

89 潘榮陛,『帝京歲時紀勝』. "每歲正月十一日至十八日止, 則在東華門外, 迤邐極東, 陳設十餘裡, 謂之
燈市, 則視廟中又多盛, 即今之燈市口矣. 國朝崇隆祀典, 歲之春秋, 遺員致祭, 祈雨佔風, 亦虔薦享.
惟於五月朔至八日設廟, 百貨充集, 拜香絡繹. 至於都門廟市, 朔望則東嶽廟, 北藥王廟, 逢三則宣武
門外之都土地廟, 逢四則崇文門外之花市, 七·八則西城之大隆善護國寺, 九·十則東城之大隆福
寺, 俱陳設甚夥. 人生日用所需, 以及金珠寶石, 布匹綢緞, 皮張冠帶, 佔衣骨董, 精粗畢備. 羈旅寄
客, 攜阿堵入市, 頃刻富有完美矣."(상기숙 역,『제경세시기승』지식을만드는지식, 2012, 재인용.)

164

이 글을 통해서 보면 등시란 등불을 화려하게 밝혀 놓고 펼쳐졌던 시장을 가리킨다는 것을 알 수 있다. 일상생활의 필수품에서부터 금이나 비단과 같이 값비싼 물건까지 없는 게 없는 장터가 등시였다. 물론 정월대보름에만 등시가 펼쳐진 것은 아니었고, 5월 초하루에서 8일까지도 열렸는데 온갖 물건이 다 모이고 참배객이 끊이지 않는 최고의 등시를 이루었음을 알려 주고 있다.

그리고 청나라 말의 등불 풍습은 1906년 돈숭敦崇이라는 학자가 북경과 그 주변의 행사를 담아낸『연경세시기燕京歲時記』를 통해 확인할 수 있다.

등절燈節

13일부터 17일까지 모두 등절이라고 하는데, 유일하게 15일을 정등正燈이라 일컫는다. 매해 등절이면 궁정에서 연회를 열고 축포를 쏘며 상점에서 등燈을 늘어놓는다. 그리고 여섯 군데 거리의 등은 동사패루東四牌樓 및 지안문地安門이 가장 성대하고 공부工部가 그다음이고 병부兵部가 또 그다음으로 다른 곳은 모두 이에 미치지 못한다. 병부의 등은 광서光緒 9년 염문개閻文介가 경영하면서 금지했다. 동안문東安門 · 신가구新街口 · 서사패루西四牌樓도 약간 볼 만하다. 여러 가지 등의 채색은 대부분 비단과 투명한 유리 및 명각明角 등으로 만들며 또한 고금의 고사를 그림으로 그려 감상하는 자료로 삼는다. 시장의 재주 있는 자는 다시 얼음을 묶어서 기물을 만들고 보리 싹을 재배해 인물을 만드는데 화려하나 사치스럽지 않고

중국의 연등문화

질박하나 저속하지 않아 특별히 볼 만하다. 화포간에선 여러 가지 폭죽을 제조해 기교와 기이함을 다투는데 합자盒子 · 화분花盆 · 연화간자煙火杆子 · 선천모란線穿牧丹 · 수요련水澆蓮 · 금반낙월金盤落月 · 포도가葡萄架 · 기화旗火 · 이척각二踢脚 · 비천십향飛天十響 · 오귀뇨판아五鬼鬧判兒 · 팔각자八角子 · 포타양양성炮打襄陽城 · 갑포匣炮 · 천지등天地燈 등의 명칭이 있다. 부유하고 권세 있는 집안에서 서로 다투어 구매하고 찬란한 불꽃과 등불의 광채는 사람을 비추며 거마車馬가 시끄럽게 길을 메우고 생황笙簧 반주에 맞추어 노래 부르는 소리가 요란하다. 대낮부터 이경二更에 이르면 연기와 먼지는 점점 적어지고 땅에 사람 그림자가 있으며 밝은 달이 하늘에 떠오르면 처녀 총각과 아이들이 잇달아 큰 소리로 담소하며 흩어지기 시작한다. 시장에서 파는 먹거리는 말린 것과 신선한 것을 다 갖추었는데 원소元宵가 대종을 이룬다. 역시 절기의 경물景物과 서로 이어진 것이다. 또 금붕어를 파는 자가 있어 그것을 유리병에 가득 담아 그 그림자가 옆으로 기울면 크고 작은 것이 갑자기 사라지니 실로 다른 곳에선 볼 수 없는 것이다.

삼가 『일하구문고日下舊聞考』를 고찰하건대, "명나라 이전 등시燈市가 동화문東華門 왕부王府 거리 동쪽에서 숭문崇文 거리 서쪽까지 2리 정도 이어져 있고 남북 양쪽으로 상점이 있다. 곧 지금의 등시 입구다. 장날엔 무릇 주옥과 보배로운 기물부터 하찮은 일용 잡화에 이르기까지 모두 갖추지 않은 것이 없다. 대로에 장이 늘어서고 장기판처럼 여러 줄을 이루는데 서로 대립되는 것은 모두 훌륭한 누각이다. 누각에는 담요와 휘장을 설치하고 연회를 베푸는 장소로 삼았다. 매일 누각 하나를 빌리는 값으로 수백 꿰미 돈이 드는데 모두 권세가나 부호 권속들이다. 등은 곧 소주燒珠·요사料絲·사紗·명각明角·맥갈麥秸·통초通草 등이 있으며, 악樂은 곧 고취鼓吹·잡사雜耍·현삭弦索 등이 있으며, 꽃불은 곧 시렁에 얹은 것과 통에 담은 것이 있는데 통에 담은 것으로 계수대械壽帶·포도가葡萄架·진주렴珍珠簾·장명탑長明塔 등이 있다. 초파일에 시작해서 18일에 그치니 열흘로, 닷새가 아니다. 여러 가지 유리창琉璃廠에 귀속되었다." 했다.[90]

글쓴이 돈숭은 제목을 원소절이라 하지 않고 등절燈節이라 했다. 그

---

90 敦崇,『燕京歲時記』, "燈節, 自十三以至十七均謂之燈節, 惟十五日謂之正燈耳. 每至燈節, 內廷設宴, 放煙火, 市肆張燈. 而六街之燈以東四牌樓及地安門為最盛, 工部次之, 兵部又次之, 他處皆不及也〈兵部燈於光緖九年經閣文介禁止〉. 若東安門, 新街口, 西四牌樓亦稍有可觀. 各色燈彩多以紗絹玻璃及明角等為之, 並繪畫古今故事, 以資玩賞. 市人之巧者, 又復結冰為器, 栽麥苗為人物, 華而不侈, 樸而不俗, 殊可觀也. 花炮棚子製造各色煙火, 競巧爭奇, 有盒子, 花盆, 煙火杆子, 線穿牡丹, 水澆蓮, 金盤落月, 葡萄架, 旗火, 二踢腳, 飛天十響, 五鬼鬧判兒, 八角子, 炮打襄陽城, 匣炮, 天地燈等名目. 富室豪門, 爭相購買, 銀花火樹, 光彩照人, 車馬喧闐, 笙歌聒耳. 自白晝以迄二鼓, 煙塵漸稀, 而人影在地, 明月當天, 士女兒童, 始相率喧笑而散. 市賣食物, 乾鮮俱備, 而以元宵為大宗. 亦所以點綴節景耳. 又有賣金魚者, 以玻璃瓶盛之, 轉側其影, 大小俄忽, 實為他處所無也. 謹按,『日下舊聞考』: 前明燈市在東華門王府街東, 崇文街西, 亙二里許, 南北兩廛, 即今之燈市口也. 市之日, 凡珠玉寶器以逮日用微物, 無不悉具. 衢中列市, 棋置數行, 相對俱高樓. 樓設罷逾簾幕, 為宴飲地. 一樓每日賃值至有數百緡者, 皆豪貴家眷屬也. 燈則有燒珠, 料絲, 紗, 明角, 麥秸, 通草等, 樂則有鼓吹, 雜耍, 弦索等, 煙火則以架以盒, 盒有械壽帶, 葡萄架, 珍珠簾, 長明塔等. 自初八日起, 至十八日止, 乃十日, 非五日也. 至百貨坌集, 乃合燈與市為一處. 今則燈歸城內, 市歸琉璃廠矣."(富察敦崇 저, 상기숙 역,『연경세시기』, 지식을만드는지식, 2017, 번역 재인용.)

〈건륭제원소행락도〉.
청나라 건륭제와 황실 사녀들이 궁선에서
등불 축제를 벌이는 모습이다.
오른쪽 위 누각에 앉은 건륭 황제가
불꽃놀이 준비하는 모습을 지켜보고 있다.

만큼 정월대보름이 등불의 축제 기간임을 강조한 것이겠다. 13일부터 17일까지 등절이라 하고, 15일을 정등正燈이라 했다. 그리고 등절이면 궁정에서 연회를 열고 축포를 쏘며 상점에서는 등불을 늘어놓았다.

청나라 초기에 등불이 뛰어났던 곳으로 정양문 동쪽 월성月城 아래, 타마창打磨廠, 서하西河 연안, 낭방廊房 골목, 대책린大柵欄이 최고라 했다. 정양문은 외성外城에서 내성內城으로 출입할 수 있는 내성 정문으로 황제와 황족들만이

정양문

대책란

드나드는 곳으로 사용되던 곳이다. 그곳의 동쪽 월성月城 아래의 등불이 참으로 볼 만했다고 한다. 그리고 대책란大柵欄이라는 곳은 전통 상업거리 가운데 하나로 현재까지 약 500년의 역사를 가진 곳인데, 청대 초부터 현재까지 화려하게 등불을 밝힌 곳임을 알 수 있다.

그에 비해 청나라 말엽에는 동사패루東四牌樓 및 지안문地安門이 가장 성대하고 공부工部가 그다음이고 병부兵部가 또 그다음으로, 다른 곳은 모두 이에 미치지 못한다고 했다. 시간이 흐르면서 등불을 화려하게 늘어놓는 곳이

지안문

변화를 보였다. 동사패루는 서사패루西四牌樓와 함께 황성의 동서에 건립되었던 건물인데, 그 누각 앞의 등불이 매우 찬란했음을 알려 준다. 그리고 지안문은 명나라 때인 1420년에 건설하기 시작한 황성의 북문에 해당하는데, 청나라 순치順治 9년(1625)에 재건되어 '지안문'이라 이름을 고친 문이다. 황제가 출전하거나 순행할 때 또는 지단地壇에서 제사를 지낼 때면 반드시 통과했던 문이라고 하는데, 이곳의 등불 역시 화려하게 빛났다고 한다.

그리고 등의 채색은 대부분 비단, 투명한 유리와 명각明角 등으로 만들었으며, 고금의 고사를 그림으로 그려 감상하는 자료로 삼았다고 했다. 비단 등불 곧 사등紗燈은 등롱燈籠이라 하기도 한다. 한족漢族 특유의 수공예품이라 하겠는데 1800년 전 서한西漢 시기에 기원했다. 특히

빨간 등롱[紅燈籠]은 매년 춘절, 정월 보름인 원소절 전후면 온 가족이 단란하게 지냄을 상징하면서 길하고 즐거운 분위기를 연출하였다. 등롱은 중국인의 기쁨을 상징하면서 예술가들에 의해 지속적으로 개발되고, 뛰어난 수준으로까지 발전하게 된다.[91] 유리등에 대해서는 숙종 46년(1760) 이의현李宜顯이 쓴 『경자연행잡지庚子燕行雜識』에도 나

19세기 중국의 등불 그림.(메트로폴리탄 미술관)

오는데, 북경의 자금성에서 "또 큰 유리등을 진열해 앞에 매달아 놓았는데 금은, 채색, 조각 등으로 장식했다."[92]라고 언급하였다.

그리고 '명각등明角燈'이라 한 것은 양羊의 뿔을 고아 만든, 얇고 투명한 껍질로 겉을 씌운 등을 말한다. 만드는 과정이 매우 복잡하고 많은

---

91 「灯笼的起源」, "中国的灯笼又统称为灯彩, 起源于1800多年前的西汉时期, 每年的农历春节, 正月十五元宵节前后, 人们都挂起 象征 团圆意 义的红灯笼, 来营造一种吉利喜庆的氛围. 后来灯笼就成了中国人喜庆的象征. 经过历代灯彩艺人的继承和发展, 形成了丰富多彩的品种和高超的工艺水平." (http://www.tygyyp.com/news-x.php?id=4)

92 李宜顯, 『庚子燕行雜識』, "又以席大琉璃燈懸於前. 而以金銀彩雕飾之."

시간이 걸리는데, 양 뿔로 만든 얇고 투명한 판을 붙여서 등불을 만드는 과정이 매우 까다로울 수밖에 없다.

그리고 위에 인용한『연경세시기』의 글에서 등불로 소주燒珠 · 요사料絲 · 사紗 · 명각明角 · 맥갈麥秸 · 통초通草 등이 언급되고 있다. 소주등燒珠燈은 '구슬등'이라 할 수 있겠는데, 밝게 빛나는 구슬 모양의 등불들을 매단 등이다. 명각明角은 앞에서 살핀 양각등羊角燈과 같은 것을 가리키겠고, 맥갈등麥秸燈은 밀짚으로 만든 등불이라 하겠는데 그 형태는 명확하지 않다. 그리고 위 기록에서 통초등이 나오는데 통초등通草燈은 등칡의 줄기를 말려 만든 종이를 이용해 제작한 등이라 할 수 있다.

등칡으로 종이를 만드는 것이 특이하다. 이는 17세기 말 무렵 중국의 광주广州에서 등칡의 마른 줄기로 만든 종이, 곧 통초지通草紙에 그림을 그리는 것이 유행한 데서부터 이야기가 시작된다. 닥나무 껍질로 만든 종이의 값이 너무 비쌌기 때문에 닥종이 대신에 통초지를 사용하여 산수山水나 화초花草, 동물動物, 관리의 복식, 각종

통초지

생산 공정 등을 제재로 한 그림이 성행했다고 한다. 이러한 통초지를 이용해 팔각으로 된 통초등이 제작되었던 것으로 보인다. 광주의 불산佛山에는 명나라에서 추색등秋色燈이라고 불리던 이 통초등이 있다고 한

다.[93] 통초라는 식물을 얇게 잘라서 조각을 만들고 입체적인 꽃을 만들어 등불에 장식하는 형태로 만들어졌던 것이다.

북경을 중심으로 하여 벌어진 등불 축제와 등불의 형태들을 지금까지 살펴보았다. 매우 다채로운 모양의 등불들을 밝히고 정월대보름을 즐겼음을 알 수 있었다. 아울러 북경 이외의 지역에서도 원소절 등불 축제는 다채롭게 진행되었다. 청나라 때 강남江南 지역에서는 13일에서 18일 사이에 등불을 밝혔는데, 23일 밤에는 조등竈燈을 부엌에 밝혔다고 한다. 항주杭州 지역에서는 12일에 용등龍燈을 들고 용신묘龍神廟로 가는데, 그 행렬이 정말 장관이었다고 한다.[94]

> 23일 새벽녘에 집집마다 조왕제竈王祭를 지내고 뜰 안에 장대를 세우고 천등天燈을 매달아 건다. 제수물품은 곧 국·탕과 주반竈飯·당과糖瓜와 당병糖餅이며, 신마神馬에게 향기로운 술 지게미와 볶은 콩물을 주발에 담아 먹인다. 남자는 열을 지어 절하고 악惡을 막고 선善을 나타내는 말로 축원한다. 부녀자는 내실에서 아궁이와 부뚜막을 소제하고 깨끗한 진흙을 바르니

---

93 "17世紀末頃, 中国の広州で通草紙の絵の製作が流行していました. 漉いた紙の値段が高いので, 紙の代わりに通草紙を使って山水や草花, 動物, 官吏の服飾, 各種生産工程などの題材を描くことが盛んだったのです. 画集、カードは主に欧米に輸出しました。この風潮は19世紀まで続き, 1960年代の後だんだんと衰えていきました. 大陸ではカミヤツデの髄はいろいろな伝統工芸の素材として使われてきている. 貴州には〈剪紙〉と並び称せられている〈通草堆画〉と称するものがある 通草の髄を刀で彫って立体感のある浮き絵としたものである 広州の佛山には明代から続く「秋色灯」と呼び、通草の八角の灯芯を用いる〈通草灯〉がある."(〈中國評論新聞網：佛山秋色〉hk.crntt.com/doc/55_1158_100446404_5.html)

94 清 范祖述, 『杭俗遺風』: 點睛參謁卦紅, 稱爲龍燈開光. (상기숙, 앞의 글, 145쪽.)

이를 괘포掛袍라고 일컬으며, 등을 켜고 마음속으로 제배한
다.[95]

조왕신은 일종의 부엌 신이라 하겠다. 부엌은 음식을 만들고 가족
의 건강을 책임지는 공간이다. 그래서 불씨를 신성하게 여기면서 등불
을 내다 거는 풍습이 생겨난 것으로 보인다. "음식의 맛을 관장하고,
화재가 나지 않도록 하며, 집안에 온기를 담아 가족의 건강과 무병장
수, 자손의 번성까지 살피는 신"이며, "본래 무속에서 불을 다루는 신
이었으나, 불교가 전래되는 과정에서 영향을 받으며 부엌의 아궁이와
밥솥을 관장하는 부엌 신"이 되었다고 한다.[96] 일본과 한국에도 조왕신
을 섬기는 풍습이 있었다.

위의 인용을 통해 중국 강남 일대에서도 조왕제를 지내면서 등불
을 숭고하게 여기고 있었음을 알 수 있다. 이때 매단 등불이 천등天燈이
다. 보통 천등이라 하면 풍등風燈을 가리킨다. 제갈공명諸葛孔明이 발명
하였다 하여 공명등孔明燈이라고도 하는 이 등불은 일종의 열기구의 시
조라 하겠다.[97] 그런데 문맥을 보면 조왕제를 지내면서 하늘로 날려 보
내는 게 아니라 장대에 매달았음을 알 수 있다. 이때는 출입문 위쪽에

---

95 潘榮陞, 위의 책, "廿三日更盡時, 家家祀灶, 院內立杆, 懸掛天燈. 祭品則羹湯灶飯, 糖瓜糖餅,
  飼神馬以香糟炒豆水盂. 男子羅拜, 祝以遏惡揚善之詞. 婦女於內室, 掃除爐灶, 以淨泥塗飾,
  謂曰掛袍, 燃燈默拜."(상기숙 역,『제경세시기승』, 지식을만드는지식, 2012, 재인용.)

96 김나래,「그림으로 읽는 불교 상징-조왕竈王」,『불광미디어』, 2018. 11. 2.

97 〈天燈〉,『維基百科, 自由的百科全书』, "天燈亦稱孔明燈, 相傳為三國時期諸葛亮的發明, 也
  被公認為熱氣球的始祖, 起初是為了傳遞訊息之用, 但目前通常則被當成節慶祈福許願的工
  具."(https://zh.wikipedia.org/wiki/%E5%A4%A9%E7%87%88)

풍등風燈이라고도 하는 천등天燈.

매달아 놓는 붉은 등불을 천등天燈이라 하는 것이 합당할 듯하다. 그렇게 천등을 매달고 악을 물리치고 선한 일을 밀하며 복을 비는 세사를 지냈던 것이다.

항주 지역에서는 용신묘龍神廟를 향해 가는 사람들이 용등龍燈을 들고 갔다고 했다. 중국에서 용은 최고의 신성과 권위를 상징하면서 사람들에게 큰 혜택을 주는 것으로 인식되었다. 특히 민속적으로 재난을 없애고 복을 부르는 제재초복除災招福을 통해 '부유함을 만드는 신[富神]'으로 이해된다.[98] 중국 민간에서는 그러한 의미를 담은 거대한 용등을 제작하여 마을 사람들이 함께 춤을 추며 부자가 되기를 소망했다.

용춤이라고도 하는 '용등'은 길이가 약 20m나 되는데 철사로 틀을

98 이혜화, 『龍 사상과 한국 고전문학』, 깊은샘, 1993, 104~106쪽.

용등龍燈

만들고 전구나 양초를 집어넣고 바깥을 천으로 감싸서 만든다. 수십
명의 사람들이 용등을 들고 춤을 추는데, 용등에는 청룡, 백룡, 황룡 등
이 있다고 한다.[99]

　　그리고 사천四川의 서부 지역에서는 정월 9일에 등불을 켜고 16일
까지 밤이면 순번을 정해서 잔치를 열었다고 한다. 등산회燈山會라고
일컫는 이 풍속은 정월 15일에 집집마다 실내의 네 곳에 등롱燈籠을 내

---

99 『百度百科』「龙灯」, "龙灯又称龙舞, 是一种古老的中国民俗舞蹈. 反映了古代中国人民对龙的
崇拜. 身长20米左右, 直径60-70公分, 内用铁丝做成圆形, 安上灯泡或蜡烛, 外用纱布包裹涂
色而成. 舞龙者由数十人组成. 1人在前用绣球斗龙, 其余全部举龙, 表演"二龙戏珠", "双龙出
水", "火龙腾飞", "蟠龙闹海"等动作. 龙灯是汉族和部分少数民族节日传统灯彩. 相传龙是吉祥的
倾向, 因此民间每逢春节, 元宵节, 灯会, 庙会及丰收年, 都举行舞龙灯的活动. 一般用竹, 木, 纸,
布扎成, 节数不等, 均为单数. 其形象按颜色不同, 可分为"火龙", "青龙", "白龙", "黄龙", 每节内
能燃烧烛的称"龙灯". (https://baike.baidu.com/item/%E9%BE%99%E7%81%AF)

건다. 집 밖이나 길거리, 논두렁 같은 곳에 장대에 등을 매달아 불을 밝히는데 매우 화려하다. 그리하여 상서롭지 못한 기운을 내쫓고 새해에도 평안하기를 기원한다. 이때 등불 이름도 신에게 복을 비는 의미에서 천등天燈, 옥황등玉皇燈, 오곡등五穀燈, 안아등雁鵝燈이라고 한다.[100]

도교에서 하느님을 말하는 옥황상제玉皇上帝에게 복을 빌기 위해 천등과 옥황등을 달고, 풍년을 기원하며 오곡등을 달고, 천상과 지상을 연결하는 기러기 모양의 등불을 달았음을 짐작해 볼 수 있다. 기러기는 중국에서 원앙이나 봉황과 마찬가지로 행복한 결혼을 의미하기도 하고, 먼 곳에 소식을 전하는 전령사의 상징이기도 하다. 그리고 편지를 삼켰다가 받을 사람에게 잡혀 소식을 전해 주었다는 물고기 고사와 합해져 '어안魚雁'이라고 하는 말이 '편지'를 대신한 말로도 쓰이는데[101]

옥황등

100 상기숙, 앞의 글, 145~146쪽.
101 한국문화상징사전편찬위원회, 『한국문화상징사전』, 동아출판사, 1992, 104~105쪽.

서한西漢(기원전 202~기원후 8) 시대에 제작되었다고 하는 '안어등雁魚燈'[102]은 이러한 이야기를 배경으로 제작되었을 것으로 추정된다. 그리고 이러한 기러기의 모습을 담은 등불이 사천 지역에서 제작되었음을 알 수 있다.

산시 박물관의 청동안어등.

그런데 원소절元宵節, 상원上元, 등절燈節 등으로 불리는 정월대보름에만 등불을 밝힌 것은 아니다. 물론 가장 화려한 등불 축제는 정월대보름에 행해졌지만 그 밖에 1월 8일 순성順星, 2월 19일 관음회觀音會, 9월 9일 중양절重陽節, 10월 25일 백탑연등白塔燃燈 등에서도 행해졌던 것으로 보인다. 불교 행사의 성격을 갖는 관음회와 백탑연등, 도교적 성격의 순성이나 중양절에도 등불을 밝히는 일은 계속되었다.

고향 땅은 아득하니 얼마나 먼가.	鄕國渺何許
하늘 끝은 봄빛을 띠며 돌아오는데	天涯春色歸
집도 없이 아름다운 계절을 슬퍼하니	無家悲令節
눈물은 나그네 옷깃을 적신다.	有淚濕征衣

---

102 「国家宝藏: 西汉彩绘雁鱼铜灯, 史上最早的环保灯具」, 『每日头条』(https://kknews.cc/zh-cn/culture/krv38kp.html)

중국의 연등문화

구름과 연이은 보리는 잘 자랐고 　　　宿麥連雲秀

때늦은 매화는 눈발을 날리게 하네. 　　殘梅作雪飛

봉화 연기 촉강에 피어나는데 　　　　烽煙燭江表

아득한 꿈만이 낚시터를 둘렀네. 　　　遠夢繞漁磯[103]

　청나라 때 사정란謝庭蘭이라는 사람의 작품 〈기양상원曁陽上元〉이다. 화자는 고향을 떠나 멀리 장가항張家港 남부의 기양호曁陽湖라는 호수에 와서 정월대보름을 맞이했던 모양이다. 잘 자란 보리밭과 눈발 날리는 가운데 피어 있는 매화를 보며 화자는 몹시도 고향이 그리워 눈물을 흩뿌렸다. 그만큼 등절이라 일컬어지던 정월대보름의 축제는 중국인들의 마음을 붙들고 있는 유전인자와도 같은 것이라고 하겠다.

　지금까지 중국 전근대사의 등불 축제에 대해 살펴보았다. 일반적으로 중국의 전통 등불 축제는 중추절仲秋節(8월 15일), 중원절中元節(7월 15일) 등의 등회燈會도 있었지만 주로 원소절元宵節, 상원上元, 등절燈節 등으로 알려진 정월대보름(1월 15일)의 등회를 가리키는 것이라 할 수 있다. 수나라·당나라 때에 흥성하여 송나라·명나라·청나라까지 이어 간 등불 축제는 황실의 권위를 상징하면서 도교나 불교의 영향 아래 행해졌다. 그러다 마침내는 일반 대중이 명절을 축하하며 복을 비는 오락의 형태로 자리를 잡게 되었음을 확인할 수 있다.

---

103 *曁陽(기양): 장가항(張家港) 남부에 있는 '기양호(曁陽湖)'를 가리킨다. *宿麥(숙맥): 보리는 가을에 파종해서 다음 해의 봄에 수확하는 까닭에 '숙맥'이라 한다. *漁磯(어기): 고기 잡는 곳. 낚시터.

현대 중국의 등불 축제

청나라 말엽이 지나고 근현대에 이르러서 등불 축제는 한동안 쇠퇴하였다. 20세기 들어 사회주의 국가로서 80년 가까운 세월 동안 중국의 등불 축제는 과거의 모습을 보여 주지 못했다. 그러다가 1980년대 이후에 다시금 부활하였다. 무슨 이유로 등불 축제가 단절되었던 것일까.

1911년 10월 10일 무창武昌에서 피어오른 신해혁명辛亥革命은 청조의 지배를 무너뜨리고 1912년부터 1949년까지 중화민국中華民國의 시대가 된다. 일본이라는 제국주의의 간섭이나 압박을 거부하면서 국민당과 공산당 간에 벌어진 협력과 갈등의 역사가 이어지던 시대였다. 그러다 보니 등불 축제를 비롯한 수많은 전통문화가 퇴보하게 된 것이다. 그렇다고 등불 축제가 완전히 끊어진 것은 아니고 명맥은 유지했던 것으로 보인다.

그리고 1949년 10월 1일 모택동이 북경의 천안문 광장에서 수많은 대중을 모아놓고 중화인민공화국 수립을 선언한 후 한국전쟁 참전(1950), 대약진운동(1958~1960), 문화대혁명(1966~1976) 등으로 이어진 역사 속에서 중국은 새로운 중화 건설에 대한 희망으로 부풀어 오르기도 했지만, 좌절과 회한의 시간을 가져야만 했다. 이때는 국제노동절, 국제부녀절, 국제아동절 등을 중심으로 사회주의 체제와 관련이 있는 명절을 주로 치르면서 전통적인 축제의 형태는 계속 이어지지 않았다.

그리고 문화대혁명 이후 1980년에 들어설 때까지 정치나 경제 모든 면에서 큰 좌절감을 맛본 시기라 하겠다. 이때에는 명절과 휴일 제도가 완전히 폐지된 것은 아니지만 정치적 간섭을 받아야 했고, 춘절은 이미 폐지되고 5월 1일 국제노동절이나 5·4절로 일컬어지는 청년절 등의 명절은 시위나 정치 비판의 시간이 되곤 했다. 그런 혼란한 시기에 중국 민중은 화려하게 등불을 밝히고 폭죽을 터뜨리는 명절을 갖지 못했다. 그렇다고 등불 축제가 아예 없었던 것은 아니다. 그래도 명맥은 유지하던 것으로 기록에 남아 있다.

1980년대 이후 개방 정책이 시작되면서 중국은 자본주의 사회의 경쟁 원리를 끌어들여 경제 발전과 국제 교류를 활발하게 시작하게 된다.[104] 그러면서 문화의 측면에서도 새로운 면모를 보여 주게 된다. 1982년 중국에서는 헌법 제43조에서 '중화인민공화국 노동자들의 쉴 수 있는 권리'라는 조항 아래 "국가는 노동자의 휴식과 휴양 시설을 발전시키고, 노동자의 근무 시간과 휴가 제도를 규정해야 한다."라고 규정하였다.[105] 그리고 중국 정부는 정상적인 명절과 휴일 제도를 세우고 집행하면서 등불 축제를 비롯한 전통 명절의 부활을 인정하게 되었다. 2016년 중화인민공화국 제12차 전국인민대표대회 제4차 회의, 중국인민정치협상 제12차 전국위원회 제4차 회의에서 원소절과 칠석을 법정

---

104 "중국은 문화대혁명 이후 덩샤오핑이 제창한 개혁·개방 정책을 추진했다. 덩샤오핑은 계획경제를 실시하지 않아도 사회주의 사회의 존속은 가능하며, 중국은 사회주의 시장경제의 구축을 지향할 것이라 했던 기존의 이론을 수정하여, 경제 개발을 통한 생산력 증대를 우선하면서 경제 성장으로 국민생활을 향상시키고자 했다. 중국은 중국공산당 제11기 중앙위원회 제3차 전체회의(11기3중전회, 1978년 말)에서 개혁·개방 정책을 결정한 이후, 그때까지 부정하던 자본주의 국가의 외자 도입을 단행하여 서방 측의 선진기술과 설비, 자금·경제 관리 등을 적극적으로 유치했다."(한중일 3국 공동 역사편찬위원회, 『한중일이 함께 쓴 동아시아 근현대사 1』, 휴머니스트, 2012, 332쪽.)

105 『中華人民共和國 憲法』第43條 "中華人民共和國勞動者有休息的權利. 國家發展勞動者休息和休養的設施, 規定職工的工作時間和休假制度."

현대의 중국 등불 축제.

공휴일로 지정할 것을 제의했다.[106] 그리고 이웃 나라들에서도 인터넷을 통해 흘러나오는 중국의 화려한 등불 축제의 향연을 알 수 있게 되었다.

근현대 중국사에서 등불 축제는 꽤 오랫동안 침체기에 있다가, 1980년대 이후에야 부활했다고 보는 것이 맞겠다. 현대 중국의 등불 축제와 관련해서는 북경사범대학의 소방蕭放이라는 학자가 발표한 논문이 있어 대체적인 윤곽을 알아볼 수 있다. 그는 중국의 등회燈會에 관해 도시와 시골의 전통등회, 종묘사묘의 등회, 도시의 신형 등회로 나

---

106 지금까지 근현대 중국 세시풍속의 간략한 정리는 이진의 「韓中 歲時名節 風俗史 比較와 文化政策 研究」(박사학위 논문, 한국학중앙연구원 한국학대학원, 2017년.)를 바탕으로 요약했다.

중국의 연등문화

누어 현재 행해지고 있는 등불 축제를 밝히고 그 특징을 말하고 있다.[107] 여기서는 그가 소개한 등불 축제와 현황을 간략하게 살펴보고자 한다.

중국 동남 지역의 대표적 등불 축제이면서 중국 최대의 전통 등불 축제로 진회등회秦淮燈會가 있다. 금릉등회金陵燈會라고도 불린다. 금릉은 곧 지금의 남경南京(난징)을 가리키는데 여기에 있는 강으로 진회秦淮가 있다. 남경에 대해 위치우위[余秋雨]는 『문화고여文化苦旅』에서 황하 유역을 근간으로 한 북방과 달리 이곳 남경에 내려오면 초풍楚風과 오랑캐의 습속에 물들게 된다고 했다. "남경의 괴이함은 응당 두 줄기 큰 강의 강력한 충돌에서 기인하는 것이자 방대한 민족의 이질적인 특성이 한데 모임으로써 야기된 것일 터이다."라고 하면서 '남경의 괴이함'을 말하고 있다. 그러면서 말라 본 적 없는 진회하秦淮河를 말하고, 중국의 문인들이 귀의할 수 있는 가장 적당한 곳이 남경이라고 했다.[108] 오랜 역사와 아름다운 산수, 수많은 문인이 작품을 남긴 남경에서 등불 축제는 계속 이어졌던 것이다.

진회등회는 민국 시기에는 "부자묘夫子廟에서 주로 행해졌는데, 어룡만연魚龍漫衍(물고기가 용으로 변하는 과정을 연희한 놀이)의 모습을 연출하였으며 사인과 부녀들이 몰려들었다."[109]라고 한다. 그리고 정월 8일에서

---

107 蕭放, 「當代中國的燈會慶典」, 『연등회의 문화재적 가치와 한·중·일 연등축제의 비교』, 대한불교조계종 총무원 문화부·한국민속학회, 2009.

108 위치우위 저, 유소영·심규호 역, 『중국문화답사기』, 미래M&B, 2000, 320~323쪽.

109 "近年則夫子廟爲多 魚龍曼衍 士女雜沓."(夏仁虎, 『歲華憶語』一卷, 記南京風俗習慣, 載民國三十七年 (1948年) 『南京文獻』第十三號.)

18일까지 이어진 등회 기간에 용등의 거리 행진도 있었다고 한다. 이와 관련하여 민국 시기에 활동한 문인 하인호夏仁虎(1874~1963)는 이렇게 묘사하고 있다.

> 금릉의 용등은 등을 밝힌 후 거리를 쏘다녔다. 군영軍營과 목상木商 두 개 조로 나뉘었으며 길이는 10여 장, 마디는 많게는 백여 마디로 구성되었고, 춤추는 방식은 각각 특징을 지녔다. 머리와 꼬리를 다루는 자를 건아[健儿]라고 불렀고, 중간에는 고교高蹺(장대나무타기), 사자춤 혹은 조개 요정이나 각종 잡극을 섞어 넣었다. 등이 지나는 저자에서는 앞다퉈 폭죽을 터뜨려 흥을 돋우었다. 대갓집에서는 원소절 간식을 마련해 문을 열고 맞이했으니 이른바 용등맞이[접룡등接龍燈]라는 것이다. 폭죽이 많을수록 춤꾼들은 더욱 신이 났고 등롱도 더욱 빛을 냈다. 혹은 뜰을 선회하기도 하고 혹은 기둥을 휘감기도 하며, 사이사이 노래와 타악기 연주를 곁들이면서 태평성세를 기원했다.[110]

10여 장이라 했으니 20m가량 되는 용등이 금릉의 거리에서 춤을 추었다고 했다. 건아가 이끄는 용등을 앞세우고 뒤에는 장대나무타기, 사자춤, 조개 요정 등의 각종 잡극들이 줄을 이었고, 저잣거리 사방에

---

110 "金陵之龙灯, 自上灯后, 即游街市. 分二组, 一军营, 一木商也. 长或十餘丈, 多至百餘节, 盘拿飞舞, 各有家法. 司其首尾者, 皆称健儿. 中间搀以高蹺跳狮, 或蚌精及各种杂剧. 灯所过市, 人争燃爆竹以助兴. 大人家或具元宵茶点, 开门延之, 曰接龙灯. 爆竹愈多, 舞者兴愈高, 彩愈烈, 或回旋院庭, 或盘绕梁柱, 复间以歌唱锣鼓, 想见升平佳况."(夏仁虎, 위의 책.)

서는 폭죽이 터지고, 용등을 맞이하는 대갓집의 음식 대접이 있었다. 용등은 뜰을 돌고 기둥을 휘감으며 춤을 추었고, 노랫가락과 타악기 연주가 흥을 돋웠다. 태평성세를 기원하는 금릉의 용등 축제는 흥겹기 그지없었다. 앞서 살핀 항주杭州 지역에서 용등을 들고 용신묘龍神廟로 향해 갔듯, 금릉에서도 어룡만연魚龍漫衍의 모습을 보이면서 마을 사람들과 어우러져 부자묘夫子廟로 향해 갔던 것이다.

여기에 등장하는 어룡만연魚龍漫衍은 무엇일까. 『한서漢書』「서역전찬西域傳贊」을 살펴보면, "만연漫衍은 장형張衡의 『서경부西京賦』에 따르면 백심百尋(18장丈)이나 되는 거대한 동물로 점차 황룡으로 변해 간다. 어룡이란 사리수舍利獸의 뜻인데, 먼저 뜰에서 재주를 부리고, 그것을 한창 다하고는 전殿 앞의 격수激水에 들어가서 비목어比目魚(외눈박이 물고기)로 변하여 뛰어올라 물을 뿜어서 안개를 만들어 해를 가리고, 그것이 끝나면 8장丈의 황룡黃龍으로 변하여 물에서 나와 뜰에서 재주를 부려 햇빛에 휘황하게 번쩍인다.""라고 하여 연희의 모습을 전하고 있는데, 이는 한나라 때 황제의 궁궐에서 행해졌던 공연이라 한다. 어룡만연은 금릉에서 용등 축제로 변형되어 길게 만들어진 용등을 머리에 이고 수많은 사람이 춤을 추며 어우러지는 형태로 변화하였음을 알려 준다.

1980년대 이후 개혁·개방과 더불어 진회등회는 부자묘를 중심으로 하여 금릉(남경) 사람들의 주요 축제로 행해지고 있다. 2006년에는 등회 가운데 유일한 중국 비물질문화유산(Intangible cultural heritage, ICH. 무

---

111 "漫衍者, 即張衡 西京賦 所云巨獸百尋, 是為漫延者也. 魚龍者, 為舍利之獸, 先戲於庭極, 畢, 乃入殿前激水, 化成比目魚, 跳躍漱水, 作霧障日, 畢, 化成黃龍八丈, 出水敖戲於庭, 炫耀日光."(『漢書』「西域傳贊」)

용춤의 형태를 보여 주는 한 왕조의 석조 부조 조각.

용등 축제

형문화재) 목록에 등재되어 수많은 관광객이 찾게 되었다. 그리고 2009
년에는 '2009 중국 남경의 부자묘-국제 등회와 함께하는 진회 풍광'이
라 이름하며 국제 등회로 격상시켰다. 등회는 진회 문화를 주로 삼고
도널드와 미키마우스, 해리포터와 같은 지역문화 특색을 반영한 등불

중국의 연등문화

을 만들어 등불 예술의 면모를 높였다고 한다.[112] 전통의 현대적 계승을 통해 중국 등회 가운데 중요한 위치로 진회등회를 만들어 내고 있음을 알 수 있다.

중국 등회 가운데 전통이 깊고 등불 축제의 원형이라고 이야기되는 것이 사천성四川城의 자공시自貢市에서 행해지는 '자공등회自貢燈會'이다. 자공시는 정염井鹽, 곧 소금의 산지로 유명하고 산업도 발전해서 예부터 지금까지 풍요로운 곳이다. 그러다 보니 등불 축제도 예나 지금이나 중국을 대표할 만큼 거대한 규모로 행해졌던 것 같다. 봄을 맞으면서 이곳 사람들은 화려하게 등불을 밝혀 놓고 복을 기원했다. 자공등회의 역사와 관련해서는 남송南宋 시인 육유陸游의 〈심원춘沁園春〉이란 시가 첫 장을 장식하고 있다.

진루秦樓를 떠난 지
얼마 안 되어 새봄이 찾아오더니
또다시 등불을 장식하는구나.
떠오르는 아리따운 미소
가늘고 부드러운 손길
옥구슬 향기로운 꽃 같은 말씨
눈같이 부드러운 살결.
먼 곳을 그리워하며 수심에 찬 마음이니
봄날이 감을 근심하며 병이 들어서

---

112 蕭放, 위의 글, 97~98쪽.

평생 이런 적 없었는데 부끄럽구나.

그대 아는가.

점차 향기는 촉금蜀錦[113]에서 사라져 가고

눈물이 오릉吳綾[114]을 적신다는 걸.[115]

　제목 〈심원춘〉은 사패詞牌의 이름이다. 사패는 사詞의 곡조를 가리키는 말인데, 사마다 글자 수의 제한이 있고 압운과 평측, 성조까지도 엄격히 정해져 있는 것이다. 〈심원춘〉이라는 제목으로 꽤 많은 작품이 나와 있음을 확인할 수 있다. 〈심원춘〉이라는 사패명은 염리군念離群, 동선東仙, 동정춘색洞庭春色, 수성명壽星明 등과 같이 다른 이름도 존재한다. 보통 부제가 붙어 있는데 이 작품은 따로 부제를 달지 않았다. 작품에서는 진루秦樓를 떠난 후 금방 새봄이 되어 등불을 장식하는 때가 왔다고 했다. 그런데 아리따운 임은 보이지 않고 아련하게 떠오르며 잊지 못하는 슬픈 마음을 전하고 있다. 이는 그가 영주(榮州, 榮縣), 지금의 자공시의 현령縣令일 때 지었다고 한다. 육유는 전쟁터를 종횡무진한, 용맹하고 위풍당당한 애국자로 알려져 있다. 거기에 더해 그는 평생 사랑하는 여인을 곁에 두지 못하는 서글픔을 안고 심원沈園을

---

113 촉금: 촉강금(蜀江錦). 색채가 아름다운 값진 비단의 하나.

114 오릉: 오(吳)지방에서 생산되는 비단.

115 陸游,「沁園春」, "一別秦樓, 轉眼新春, 又近放燈. 憶盈盈倩笑, 纖纖柔握, 玉香花語, 雪暖酥凝. 念遠愁腸, 傷春病思, 自怪平生殊未曾. 君知否, 漸香消蜀錦, 淚漬吳綾." 뒤에도 한 수가 더 있다. 원문을 들면 다음과 같다. "難求系日長繩. 況倦客飄零少舊朋. 但江郊雁起, 漁村笛怨, 寒釭委燼, 孤硯生冰. 水繞出圍, 煙昏雲慘, 縱有高臺常怯登. 消魂處, 是魚箋不到, 蘭夢無憑."

　　　　　　　　　　　중국의 연등문화

거닐어야 했던 인물로도 유명하다.

육유와 당완唐婉은 사랑하여 결혼했지만 2년 만에 헤어져야 했다. 둘은 외종사촌 간이었는데 가까운 친척끼리 결혼하는 것은 문제가 아니었던 때였고, 그들이 헤어지게 된 건 육유의 어머니가 당완을 탐탁지 않게 여겼기 때문이라고 한다. 그리고 10년이 지난 후에 심원에서 우연히 만난다. 그런데 그때는 다른 사람의 남편과 아내가 된 뒤였다. 육유는 그녀를 보며 상심하여 눈물을 삼키고는 담장 벽에 〈채두봉釵頭鳳〉이라는 시를 남긴다. 한 해가 지난 후 심원을 찾은 당완은 육유의 시를 보고 눈물을 떨구며 덧붙이는 시를 남기고, 시름에 겨워하다 끝내 목숨을 거두고 만다. 어머니의 뜻을 거역하지 못해 사랑하는 사람과 헤어지고 결국 43년이 지나서 세상을 떠난 당완이 덧붙인 시를 보게 된 육유는 "43년의 꿈을 불러 보니, 등불 어두운데 애끊는 아픔 말하는 이 없네."라며 어두운 등불 아래서 뜨거운 눈물을 흘렸다.[116] 〈심원춘〉은 사랑하는 사람과의 이별을 고통스러워하는 애별리고愛別離苦의 아픔을 느끼게 하면서 당시 자공시에 등불을 밝혔던 역사를 전해 주고 있다 하겠다.

자공등회는 이후에도 계속되어 청나라 때에는 "정월 인일人日(7일)이 지난 뒤에 각 사묘에서는 일제히 화수火樹에 불을 붙이고 각 출입문 위에 붉은 등불을 켜고 천등天燈이라 불렀는데, 부자가 되고 풍년이 들기를 바라는 뜻을 담았다. 겸하여 징을 울리고 쇳덩이를 잡으면서 돌림

---

116 陸游, 「偶復採菊縫枕囊悵然有感」, "採得菊花做枕囊, 曲屏深幌悶幽香. 喚回四十三年夢, 燈暗無人說斷腸." 육유의 시와 사랑에 대해서는 안이루의 글(심규호 옮김, 『인생이 첫만남과 같다면』, 에버리치홀딩스, 2009.)이 대중적이면서도 매우 흥미롭다.

병을 물리치려 했던 옛사람들을 본받아 '사자등 공연[獅燈場市]'을 행했다."[117]고 전한다. '사등장시'라고 표현되고 있는 이 등불 축제에서는 방타반幇打班으로 불리는 단체가 사자등 공연을 비롯하여 회전기에, 불이 붙은 굴렁쇠 통과하기, 장대 타기, 우스개 공연 등 다양한 공연을 행했다고 한다. 사자등[獅燈]은 '무사舞獅, 사자무獅子舞, 무사자舞獅子' 등으로도 불리는데 사자춤을 추는 공연을 가리킨다. 사자는 중국인들에게 상서로운 짐승으로 행운을 가져다준다고 여겨졌다. 여기에 용등龍燈, 포의용등布衣龍燈, 대용등大龍燈, 초용등草龍燈, 판등용등板凳龍燈 등 전통 용등의 행진이 거행되었다.[118]

용등은 용의 형상 안에 촛불을 넣은 것을 말한다. 헝겊을 붙여 만든 포의용등, 밀짚을 묶어 만든 초용등, 목판 걸상을 이용해 만든 일종의 걸상용이라 할 판등용등이 거리 행진에 나타났던 것이다.

그 가운데 판등용등은 민중이 함께 어우러져 용의 형상을 만들어 가는 소박하고 재미있는 등이다. 앞은 용의 머리를 만들어 장식하고, 뒤에 사람들이 걸상들을 이어서 용의 몸통과 꼬리를 만들어 내는 것으로, 사람들이 수백 수천 개의 걸상을 어깨에 메고서 대열을 이루면 그 길이가 어마어마하다고 한다. 절강성 금화시 포강현의 농촌에서 행해지는 판등용등 행렬에서는 여러 기예를 섞어 공연하는데, 포강현 판등용등은 2006년에 문화부에서 국가급 비물질문화유산으로 등재하였다

---

117 『榮縣志』, "正月人日後, 各祠皆燃火樹, 各門首皆點紅燈, 謂之天燈, 富人壽年豐之意. 兼仿古人禮鳴金執鋌, 以驅瘟疫, 謂之獅燈場市."

118 蕭放, 위의 글, 98~99쪽.

　　　　　　　　　　　　　중국의 연등문화

판등용등板凳龍燈

고 한다.[119] 수많은 걸상을 이어서 하나의 용을 만들어 가는 모습은 호흡을 잘 맞추어야 할 듯하다. 풍년을 기원하는 농민들의 소망이 판등용등의 행렬에 담겨 있음을 알 수 있겠다.

청나라 말기와 중화민국 초기에 자공등회는 만천과해瞞天過海, 제등회提燈會 등의 활동이 추가되면서 1909년에는 성대한 제사 등회를 기행했다고 한다.

만천과해에 대해 소방蕭放 교수는 "영당靈堂을 갖춘 섬서묘를 기점으로 세 갈래 골목길을 따라서 나무 받침대를 세우고 그 꼭대기를 흰 베로 덮은 아래에다 여러 가지 등을 설치하고는 만천과해라 칭했다."[120]라고 하였다. 제등회는 쌍십절날에 혁명 선열들을 기념하기도 했고 꽃이며

---

119 『Baidu百科』,「浦江板凳龙」, "浦江板凳龙, 又称为长灯, 由龙头, 龙身和龙尾三部分组成. 一条龙从头到尾, 由几十节, 几百节甚至上千节板凳串联而成, 阵形变化丰富, 集书法, 绘画, 剪纸, 刻花, 雕塑艺术和扎制编糊工艺为一体, 游动时又融体育, 杂技, 舞蹈为一炉, 不仅保留了我国尤其是浙中和江南沿海一带的传统民间文化, 同时, 又保留了书画, 剪纸等民间艺术的原生形态. 2006年, 浦江板凳龙被文化部列入首批国家级非物质文化遗产." (https://baike.baidu.com/item/%E6%B5%A6%E6%B1%9F%E6%9D%BF%E5%87%B3%E9%BE%99)

120 蕭放, 위의 글, 99쪽.

풀, 벌레, 물고기, 새와 짐승 등 다양한 형상을 핍진하게 만들어 장인의 독특한 솜씨가 발휘되기도 했다. 그리고 일본이 1945년 8월 무조건 항복이라고 손을 들었을 때는 각종 단체가 홍등을 들고 나와 경축했다고 한다. 등불은 중국인들의 기쁨과 슬픔을 표현하는 문화로 튼튼히 자리매김했음을 잘 알 수 있겠다.

> 일만 개의 등불이 자유로이 움직이며
>
> 일만 개의 등불이 노니는 적룡을 만드네.
>
> 거대한 용신은 정말 활달하고 생기 넘치고
>
> 치켜든 용머리는 너무나 웅건하고 위풍당당하네.
>
> 번쩍이는 적룡이 염도의 대지 위를 뛰어가네.
>
> 일만 개 뛰는 등불이 붉은 용비늘을 이루네.
>
> 저건 평범한 비늘이 아니라
>
> 일만 개의 붉은 자루로 받쳐 든 마음이네.
>
> 전진하는 앞길을 밝히네.[121]

1991년 자공시는 제3회 국제공룡등회를 거행하면서 만인 제등회를 시도했고, 시인 임중량林仲良은 위와 같은 시를 써서 읊었다. 사라져 가던 전통등회 민속이 개혁 · 개방을 통한 경제 발전에 힘입어 되살아

---

121 林仲良, "一万盏提灯, 在自如地穿动, 一万盏提灯, 汇成游动的赤龙. 巨大的龙身, 是那么活泼, 那么生动, 昂起的龙头, 是那么雄健, 那么威风. 闪闪发光的赤龙, 在盐都大地跃行, 一万盏跳动的提灯, 组成通红的龙鳞. 那不是普通的鳞片, 是一万个丹柯捧出的心, 照亮着前进的路径."(「自贡灯会-民族艺术的丰碑」, https://www.docin.com/p-78417854.html)

중국의 연등문화

현대의 자공 등불 축제.

나게 된 것이다. 그리고 자공등회는 지금까지 지속되면서 현대사회의 요구에 맞는 다양한 등불과 행사를 만들어 왔다.

우선 등불의 형태를 보면 전통적 민간고사나 문학을 활용한 '홍루몽상화시회', '판선관등', '태공조어', '유삼저대가'와 같은 것이 있었고, 자공시의 건설 성과나 명승지를 드러내는 '자공신모', '자공공룡박물관', '영현대불' 등이 있었다고 한다. 게다가 '채플린의 관극'이니 '백조의 호수'니 하는 서양의 이야기를 반영한 등불도 제작하여 중국을 찾는 외국 관광객들의 발길을 붙잡으려 노력했다. 그리고 2001년부터는 한국과 일본, 독일, 호주 등 20개국이나 찾아, 전시회를 개최하고 1억 위안 이상의 영업 수익을 얻었고 누적 관람객도 1억 명을 넘었다고 하니 자공시의 등회는 세계적인 등불 축제로 자리매김되고 있음을 알려 준다.[122] 2019년에도 자공등회는 1964년에 시작하여 25번째로 채등공원彩灯公园에서 등불을 밝혔다. 2018년에는 관광객이 320만 명이 넘었는데, 그 가운데 등불 축제를 보러 온 관광객이 42만 명이었다고 한다.

이 밖에도 현대 중국의 등회는 도시와 농촌을 가리지 않고 수많은 곳에서 행해지고 있다. 소방蕭放 교수가 2009년도에 밝힌 글을 보면, 도시의 전통등회로 ①진회등회 ②자공등회 ③중경동량용등회 ④해녕협석등회 ⑤불산채등회 ⑥조주유등회 등이 언급되었다. 이들 도시의 전통등회는 1980년대 이후 다시 일어나 21세기에 접어들면서 개혁·개방의 가속화에 발맞춰 갖은 기예를 뽐내면서 더욱 규모가 확대되는 모습을 보인다.

---

122 蕭放, 위의 글, 100쪽.

중국의 연등문화

그리고 시골의 민속등회로는 ①하북 한단의 위자등진 ②하곡하등 절 ③남안 영도발발등 ④강서성 석성등회 ⑤연대 어등절 ⑥광동성 개 평반촌등회 ⑦화북 구곡황하등회 ⑧비동현의 비동양등회 ⑨대리백족 표하등회 ⑩하남성의 여양등절 ⑪산서성의 향녕산등회 ⑫사천성의 낭 중제등회 ⑬하북성의 신집군제등회 ⑭안휘성의 이신전구원소등회 ⑮ 광동성의 은평등절 ⑯화주등회 ⑰포전풍정원소유등회 ⑱울현배등산 등을 언급하고 있다. 시골의 민속등회들도 국가 비물질문화유산 목록 에 오르고 각각의 특색을 드러내면서 매우 활성화되고 있는 상황이다.

여기에 종교 사묘에서 행해지는 등회로 ①장족의 수유화등 ②장족 의 연등절을 밝히고 있다. 서장자치구, 청해성, 감숙성 등지에 사는 장 족의 명절인 장력 1월 15일에 행해지는 종교사묘등회가 수유화등이 다. 각 절에서 부처님께 참배하고 경을 돌리는 등의 행사를 할 때 등불 을 밝힌다. 연등절은 매년 장력 10월 25일에 티베트, 청해성, 사천성, 감숙성 등지에 사는 장족에 의해 행해지는 행사이다. 이날은 황교의 창시자인 총카파가 성불한 날로 불탑, 불상, 계단, 옥상 할 것 없이 환 하게 등불을 밝힌다.

그리고 도시의 신형등회로 하얼빈 빙등회, 제남의 등회, 북경 연산 등회, 북경 용경협빙등회, 성도 무후사의 삼국등회, 아미산의 대형예 술등회, 성도 탑자산등회, 중경 봉산등회, 서녕 화등회, 심양 성경등 회, 산서 오운광등회, 연대산 등회, 각산 풍경구등회, 천진 사대등회 등 이 있다. 이 가운데 하얼빈 빙등회는 1982년에 최초로 행해진 등회인 데 얼음을 이용해 조각을 만들고 조명을 더해 독특한 예술 효과를 보 여 준다. 해마다 새로운 얼음등불을 보여 주어 '언제나 반복되지 않는 동화'라고 생각한다고 밝혔다.

중국의 근현대사 속에서 연등축제는 정치 체제의 변화와 함께 사라졌다가 되살아났고, 이제는 중국 전통문화를 대표하는 원소절 축제로 자리 잡았다. 중국의 개방정책 속에서 연등축제는 중국인들의 정체성을 보여 주고 국가와 지역민들을 결속하는 축제로 지속적인 발전을 거듭하고 있다.

한국의 연등문화

—

사월초파일에 관등하러 높은 대 오르니

원근 고저 석양은 빗겼는데

어룡등 봉학등과 두루미 남성이며

종경등 선등 북등이며 수박등 마늘등과

연꽃 속에 선동이며 난봉 위에 천녀로다

—
조선시대 가사 〈관등가〉 중에서

신화와 민속의 불

신화시대의 불

창세신화와 원시시대의 불

불이 어떻게 생겨났는지에 대해 우리의 신화도 짧지만 이야기하고 있다. 김쌍돌이라는 사람이 부른 〈창세가〉라는 무속신화가 그것이다.

> 내 이리 誕生(탄생)하야, 물의 根本(근본) 불의 根本(근본), / 내밧게는 업다, 내여야 쓰겟다. / 풀맷독이 잡아내여, / 스승틀에 올녀놋코, / 슥문 삼치예 째리내여, / 여바라, 풀맷독아, 물의 根本(근본) 불의 根本(근본) 아느냐, / 풀맷독이 말하기를 / 밤이면 이슬 바다 먹고, / 나지면 햇발 바다 먹고 / 사는 즘생이 엇지 알나, / 나보다 한번 더 번지 본 / 풀개고리를 불너 물어시오. / 풀개고리를 잡아다가, / 슥문 삼치 째리시며, / 물의 根本(근본) 불의 根本(근본) 아느냐, / 풀개고리 말하기를 / 밤이면 이

199   한국의 연등문화

슬 바다 먹고, / 나지면 햇발 바다 먹고 / 사는 즘생이 엇지 알
나, / 내보다 두번 세번 더 번지 본 / 새앙쥐를 잡아다 무렁보
시오. / 새앙쥐를 잡아다가, 슴문 삼치 쌔리내여, / 물의 根本
(근본) 불의 根本(근본) 아느냐, / 쥐말이, 나를 무슨 功(공)을 시워
주겟슴닛가. / 미럭님 말이, 너를 天下(천하)의 두지를 차지하
라, / 한즉, 쥐말이, 금덩山(산) 들어가서 / 한짝은 차돌이오, 한
짝은 시우쇠요, 툭툭 치니 불이 낫소, / 소하山(산) 들어가니, /
삼취 솔솔 나와 물의 根本(근본) / 미럭님, 水火根本(수화근본)을
알엇스니, / 人間(인간) 말하여 보자.

옛날 옛 時節(시절)에, / 미륵彌勒 님이 한짝 손에 은(銀)쟁반 들
고, / 한짝 손에 金(금)쟁반 들고, / 한을에 祝詞(축사)하니, / 한
을에서 벌기쩌러저, / 金(금)쟁반에도 다섯이오 / 銀(은)쟁반에
도 다섯이라. / 그 벌기 질이와서, / 金(금)벌기는 사나희 되고,
/ 銀(은)벌기는 게집으로 마련하고, / 銀(은)벌기 金(금)벌기 자리
와서, / 夫婦(부부)로 마련하야, / 世上(세상) 사람이 나엿서라.[1]

1930년에 나온 손진태 편찬의 『조선신가유편朝鮮神歌遺篇』에 실린 김
쌍돌이라는 무당이 구연한 천지창조 노래이다. 앞에는 물과 불의 근
원, 뒤에는 사람이 생겨난 근원을 밝히고 있다. '미륵님'이 메뚜기와 개
구리, 그리고 생쥐들을 잡아서는 물과 불이 어떻게 시작되었는지를 묻
는다. 메뚜기와 개구리는 밤이면 이슬 받아먹고 낮이면 햇발 받아먹는

---

1 김쌍돌이본 〈창세가〉(김헌선, 『한국의 창세신화』, 길벗, 1994, 64쪽, 231~233쪽.)

짐승이 어찌 알겠느냐며 모른다고 한다. 마지막에 미륵님은 쥐의 정강이를 치면서 물과 불의 근원을 묻는다. 물론 그 근원을 말해 주면 미륵님은 쥐에게 온 세상의 뒤주를 주겠다는 약속을 한다. 쥐는 불의 근원에 대해 이렇게 답한다. "금덩산에 들어가서, 한 짝은 차돌이요, 한 짝은 시우쇠요, 툭툭 치니 불이 났소."[2]라고. 시우쇠와 차돌을 부딪쳐서 불을 만들었다는 것이다. 시우쇠는 무쇠를 불려서 만든 쇠붙이를 말한다. 쇠붙이와 부싯돌의 마찰에 의해 불꽃이 이는 것을 통해 불의 기원을 밝힌 것이다. 매우 소박한 표현인데 메뚜기며 개구리, 생쥐를 신화적 세계에 끌어들여 불의 기원을 밝힌 점이 특이하다.

홈베르그라는 학자는 불의 기원 신화를 두 가지로 정리하였는데, 하나는 하늘에 존재하는 불을 지상에 빛과 함께 가져오는 경우이고, 다른 하나는 돌과 쇠의 충격에 의해 불꽃을 얻는 경우라 했다.[3] 우리의 신화는 후자의 이야기 쪽이다. 그런데 이렇게 쇠와 돌을 부딪쳐서 불꽃을 얻었다고 하는 것은 우리 신화에만 존재하는 것은 아니다. 시베리아 일대에 있는 퉁구스나 알타이, 타타르와 같은 지역에 내려오는 신화에서도 비슷하게 이야기된다. 어느 경우나 천둥새니 호저豪豬니, 개구리 등을 매개물로 삼고 있다.[4]

그리고 티베트의 창세신화에는 위에서 언급한 〈창세가〉와 매우

---

2 김쌍돌이 구연 〈창세가〉(손진태,『조선신가유편』, 향토문화사, 1930.). 그 외에도 천태산의 차돌과 시우쇠라고 하고 있는 강춘옥 구연 〈생굿〉(임석제 · 장주근,『관북지방무가(추가편)』, 문교부, 1966.)도 있다.

3 Uno Harvan Holmberg, 「Finno-Ugric Siberian Mythology」,『*The Mythology of the All Races*』, New York, 1964.

4 김헌선,『한국의 창세신화』, 길벗, 1994, 64쪽.

유사한 이야기가 전개된다.

> 아주 먼 옛날, 난카동단치쑹왕이 다섯 가지 본원本源 물질을
> 갖고 있었다. 츠제취바 법사法師가 그것을 모아서 자신의 몸
> 안에 넣은 후 가볍게 "하!"라는 소리를 내며 염송을 했다. 그
> 소리에서부터 바람이 생겨나고, 바람이 빛의 바퀴와 같은 형
> 상으로 날아오르다가 불이 생겨났다. 바람이 맹렬하게 불수
> 록 불도 거세게 타올랐고, 뜨거운 불과 차가운 바람이 만나 이
> 슬이 생겨났다. 이슬에서 작은 입자가 생겼고, 이 작은 입자
> 들이 바람에 날려 이리저리 날아다니다가 모여서 산이 되었
> 다. 세상은 이렇게 츠제취바 법사가 창조한 것이다. 이 다섯
> 가지 본원 물질에서부터 하얀 알과 검은 알이 나왔다.[5]

법사法師가 등장하는 것은 우리 〈창세가〉에서 미륵이 등장하는 것
과 유사하다. 그리고 불과 이슬이 생겨나는 것이 유사하다. 알타이나
시베리아, 티베트 지역과 유사한 천지창조의 신화를 공유했음을 알 수
있다. 불과 물의 기원에 대해 우리의 무속 신화 〈창세가〉는 짧게 이
야기를 전하고 있지만, 그 기원은 참으로 오래되고 광범위한 지역에
걸쳐 있음을 알 수 있다.

---

5 인도에서 출판(1966)된 단쩡난카(丹增南喀)의 『쥐푸(卓浦)』의 기록을 상무단 걸메이(桑木丹
  G. 葛爾梅)가 소개한 것이라고 한다. 桑木丹 G. 葛爾梅 著, 向紅笳譯(1994), 「뵌교의 역사와
  교의 개술(概述苯敎的歷史及敎義)」, 『國外藏學研究譯文集』第11輯, 西藏人民出版社.(김선
  자, 「신장 알타이의 신화」, 『알타이 스케치』, 동북아역사재단, 2015, 95쪽, 재인용.)

인간이 동물과 구별되는 특징으로 직립보행, 도구 제작과 함께 불의 사용이 언급되곤 한다. 불은 화산 활동과 같은 데서, 아니면 자연 활동의 우연한 기회에 사람들이 발견하게 되었을 것이다. 그리고 불을 사용하게 되면서 추위에서 벗어나고 음식을 익혀 먹는 일이 가능해졌다고 추정한다.

역사적으로 보면 우리 조상들이 불을 사용한 흔적은 구석기시대부터 나타난다. 석장리石壯里 집 자리에 후기구석기시대 흔적으로 보이는, 담을 두른 자리인 듯한 테두리 안에 화덕자리[爐址]가 남아 있다. 그리고 신석기시대에도 당연히 불을 사용한 흔적이 나오는데, 대개 움집에 살면서 남긴 화덕자리이다. 6m 정도의 직경에 60㎝ 정도의 깊이로 만들어진 움집 가운데에 화덕자리가 놓여 취사장 구실을 했던 것으로 보인다. 그러다가 신석기 후기에 오면 움집의 공간이 넓어지고 평면 모양이 정방형 또는 장방형으로 변하며 화덕자리가 한쪽에 치우쳐 있음을 확인할 수 있다. 움집에서의 생활이 다양화하면서 주거지 이외 생활공간으로서 불을 다루는 화덕은 한쪽에 배치되었던 것으로 짐작된다.[6]

청동기시대에도 신석기시대와 비슷한 움집 형태를 보여 주는데, 화덕자리가 움집의 한쪽에 치우쳐 있고, 큰 움집의 경우에는 화덕자리가 두 군데 나오기도 한다. 깊숙한 곳에 흙으로 빚은 그릇을 두는 여성의 활동 공간이 있고, 출입구 가까운 곳에 야외에서 활동하는 남성들이 사용하는 도구들이 나타난다. 이때의 집 자리는 화재를 입은 경우가

6 이기백, 『한국사신론(신수판)』, 일조각, 1995, 15~19쪽.

한국의 연등문화

많이 나타나는데, 이는 불의 사용도가 높아지면서 빚어진 결과로도 보이고 정복을 위한 전쟁으로 불타 버린 경우도 있었으리라 짐작된다.[7]

돌 속에 들어 있던 구리에 주석과 아연을 함께 넣어 풀무질을 한 후 얻어낸 용액을 거푸집에 부어서 얻을 수 있는 것이 청동기 도구이다. 비파형 동검을 사용했던 나라가 고조선인 것으로 추정된다. 불을 어느 정도 자유롭게 다루는 시대가 된 것이다. 그리고 청동기시대에 청동제 농기구는 발견되지 않지만 생활도구로 민무늬토기가 나타난다. 신석기시대에는 빗살무늬토기가 만들어졌는데, 빗살무늬를 넣은 까닭은 토기가 갈라지는 것을 막아야 했기 때문이다. 그런데 청동기시대에는 민무늬토기가 나오고 있다. 이는 토기를 높은 온도에서 구워 낼 수 있게 되었음을 알려 준다. 부여에서 출토된 송국리형 토기, 미송리식 토기, 붉은 간토기, 굽다리접시, 검은 간토기 등이 사용된 흔적을 보여 준다.[8] 이러한 민무늬토기가 사용되었음은 우리 조상들이 불을 이전보다 좀 더 자유롭게 활용할 수 있게 되었음을 알려 준다고 하겠다.

부소와 불의 탄생

고대국가가 들어설 때면 건국신화가 형성되었다. 두루 알고 있듯 우리나라 최초의 국가로 언급되는 고조선을 건국한 신인은 단군檀君이다. 환인, 환웅, 단군으로 이어지는 단군신화는『삼국유사』나『제왕운기』등에 실려 전하는데, 여기에는 불을 어찌했다는 기록은 전하지 않는

---

7 이기백, 위의 책, 29쪽.
8 김정남,『36시간의 한국사 기행 1』, 노느매기, 2015, 41~46쪽.

다. 그런데 조선시대 선도서로 알려진『청학집靑鶴集』, 그리고 숙종 대의 선도서인『규원사화揆園史話』에는 단군에게 부루夫婁 · 부소夫蘇 · 부우夫虞 · 부여夫餘 네 명의 아들이 있었다 하고, 이들 가운데 부소가 불을 발명한 것으로 이야기하고 있다.

『청학집』에서는 네 명의 아들 가운데 부루가 중국 하우夏禹의 도산塗山 모임에 참여했고, 부여는 구이九夷 알유猰㺄의 난이 일어났을 때 여러 나라의 힘을 모아 그 난을 평정하였고, 부우는 나라에 질병이 돌자 약을 마련하여 구제했다고 했다. 그리고 부소는 산에 맹수가 들끓자 사냥으로 퇴치하였다고 했다.[9]

『규원사화』에서는 단군의 둘째 아들 부소가 응가鷹加로 형벌을 담당했다고 하며 나라의 서쪽 땅을 다스렸다고 한다. 단군이 30년 정도 세상을 다스릴 때 큰 홍수가 났다고 한다. 단군의 네 아들은 홍수를 피하기 좋은 땅을 찾아서 당장唐藏의 들판으로 사람들을 옮겨 가게 하였는데, 이때 부소는 고시씨高矢氏의 옛날 법을 되살려 마른 쑥을 재료로 하여 쇠와 돌을 쳐 불을 피워 맹수를 쫓았다고 했다. 그래서 후대 사람들이 쇠와 돌, 쑥을 부소철夫蘇鐵 · 부소석夫蘇石 · 부소우夫蘇羽라고 부르면서 부소의 공을 기리게 되었다고 했다. 이후 부소는 단군의 명령에 따라 낙랑홀樂浪忽을 다스렸다고도 했다.[10]

---

9 『靑鶴集』, "先生曰 檀君有才子四人 曰夫婁夫蘇夫虞夫餘 夏后會諸侯於塗山 夫婁奉使入朝 九夷猰㺄之亂 夫餘會集中外國討平之 國有疾病 夫虞醫藥以活之 山多猛獸 夫蘇火獵而攘之 是四王子 功冠當世 業垂後辟者也."

10 『揆園史話』檀君記 "二子夫蘇爲鷹加 曰主刑…夫蘇夫虞及少子夫餘 皆封于國西之地 句麗眞番夫餘諸國 是也…御國三十餘年 正値洪水…又値猛獸毒蟲乘間滋殖 殆將橫行民間 夫蘇乃演高矢舊法 以乾艾爲料 金石相擊 因此廣造火種 燻燒山澤 於是猛獸遠遁 而其害漸除 今人

한국의 연등문화

물론 이들 기록은 후대에 조작된 것이 아닌가 하고 여겨지곤 한다. 단군신화와 부소신화를 연결하여 후대인들이 한반도의 조상을 기리는 과정에서 불의 탄생을 이야기하는 가운데 생겨난 설화로 보인다.

제전 속 불의 신화

가락국의 건국신화는 불과 관련된 제의가 행해졌음을 짐작하게 한다 (가락국을 국가로 볼 것인지의 문제가 없지는 않다). 천지가 개벽한 후에 아직 나라가 세워지기 전에는 가야 지역에 아도간, 여도간, 피도간, 오도간, 류수간, 류천간, 신천간, 오천간, 신귀간과 같은 아홉 간이 있었고, 이들이 추장이 되어 마을을 다스렸다. 100호에 인구는 7만5천 명이었다고 하는데, 산과 들에 모여 살면서 우물을 파서 물을 마시고 밭을 일구었다.

그러던 차에 광무제 건무 18년(42) 3월 계욕날에 북쪽 구지(龜旨)라는 산봉우리에서 이상한 소리가 들려와 마을 사람들 200~300명이 모여들었다. 그때 어디선가 소리가 들려왔는데 "거기 누가 있느냐?"라고 하니, 구간들이 "우리가 있습니다."라고 답했다고 한다. 그러자 다시 소리가 들려오는데 "내가 있는 곳이 어디인고?"라고 하니, 구간들이 "구지오이다."라고 답했다고 한다. 이에 들려오는 소리는 "하느님이 나에게 명령하여 이곳에 나라를 새롭게 세워 임금이 되라 하셨으므로, 여기에 내려온 것이다. 너희는 모름지기 봉우리 꼭대기의 흙 한 줌씩 쥐

多携取火之物 有金石艾三種 必冠之以夫蘇之名 如夫蘇鐵夫蘇石夫蘇羽者 皆原於夫蘇氏之完其功也…御國四十餘載…令夫蘇修樂浪忽."

고 이런 노래를 불러라."라고 하면서 노래를 들려주는데, 그게 바로 우리가 잘 아는 〈구지가龜旨歌〉이다.

거북아 거북아　　　　龜何龜何

머리를 내밀어라.　　　首其現也

만약 내놓지 않으면　若不現也

구워 먹으리라.　　　　燔灼而喫也[11]

이 노래를 부르며 춤을 추게 하고는 대왕을 마중하라고 한다. 아홉 간 사람들이 그 말대로 했더니 하늘에서 보랏빛 노끈이 드리워져 땅에 닿았는데, 그 노끈의 끝에 붉은 보자기로 싼 금합이 있었다. 금합을 열어 봤더니 알 여섯 개가 있었고, 거기에서 여섯 명의 사내아이가 나왔다고 한다. 여섯 알 중에서 맨 먼저 사람으로 변한 이가 그달 보름에 왕위에 올랐는데, 그가 바로 수로首露였고 그가 세운 것이 대가락 또는 가야국이라는 나라였다. 남은 다섯은 다섯 가야의 우두머리가 되었다고 한다.

이 신화에서 불은 〈구지가〉에 나오고 있다. 머리를 내어놓지 않으면 거북을 구워 먹겠다고 위협하면서 언급되는 '번작燔灼'이라는 표현이다. 신화는 고대 금관가야 지역에서 전해지던 부락제의가 이야기로 엮인 것이라 하겠는데, 그 구성을 보면 신탁의식神託儀式, 구복의식龜卜儀式, 등극의식登極儀式의 세 단계로 구성되는 가운데 거북점을 치는

---

11 일연, 『삼국유사』 기이편, 「駕洛國記」 조.

　　　　　　　　　　　　　　　　　　　한국의 연등문화

의식에 번작, 곧 거북을 불로 굽는 행위가 나타나고 있는 것으로 볼 수 있다.

거북점은 일의 길흉을 알아보기 위해 거북을 구워 조짐을 살피는 것이라 한다. 거북을 불에 구워서 그 껍질에 균열이 난 것을 보고 일을 결정하는 것과 같이 점을 치는 행위이다. 여섯 부족 연맹의 우두머리를 선출하기 위해 거북점을 행하면서 〈구지가〉를 부르고 마을 사람들이 춤을 추는 축제를 벌였던 것이다.[12]

〈구지가〉를 전승하고 있는 〈해가海歌〉에 또한 거북이 등장하는데, 이 역시 수로부인 설화와 연결되면서 강릉 백성들이 부락제의 과정에서 부르고 있음을 알 수 있다. 오랜 역사를 가지고 거북점을 치며 행해지던 이야기가 후대에까지 이어졌음을 알 수 있다. 이때의 불은 길흉을 점치는 주술적인 행위와 연결된 신성한 것으로 여겨졌다고 봐야 할 것이다.

고대 부족국가 시대의 조상들은 하늘에 제사를 지내면서 춤추고 노래하며 술을 마시는 풍습이 있었다고 전한다. 부여에서는 정월에 영고迎鼓, 고구려에서는 10월에 동맹東盟, 예濊에서는 10월에 무천舞天이라 하여 한반도의 북쪽에서는 제천祭天 의례를 행하였다. 그리고 남부지역으로 한韓에서는 5월에 씨 뿌리기를 마치고 귀신에게 제사를 지내는 농경 제의를 거행하면서 집단적인 음주가무가 행해졌다.

늘 5월이면 씨 뿌리기를 마치고 귀신에게 제사를 지낸다. 무

---

12 김승찬,「고대시가」,『국문학신강』, 새문사, 2013(8쇄), 40~42쪽.

리가 모여서 노래하고 춤추며 술을 마시는데 밤낮 쉬지 않는
다. 그 춤은 수십 명이 함께 일어나 서로 따르며 땅을 밟고 뛰
며 손발이 서로 응하니 그 절주節奏는 탁무鐸舞와 같음이 있다.
10월에 농사가 끝나면 또 이와 같이 한다.[13]

5월과 10월의 농경 제의에서 사람들은 음주가무를 행하는데 밤낮
쉬지 않았다고 했으니, 불을 둘러싸고 수많은 사람이 어우러져 그러한
축제를 행했을 것이다. 그때에는 희생 제물이 바쳐졌을 것이고, 그 생
명을 파괴하는 것으로 불은 쓰이면서 살아 있는 자들의 간절한 기원을
드러내는 신성한 것으로 인식되었을 것이다.

한편 불은 왕권을 상징하는 것으로도 인식되었음을 〈석탈해신화
昔脫解神話〉를 통해서 알 수 있다. 석탈해는 어린아이일 때 가락국 바다
를 통해 떠내려온 배의 궤짝 속에서 여러 보물과 두 노비와 함께 발견
된다. 노파는 그를 발견하고선 7일 동안 보살펴 주었는데, 사내아이는
"나는 본디 용성국龍城國 사람이다. 왕비에게서 알로 태어났으나 버림
받아 이곳에 닿았다."라고 말한다. 그리고 말을 마치자 두 노비를 이끌
고 토함산에 올라가 돌무덤을 파고는 7일 동안 그곳에 머무는 것이었
다. 그러더니만 아래와 같이 지혜를 발휘하여 호공이라는 사람의 집을
빼앗았다.

그 아이는 지팡이를 끌고 두 종을 데리고 토함산 위에 올라가

---

13 『三國志』「魏書東夷傳」'韓'.

한국의 연등문화

서 돌무덤을 만들었다. 그곳에 7일간 머무르면서 성중에 살 만한 곳이 있는지를 살펴보았다. 마치 초승달 같은 한 산봉우리가 보이는데, 지세가 오래 살 만한 곳이었다. 이에 내려와서 그곳을 찾으니 곧 호공瓠公의 집이었다. 이에 간사한 꾀를 써서 숫돌과 숯을 몰래 집 곁에 묻고는 이튿날 이른 아침에 그 집의 문 앞에 가서 말했다.

"이곳은 우리 조상이 대대로 살았던 집입니다."

호공은 그렇지 않다고 하고 서로 다투었으나, 결판이 나지 않아 관가에 고했다. 관가에서는 아이에게 물었다.

"무엇으로 이 집이 너의 집임을 증명하겠느냐?"

"나는 본래 대장장이로 잠시 집을 비운 사이에 다른 사람이 이곳을 차지한 것입니다. 그 땅을 파 보면 알 수 있습니다."

그 말대로 땅을 파 보니 숫돌과 숯이 나왔으므로 그 아이는 그 집을 빼앗아 살게 되었다. 이때 남해왕은 탈해脫解가 지혜 있는 사람임을 알고 자신의 맏딸을 그의 아내로 삼게 하니, 그 사람이 아니阿尼 부인이다. (중략)

노례왕弩禮王이 세상을 떠나니 광무제 중원 2년 정사(57) 유월에 탈해는 왕위에 올랐다. 옛날 내 집이라 해서 남의 집을 빼앗은 까닭으로 성을 석昔 씨라 했는데, 어떤 이는 까치[鵲]로 말미암아 궤를 열게 되었으므로 작鵲 자에서 조鳥를 떼어 버리고 성을 석昔 씨라 했고, 궤를 열고 알을 벗고서 나왔기 때문에 이름을 탈해라 했다고 한다.

왕위에 있은 지 23년 만인 건초 4년 기묘(79)에 세상을 떠났다.

소천구 속에 장사지냈더니 그 후에 신의 명령이 있기를 "내 뼈를 조심해 묻으라."라고 했다고 한다. 나중에 파내어 보니 두 개골의 둘레가 3자 2치나 되고, 몸의 뼈 길이가 9자 7치나 되었으며, 이는 엉키어 뭉쳐서 하나가 된 듯하였으며, 뼈마디가 모두 연이어 맺어져 있었으니, 이른바 천하에 비교할 데가 없는 역사力士의 골격이었다. 뼈를 부수어 소상을 만들어 대궐 안에 안치했더니 신이 또 이르기를 "내 뼈를 동악東岳에 안치하라."라고 했다. 그러므로 그곳에 모시게 했다.[14]

석탈해는 왜의 동북 1천 리에 있는 용성국에서 붉은 용이 호위하는 배를 타고 가야의 남해를 거쳐 신라 동쪽 해안의 허서지촌에 상륙한 것으로 나온다. 이는 탈해가 이끄는 집단이 해양문화를 지닌 것임을 알려 주고 있고, 동북 시베리아의 어로 문화를 지닌 집단이 해류를 따라 동해안을 거쳐서 경주까지 이동했던 것을 보여 준다.[15] 그리고 탈해가 숫돌과 숯을 호공의 집에 몰래 묻어서 그의 집을 빼앗는 내용이나, 자신이 본래 대장장이라 하는 것은 탈해 집단이 철기문화를 지녔다는 것을 알려 준다. 시베리아에서 금속이나 철기는 주술적 힘을 지닌 대장장이가 무당과 매우 깊은 관계가 있었음을 보여 준다.

.

---

14 일연, 『삼국유사』 기이편, 「第四代脫解王」조.
15 이지영, 「석탈해신화」, 『한국민속문학사전』, 국립민속박물관, 2012, 361쪽.

한국 민속의 불

불귀신을 물리치는 노래

화재가 나면 삶의 터전을 다 태워 버린다. 그래서 옛날 사람들은 화재를 막고자 하는 의도로 불귀신을 물리치는 노래를 부르기도 했다. 신라 선덕여왕(재위 632~647)과 지귀志鬼라는 불귀신 이야기는 고대인들이 화재를 막고자 하는 열망이 만들어 낸 것이다. 『수이전殊異傳』에 실렸던 이 이야기는 15세기 성임成任이 편찬한 『태평통재』에 〈지귀志鬼〉라는 제목으로, 16세기 권문해權文海가 편찬한 『대동운부군옥』과 17세기(1670년경) 권별權鼈이 편찬한 『해동잡록』 등에 〈심화요탑心火繞塔〉이라는 제목으로 다시 기록되어 전하게 된다. 『삼국유사』의 「이혜동진二惠同塵」 조에도 짧게 그 일부를 전하고 있다.

지귀는 신라 활리의 역에서 일하는 사람이다. 선덕왕의 아름답고 우아한 모습을 사모하여 마음 졸이고 눈물 흘리다가 모습이 초췌해졌다. 왕이 절에 분향하고 예배하러 갈 때, 그 소문을 듣고는 그를 불렀다. 지귀는 절에 가 탑 아래서 왕의 행차를 기다렸는데, 홀연 잠이 깊이 들고 말았다. 왕이 팔찌를 벗어 지귀의 가슴에 놓아두고는 궁으로 돌아갔다. 후에 잠에서 깨어난 지귀는 한참을 멍하니 있었는데, 마음속에 불이 일어나 그 탑을 둘러싸더니 변하여 불귀신이 되었다. 왕이 술사에게 명하여 다음과 같이 주사를 짓게 했다.

지귀의 마음속 불길이

몸을 사르더니 변하여 불귀신이 되었네.

창해 밖으로 흘러가

만나지도 친하지도 말지어다.

당시 풍속에 이 주사를 벽에 붙여 화재를 막았다고 한다.[16]

[혜공이] 어느 날 풀로 새끼줄을 꼬아서는 영묘사에 들어가 금당과 좌우의 경루와 남문의 낭무에 둘러 묶고 강사에게 일렀다. "이 새끼줄을 사흘 후에 풀어라." 강사는 이상히 여기면서도 그의 말을 따랐다. 과연 사흘 후 선덕왕이 행차하여 절에 왔는데, 지귀의 심화가 나와 그 탑을 태웠으나 오직 새끼줄을 맨 곳만은 화재를 면했다.[17]

  앞의 기록이 『대동운부군옥』에 나오는 이야기인데, 신분이 낮은 지귀라는 역인驛人이 지체 높은 신분의 선덕여왕을 사모하였으나 만남을 이루지 못하고 끝내는 불귀신이 되었다는 이야기이다. 마음의 불이 일

---

16 權文海, 『大東韻府群玉』卷之二十(영인본, 아세아문화사, 1976, 628쪽) 「心火繞塔」, "志鬼, 新羅活里驛人. 慕善德王之美麗, 憂愁涕泣, 形容憔悴. 王幸寺行香, 聞而召之. 志鬼歸寺塔下, 待駕幸, 忽然睡酣. 王脫臂環置胸還宮. 後乃睡覺, 志鬼悶絶良久, 心火出繞其塔, 卽變爲火鬼. 王命術士, 作呪詞曰, '志鬼心中火, 繞身變火神, 流移滄海外, 不見不相親.' 時俗, 帖此詞於門壁, 以鎭火災."

17 『三國遺事』, 「二惠同塵」, "一日將草索絢, 入靈廟寺, 圍結於金堂與左右經樓及南門廊廡, 告剛司. '此索須三日後取之.' 剛司異焉而從之. 果三日善德王駕幸入寺, 志鬼心火出燒其塔, 唯結索處獲免."

어 탑을 다 태워 버렸다고 했다. 아래에 나온 『삼국유사』에서는 혜공의 뛰어남을 표현하는 것으로 변화되어 지귀설화가 이야기되고 있다. 이야기의 배경이 되고 있는 영묘사靈廟寺는 선덕여왕이 지은 사찰로 알려져 있다. 『삼국사기』에는 이 영묘사에 대한 기록이 아홉 차례 나오는데 다섯 번이나 화재가 났다고 했다. 문무왕 때 네 번, 성덕왕 때 한 번 있었던 화재 사건과 결부되어 선덕여왕과 지귀의 사랑 이야기가 당시 풍속과 관련을 맺으면서 재창작된 것으로 보인다. 사람들이 화재를 막기 위해 벽에 붙였다는, 왕이 지은 시를 〈지귀주사志鬼呪辭〉라 하여 다루어지기도 한다.

그런데 이 지귀설화는 이미 존재했던 설화를 변형한 것이다. 원래 『대지도론大智度論』에 전하는 술파가術波伽설화가 이 지귀설화와 같은 이야기 구조를 이루고 있음을 확인할 수 있기 때문이다. 이야기를 간략하게 줄이면 다음과 같다.

국왕에게 구모두拘牟頭라는 왕녀가 있었으며, 그 나라에는 술파가術波伽라는 어부가 살았다. 어느 날 우연히 왕녀의 모습을 본 술파가는 그녀를 잊지 못해 병이 들었다. 술파가의 어머니가 두 사람의 신분 차이를 말하며 설득했으나 술파가는 마음을 돌리지 않았다. 이후 어머니는 항상 왕녀에게 생선과 고기를 보내고는 값을 받지 않았다. 왕녀가 이상하게 여겨서 소원이 있느냐고 묻자, 어머니는 사정을 말하며 술파가의 목숨을 살려 달라고 했다. 왕녀가 승낙하고는 만나기로 약속을 했다. 약속한 날짜가 되자 왕녀는 국왕에게 천사天祠에 복을 빌러 간

다고 거짓으로 말했다. 천신天神은 세주世主인 국왕의 딸이 소
인小人에게 욕됨을 당하게 할 수 없다고 생각하여 술파가를 깊
이 잠들게 했다. 왕녀가 술파가를 흔들었지만 그는 깨어나지
않았다. 어쩔 수 없이 왕녀는 자신의 구슬 목걸이만 벗어 두고
천사天祠에서 나왔다. 잠에서 깬 술파가는 목걸이를 발견하고
주변 사람들을 통해 왕녀가 다녀갔음을 알게 되었다. 소원을
이루지 못한 술파가는 괴로워하다가 몸속에서 음탕한 불[婬火]
이 일어나 불에 타 죽고 말았다.[18]

이처럼 술파가 설화는 신분상의 차이로 남녀가 사랑을 이루지 못
한 슬픈 이야기이다. 술파가의 어머니는 "너는 소인이요 왕녀는 존귀
한 사람이니 이루어질 수 없다[汝是小人 王女尊貴 不能得也]."라고 말하면서
사랑을 포기하라고 설득하지만 사랑의 불에 활활 타는 술파가는 그 말
을 듣지 않는다. 그의 어머니는 일찌감치 신분을 초월한 사랑 따위는

---

18 龍樹撰, 鳩摩羅什譯, 『大智度論』卷第十四, "國王有女, 名曰, 拘牟頭. 有捕魚師, 名術波伽. 隨
道而行, 遙見王女在高樓上, 窓中見面, 想像染著, 心不暫捨. 彌歷日月, 不能飮食, 母問其故,
以情答母, '我見王女, 心不能忘.' 母諭兒言, '汝是小人, 王女尊貴, 不能得也.' 兒言 '我心願樂,
不能暫忘, 若不如意, 不能活也.' 母爲子故, 入王宮中, 常送肥魚美肉以遺王女而不取價. 王女
怪而問之, '欲求何願?' 母白王女, '願却左右, 當以情告. 我有唯一子, 敬慕王女, 情結成病, 命
不云遠. 願垂愍念, 賜其生命.' 王女言 '汝去月十五日, 於某甲天祠中, 住天像後.' 母還語子,
'汝願已得.' 告之如上. 沐浴新衣, 在天像後住, 王女至時, 白其父王, '我有不吉, 須至天祠, 以
求吉福.' 王言, '大善!' 卽嚴車五十乘, 出至天祠. 旣到, 勅諸從者, 齊門而止, 獨入天祠. 天神
思惟, '此不應爾, 王爲世主, 不可令此小人毁辱王女.' 卽厭此人令睡不覺. 王女旣入, 見其睡重,
推之不悟. 卽以瓔珞直十萬兩金, 遺之而去. 去後, 此人得覺, 見有瓔珞, 又問衆人, 知王女來.
情願不遂, 憂恨懊惱, 婬火內發, 自燒而死. 以是證故, 知女人之心不擇貴賤." 엄기영, 「志鬼설
화의 형성 배경과 역사적 의미」(『민족문화연구』제47호, 고려대학교 민족문화연구원, 2007.)
에서 요약한 줄거리를 합쳐 놓았다.

있을 수 없다고 생각했지만 그는 그 마음을 어찌할 수 없었던 것이다. 술파가의 사랑을 갸륵하게 여길 만도 하건만 천신은 "왕은 인간세상의 주인인데, 이런 천한 사람이 왕녀를 능욕하게 할 수 없다."라고 여기고 술파가를 잠에 빠지게 만들어 버렸다. 잠에서 깬 술파가는 몸속에서 불이 일어나 스스로 타 죽고 말았다고 한다.

술파가설화에서 '불'은 사랑의 욕망을 뜻하는 것으로, 성적인 욕망에 빠지지 말라는 가르침을 주기 위해 전해진 이야기라 하겠다. 그런데 우리나라에 들어와서 선덕여왕에 대한 지귀의 사랑 이야기로 바뀌면서 불귀신을 물리치는 풍속의 배경 설화로 변화했음을 알 수 있다. 풍속에서 불은 불귀신으로 인식되면서 재앙을 가져오는 요소로서 물리쳐야 할 대상이 되기도 했던 것이다.

화신火神인 조왕신

일찍이 한국의 부엌에는 불의 신이 모셔졌다. 어머니들은 매일 깨끗한 물을 그릇에 담아 그 신에게 소원을 빌었다. 그리고 먼 여행에서 돌아오거나 초상집에 다녀온 사람들은 부엌에 들러 외부에서 따라왔을지 모를 부정한 것들을 이 신의 힘으로 정화하곤 했다. 그 신이 조왕신竈王神이다. 조왕竈王의 '조竈'는 부엌을 가리키는 것이니 조왕신은 '부엌 신'을 말하고, 부엌에서 소중하게 다루어지는 대상이 불씨여서 조왕신은 불의 신인 화신火神이기도 한 것이다. 조왕신은 그 명칭이 조왕각시, 조왕할망, 조왕대신, 부뚜막신 등 참으로 다양하다. 그 신체神體는 조왕중발竈王中鉢 또는 조왕보시기라 해서 사기 종지에 정화수를 떠 올리기도 하고, 신의 모습[神體]이 없는 건궁조왕도 흔하다고 한다.

요즘에는 많이 없어진 풍속이라 하겠다. 그런데 지금까지 조왕신과 관련하여 조사된 내용을 보면 다음의 네 가지 특징을 갖고 있다고할 수 있다. 첫째, 명칭은 조왕이 일반적이지만 경상남도 일부와 경상북도·강원도의 각 1개 시·군에서 성주조왕이라고도 한다. 이는 일一자형 가옥구조에서 성주와 조왕이 부엌에 함께 좌정하게 되어 '성주조왕'이라 하게 된 것으로 추정된다. 둘째, 조왕은 보통 가정을 지키는여성인데 강원도에서는 용왕, 경상북도에서는 화신火神으로 나타나고,경기도·충청남도에서는 재물신 등으로 나타난다. 이때 조왕은 가정의 화목과 평안을 담당한다고 한다. 셋째, 조왕은 특별한 신의 모습을지니지 않고 종지나 옹기, 사발 등의 형태로 나타난다. 넷째, 조왕은시어머니가 모시던 것을 시집와서 모셨거나 결혼하여 가정을 형성하거나 분가하면서 모시는 대상이라 한다. 조왕을 모시는 장소는 부엌의부뚜막, 아궁이, 솥 등이라 한다. 이런 특징을 지니는 조왕신은 집안의길흉을 관장하고 자식들의 안녕과 건강을 기원하기도 한다. 게다가 재산을 얻는 데 중요하다고 여기고 불씨를 지켜 주는 존재로도 여겨진다.[19] 이런 다양한 의미로의 변화가 가능했던 것은 다음과 같은 생각들이 연결된 것으로 짐작된다.

아궁이는 불을 때는 곳이다. 음식을 만들고 방을 따뜻하게 하는 등 가정생활을 영위하는 중요한 곳이므로, 조왕에 대해 불경스러운 일을 하지 않았다. 아궁이에 불을 때면서 아궁이에

---

19 최숙경, 「조왕의 성격과 전승양상」,『지방사와 지방문화』12, 역사문화학회, 2009, 49쪽.

대해 나쁜 말을 하지 않았다. 조선시대 궁녀가 입궐 통과 제의 중에 말조심시키기 위해 횃불로 "불 지져!" 하며 으른 것도 같은 경우이다. 또 아궁이에 걸터앉거나 발을 디디는 일을 금했고, 개조나 수리도 함부로 하지 않았다. 조왕중발은 대개 부뚜막 중앙 정면의 벽에 놓는 것으로, 이곳에 매일 새벽 정화수를 떠 놓고 소망을 축원하였다. 이 신은 화신에서 조왕신으로, 다시 가정의 수호신으로 발전한 형태이다.[20]

음식을 만들고 추위를 피하게 해 주는 불을 다스리는 화신이 부엌의 신인 조왕신이 된 것이다. 조왕신이 집안의 흥망성쇠, 가정의 길흉화복까지 아우르는 신으로 여겨져 갔다는 것이다. 불씨를 꺼뜨리면 집안이 망한다고 여겨 주부를 쫓아내는 일도 있었다 하고, 집을 새로 지을 때는 맏아들이 불씨를 담은 솥이나 화로를 제일 먼저 들고 새집으로 들어가고, 이사를 갈 때에도 불을 꺼뜨리지 않고 옮겼다고 한다.

조왕신은 한국뿐만 아니라 중국이나 일본에서도 가택신 중 하나로 부엌을 관장하는 신으로서 부녀자들에 의해 모셔져 왔다. 그러다 보니 조왕신의 기원에 대해서는 다양한 의견들이 제시되어 왔다. 먼저 이능화는 『조선무속고』에서 다음과 같이 이야기한다.

우리 풍속에 조왕신竈王神에게 제사祭祀할 때에는, 다만 당반鐺飯(속칭 노구메)을 사용했으며 혹은 장등長燈으로 불을 밝혔는데

20 황패강, 「불」, 『한국문화상징사전』, 동아출판사, 1992, 372쪽.

이것을 인등因燈이라고도 했다. 인등은 곧 신등神燈을 말한다. 즉 단군檀君의 아버지 환인천왕桓因天王이 신시神市의 주제자主祭者가 되었기 때문에 인因을 신神이라 칭하였다. 이는 신시神市로부터 유전流傳된 것이다.[21]

조왕신에게 제사할 때에는 '당반', 속칭 '노구메'라는 밥을 올리고 장등을 밝혔다고 했다. 노구메는 산천의 신령에게 제사를 지내려고 놋쇠나 구리로 만든 작은 솥에 지은 메밥을 가리키는 말이다. 이때 밝혔다는 장등長燈은 서등書燈과 함께 좌등坐燈의 한 종류이다. 서등은 얇은 나무판으로 만든 상자에 앞면에 문을 내고 윗면에 원형 환기 구멍을 낸 다음 흑칠黑漆을 하여 그 안에 등잔을 넣도록 설계된 것이다. 주로 글을 읽을 때 사용해서 서등이라 했다. 그리고 조왕신께 제사를 지내며 밝혔다는 장등은 각재角材나 반죽斑竹·오죽烏竹으로 기둥을 만든 다음에 사각이나 육각, 팔각의 장방형 등을 만들고 기름종이를 발랐다 하

좌등坐燈

---

21 이능화, 『朝鮮巫俗考』, 소화 2년(1927). (이재곤 역, 『조선무속고』, 동문선, 1991, 220쪽.)

한국의 연등문화

고, 유리가 들어온 다음부터는 유리를 끼워 넣었다고 한다. 밑에는 서랍이 있어서 인광노引光奴나 초를 넣도록 했고 짧은 촛대를 넣어 사용했다고 한다.[22] 이 장등을 인등囚燈이라고도 하는데, 이리 말한 까닭은 단군신화에 등장하는 환인천왕, 곧 제석이라고도 하는 하느님께 제사하던 단군의 신시에서부터 전해져 온 까닭이라 하고 있다. 조왕신의 기원을 우리 민족의 탄생신화와 관련짓고 있는 것이다.

구체적인 역사 기록으로는 『삼국지三國志』「위서동이전魏書東夷傳」〈변진〉 조에 "귀신에게 제사 지내는 방법은 다르나 문의 서쪽에 모두들 부엌 신(조신竈神)을 모신다."라고 했다. 이 기록을 보더라도 우리나라의 조왕신을 모시는 풍속은 기원전부터 이어져 온 것이라 봄이 타당하다. 그런데 중국 기록으로는 『전국책』에 조왕에 대한 기록이 남아 있어 기원전 5~3세기에 조왕에 대한 신앙이 나타나 널리 퍼진 것으로 보이고, 한나라 때부터 국가의 제시의례로 자리를 잡았다고 한다. 이후에 불교와 중국의 조왕신 신앙이 한국의 전통 부뚜막신과 동일시되면서 뒤섞여 전해진 것으로 본다.[23]

기나긴 역사 속에서 부엌의 신인 조왕신을 모시는 전통이 지속된 것은 엄연한 사실이다. 그 조왕신은 불을 관장하는 화신火神으로, 부엌신으로, 나아가서는 집안의 길흉화복을 관장하는 신앙의 대상으로까지 변화해 갔던 것이다.

---

22 『한국민족문화대백과사전』, 「등기(燈器)」.
23 『한국민속대백과사전』, 「조왕(竈王)」.

쥐불놀이

음력 정월 쥐날(상자일上子日)이면 우리 조상들은 쥐를 쫓는다는 뜻으로 논밭의 두렁에 짚을 뿌리고 쥐불을 놓았다. 어둠이 내린 들판에 불을 놓는데, 불의 크고 작음에 의해 그해에 풍년이 들지 흉년이 들지를 점치기도 했다. 이렇게 쥐불을 놓는 것은, 쥐불로 쥐가 주는 피해를 없애기도 하고 논밭의 해충들을 제거하여 봄날이 되면 새싹이 왕성하게 싹트게 하려는 목적이 있었다.

『동국세시기東國歲時記』에는 "상자일에 시골에서는 또 콩을 볶으면서 주문을 외는데 '쥐 주둥이 지진다. 쥐 주둥이 지진다.'고 하였다. 충청도 풍속에는 떼를 지어 횃불을 사르는데 이를 훈서화燻鼠火라 한다."[24] 라고 하였다.

현대의 논밭이 없는 서울 시내에는 쥐불놀이를 할 수 없지만, 그 대신에 공터가 있으면 남자 어린이들이 모여 나뭇가지를 모아 모닥불을 피워 놓고 논다. 이때 철사로 길게 손잡이를 만들어 단 깡통에 구멍을 뚫고 불붙은 나뭇가지를 넣어 빙글빙글 돌린다. 깡통에 붙은 불은 몇 바퀴를 돌리고 나면 더욱 기세 좋게 타오르며 둥그렇게 원을 그리게 된다. 여러 명이 어울려서 돌리는 불 깡통의 모습이 불 수레처럼 밤하늘에 힘차게 돌아가는 모습은 장관을 이룬다. 어린이들은 빙글빙글 돌리

---

24 『東國歲時記』上亥上子日.

쥐불놀이

던 깡통을 멀리 던져 멀리 나가기를 겨루기도 했다.[25]

논밭이 없는 서울 시내에서도 공터를 이용해 쥐불놀이는 이루어졌다. 깡통에 붙은 불은 둥그렇게 원을 그리며 밤하늘에서 힘차게 돌아갔다. 그 모습은 참으로 장관이었다.

쥐불놀이는 마을별로 편을 갈라 행해지기도 했다. 이를 편전偏戰이나 변전邊戰이라 한다. '쥐불놓기'에서 '쥐불놀이'로 편싸움으로까지 변화한 것이다. 위아래 마을에 사는 농민이나 젊은이들이 편을 갈라 횃불을 들고 뛰어다니면서 얼마나 넓은 지역을 태우는지를 가지고 싸움을 하는 형태이다. 이때 불길이 잘 타는 쪽이 재해를 막고 풍년이 들

25 『韓國의 歲時風俗 I - 서울 · 경기 · 강원 · 충청도 편』, 국립민속박물관, 1997, 46쪽.

것이라고 여기게 된다. 한 해를 맞으며 일종의 점을 치는 행위라 할 수 있다. 달과 불의 생명력에 의탁해서 한 해의 길흉, 풍년과 흉년을 점치는 모의전이 바로 쥐불로 하는 편싸움이다.

무속의 등불

무속巫俗에서는 이승과 저승이라는 두 세계를 상정한다. 무속은 힘겨운 날들로 이어진 이승의 세계에서 살아가는 지혜를 밝히려 하고, 죽음에 이른 사람들이 평안한 세계로 갈 수 있도록 인도하려 한다. 무속에서 무당은 '굿'이라는 무속제의의 현장에서 노래하고 춤을 추며 신을 모시고, 신의 말씀을 전하고, 산 자와 죽은 자의 고통을 씻어 내려 한다. 그러한 굿마당에도 등불은 찬란하게 피어난다.

호개등

굿마당에서 등불을 노래하는 경우는 동해안 지역에 많이 나타난다. 지금은 동해안 별신굿이나 강릉 단오굿, 오구굿 등이 그것인데 거기에 '등노래굿'이라는 노래가 전해진다. 꽃노래굿 다음에 행해지는 등노래굿은 서낭당 곁에 매달아 놓았던 호개등昊蓋燈을 떼어 내면서 시작된다. 호개등이란 '하늘을 덮는 등불'을 뜻하는데 강릉 단

한국의 연등문화

오제를 행할 때면 이 등불을 하늘 높이 매달고 '단오신'이 하늘과 단오 장을 오르내릴 수 있도록 한다고 한다. 그래서 호개등은 하늘과 땅, 신과 인간이 만나는 강릉 단오제를 상징하는 것[26]이라고 한다. 어떤 글에서는 그 호개등을 일러 "석가여래가 갑인년 사월 초여드렛날 하늘에서 관등觀燈을 타고 내려왔던 것을 상징한다."[27]라고 하고 있다.

호개등은 기하학적 문양들을 얼기설기 연결하고, 펄럭이는 꼬리들을 매달고 있다. 바람결 따라 펄럭이는 모습은 참으로 화려하고 장엄하기까지 하다. 호개등을 떼어 내고 등노래굿이 시작되면 등의 이름들을 하나하나 일러 준다.

일렁일렁 일산대등은
각읍 수령을 어디에 두고 여기 와서 매달려
네 귀 번 듯 소구등은
부잣집 마당 어디다 두고 여기 와서 매달려
둥글둥글 수박등은
백모래밭을 어디다 두고 이리 우죽 저리 우죽 매달려
쪼각쪼각 쪼각 마늘등은
옥진 채진밭을 어디다 두고 여기 와서 매달려
희뜩희뜩 잉애등은

---

26 강릉단오제전수교육관(https://www.gn.go.kr/dano/contents.do?key=5824)

27 김선풍, 『강릉 단오굿』, 열화당, 1987, 127쪽. '관등(觀燈)'은 초파일이나 절의 주요 행사 때, 등대를 세우고 온갖 등을 달아 불을 밝히는 일을 가리킨다.

구주 영산강을 어디다 두고 여기 와서 매달려

꽁지 넓다 광애등은

동해바다를 어디다 두고 여기 와서 매달려

아가리 큰 대구등도

동배바다 어디 두고 여기 와서 매달려

얼쑹덜쑹 호랑등은

만첩산중을 어디다 두고 여기 와서 매달려[28]

일산대등, 소구등(소쿠리등), 수박등, 마늘등, 잉어등, 광어등, 대구등, 호랑등이 등장한다. 참으로 다양한 등이 매달려 굿마당을 화려하게 장식한다. 그렇다면 이런 등을 왜 매달아 놓는 것일까. 김영희 무녀가 사십팔원 탑등을 세우고 행하는 탑등놀이에서 읊는 다음 사설은 등을 세우는 목적을 짐작하게 한다.

> "여봅소 이 등은 누가 내셨나 하면 서가여래가 내셨는데 절에
> 올라서는 간등이요 수박등이요 어열씬망제 극락세계 가시는
> 데 원등이올시다. 길 위에 스물네 귀는 남자 망자 쉬어 가고
> 길 밑에 스물네 귀는 여자 망자 쉬어 가는가 보더라. 원 받아
> 쉬어 가고 사십팔원 원력으로 이 등을 마련하여 어열씬망제
> 원 없이 한없이 원대로 되어 가라고 원등을 마련했습니다."[29]

---

28 김헌선, 『동해안 화랭이 김석출 오구굿 무가 사설집』, 월인, 2006, 337~338쪽.

29 최길성, 『한국무속지(1)』, 아세아문화사, 1992, 296쪽.

한국의 연등문화

등불을 내놓은 것은 석가여래라 하고, 절에서는 관등觀燈이라 한다고 했다. 그리고 극락세계로 가는 데 사용되는 원등願燈이라 했다. 길위에 스물네 명의 남자 망자와 길 밑에 스물네 명의 여자 망자가 쉬어 갈 수 있는 등불이라 했다. 아미타부처가 빌었던 48가지 소원의 원력으로 마련한 원등으로 바라는 대로 가라고 원등을 마련했다고 했다. 무속의 등불은 망자가 극락세계로 나아가는 데 쉬어 가고 원하는 세계로 가기를 기원하며 망자를 위한 굿에서 밝혀지고 있다.

삼국과 통일신라의 연등회

우리나라에서 등불을 밝히는 연등회燃燈會는 아주 오랜 역사를 갖고 있
다. 9세기 신라시대에 시작해 고려시대와 조선시대까지 이어졌고, 현
재까지도 불교의식이면서 전통문화로 이어지고 있다. 연등회는 2012년
4월 6일에 국가무형문화재 제122호로 지정되었다. 문화재청에서 간
략하게 설명하고 있는 내용을 보면 다음과 같다.

연등회는 통일신라시대인 9세기에 이미 확인되며 고려와 조선
시대를 거치면서 계속되어 왔다. 신라와 고려의 연등회는 불
교적 행사였지만, 조선시대에는 민속행사로 행해졌고 해방 이
후 전통적인 시련, 탑돌이의 행렬 문화가 확대되어 연등행렬
로 발전하였다. 연등회는 관불의식, 연등행렬, 회향의 형식으
로 진행되며 연등행렬 때 동원되는 등燈이 다양하고 다채롭다.
불교가 우리나라에 들어온 이래 연등회는 통일신라와 고려,
조선시대를 거치면서 궁중과 서민 모두를 아우르는 중요한 문

한국의 연등문화

화행사였다. 역사적으로는 고려의 연등회가 사회적 기능이 가장 컸고, 유교가 성했던 조선시대에서도 연등회는 서민의 중요한 문화행사이자 축제로서 기능해 왔으며, 오늘날에도 초파일의 연등행사는 대중들의 중요한 문화행사로서 기능하고 있다.[30]

위의 설명에서 보듯 연등회는 대부분의 사람들이 생각하듯이 불교의례로서만 행해졌던 것도 아니고 등불 자체를 뜻하는 것도 아니다. 관불의식, 연등행렬, 회향 등의 형식으로 행해지는 연등행렬을 뜻한다. 연등회는 불교인들만을 위한 행사가 아니라 서민의 중요한 문화행사이자 축제였다. 이제 그 연등회가 우리나라에서 어떻게 전개되어 왔는지 자세하게 살펴보려고 한다.

연등에 대한 가장 오래된 우리 기록은 『삼국사기』 경문왕 6년(866) 정월 보름에 나와 있다. "이달 15일에 왕이 황룡사黃龍寺에 가서 연등燃燈을 구경하고 그 자리에서 백관百官들을 위하여 잔치를 베풀어 주었다."[31]라는 기록이 바로 그것이다. 그리고 20여 년이 지난 진성여왕 4년(890)의 기록에도 "15일에 왕이 황룡사에 가서 연등 행사를 구경하였다."라고 황룡사에서 연등을 관람한 일을 적고 있다.

황룡사는 진흥왕 14년(553) 2월 왕궁 남쪽에 자궁紫宮을 짓다가 황룡이 나타난 것을 계기로 지은 사찰이다. 과거 부처인 가섭불迦葉佛이 좌

---

30 「문화재청 문화유산포털」국가무형문화재 제122호 '연등회(燃燈會)'.

31 『삼국사기』신라본기 제11, 「경문왕」조, "十五日 幸黃龍寺看燈仍賜燕百寮."

선을 하던 연좌석宴坐石이 있는 이전 부처님 시대의 절터였다고 한다. 선덕여왕 12년(643)에는 당나라에서 돌아온 자장慈藏의 청으로 외적의 침입을 물리치기 위해 이곳 황룡사에 구층의 목탑을 조성케 했다.[32] 이런 역사적인 곳에 들러 경문왕은 연등회를 둘러보고 잔치까지 벌이도록 했던 것이다. 황룡사에서는 경문왕을 비롯하여 그 계통의 헌강왕憲康王, 정강왕定康王, 진성여왕眞聖女王 등에 이르기까지 국토를 보호하기 위해서 열었던 백고좌회百高座會와 함께 관등觀燈 행사도 자주 행해졌다.[33] 국가를 보호해 줄 것으로 여겼던 구층목탑이 있는 황룡사에서 연등 행사가 화려하게 진행되었던 것이다.

정월 15일에 연등회를 연 것으로 보아 중국의 상원 연등회를 수용한 것이라 하겠다. 그런데 연등회를 연 장소가 사찰인 황룡사라는 점에서 중국처럼 도교적인 행사였다기보다 불교적 행사였던 것으로 보인다. 물론 효성왕 2년(738)에 당나라에서 『도덕경』이 전해지고 경덕왕 때 표훈대덕이 활동했다는 것을 보면 도교와 불교의 융합이 있었을 것으로 추정해 볼 수도 있겠다.[34]

하지만 이 시기에 어떻게 연등회가 행해졌는지에 대한 기록은 남아 있지 않다. 그나마 알 수 있는 것은 등불을 공양하는 것의 의의가 『삼국유사』의 「선율환생」 조에 전해지고 있어, 신라 때부터 부처에 대

---

32 오대혁, 「황룡사」, 『한국민속문학사전』, 국립민속박물관, 2012.

33 김상현, 「황룡사 구층탑의 건립」, 『신라의 사상과 문화』, 일지사, 1999, 205~206쪽.

34 박진태, 「한국 연등회의 지속과 변화 양상-의미와 형태를 중심으로」, 『연등회의 종합적 고찰』, 민속원, 2013, 57쪽.

한 등불 공양의 신앙이 있었던 것을 알려 준다.[35] 이야기는 망덕사望德寺의 스님인 선율善律이『육백반야경』을 이루려 하다가 저승에 가게 되는 데서부터 시작된다. 명부의 관리는 선율이 공을 이루지 못하고 왔다고 하며 다시 환생할 수 있게 도와준다. 선율이 이승으로 돌아오는 도중에 한 여자가 나타나 울면서 다음과 같이 말한다.

> "나도 또한 남염부주南閻浮洲의 신라 사람이었는데, 우리 부모
> 가 금강사金剛寺의 논 한 이랑을 몰래 빼앗은 일 때문에 죄를
> 얻어 명부冥府에 잡혀 와서 오랫동안 심한 고통을 받고 있습니
> 다. 지금 법사께서 고향에 돌아가시거든 우리 부모님께 알리
> 셔서 그 논을 빨리 돌려주도록 해 주십시오. 그리고 제가 세상
> 에 있을 때 참기름을 상 밑에 묻어 두었고 또 곱게 짠 베를 침
> 구 사이에 감추어 두었으니 부디 법사께서 그 기름을 가져다
> 불등佛燈에 불을 켜고 그 베를 팔아 경폭經幅으로 삼아 주십시
> 오. 그러면 황천에서도 또한 은혜를 입어 제 고뇌를 거의 벗어
> 날 수 있을 것입니다."[36]

남염부주는 인도의 수미산 남쪽 해상에 있다는 대륙을 말하는데, 우리가 사는 이 세상을 가리키기도 한다. 선율이 만난 여자는 살아생

---

35 진철승,「사월초파일과 등놀이 축제」,『연등회의 종합적 고찰』, 민속원, 2013, 132쪽.

36 『삼국유사』권5「善律還生」條, "我亦南閻州新羅人, 坐父母陰取金剛寺水田一畝, 被冥府追檢, 久受重苦. 今師若還古里, 告我父母, 速還厥田. 妾之在世, 胡麻油埋於床下, 幷藏緻密布於寢褥間, 願師取吾油點佛燈, 貨其布爲經幅, 則黃川亦恩, 庶幾脫我若惱矣."

전에 그 남염부주의 신라 사람이었다고 했다. 그런데 부모님이 금강사라는 사찰의 논을 빼앗은 일 때문에 명부에 잡혀 와서는 고통을 받는다고 했다. 이런 고통에서 벗어나기 위해 부처님께 등불을 바치고, 베를 팔아 경전을 베끼는 사경寫經의 재료로 삼게끔 해 달라고 부탁한다. 그리하면 황천에서도 그 은혜를 입어 고통에서 벗어날 수 있다고 했다. 물론 선율은 그의 부탁을 들어준다. 이 이야기는 당시 민중들이 얼마나 등불 보시를 중요하게 생각했는지를 보여 준다고 하겠다.

그런데 이 시기 어떤 형태로 연등 행사를 했는지에 대한 구체적 기록은 전하지 않는다. 하지만 당시 중국에서는 도교 형태인 태일제太一祭와 불교의 등불 공양 풍습이 정월대보름에 행해지고 있었다. 신라에서는 당나라와 계속 문화 교류가 이어지고 있었고 수많은 유학승이 당나라를 찾는 상황이었다는 것을 고려하면 중국의 등불 공양 풍습이 신라에도 있었을 것으로 보인다.

일본 승려인 원인圓仁은 『입당구법순례행기』에서 당나라의 정월 보름에 등불을 켜는 풍습을 전하면서 산동의 적산원赤山院에서 정월대보름이나 2월 15일에 재를 올렸다 하고 수많은 사람들이 모였다는 기록을 남기고 있다.

"(서기 840년) 정월 15일

오늘은 적산원의 법화회法華會를 마치는 날이다. 집회에 모인 사람이 어제는 250명이었고 오늘은 200명이었는데, 결원結願을 한 뒤 모인 대중들에게 보살계를 주었다. 재를 마친 뒤 모두 헤어졌다."[37]

"(서기 840년) 2월 15일
재를 올리는데 사람이 무척 많았다. 그 가운데는 장 압아押衙
도 있었다."[38]

적산원赤山院은 지금의 산동성山東省인 등주登州 문등현文登縣 적산촌赤
山村에 있던 신라 사원으로 장보고가 건립한 것이다. 이곳에서 정월 15일
과 2월 15일에 수많은 사람들이 찾은 가운데 재를 올렸다는 것을 알려
주고 있다. 재를 올리면서 수많은 등불을 사찰에 밝혔을 것이다. 그리
고 원인圓仁은 839년 정월 양주 개원사開元寺에 있을 때 등불 축제의 모
습을 다음과 같이 기록하고 있다.

(서기 839년) 정월 15일
밤이 되니 동쪽 거리[東街]와 서쪽 거리[西街]에서 사람들이 연
등燃燈을 밝히는데, 이는 일본 사람들이 섣달그믐날 밤에 하는
풍습과 다름없다. 절에서는 연등을 밝히고 부처님께 공양하
며 아울러 고승들의 영정에 제사를 드리는데, 여염에서도 마
찬가지였다. 이 절에서는 불전佛殿 앞에 등루燈樓를 세우고 댓
돌 아래 뜰과 행랑行廊 옆에는 기름등을 켰는데, 등잔의 숫자

---

37 圓仁, 신복룡 번역, 『入唐求法巡禮行記』, 정신세계사, 1991, 127~128쪽.
38 圓仁, 위의 책, 132쪽.

는 헤아릴 수가 없었다. 거리에 나온 남녀들은 밤이 깊어 가는 것을 꺼리지 않고 절에 들어와 행사를 살펴보았다. 사람들은 연등 앞에서 형편에 따라 돈을 내었다. 여러 절의 법당과 원院에서는 모두가 앞을 다투어 연등을 밝혔다. 내방객은 반드시 돈을 내고 갔다. 무량의사無量義寺에는 시죽등匙竹燈을 다는데, 그 수효가 천 개는 되었다. 시죽등의 나무는 그 구조가 마치 탑과 같았고, 그 얽어맨 모습이 아주 정묘精妙하였으며, 그 높이는 일고여덟 자가 넘었다. 행사는 이날로부터 17일 밤까지 사흘 동안 계속된다.[39]

당나라에서 행해졌던 정월대보름 등불 축제의 모습을 매우 자세하게 담고 있다. 앞서 살펴본 8세기 말엽 당나라의 등불 축제가 정월 14~16일에 있었다는 점과 달리 15~17일에 이루어졌다고 했다. 원인의 착오가 있는 것이 아닌가 여겨진다. 그리고 당나라의 등불 축제는 일본의 섣달그믐 행사와 유사하다고 했다. 불전 앞에 등불 누각을 세우고, 뜰과 행랑에는 기름등을 켜고, 등잔은 헤아릴 수 없을 정도로 많으며, 법당과 '원院'이라는 작은 암자들에도 연등을 밝힌다고 했다. 그리고 시죽등匙竹燈은 '대나무 끝에 사기 숟가락을 달고 그 안에 기름을 담아 불을 밝히는 등'이라고 번역자는 주석을 달고 있다. 그 형태가 어떤 것이었는지 명확하지 않지만 그 등불들을 나무에 매달아 마치 탑과 같았다고 했다. 사원에서 행해졌던 등불 축제가 잘 기록되어 있다. 이

---

39 圓仁, 위의 책, 62쪽.

한국의 연등문화

러한 등불 축제의 형태는 신라의 사찰인 적산원도 마찬가지였으리라 보이고 한반도 신라 땅에서의 등불 행사와도 유사했을 것이다.

신라와 달리 고구려 및 백제와 관련된 문헌 기록은 보이지 않는다. 그래서 등불 축제가 어떻게 행해졌는지 알 길이 없다. 그런데 북한에서는 등불 축제가 고구려에서 기원했다고 주장한다. 이는 4세기 중엽에 만들어진 안악3호분 대행렬도에 의례용 등롱이 나타나고 있으며, 이것을 의례용 등놀이의 시원으로 삼아야 한다는 것이다.[40] 그런데 대행렬도에서 등롱의 모습이 명확하지 않고, 과연 이것이 등불 축제의 시작을 알려 주는 것인지 학자들은 의문을 제기하고 있다.

40 김호섭, 「중세등불놀이에 관한 연구」, 『력사과학』 112호, 과학백과사전출판사, 1984, 43쪽.

고려의 연등회

고려시대의 연등회는 신라 중·하대 이래로 전해져 온 새해맞이 축제를 계승한 것으로 보인다. 태조 왕건이 남긴 〈훈요십조訓要十條〉에 따라 행해졌다는 정월과 2월의 연등회가 있었고, 다양한 경우의 특설 연등회, 고려 중기 이후에 행해졌다는 사월초파일 연등회 등으로 나뉜다.

고려 초의 연등회

고려 태조가 연등회와 팔관회八關會를 열었던 까닭은 부처를 섬기고 오악, 명산, 대천, 용신 등을 섬기는 풍습을 이어 감으로써 임금과 신하, 모든 백성들이 서로를 공경하며 살아가야 한다는 마음을 가졌기 때문이다. 〈훈요십조〉 가운데 6조에 해당하는 부분에 이런 내용이 나온다.

연등은 부처님을 섬기는 것이고, 팔관은 천령天靈과 오악五嶽 ·
명산名山 · 대천大川 · 용신龍神을 섬기는 것이다. 뒷세상에서
간특한 신하가 더하거나 줄이는 것을 건의한다면 그것을 받
아들여서는 안 된다. 나도 또한 마음속에 행여 행사 날짜가 국
기國忌와 겹치지 않기를 바라고 있으며, 임금과 신하가 모두
서로 즐기면서 마땅히 공경하는 마음으로 이를 행해라.[41]

    연등은 부처를 섬기는 것이고 팔관은 하늘, 산과 물, 용신 등 전통
적인 우리나라의 신앙 대상을 섬기는 것이라고 했다. 그래서 그 행사
를 열 때가 국기國忌, 곧 임금과 왕비의 돌아가신 제삿날과 겹치지 않기
를 바란다고 했다. 그러면서 임금과 신하들이 모두 두 행사를 잘 받들
어 가야 함을 가르치고 있다. 팔관회는 원래 악재를 막으려고 육재일
六齋日에 팔계를 지키는 불교 의례였는데, 당나라 때에는 분향하고 향
화하는 법회로 변화하고, 우리나라에 들어와서는 신라 화랑과 관련하
여 전쟁에 죽은 이들을 위로하는 위령제로 변화하기도 했다고 한다.
그러던 것이 고려 태조에 이르러서는 국가적 통합을 위해 산천, 용신
등을 섬기는 축제로 변화하였음을 알 수 있게 한다.[42]
    팔관회가 토속적인 것인지 불교적인 것인지에 대해서는 여러 견해
가 있다. 그런데 고려시대 태조 왕건이 팔관회를 베풀 때에는 불교적

---

41 『고려사』 세가 권2, 태조 26년 4월조 / 『고려사절요』 권1, 태조 26년 4월조.

42 안계현, 「연등회고(燃燈會攷)」, 『한국불교사상사연구』, 동국대출판부, 1983. / 안지원, 『고
    려의 국가 불교의례와 문화』, 서울대학교출판부, 2005.

색채와 토속신앙이 뒤엉켜 있었던 것으로 보인다. 왕건은 왕으로 등극하면서 민심을 수습하고 어수선해진 사회 분위기를 변화시키려고 화려한 연등축제를 동반한 팔관회八關會를 열었는데, 등불을 밝히면서 불교적인 의미를 부여하고 있는 왕건에 대한 다음 이야기는 이를 잘 드러낸다.

11월에 팔관회를 베풀었다. 유사有司에서 아뢰기를, "전대의 임금이 해마다 중동仲冬에 팔관재八關齋를 크게 베풀어서 복을 빌었으니 그 제도를 따르기를 원합니다." 하니 왕이 이르기를, "짐이 덕이 없는 사람으로서 왕업王業을 지키게 되었으니 어찌 불교에 의지하여 국가를 편안하게 하지 않으리오." 하고, 드디어 구정毬庭의 한 곳에 윤등輪燈을 설치하고 향등香燈을 곁에 놓고 밤이 새도록 땅에 가득히 광명이 비치었다. 또 채붕綵棚을 두 곳에 설치하였는데, 각각 높이가 50척이나 되고 모양은 연대蓮臺와 같아서 바라보면 아른아른하였다. 그 앞에서 가무백희歌舞百戲를 벌이고 사선악부四仙樂部를 위한 용, 봉황, 코끼리, 말 모양의 수레[車船]는 모두 신라의 고사故事에서 비롯되었다. 모든 관원이 도포를 입고 홀笏을 들고 예를 행하였으며 구경하는 사람이 서울을 뒤덮어 밤낮으로 즐기었다. 왕이 위봉루威鳳樓에 나가서 이를 관람하고 그 명칭을 '부처를 공양하고 귀신을 즐겁게 하는 모임[供佛樂神之會]'이라 하였다.

이 뒤로부터 해마다 상례常例로 삼았다.[43]

　유사가 태조 왕건에게 이르는 말을 통해 팔관회가 신라에서부터 이어져 온 풍습임을 알게 한다. 그리고 왕업을 지키려면 불교에 의지하지 않을 수 없다고 하며 팔관재를 지낸다고도 했다. 앞서 살폈듯 팔관회가 하늘과 산천, 용신 등을 섬기는 것이라 하면서도 거기에 불교적인 성격이 섞여 있었음을 위의 기록은 잘 보여 준다.

　한편 이때 행해졌던 팔관회는 등불 축제의 모습을 보여 준다. 구정에 윤등輪燈을 설치하고 향등香燈을 곁에 놓고서 밤새도록 불을 밝혔다고 했다. 구정은 구장球場처럼 궁중이나 부호, 귀족들의 집에서 격구擊毬를 하는 너른 마당을 가리킨다. 궁중의 너른 마당에 윤등을 설치했으며, 향등을 걸어 놓았던 것이다. 윤등은 앞에서 다루었듯이 수레바퀴 모양의 등불로 불진의 좌우에 매달았던 등불로 보이고,[44] 향등은 향을 피우면서 불도 밝혔던 등불로 여겨진다.

　또한 구정의 두 곳에 50척, 약 15미터가 넘는 높이의 채붕을 설치했는데, 부처님이 앉는 연꽃 무늬의 대臺와 같았다고 했다. 그리고 그 앞에서는 가무백희가 펼쳐졌다. 이때 노래와 춤, 놀이가 어떤 것이었는지 정확히 알 수는 없으나 이색李穡의 시 〈구나행驅儺行〉, 〈산대잡극山臺雜劇〉, 성현成俔의 〈관나시觀儺詩〉, 송만재宋晩載의 〈관우희觀優戲〉, 명나라 사신 동월董越의 〈조선부朝鮮賦〉 등을 통해 그때의 모습을 짐

---

43 『고려사절요』 원년 11월(『고려사절요 Ⅰ』, 민족문화추진회, 1989, 29쪽.)
44 세종대왕기념사업회, 『한국고전용어사전』, 「윤등(輪燈)」, 2001.

작해 볼 수는 있다.[45] 〈구나행〉에서는 불 토하기[吐火], 칼 삼키기[呑刀], 서역 오랑캐들의 놀이[西域胡人戱], 화교華僑의 답교놀이, 처용무處容舞, 짐승의 탈을 쓰고 추는 춤[百獸舞] 등이 이야기된다.[46] 현재 전하는 탈춤이나 남사당패놀이의 모습과 비슷한 놀이들이 그때의 백희였음을 짐작하게 한다.

여기에 사선악부四仙樂部의 행렬이 이어졌다고 했다. 그런데 원문을 "사선악부의 용龍, 봉鳳, 상象, 마馬, 거車, 선船"[47]으로 번역한 경우도 보이는데, 한흥섭은 "사선악부와 그를 각각 태운 용, 봉, 코끼리, 말의 형상으로 장식한 '배 모양의 (네 개의) 수레[車船]'"[48]라고 번역해 놓고 있다. 사선악부는 신라시대 화랑인 '영랑永郎, 술랑述郎, 안상安詳, 남랑南郎'의 사선을 기리는 가무를 가리키는 것으로, 이들을 태운 용 모양의 수레를 비롯하여 봉황과 코끼리, 말 등의 모양으로 만든 수레가 이어졌던 것으로 봄이 타당해 보인다. 조선시대 순조 임금 때 효명세자가 사선들이 놀 만큼 태평성대함을 노래와 춤으로 보이게 했다는 기록이 있어 그 모습을 짐작하게 한다.

어와 성대盛代로다 해동海東의 오늘날이 성대로다

45 이두현, 「백희(百戱)」, 『한국문화대백과사전』, 한국학중앙연구원, 2012.
46 이혜구, 「목은(牧隱)선생의 구나행(驅儺行)」, 『한국음악연구』, 국민음악연구회, 1957.
47 『고려사절요』(민족문화추진회, 1989, 29쪽.)의 번역이 그와 같다. 대부분 이 부분의 해석이 불명확하다. 태조 왕건의 팔관회 내용을 옮기고 있는 문헌들(『신증동국여지승람(新增東國輿地勝覽)』, 『오주연문장전산고(五洲衍文長箋散稿)』, 『치평요람(治平要覽)』)에 대한 고전번역원의 번역들이 모두 "그 사선악부(四仙樂部)의 용(龍)·봉(鳳)·상(象)·마(馬)·거(車)·선(船) 등은 모두 신라(新羅) 이래의 전통 그대로였다."와 같이 번역되고 있다.
48 한흥섭, 『고려시대음악사상』, 소명출판, 2009, 104쪽.

신라 때 놀던 사선四仙이 이제 와 다시 노니

봉래로 오시는가, 영주로 오시는가?

옥황상제에게 명을 받아

훌륭하신 임금님께 장수를 빌려고

오대로부터 와서 봉궐에 조하하니

북극의 빛난 별을 옥작에 더하고자

태평으로 꾸민 기상 오늘 와서 보게 되었구나!

남산이 높은 것과 한수가 긴 것이 황도皇都의 근본이니

천추만세가 이제 더욱 무강하다.

경풍도와 같은 나라의 상서를 다시 비옵나니

춘대옥촉에 만물이 소생하도다.

동악을 향하올까, 서악을 향하올까?

남악을 향하올까, 북악을 향하올까?

중악의 높은 산이 삼각산이 아닌가?

만년토록 나를 편안하게 하여

황제의 위업이 이루어졌도다.

어와 우리들은 중악에서 노세나.

삼각산 상상봉에 상서로운 구름이 푸르게 뒤덮였으니

금궐 옥전에 보좌가 빛나는구나!

왕모부인의 청조가 먼저 와서 전하는 말이

천년의 반도를 장차 드리리라.

생황과 통소의 선악으로 헌천수를 노래하니

요지에서 추던 춤을 여기 와서 다시 추는도다!

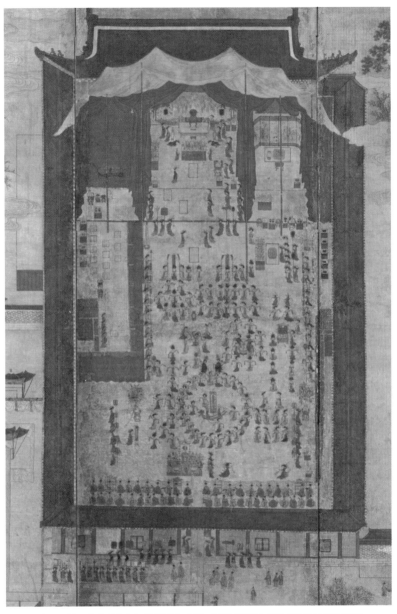

조선 순조 임금 때 효명세자가 사선들이 놀 만큼 태평성대함을 노래와 춤으로 보이게 했다는
기록에 걸맞은 〈기축년의 궁중잔치〉 모습.

한국의 연등문화

비노니, 해옥의 산가지에 만세를 더하고자!

만세를 더한 후에

억만세를 더하고자!

억만년의 긴 봄으로 태평을 즐기놋다.[49]

이 노래는 조선시대에 들어와서 지어진 것이라고 한다. 그렇지만 사선이 춤을 추는 전통은 신라시대부터 이어져 온 것이다. 이때 춤을 추는 모습은 두 사람이 맨 앞에서 연꽃 한 가지씩을 들고 서고, 뒤에 네 사람(춤을 추는 기생인 무기舞妓)이 모두 북쪽을 향하여 춤을 춘다. 이러는 과정에서 불린 노래의 가사는 위와 같이 태평성대하다는 내용으로 전개되고 있었다.

요컨대 고려시대 팔관회 때의 축제는 윤등과 향등이 환히 밝혀진 뜰에서 15m나 되는 채붕을 세워 놓고서 용, 봉황, 코끼리, 말 등의 모습을 한 수레를 탄 사선이 춤을 추고, 온갖 재주를 부리는 사람들이 함께 어우러졌음을 짐작하게 한다.

---

49 『기축진찬의궤』[1829년(순조 29)] (『예술지식백과(무용)』, 「사선무(四仙舞)」. https://www.culture.go.kr/knowledge/encyclopediaView.do?code_value=C&vvm_seq=5341&ccm_code=C011&ccm_subcode=C111)

고려의 정기 연등회

고려 왕조에서 연등회가 개최된 경우는 연평균 0.34회라고 한다. 특히 11세기 중기부터 14세기 초까지 시기에 가장 많이 개최되었다.[50] 고려 초기에는 연등회가 매년 정월 15일에 열렸는데, 성종 6년(987)에 중지되었다가 현종 원년(1010)에 부활하여 주로 2월 15일에 열렸으며 이는 고려 말까지 지속된다.

성종이 연등회와 팔관회를 폐지했던 것은 이전 시기에 불교 진흥에 열을 올렸던 것에 대한 비판이 제기되었기 때문이다. 광종에 대해 최승로는 982년에 상소를 올리기를 "부처를 너무 믿어, 늘 행하는 재가 많은데도 별도로 기원하는 불사를 적지 않게 벌였습니다. 오로지 복과 수壽만을 구하고 기도에만 의지하며 제한이 있는 재물을 다 써서 한이 없는 인연을 맺으며 지극히 높은 몸을 스스로 낮추어 작은 선 베풀기를 좋아하였습니다. (중략) 불법의 힘이라고 하여 자신이 저지른 여러 일을 반성하지 않았습니다."[51]라고 하며 광종을 비판했던 것이다. 이에 유학 정치를 표방한 성종은 최승로의 요구를 받아들여 팔관회와 연등회의 잡기만을 없앴다가 987년에 완전히 폐지해 버린다. 연등회와 팔관회 행사는 지나친 물자 소비와 노역 동원 따위의 폐단이 없지 않았으니, 유학자들의 눈에는 참으로 못마땅했던 모양이다.

---

50 채상식, 「고려시기 연등회의 운영과 추이」, 『한국민족문화』 54, 부산대학교 한국민족문화연구소, 2015, 111쪽.

51 『고려사절요』 권2, 「성종문의대왕」.

그러다 현종은 왕이 되자마자 연등회를 베풀고 팔관회를 부활시킨다. 현종은 태조 왕건의 손자로 어려서 숭교사崇敎寺에 강제로 보내져 승려가 되었다. 그러다 강조康兆의 정변이 일어나면서 왕위에 오르게 된 인물이다. 천추태후가 어린 현종을 죽이려고 했지만, 신혈사 주지인 진관津寬이 목숨을 걸고 현종을 지켰다고 한다. 진관 스님은 현종이 머물던 방의 바닥에 굴을 파서는 그를 숨겨 주어 독살을 막았다.[52] 그런 은혜에 보답하고자 현종은 왕위에 오르자 1011년에 진관사津寬寺를 지어 주었다. 경종이나 성종 시대에 침체되었던 불교가 국가적으로 지원을 받았는데 현종은 왕위에 오르면서 폐지되었던 연등회와 팔관회를 부활시키고 여러 사찰을 짓고 궁중 법회를 열었다. 궁중에 승려들을 초청해 잔치를 벌이기도 했는데 10만 명이 모여들기도 했다고 한다.[53]

『고려사절요』에는 "봄 윤2월에 연등회燃燈會를 부활시켰다. 나라의 풍속에, 왕궁과 국도에서 시골까지 1월 15일부터 이틀 밤 연등회를 베풀었는데, 성종 때부터 폐지하고 베풀지 않았으므로 이때에 이를 부활시켰다."라고 하고 있다. 이때의 연등회도 앞서 본 것처럼 등불을 내건 상태에서 채산이니 채붕, 등산 등을 가설하고 갖가지 공연이 행해졌음을 알 수 있다.

우선 연등회의 행사 내용을 보면, 연등회는 소회일小會日이라 하는 2월 14일 행사와 대회일大會日이라는 2월 15일 행사로 나뉘어 있었다.

---

52 『고려사』 권88, 열전1 후비1, 「경종 후비 헌애왕 태후」.
53 이이화, 『역사 속의 한국 불교』, 역사비평사, 2002, 156쪽.

소회일에는 왕이 정좌하고 신하들이 인사하는 의례가 이어지고 온갖 놀이와 가무, 교방 악대 공연이 이어진다. 그런 다음에 왕이 봉은사 선조위 진전眞殿을 참배하게 된다. 그리고 다음 날인 대회일에는 전날처럼 왕이 좌정하고 신하들이 인사하는 의례가 있고, 백희잡기와 교방악대 공연이 있은 다음에 군신동락君臣同樂의 연희 의례가 이어졌다.[54] 이때 등불을 내걸고 온갖 공연이 행해졌음을 알려 주는 대목이 보인다.

> 소회일小會日에 국왕이 좌전坐殿하기 전 도교서都校署에서는 부계浮階를 강안전康安殿의 층계 앞쪽에 설치한다. 상사국尙舍局에서는 소속 관원들을 데리고 국왕의 악차幄次를 궁전 위에 설치하고 편차便次를 국왕의 악차 동편에 설치하며 수로獸爐 두 개를 앞쪽 기둥 밖에 설치한다. 상의국尙衣局에서는 화안花案을 국왕이 앉는 좌석의 좌우 기둥 앞에 설치한다. 전중성殿中省에서는 등롱燈籠을 부계의 위아래 좌우로 늘어놓고 채산彩山을 강안전의 뜰에 설치해 둔다. 내고사內庫使는 준尊과 뢰罍를 강안전의 뜰 좌우측에 늘어놓는다. (중략) 다음으로 온갖 놀음과 기예를 벌이는 사람들이 차례로 궁전 마당으로 들어와 잇달아 놀음판을 벌인 뒤 물러난다. 다음으로 교방敎坊에서 주악을 연주하고 무용수들이 들고 나는 것은 모두 평상시의 의례와 같다.[55]

---

54 천규석,『잃어버린 민중의 축제를 찾아서』, 실천문학사, 2014.

55 『高麗史』卷69, 志23, 禮11「嘉禮雜儀 上元燃燈會儀」, "小會日坐殿前期都校署設浮階於康安

강안전康安殿의 앞에 부계浮階라는 가설 계단을 만들고 그 계단의 위 아래, 좌우에 등롱燈籠을 늘어놓았다고 했다. 그리고 채산彩山을 뜰에다 만들었다. 강안전은 원래 중광전重光殿이었던 곳으로 인종仁宗(1109~1146) 때에 왕의 건강과 편안함을 기원하여 강안전康安殿이라 그 이름을 바꾼 것이라 한다. 예종이 윤관을 시켜 여진족을 정벌할 때 불상을 안치했던 중광전의 어느 방에서 숙종의 발원문을 꺼내 대신들에게 보였다는 이야기가 나온다.[56] 강안전은 불교적 성격이 강했던 전각이다. 이 강안전의 앞 계단에 수많은 등롱이 환하게 밝혀졌던 것이다. 채산彩山은 앞서 보았던 채붕綵棚과 같은 가설무대로 보는 이들도 있지만, 그보다는 조금 작은 소형 산대로 보기도 한다.[57] 어쨌든 그 모습은 앞서 본 팔관회 때 뜰에 만들었던 채붕과 비슷했던 것으로 여겨진다.

그런데 상원 연등회가 중국처럼 정월대보름에 열리기도 했지만 현종顯宗(992·1031) 대부터는 2월 보름에 열린 경우가 많음을 확인할 수 있다. 『고려사』에는 2월 보름의 연등회가 80회 이상 기록되고 있다. 어떤 이유로 2월 보름으로 연등회가 바뀌게 된 것일까.

이에 대해 중국의 상원 장등張燈에서 유래되었다고 하고 신령에게 제사를 드리는 풍속은 후대의 영등굿과 같은 풍신제風神祭로 나타나게

殿階前. 尙舍局率其屬設王幄於殿上設便次於王幄東設二獸爐於前楹外. 尙衣局設花案於王座左右楹前殿中省列燈籠於浮階之上下左右設彩山於殿庭. 內庫使列尊罍於殿庭左右 ⋯ 次百戲雜伎以次入殿庭連作訖出退次敎坊奏樂及舞隊進退具如常儀.”

56 『高麗史』列傳,「尹瓘」, “睿宗卽位, 以喪, 未遑出師, 二年, 邊將報, 女眞强梁, 侵突邊城. 其酋長, 以一胡蘆縣雉尾, 轉示諸部落以議事, 其心叵測. 王聞之, 出重光殿, 佛龕所藏肅宗誓, 以示兩府大臣.”

57 전경욱,「연등회의 전통과 현대축제화의 방안」,『연등회의 종합적 고찰』, 민속원, 2013, 97쪽.

되었다는 주장이 있다.[58] 한편 연등이 농사를 시작하면서 풍년을 기원하는 의례, 곧 기곡제祈穀祭에서 비롯된 것이라 주장하는 학자도 있다.[59] 그리고 이러한 사항들을 고려하면서 최근의 한 학자는 음력 정월대보름 때에는 중국과 달리 땅이 얼어붙어 있는 까닭에 농사의 시작이 가능한 음력 2월로 연등회를 옮기게 된 것이라 주장하기도 한다.[60]

물론 이에 대해서 탐탁지 않게 여기는 학자들은 여기에 국가적으로 지원을 받고 있던 불교적 신앙 절기가 더해지면서 형성된 것이라 주장하기도 한다.[61] 그리고 2월 15일이 부처님이 열반에 든 날이기도 하여서 불교적 의미가 더하여져 2월 보름의 연등회가 성립됐을 가능성[62]도 고려해 봐야 하겠다. 앞서 본 것처럼 현종이 불교에 대한 신심이 매우 깊었다는 것을 고려할 때 부처님 열반을 기념하여 연등회를 2월 15일에 열었다는 것이 설득력이 있어 보인다.

고려의 특설 연등회

고려시대에 정월 보름이나 2월 보름 말고도 특별히 연등회를 열었던 기록이 보인다. 11세기 초에서 12세기 초까지 주로 1월이나 2월에 행

58 김택규, 『한국농경세시의 연구』, 영남대출판부, 1985, 250쪽.

59 김태곤, 『한국민간신앙연구』, 집문당, 1987, 341~343쪽.

60 안지원, 「고려시대 연등회의 기원과 성립」, 『진단학보』 88, 진단학회, 1999.

61 진철승, 「불교와 세시 풍속」, 『한 해 사계절에 담긴 우리 풍속』, 국사편찬위원회, 2011, 267~268쪽.

62 편무영, 「초파일 연등의 역사성과 고유사상」, 『연등회의 종합적 고찰』, 민속원, 2013, 35~36쪽.

해졌던 일곱 차례의 특설 연등회가 그것이다. 문종이 다스리던 시기 (1046~1083)에 다섯 차례, 예종이 다스리던 시기(1105~1122)에 두 차례 특설 연등회가 열렸다.

봄 정월에 흥왕사興王寺가 낙성落成되었는데 2천8백 칸이며, 12년 만에 준공하였다. 왕이 재齋를 베풀어서 낙성하니, 각처에서 스님들이 모여들었다. 계행戒行이 있는 자 1천 명을 택하여 법회에 참석시키라고 명한 뒤 상시로 머물게 하였다. 특히 5일 동안 밤낮으로 연등대회燃燈大會를 개설하였는데, 칙령으로 중앙의 모든 관청과 안서도호부安西都護府·개성부開城府, 광주廣州·수주水州·양주楊州·동주東州·수주[樹州. 경기평부京畿平富] 다섯 고을과 강화江華·장단長湍 두 현縣으로 하여금 뜰에서 절문에 이르기까지 채붕綵棚을 꾸미게 하였는데, 빗살[櫛]을 나란히 비늘처럼 차례로 잇달았으며, 왕의 연輦(임금이 타는 수레)이 지나가는 길 좌우에는 또 등산燈山과 화수火樹를 꾸며서 대낮처럼 환하게 하였다. 이날 왕이 노부鹵簿[63]를 갖추고 백관百官을 거느려 분향焚香하고 재물을 보시하였는데, 불사佛事의 성대함이 전에 없던 것이었다.[64]

---

63 노부(鹵簿): 고려·조선시대에, 임금이 나들이할 때에 갖추던 의장(儀仗) 제도. 또는 의장을 갖춘 거둥의 행렬.
64 『고려사절요』 5권, 「문종 인효대왕」 정미 21년.

고려의 문종은 불교와 유교를 모두 떠받드는 정책을 폈던 임금이다. 특히 불교를 독실하게 받들어서 불교의 폐단을 바로잡고 흥왕사를 세웠으며, 자기 아들을 부처님께 바치겠다고 하여 태자였던 왕후王煦를 출가시키기도 했다. 그가 바로 고려를 대표하는 승려인 대각국사 의천大覺國師 義天(1055~1101)이다. 문종은 의천이 태어난 다음 해에 문제가 많았던 불교계를 개혁하는 정책을 내놓기도 했다. 부역을 피하려고 승려가 되어서는 재물을 모으고자 농사짓고 가축을 기르는 일을 본업으로 하여 장사에 힘쓰는 자가 많았던 모양이다. 법복으로 술동이를 덮고, 절 마당을 파와 마늘을 심는 밭으로 떼어 주는 등 절간이 절간답지 못했다고 한다. 이를 바로잡으려고 문종은 문제가 되는 많은 절간을 헐어 버리고 계행戒行을 정성껏 닦는 자들을 위한 진정한 절간을 만들려 했다.[65] 그래서 궁중에서 법회를 열고 현화사에 국가 소유의 땅을 시주하기도 하고, 신하들의 반대에도 불구하고 장장 12년에 걸쳐서 개성의 덕적산에 흥왕사興王寺를 지었는데, 위의 인용에서 보듯 무려 2천 8백 칸이나 되는 거대한 사찰을 짓기까지 한다.

그리고 성종 때 폐지되었다가 문종의 부왕인 현종 때 부활시킨 팔관회와 연등회를 계속 이어 나갔는데, 위에 보듯 사찰의 낙성회를 기념하여 5일 동안 연등회를 벌이기도 했다. 그 모습은 앞서 행했던 연등 행사와 비슷하다. 뜰에서 절 문에 이르기까지 채붕綵棚을 꾸미고, 빗살[楣]을 나란히 비늘처럼 차례로 잇달았으며, 임금이 지나는 길 좌우에 등산燈山과 화수火樹를 꾸며 대낮처럼 불을 밝혔다고 했다. 등산은

---

65 『고려사-세가』

중국 명대의 〈남도번회도권南都繁會圖卷〉에 등장하는 오산鰲山.

앞서 중국의 연등을 다루면서 언급했던 오산鰲山과 같은 것을 가리키
는 것으로 보기도 한다.[66] 전경욱 선생은 명나라 때의 구영仇英이 그린
〈남도번회도권南都繁會圖卷〉에 등장하는 오산의 모습과 같은 것이라고
이야기하고 있다.

전체 그림 속에서는 가운데쯤 부분에 오산이 있는데, 산처럼 꾸며
놓은 곳에 불보살들을 올리고, 산등성이처럼 이루어진 곳에 수많은 등
불을 내걸어 놓고 있다. 등산燈山은 산대에 수많은 등불을 설치해 놓은

66 전경욱, 「연등회의 전통과 현대출제화의 방안」, 『연등회의 종합적 고찰』, 민속원, 2013, 97-
98쪽.

이와 같은 모습이었으리라 짐작할 수 있겠다. 게다가 화수火樹라 하여 나무에 등불을 매달아 놓았다고 했다.

그런데 이렇듯 화려한 등불 장식들이 낙성회가 행해졌던 흥왕사에서만 꾸며진 것이 아니라 칙령에 의해 중앙의 모든 관청, 안서도호부安西都護府, 개성부開城府, 광주廣州·수주水州·양주楊州·동주東州·수주樹州(경기평부京畿平富) 다섯 고을에다 강화江華와 장단長湍 두 현縣에 이르기까지 꾸며졌다는 것이다. 얼마나 많은 채붕과 등불 산과 등불 나무가 거리를 수놓았을까. 수천 수만의 등불 장식들이 정월의 밤을 아름답게 밝히고 있었을 것이다. 어마어마한 등불 축제라 아니할 수 없겠다.

궁궐에서 흥왕사까지, 그리고 나라 곳곳에서 행해진 연등 행사는 부처에 대한 믿음뿐만 아니라 국왕을 우러러보게 하는 장엄함을 연출했을 것이다. 연등회는 통치자의 정치적 입지를 확고히 하는 데 기여했을 것이다.

이후 문종 25년(1071)과 26년(1072)에도 경령전景靈殿에서 연등회를 열었다. 경령전은 송宋나라 경령궁景靈宮의 영향을 받아 고려 왕실의 태묘太廟와 함께 조상을 모시던 곳으로 현종 때에 설립되었다. 선왕先王의 초상을 모시고 제사를 올렸는데 왕궁 안에 진영을 모신 진전眞殿의 한 형태로 불교식으로 행해지는 예제이면서도 오묘제五廟制로 운영되어 유교식 예제가 가미된 것이었다.[67] 그때 연등회가 함께 열렸다.

그리고 문종 27년(1073) 2월에 새로 조성된 불상을 봉은사奉恩寺에 모

---

67 윤기엽, 「고려 경령전(景靈殿)의 건립과 동향」, 『한국사상과 문화』69집, 한국사상문화학회, 2013, 137~164쪽.

시면서 연등회를 개최하기도 했다. "이틀 밤에 걸쳐 모든 거리마다 각각 3만 개의 등불을 밝히고, 중광전重光殿과 모든 관청에서는 채루彩樓와 등산燈山을 만들었으며 풍악도 연주했다."라고 했다.[68] 채루는 누각을 채색한 비단으로 화려하게 꾸며 놓은 것을 말한다. 3만 개나 되는 등불을 밝히고, 채루와 더불어 앞서 본 등불 장식의 거대한 조형물을 세웠던 것이다. 문종은 그 다음 날에 정전正殿으로 가 연등회를 구경한 후 술자리를 베풀었는데 태자를 비롯해 재추, 대성臺省의 신하, 시신侍臣, 지제고知制誥들이 참석했고 한밤중에야 잔치는 끝났다.[69] 문종 31년(1077)에도 왕자 국원공이 혼인하고 다음 날 중광전重光殿에서 사흘 동안이나 연등회를 개최하였다.[70] 역대 임금들 가운데 문종이 가장 연등회를 많이 즐긴 것으로 나타난다.

이후 예종 임금 때에도 정월대보름도 아니고 2월 보름도 아닌 때에 연등회를 개최한 모습이 보인다. 예종 10년(1115) 2월 18일,[71] 그리고 다음 해(1116) 2월 8일에도 중광전에서 연등회가 개최되었다.[72] 이때의 연등회를 『고려사』는 '특설연등特設燃燈' 또는 '별례연등別例燃燈'이라 적고 있다. 이처럼 특설 연등회는 정기적인 연등회와 다른 때, 보통 2월이

---

68 『고려사』 권8 「문종 27년 2월」, "丁酉 王如奉恩寺, 特設燃燈會, 慶讚新造佛像. 街衢點燈, 兩夜各三萬盞, 重光殿及百司, 各置綵樓燈山, 作樂."

69 『고려사』, 권8, 「문종 27년 2월」, "戊戌 御殿, 觀燈置酒. 太子及宰樞臺省侍臣知制誥侍宴, 夜分乃罷."

70 『고려사』 권9, 「문종 31년 2월」, "二月 乙未 燃燈, 御重光殿, 觀樂. 壬寅 王子國原公祁納妃, 賜匹段・布貨・金器・鞍馬等物. 癸卯 特設燃燈會於重光殿三日."

71 『고려사』 권9, 「예종 10년 2월」, "二月 乙未 燃燈, 御重光殿, 觀樂. … 癸卯 特設燃燈會於重光殿三日."

72 『고려사』 권14, 「예종 11년 2월」, "甲申 行別例燃燈, 御重光殿, 宴親王・宰樞・侍臣, 夜分乃罷."

기는 하지만 연등회의 날이 아닌 때로서 사찰의 중건이나 불상 안치와 같은 행사 때나 왕실 조상을 모실 때, 혼례를 치를 때 등 다양한 목적으로 연등회를 가졌음을 알려 주고 있다. 고려 왕실은 경사스러운 일이나 슬픈 일 할 것 없이 연등회를 열고 고려의 백성들과 더불어 즐겼다.

민중 속으로 파고든 사월초파일 연등회

우리는 사월초파일이 되면 등불 밝히는 것을 보기 때문에 원래 연등축제가 4월 8일, 곧 부처님오신날에 행해졌던 것으로 알고 있다. 그런데 한반도에서 처음 사월초파일에 등불을 밝힌 것은 고려 의종毅宗 (1127~1173) 때에 이르러서이다. 『고려사』 열전에 나오는 백선연白善淵의 이야기에 다음과 같은 기록이 보인다.

> 백선연이 왕의 나이에 맞추어 동불銅佛 마흔 개를 주조하고 관음도觀音圖 마흔 점을 그린 다음 사월초파일날 별원別院에서 점등點燈하고 복을 빌었는데 왕이 밤중에 평복을 입고 가서 구경하였다.[73]

---

[73] 『고려사』권122 열전35,「백선연」, "善淵 嘗准王行年 鑄銅佛四十 以佛生日 點燈祝釐 於別院 王乘夜微行 觀之."

백선연은 환관으로 왕의 침전에 수시로 드나들면서 권력을 마음대로 행사한 인물로 열전에서는 그려진다. 그는 사람들에게 뇌물을 받고 왕의 환심을 사려고 기괴한 놀이판을 벌이기도 했다. 그리고 위의 인용에서 보듯 왕의 나이에 맞춰 동으로 주조한 부처님을 40개나 만들고 관음보살 그림도 40점이나 그려서 사월초파일에 등불을 밝히고 복을 빌었다고 했다. 왕은 그 모습을 보려고 한밤중에 평복으로 신분을 숨긴 채 그곳으로 발길을 옮겼다는 것이다. 이때 음력 4월 8일에 등불을 밝혔다는 기록이 있는 것이다. 그렇지만 그 등불을 밝힌 정도가 앞서 본 것에 비하면 소박하다.

물론 국가 공식의 연등회는 의종 때에도 행해지고 있었다. 의종 때에는 연등회가 총 20회 열리는데 모두 정월 보름쯤에 열린 것으로 나타난다. 이는 의종의 아버지인 인종仁宗(1109~1146)이 2월에 죽은 까닭에 세사가 있는 달과 2월 연등회가 겹치기 때문이다. 인종이 죽은 해(1146) 12월에 "조서에 '내년 연등燃燈은 정월 보름으로 하라.' 하였으니, 대개 2월은 인종이 훙薨한 달이기 때문에 고쳐서 행한 것인데 이것으로써 항구적인 법식으로 삼았다."[74]라는 역사 기록이 나온다. 정월 보름 연등회는 명종明宗(1131~1202)의 재위 원년(1171)까지 유지되는데, 다음 해(1172)에 동지추밀원사 최충렬崔忠烈을 비롯한 여러 신료의 건의에 따라 2월 보름으로 되돌아가 시행했다. 그러고는 다시 다음 해(1173)부터 정월 보름에 연등회가 열린다. 이후 희종 5년(1209)에 부왕 신종의 제삿날

---

74 『고려사절요』 권10 「인종 공효대왕」, "十二月 詔來年燃燈 用正月望 盖二月 乃仁宗忌月 故改行之 以爲恒式."

이 끼어 있어 2월 보름에 연등회가 열린 이후 고려 멸망 시까지 대개 2월 15일에 행해진다.

이렇듯 행해진 정기 연등회는 고려 말에 점차 퇴조해 갔다. 이보다는 사월초파일 연등회의 비중이 더 높아진다. 물론 이전에도 4월 8일 석가모니가 탄생한 날을 기리는 연등행사가 아예 없었던 것은 아닌 것으로 보인다. 『고려도경』을 보면 "세속 사람들이 부처를 좋아하여 2월 보름에는 모든 사찰에서 촛불을 켜는데 극히 번화하고 사치스럽다. 왕과 비빈이 다 가서 구경하고 나라 사람들은 도로를 시끄럽게 메운다."[75]라고 하였다. 『고려도경』은 고려 중기에 송나라 사절로 고려에 왔던 서긍徐兢(1091~1153)이 1123년(인종 1년)에 지은 책인데, 이처럼 일반 백성들도 2월 보름에 사찰에서 촛불을 켜며 등불 행사를 행했음을 알려 주고 있다. 12세기에 불교가 대중화되면서 사찰마다 2월 보름에 등불을 밝히고 있었음을 보여 주고 있는 것이다.

고려 초기의 연등회는 국가적 차원에서 행해진 것이었다. 거기에 참여한 사람들은 대부분 양반 지배층이었다. 통일신라 이후 불교 대중화가 이루어졌다고 하지만 고려 초 향촌 사회에까지 불교 신앙의 대중화가 이뤄지진 않았다. 전통 신앙이 여전히 힘을 과시하고 있었던 모양이다. 그러던 것이 고려 중후기가 되면 불교 인구가 확대되고, 그 추세에 따라 연등회도 민간에서 많이 이루어졌다.[76] 이런 불교 인구 확대

---

75 『高麗圖經』권17, 祠宇, "又俗喜浮屠 二月望日 諸僧寺 燃燭極繁侈 王與妃嬪 皆往觀之 國人 喧闐道."

76 채상식, 「고려시기 연등회의 운영과 추이」, 『한국민족문화』54, 부산대학교 한국민족문화연구소, 2015, 103~130쪽. 이 논문에서는 고려 초 불교 조형물을 조성하면서 참여 구성원을

는 사월초파일 연등회로의 변화를 이끌게 된다.

몽골이 침입해 들어왔을 때 강화도 천도를 한 고종 19년(1232)에 사월초파일 연등회가 화려하게 열리게 된다. 이때 연등회를 이끈 사람은 당시 실질적 권력자였던 최이崔怡(?~1249)였다.

> 최이가 8일에 연등회를 하면서 채붕綵棚을 가설하고, 기악伎樂
> 과 온갖 잡희를 베풀어 밤새도록 즐겼는데, (강화도) 성중城中에
> 서 구경하는 남녀노소 구경꾼이 담을 쌓은 것 같았다.[77]

최이는 몽골군이 침입했을 때(1231) 국왕을 모시고 강화도로 천도한 후 항전하는 가운데 그 다음 해(1232)에 저와 같은 사월초파일 연등회를 열었음을 알 수 있다. 강화 천도는 대외적인 자주성의 발로로 볼 수 있겠지만, 육지의 백성들이 몽골군의 말발굽에 밟혀 죽어 가는데 그들을 내버려 둔 채 저와 같이 향락적인 생활을 즐겼다는 점에서 비판을 받기도 한다.[78]

그런데 전란의 와중에도 그와 같이 성대한 연등회를 마련한 것은 단순히 향락적인 생활을 즐기려는 데서 비롯된 것으로는 보이지 않는다. 최이가 연등회를 정월이나 2월이 아닌 4월 8일, 곧 부처님오신날

'승속랑(僧俗娘)'이라 한 것을 두고 선랑과 낭의 존재를 말하여 이는 전통 신상의 기반이 건재했던 것을 보여 주는 것이라고 보았다.

77 『고려사절요』 권16 「고종안효대왕」, "崔怡 以八日 燃燈 結綵棚 陳伎樂百戲 徹夜爲樂 都人士女 觀者如堵."

78 박용운, 『고려시대사(下)』, 일지사, 1999, 426쪽.

에 연 것이 그 단서이다. 불법을 떠받듦으로써 국가를 지킬 수 있다는 믿음이 담겼던 것이다. 당시 고려의 권력자들이 팔만대장경을 새김으로써 부처님의 영험으로 몽골이 물러가기를 빌었던 것과 같은 이유가 배경에 깔린 듯하다.

이규보가 고종 24년(1237)에 쓴 글을 보면, 현종 2년(1011)에 거란이 침입해 왔을 때 대장경 판각을 서약하자 거란의 병사들이 스스로 물러났던 일을 거론하며 몽골도 대장경 각판의 영험으로 물러나게 할 수 있다고 말하고 있다.[79] 불교에 대한 이런 믿음이 최이 정권으로 하여금 사월초파일에 연등회를 개최하게 한 것으로 여겨진다.

원나라가 내정을 간섭하던 시기인 충렬왕忠烈王(재위 1275~1308), 충선왕忠宣王(재위 1308~1313) 때에도 연등회가 사월초파일에 행해졌음을 보여 주는 기록이 남아 있다.

> 원나라 황태후가 숙비에게 사람을 보내어 고고姑姑를 내려 주었다. 고고는 몽골에서 부인들이 머리에 쓰는 장식품으로 당시 충선왕이 황태후의 총애를 받았던 까닭에 이것을 내려 주기를 간청했던 것이다. 숙비가 고고를 쓰고 원나라 사신에게 연회를 베풀자 재추들과 그 아래 신하들도 폐물을 내어 숙비를 하례하였다. 일찍이 4월 8일에 후원에 등을 달아 화산火山을 설치하고 현관絃管을 갖추어서 스스로 즐기니, 그 황색 주렴과 비단 장막이 다 왕에게 진상한 물건이었다. 보는 사람들

79 이규보, 『동국이상국집』 권25, 記牓文, 「大藏刻板君臣祈告文」.

한국의 연등문화

이 저잣거리와 같았는데 3일 후에 이내 파하였다.[80]

숙창원비淑昌院妃 김씨는 매우 뛰어난 미인으로 처음에는 최문崔文에게 시집을 갔다가 과부가 된 인물이었다. 나중에 충선왕忠宣王이 아버지 충렬왕을 미혹하게 하던 궁인 무비無比를 죽이고 그 김씨를 숙창원비로 봉하였던 것이다. 충렬왕이 죽은 뒤에는 그 아들인 충선왕과 관계를 맺고 곧 숙비淑妃로 봉해졌다고 한다. 왕을 어리석게 만들어 정사를 잘 돌보지 못하도록 하고, 어머니의 상을 당해도 잔치를 벌이는 등 사치스럽고 도덕성이 없는 인물로 평가되는데 그는 팔관회八關會마저 정지하게 만든 인물이기도 하다. 그런 그가 4월 8일에 화산火山을 설치하고 현악기와 관악기를 갖춰서 즐겼다는 것이다. 그때 황색 주렴과 비단 장막으로 장식했던 모양인데, 아마도 산대山臺의 장식 형태를 가리키는 것으로 보인다. 사월초파일 연등행사가 정확히 어느 왕 때에 행해진 것인지는 제시되지 않았는데, 아마도 그녀가 충선왕의 숙비가 된 후에 행해진 것으로 문맥은 읽힌다.

그리고 충선왕 이전부터 연등회를 주관하는 임시 관청이라 할 연등도감燃燈都監도 있었던 것으로 보인다. 『고려사』의 '제사도감각색諸司都監各色'에서 연등도감에 대해 "충렬왕 5년에 정전산대색庭殿山臺色을 없애고 연등도감에 합쳤다."[81]라는 표현이 나온다. 충렬왕 5년(1279)에 산

---

80 『고려사』 권89, 열전, 「후비 충렬왕」, "元皇太后, 遣使賜妃姑姑. 姑姑蒙古婦人冠名, 時王有寵於皇太后故, 請之. 妃戴姑姑, 宴元使, 宰樞以下, 用幣賀妃. 嘗以四月八日, 張燈後園設火山, 具絃管以自娛, 其黃簾繡幕, 皆供御之物. 觀者如市, 三日乃罷."

81 『고려사』 권77, 지제31, 百官, 「諸司都監各色」.

대놀이를 관장하던 정전산대색庭殿山臺色을 연등도감에 병합했다는 기록이 있고, 충렬왕 34년(1308)에는 충선왕이 연등도감을 소부감, 궁궐도감, 창고도감, 국신색과 함께 선공사繕工司에 합쳤다는 기록도 있다. 충렬왕이나 충선왕 시절의 이런 기사는, 이전부터 국가적 행사로 거행되는 연등회가 연등도감과 같은 관청을 따로 두고 준비할 정도로 대단한 행사였음을 알려 주는 기록이다.

충선왕의 둘째 아들인 충숙왕忠肅王(재위 1313~1330)이 즉위하던 해 10월에 행했던 연등회는 그 규모가 참으로 대단했다.

> 상왕이 5일 동안 연경궁延慶宮에서 승려 2천 명에게 음식을 대접하고 등燈 2천 개를 밝혔으며 은병銀瓶 1백 개를 시주했다. 또한 손수 향로를 들고 악공들을 시켜 음악을 연주하게 했으며, 선승禪僧 충탄冲坦과 교승敎僧 효정孝楨을 데려다가 설법을 하게 한 후 각각 백금白金 1근씩을 주었다. 나머지 승려 2천 명에게도 백금白金 20근을 주었다. 상왕이 진작부터 승려 1천8백 명에게 음식을 대접하고 같은 수의 등을 켤 것을 발원하다가 이날에 2천 명의 승려들에게 음식을 대접하고 2천 개의 등을 켜니 5일이면 승려 1만 명과 등 1만 개라는 목표를 채울 수 있기에 기어이 발원을 이룩할 것을 기약했다. 이를 만승회萬僧會라고 불렀는데 그 비용은 다 기록할 수가 없을 지경이었다.[82]

---

[82] 『고려사절요』 권34 「충숙왕」 즉위년 10월 병자, "上王飯僧二千, 燃燈二千于延慶宮五日, 施佛銀瓶一百. 手擎香爐, 使伶官奏樂, 邀禪僧冲坦, 敎僧孝楨, 說法各施白金一斤. 餘僧二千, 施白金二十斤. 上王嘗願飯百八萬僧·點百八萬燈. 至是日, 飯二千僧, 點二千燈, 五日, 可滿

충선왕이 상왕으로 있고 그의 아들 충숙왕이 즉위하던 해에 대대적인 연등회를 개최한 것인데, 승려 1만 명에게 음식을 대접하고 등불 1만 개에 불을 켜는 것이었다. 이를 일러 만승회萬僧會, 만등회萬燈會라고 한다. 이러한 행사는 오늘날 석가탄신일에 치러지는 연등회나 연등 행렬과 같은 의식의 기원이 되는 것으로 여겨진다.[83]

이러한 규모의 행사는 국왕이 자신의 공덕을 쌓기 위한 불교적 측면과 국왕의 위대함이나 부처에 대한 기원을 감동적으로 연출함으로써 정치적 위치를 공고히 하고자 하는 의도를 지닌 것으로 볼 수 있다.[84] 백성들은 그 규모에 놀라고 그 찬란함에 불교에 대한 신심이 깊어지고 국왕에 대한 존경심을 불러일으키게 되는 것이다. 그런데 문제는 그런 연등회를 만들기 위해 수많은 사람이 동원되고 국가의 재산을 탕진한 것이었다.

충숙왕이 재위할 때에는 왕이 봉은사奉恩寺에서 열린 2월의 연등회에 참석한 기사가 보이는데, 재위 7년(1320)에 연등회를 정지했다고 나온다. 물론 이후에도 2월 연등회가 다시 나타나기는 한다. 그런데 연등회가 궁궐이 아닌 대부분 봉은사와 같은 사찰에서 행해졌다.

원나라가 간접적으로 지배하던 시기 약 80년간(1270~1351년 공민왕의 등장)은 불교가 침체를 거듭했다고 한다. 이이화 선생은 불교계 침체의

僧一萬, 燈一萬, 期以畢願. 謂之萬僧會, 其費不可勝紀."

83 『한국민족문화대백과사전』에서 '만등회'를 설명하면서 "'부처님오신날'에 보다 많은 등을 밝힘으로써 많은 공덕을 쌓을 수 있다고 믿고 있음은 곧 고려시대의 만등회 전통을 잇고 있는 것이다. 그리고 사찰의 중건이나 특별한 불사(佛事)의 성취를 위해서 만등회를 하는 경우도 있는데, 이는 보시(布施)의 한 방편이다."라고 하고 있다.

84 김인호, 「고려시대 잔치, 축제와 공감대」, 『연등회의 종합적 고찰』, 민속원, 2013, 429~430쪽.

원인이 내부에 있었다면서 그 시대를 이렇게 이야기한다. "승려들은 새로운 정세에 대처하지 못하고 여전히 구악에 젖어 있었으며 이를 정화할 고승도 출현하지 않았다. 불교는 총체적인 민족모순에 적절히 대응하지 못하며 지배 이데올로기로서의 한계를 드러냈다. 30년 전쟁의 후유증으로 관고官庫가 텅텅 비어 국가경비를 충당할 수 없었으며 벼슬아치에게 녹봉을 지급할 수도 없었다. 이런 사정에서 승려들이 많은 뇌물을 써서 승직을 사는 따위의 타락상은 더욱 정도를 더하였다."[85] 국가의 재물을 탕진하면서 만승회, 만등회와 같은 호화로운 연등회를 벌이던 왕실이나 승려들의 모습이 불교의 침체를 불러온 것이었다.

그러다 공민왕恭愍王(재위 1351~1374)이 등장하면서 고려는 원나라의 구속에서 벗어나 개혁을 추진하게 된다. 물론 기득권을 누리고 있던 불교 세력과 마찰을 빚게 되는데, 사찰의 토지에서 조세를 거두고 사찰 소속의 노비들을 부역에 동원시키며 승려는 반드시 도첩을 받게끔 하는 등의 개혁을 통해 불교를 제자리로 돌려놓으려 애썼다.[86] 그렇다고 공민왕이 연등회를 아예 없앤 것은 아니었고, 4월 8일에 연등회를 여는 모습이 발견된다. 『고려사』를 보면 공민왕이 2월 연등회에 참석한 것은 공민왕 원년(1352), 공민왕 5년(1356)으로 나오는데 모두 봉은사奉恩寺에 간 것으로 나오지 궁궐에서 연등회를 연 것은 아니었다. 나머지 연등회와 관련된 기록은 모두 4월 8일에 행한 연등회인데 4회 정도 나타난다. 직접 연등회로 적고 있지 않은 경우도 보이고 석가탄신일

---

85 이이화, 『역사 속의 한국 불교』, 역사비평사, 2002, 214쪽.
86 이이화, 위의 책, 220쪽.

즈음의 연등회도 있었을 터인데 아마 기록 속에는 자세히 남기지 않은 것으로 보인다. 『고려사』세가世家에 나오는 관련 기록들을 옮겨 보면 이렇다.

(가) 4월 경술일. 석가탄신일을 맞아 왕이 궁궐에서 연등회를 열고 승려 1백 명에게 음식을 대접했다. 또한 불꽃놀이와 온갖 놀이판과 기생가무를 벌이게 해 놓고 그것을 구경했다.[87]

(나) 4월 신축일. 왕이 연등회를 열고 대궐 뜰에서 호기呼旗 놀이를 관람한 후 상으로 베를 내려 주었다. 나라 풍속風俗에 4월 8일은 석가釋迦의 생일이라 하여 집집마다 등불을 켜는데, 몇 십일 전부터 아이들이 종이를 오려 장대에 붙여 깃발을 만든 다음 고함을 지르며 마을과 거리를 돌아다니면서 쌀과 베를 거두어 행사 비용으로 삼고서 이를 호기呼旗라 불렀다.[88]

(다) 4월 경술일. 왕이 신돈의 집에 가서 연등화산燃燈火山을 구경했다.[89]

(라) 4월 정묘일. 신돈이 연복사演福寺에서 문수회를 열자 왕이

---

87 공민왕 원년(1352) 임진년, "庚戌 王以佛生日, 燃燈禁中, 飯僧一百. 設火山·雜戲, 奏妓樂, 以觀."
88 공민왕 13년(1364) 갑진년, "辛丑 燃燈, 觀呼旗戲於殿庭, 賜布. 國俗以四月八日, 是釋伽生日, 家家燃燈, 前期數旬, 群童剪紙注竿爲旗, 周呼城中街里, 求米布, 爲其費, 謂之呼旗."
89 공민왕 17년(1368) 무신년, "庚戌 幸辛旽家, 觀燃燈火山."

직접 가서 살펴보고 승려들에게 베 5천5백 필을 내려 주었다.

(중략) 계유일. 왕이 화산놀이[火山戱]를 구경했다.[90]

　위의 기사들은 4월 8일에 공민왕이 직접 참여하였던 연등회의 모습을 보여 주는 기록이다. (가)는 공민왕 원년(1352)에 행했던 연등회 기사로, 석가탄신일을 맞이하여 승려 1백 명에게 음식을 대접하고 불꽃놀이와 온갖 놀이판, 기생가무를 벌였다고 했다. 그런데 이는 이전 2월에 봉은사를 다녀오는 국가의례로서의 연등회가 이미 거행되고[91] 다시 행해진 연등회였다. 이는 공민왕 개인 차원에서 연등회를 열었던 것이다. 이때 행해진 연등회의 모습은 이전에 이규보가 한시로 읊은 내용과 여러 부분에서 유사한 점이 발견된다.

밤에 칙령 내려 아홉 금문 활짝 열고	夜勅金門九扇開
옥통소 소리 가운데 요대에서 연회 베풀었네.	玉簫廳裏宴瑤臺
일백 가지 등불 비단 장막에 휘황하고	百枝燈影搖宸仗
만세산 그림자 술잔에 비쳐 드네.	萬歲山光入壽杯
어여쁜 기녀는 화문석에서 간드러지게 춤추고	踏席腰輕仙妓舞
날랜 광대들 줄 위에서 온갖 재주 부리네.	綠橦踉趌倀童才
태평 시절 한가한 틈에 함께 즐김이 마땅하여	太平多暇宜同樂

90　공민왕 18년(1369) 기유년, "丁卯 辛旽設文殊會於演福寺, 王往觀之, 賜僧布五千五百匹. (中略) 癸酉 王觀火山戱."
91　공민왕 원년(1352) 임진년 2월, "戊子 燃燈, 王如奉恩寺."

모든 관원 밤을 새워 놀도록 허락하셨네.[92]　　恩許千官徹曉陪

　　원래 구문九門이라고 하여 옛날 천자天子가 있던 곳을 가리키고,[93] 그 아홉 개의 금문을 열었다는 것은 궁궐 문을 활짝 열었다는 것이다. 그리고 신선이 사는 곳과 같이 아름다운 요대瑤臺에서 잔치를 벌였다고 했다. 백지등百枝燈은 백 개나 되는 나무에 매단 등불들을 가리키는 것으로 보이고, 그 등불들이 비단 장막을 휘황하게 비춘다고 했다. 그리고 만세산萬歲山의 그림자가 술잔에 비친다고 했다. 만세산은 고려시대 문헌에는 기록이 없으며, 조선시대 경복궁의 경회루를 축조할 때 만들어진 산의 이름으로 수맥을 차단하고 보완하려는 풍수사상적 의미를 담아낸 것이었다.[94] 아마도 개경에도 이런 의도를 지닌 만세산을 축조하였고 그 산의 그림자가 술잔에 비친 모양이다. 그리고 춤추는 기녀들이 나타나고 광대들이 줄 위에서 재주를 부리는 가무백희歌舞百戲가 펼쳐진다. 이는 (가)에 나오는 '불꽃놀이와 온갖 놀이판과 기생가무'의 모습과 겹친다. 이규보(1168~1241) 생존 당시보다 100년이 지난 시기(1352)에도 연등회의 궁궐 내 행사 모습은 매우 유사하였음을 알 수 있다.

　　(나)는 공민왕 13년(1364)에 행했던 연등회 기사인데, 그해에는 국가

92　이규보, 『동국이상국집』 권13, 古律詩.

93　『禮記 月令』에서 구문(九門)을 이야기한다. 1은 노문(路門), 2는 응문(應門), 3은 치문(雉門), 4는 고문(庫門), 5는 얼문(臬門), 6은 성문(城門), 7은 근교문(近郊門), 8은 원교문(遠郊門), 9는 관문(關門)이다.

94　최윤영, 「高麗 '火山戲'의 公演樣相」, 『한국민속학』 46, 2007, 394쪽.

적 행사라 할 2월 연등회는 행해지지 않았다. 기사의 내용을 보면 "나라 풍속風俗에 4월 8일은 석가釋迦의 생일이라 하여 집집마다 등불을 켜는데"라고 했다. 4월 8일 석가탄신일 행사로 연등 행사가 일반 백성들이 즐기는 풍속으로 자리를 잡았다는 것을 보여 준다. 그리고 '호기呼旗'라는 아이들의 놀이가 이야기된다. 아이들이 종이를 오려 장대에 붙여서 깃발을 만들고, 그 깃발을 들고 고함을 치며 마을을 돌아다니는 것이었다. 이때 물고기의 껍질을 벗긴 후 북을 만들고 그 북을 두드리며 연등 비용을 보태 달라고 외쳤다고 한다. 아이들은 이를 통해 쌀과 베를 얻어 연등회 비용으로 썼다고 한다.[95] 공민왕은 그런 아이들의 놀이를 구경하고는 상으로 베를 내려 주었다고 했다. 공민왕이 재위하던 즈음에는 궁궐 내 연등회를 없애고, 사월초파일 행사로 연등회를 여는 것이 민간 풍속으로 자리를 잡았다는 것을 알려 주고 있다.

(다)의 기사는 공민왕이 신돈의 집에 가서 연등회를 구경했음을 밝힌 것이다. 왕의 역사를 다룬 세가世家에는 이렇게 짧게 기록되어 있는데, 『고려사』 열전의 「신돈」 조에는 아래와 같이 조금 길게 기록되어 있다.

> (공민왕) 15년(1366) 4월 8일에 신돈이 자기 집에서 연등회燃燈會를 거창하게 열자 서울(개성) 사람들이 저마다 그 본을 떠서 사치를 부렸으며 가난한 집에서는 구걸까지 해 가며 행사 비용을 마련했다. (중략) 연등행사를 할 때 신돈이 자기 집에다 화

---

95 국립민속박물관, 『한국세시풍속사전』.

산火山을 만들어 두고 왕을 모시려는 심산으로 이운목李云牧 · 기
현奇顯과 지신사知申事 염흥방廉興邦, 응양군鷹揚軍 상호군上護軍
이득림李得霖 등과 함께 문 · 관 수백 명을 좌우대左右隊로 삼아
독려했다. 온갖 장식을 다해 만든 등이 1백만 개를 헤아리는
데다가 온갖 놀이로 성대하게 판을 벌이니 왕이 베 1백 필을
내려 주었다.[96]

공민왕의 개혁 정치를 옆에서 이끌어 가던 신돈이 온갖 사치를 부
리는 문제아였음을 밝히고 싶었던 역사가들은 이와 같이 신돈이 연출
한 성대한 연등회를 역사 기록에서 문제라며 제시했다. 신돈이 자기
집에서 연등회를 거창하게 열었고, 그 모습을 본떠서 가난한 집에서
구걸까지 해 가며 행사 비용을 마련했다고 한다. 신돈은 자기 집에 화
산을 만들어 왕을 모셨다 하며, 등이 1백만 개를 헤아릴 정도였고, 온
갖 놀이로 판을 벌였다고 했다. 그에 대한 답례로 공민왕은 베 1백 필을
내려 줬다고 했다. 왕실이 아닌 민간 풍속으로서 4월 8일 연등회가 진
행되었음을 알려 주는 기사라 하겠다.

(라)는 공민왕 18년(1369)에 있었던 문수회文殊會와 화산희火山戲를
이야기하고 있다. 신돈의 주재 아래 거행된 문수회라는 것은 지혜의
보살인 문수보살文殊菩薩을 신앙하는 법회로 공민왕 대에 신돈이 중심
이 되어 이끌었던 법회를 뜻한다. 『고려사』 열전「신돈」조를 보면, 불

---

96 『고려사』 권132, 열전 45, 「반역 신돈」, "十五年, 旽以四月八日, 大燃燈于其第, 京城爭效之, 貧
戶至乞丐以辦.(中略)旽燃燈設火山, 邀王幸其第, 與云牧·奇顯, 知申事廉興邦, 鷹揚軍上護軍
李得霖等, 率文武數百人, 爲左右隊, 督之, 燈以百萬計, 極其奇巧, 又盛陳雜戲, 王賜布百匹."

전에 수미산 모양의 장식대를 가설하고 촛불을 밝힌 후 왕과 신하가 함께한 가운데 등불의 대를 설치하고 한 장이 넘는 높이에 기둥과 같은 촛불을 밝혀 놓았다고 한다. 불전 앞뜰에는 인공의 산을 만들어 금은으로 치장하고, 각종 깃발과 보개를 늘어놓아 화려함이 이를 데 없었다고 기록하고 있다.[97] 연등회는 아니었지만 문수회 역시 등불로 가득 채운 연등회의 또 다른 형태의 불교 행사로 거행되었음을 보여준다.

그리고 석가탄신일에 연등회가 거행된 모양인데, 그때 행해진 화산희火山戲를 공민왕이 구경한 것으로 나온다. 여기서 화산은 신돈 관련 기사에 나오듯 1백만 개의 등불을 달 정도로 거대한 등불의 산, 곧 '등불 산[燈山]'이라 하겠다. 그리고 어둠을 환히 밝히는 화산, 곧 등불 산 앞에서 온갖 놀이가 행해졌던 것이 화산희火山戲였던 것으로 보인다.[98] 아마도 그 놀이는 앞서 밝혔던 것처럼 불 토하기[吐火], 칼 삼키기[呑刀], 처용무處容舞, 짐승의 탈을 쓰고 추는 춤[百獸舞] 등 다양한 형태를 취했을 것이다.

이처럼 공민왕 시절부터 사월초파일의 연등회는 왕이 주관자가 되

---

97 『고려사』권132, 열전 45, 「반역 신돈」, "十六年, 元以旽爲榮祿大夫集賢殿大學士, 賜衣酒, 旽受宣置座傍日, 安用此物爲? 但他所與, 不可弃也. 王惑旽言, 冀生子, 又大設文殊會於演福寺中佛殿, 結彩帛爲須彌山, 環山燃大燭. 又環佛殿燃燭, 燭大如柱, 高丈餘, 負以獅象, 夜明如晝. 備列珍羞凡五行, 絲花彩鳳, 炫燿人目, 幣用彩帛十六束. 又以金銀作假山, 置于庭, 幢幡葆蓋, 五色瞱日. 選僧三百, 遶須彌山作法, 梵唄震天, 隨喜執事者, 無慮八千人. 王與旽坐須彌山東, 率兩府禮佛, 旽白王曰, 善男女願從上, 結文殊勝因, 請許諸婦女上殿, 聽法. 於是, 士女雜遝, 寡婦至有爲旽冶容者. 旽以餠果, 散於婦女, 咸喜曰, 僉議乃文殊後身也. 士女飫珍羞, 或弃地, 一會所費, 至鉅萬."

98 최윤영, 「高麗 '火山戲'의 公演樣相」, 『한국민속학』46, 2007, 375~404쪽.

한국의 연등문화

는 왕실 중심의 행사가 아니었다. 2월의 연등회가 어디까지나 왕실과 국가가 주도하는 행사였다. 그래서 공민왕 이후 우왕 5년(1379) 2월에 "흉년이 들었기 때문에 연등회燃燈會를 열지 못하고 좌소左蘇 천도 계획도 중지시켰다."[99]라든가, 우왕 14년(1388) 무진년 2월에 "연등회燃燈會 참석차 왕이 봉은사奉恩寺에 갔다."[100]라는 기록이 남아 있다. 4월 8일 행사는 아예 언급도 되지 않는다. 이는 석가탄신일을 기리는 4월 8일의 연등행사가 국가 주도의 행사가 아니라 민중의 풍속으로 자리를 잡았기 때문으로 보인다. 아마도 이때는 "기본적으로 등놀이의 성격이 강했던 것"으로 여겨지고, "지방 마을에서 작은 무대를 만들거나 무대 없이 주변에 등롱을 걸어 놓고 민속적 무용과 노래를 부르며 즐기던 놀이였을 것"[101]이라고 짐작된다.

석가탄신일을 기념한 연등회가 왕실뿐만 아니라 백성들이 함께 즐기는 행사로 변화하였음을 보여 주는 기록으로 목은 이색李穡(1328·1396)의 다음 한시를 찾아볼 수 있다.

등불이 계속 이어져 봉성鳳城에 가득한데	燈燈相續盈鳳城
무리마다 다투며 부처님의 이름을 외치네.	隊隊競馳呼佛名
청성淸城의 호기는 널리 알려져	淸城豪氣盖今古

99 우왕 5년(1379) 기미년, "以年荒, 停燃燈, 罷移都左蘇."

100 우왕 14년(1388) 무진년, "燃燈, 禑如奉恩寺."

101 진철승, 「사월초파일과 등놀이 축제」, 『연등회의 종합적 고찰』, 민속원, 2013, 135쪽. (김호섭, 「중세등불놀이에 관한 연구」, 『력사과학』 112호, 과학백과사전출판사, 1984, 45쪽. 참조한 진철승의 표현 인용.)

나가 놀려는 마음으로 늙은 나를 초대하였네.	有意出遊邀老生
늙은이는 최근에 병이 들었으나	老生邇來病在身
또 다시 흥에 겨워 말을 타고 가네.	亦復乘興聯鞍行
올해의 관등놀이는 지난해보다 좋으니	今年觀燈勝去年
비성飛星이 높이 하늘로 들었네.	火燼飛星高入天
금문에는 용수산이 은은이 비추고	金門隱暎龍壽山
임금님의 웃음소리는 구름 사이로 전해지네.	天顔一笑雲間傳
늙은 신하들은 섬돌에서 시위하지 못하여	老臣無由侍螭陛
눈썹을 치켜 눈을 주시하나 얼마나 아득한가.	軒眉注目何茫然
부추副樞는 새로이 작은 산에 의지하여 사는데	副樞新居倚小山
산머리에 우뚝 서서 사람의 거리를 내려다보네.	山頭突起臨人寰
동서로 쳐다보니 기세는 넓어 보이는데	西瞻東眺面勢寬
몸을 세우니 뜬구름 끝에 있는 듯하네.	竦身如在浮雲端
단지 노인의 다리로 높은 사닥다리에 피곤한 것 싫어	只嫌老脚困危梯
위로 올라가며 오히려 힘을 다해 사람이 끌어 주네.	上上却費人携提
돌아오는 길에 가는 비 내리고	歸途微雨數點落
피곤해 누워 자다가 이웃집 닭이 우는 것도 알지 못했네.	困臥不覺呼隣鷄
하늘은 밝았으나 촉촉이 내리는 비는 그치지 않네.	天明滴滴又不止
재상의 바람을 헤아리지 않은 것은 아니나	宰相祈禱非無稽
놀이가 이미 옛 자취 된 것을 앉아서 생각하니	坐思淸游已陳跡
녹음에 또 꾀꼬리가 울고 있겠네.[102]	綠陰又有黃鶯啼

---

102 『牧隱先生文集』卷32, 「同柳巷觀燈」.

이색은 이 시를 쓰면서 "유항과 함께 서봉에서 관등놀이를 구경할 적에 아들놈들도 함께 따라왔는데, 부추가 새로 거처를 마련한 산 위에 다시 올라서서 보니 그 광경이 더욱 장관이었다. 돌아오는 길에 가랑비가 내렸는데, 피곤해서 곧장 잠에 떨어졌다가 아침에 일어나서 보니, 아직도 빗방울이 떨어지고는 있으나 땅을 적실 정도는 되지 못하였다. 이에 느껴지는 점이 있기에 시 한 수를 지었다."[103]라고 길게 설명해 놓고 있다.

시에 언급된 청성清城은 청성군清城君 유항柳巷 한수韓脩(1333~1384)를 가리킨다. 그는 공민왕을 시해한 한안韓安의 친척이라는 이유로 유배를 갔다가 1378년 유배에서 풀려났다. 그리고 그는 상당군上黨君으로, 수충찬화공신輸忠贊化功臣으로, 이어서 청성군에 봉해졌다가 1383년 판후덕부사判厚德府事에 이른 인물이다. 일찍이 목은 이색과 교분이 깊었다 하는데, 한수를 '청성군'이라 칭하는 것으로 보아 1378년에서 1383년 사이에 있었던 연등회를 이야기하고 있는 것이라 하겠다. 그즈음에 대한 『고려사』의 기록을 들여다보면 연등회가 펼쳐진 것은 우왕 7년(1381) 신유년 4월이었다. 4월 기록에는 "석탄일을 맞아 우왕이 총애하는 신하들과 함께 화원花園에 가서 연등행사를 구경했다."라고 했다.[104] 이색은 1377년, 그의 나이 50세에 우왕의 스승이 되었고, 유배를

---

103 『牧隱先生文集』卷32,「同柳巷觀燈」. "同柳巷觀燈西峯㹠犬輩亦來又至副樞新居山上益佳歸送有微雨困而就寐晨興尙有點滴然不濕土乃有所感因題一首."

104 『고려사』권135, 열전48 우왕3, "四月 甲戌 雨雹. 禑以釋迦生日, 與諸嬖, 如花園, 觀燈宴樂迎送 . 錄事李㟳, 適以聽候內旨, 近其側, 禑見之日, 黑笠者誰? 逢執而親杖之. 㟳痛不可忍, 執其杖 , 禑怒甚, 蹴其面, 使巡軍鞠之, 流驪興郡." 우왕 4년(1378) 무오년 2월에는 흉년이 들어 연등회(燃燈會)를 중지시켰다고 했고, 우왕 5년(1379) 기미년 2월에는 흉년이 들었

갔던 친구 한수와 더불어 1381년 4월 개경에서 행해진 석탄일을 축하하는 등불놀이를 구경했던 것이다. 그런데 명칭을 연등회라 하지 않고 관등觀燈이라 쓰고 있다. 국가적 차원에서 보통 2월에 행해 왔던 연등회와 구별해, 석가탄신일에 백성들까지 어우러져 행하는 등불 축제를 관등놀이라 한 것이다. 이색은 유항 한수와 함께 서봉西峯에 올라 개경의 여기저기에서 펼쳐지는 연등 축제를 바라보았던 것이다.

연등을 노래한 향가와 고려가요 그리고 한시

연등을 노래한 고려시대 작품으로 균여均如(923~973)가 지은 〈광수공양가廣修供養歌〉, 고려가요 〈동동動動〉, 그리고 이규보를 비롯한 사대부들의 한시가 전한다.

향가 〈광수공양가〉

균여 대사는 고려 초 화엄교학의 대가로 신라 의상義湘의 화엄학을 따르면서 여러 불교 관련 저서들을 펴내고, 대중이 부를 수 있는 향가를 짓기도 했다. 당시에 불교 경전은 한문으로 쓰여 있었고, '唵麼抳鉢銘吽(옴마니반메홈, 산스크리트어 ཨོཾ་མ་ཎི་པདྨེ་ཧཱུྃ)'과 같이 범어를 음차音借해 한자로 쓰인 진언眞言이 쓰이고 있었지만 일반 대중이 부처님을 향해 부를 수

기 때문에 연등회(燃燈會)를 열지 못하고 좌소(左蘇) 천도 계획도 중지시켰다고 했다. 1378~1383년 사이에 석가탄신일을 맞아 행한 연등회는 1381년 4월에 열린 것이다.

있는 우리말 노래가 많지 않았다. 균여 대사는 이를 안타깝게 여겨 찬불가라 할 향가를 창작해 대중이 부를 수 있는 노래를 지어야겠다고 생각했다.

> 무릇 '사뇌詞腦(향가)'라는 것은 세상 사람들이 놀 때에 부르는 도구요, '원왕願王'이라는 것은 보살이 수행하는 중추다. 그래서 얕은 데를 건너서 깊은 곳으로 갈 수 있고, 가까운 데서부터 먼 곳까지 다다를 수 있는 것이다. 세속의 방법을 따르지 않고 그 진상을 알 수 없고, 속된 말을 통하지 않고는 많은 사람들에게 깊은 뜻을 전할 수가 없다. 이제 흔히 아는 가까운 일에 의탁해 생각하기 어려운 먼 진리를 알게 되리라 하여, 열 가지 대원大願의 불경佛經에 의지해서 11수의 노래를 지어 여러 중들의 눈에 부끄러우나 부처님의 마음을 알기를 바란다.[105]

이러한 이야기를 하면서 그는 일반 대중도 부를 수 있는 불교 노래로 11수의 향가인 〈보현십원가普賢十願歌〉를 지었다. 세상 사람들이 즐겨 부르는 노래를 통해 불교의 깊은 이치를 터득할 수 있기를 바랐던 것이다. 이 노래는 『화엄경』「보현행원품普賢行願品」의 내용을 담고 있다. 보현보살의 열 가지 서원을 순서대로 노래하고, 마지막에 〈총

---

105 『대화엄수좌원통양중대사균여전(大華嚴首坐圓通兩重大師均如傳)』,「第七歌行化世分者」, "夫詞腦者 世人戲樂之具 願王者 菩薩修行之樞故 得涉淺歸深 從近至遠 不憑世道 無引劣根之由 非寄陋言 莫現普因之路."(ABC, H0060 v4, p.513a09-a12)

결무진가(總結無盡歌)〉를 덧붙여 총 11수로 지은 향가였다.[106] 그 11수 가운데 세 번째 작품이 〈광수공양가(廣修供養歌)〉로 등불 공양을 노래하고 있다.

부젓가락 잡으며	火條執音馬
부처님 앞 등불 돋우는데	佛前燈乙直體良焉多衣
등 심지[燈炷]는 수미산(須彌山)이요	燈炷隱須彌也
등 기름[燈油]은 큰 바다[大海]를 이루거라.	燈油隱大海逸留去耶
손은 법계(法界) 다하도록 합장하며	手焉法界毛叱色只爲弥
손마다 법공양[法供]으로	手良每如法叱供乙留
법계(法界) 가득 차신 부처님[佛體]	法界滿賜仁佛體
불불(佛佛)께 모두 공양하옵고자.	佛佛周物叱供爲白制
아, 법공양[法供]이야 많으나	阿耶 法供沙叱多奈
이 어와 최고의 공양[最勝供]이어라.[107]	伊於衣波最勝供也

---

106 『화엄경』의 「보현행원품」에 등장하는 행원은 ①예경제불(禮敬諸佛) ②칭찬여래(稱讚如來) ③광수공양(廣修供養) ④참회업장(懺悔業障) ⑤수희공덕(隨喜功德) ⑥청전법륜(請轉法輪) ⑦청불주세(請佛住世) ⑧상수불학(常隨佛學) ⑨항순중생(恒順衆生) ⑩보개회향(普皆廻向)이다.

107 이 작품에 대한 해석은 아래와 같이 다양하게 존재한다. 필자는 이들 해석을 바탕으로 하여 필자 나름대로 이와 같이 번역을 하였다. 양주동, 『증정고가연구』, 일조각, 1965. / 김완진, 『향가해독법연구』, 서울대학교출판부, 1980. / 김영만, 「향가의 善陵과 頓部叱에 대하여」, 『동양학』 21집, 단국대 동양학연구소, 1991, 31~56쪽. / 김유범, 「균여의 향가 〈광수공양가〉 해독」, 『구결연구』 25집, 구결학회, 2010, 47~81쪽. / 김지오, 「균여전 향가의 해독과 문법」, 동국대 박사학위논문, 2012. / 김성주, 「균여 향가의 해독과 한역시 그리고 보현행원품」, 『제42회 구결학회 전국학술대회 발표논문집』(구결학회, 2010), 168-174쪽. / 김종진, 「균여가 가리키는 달 : 普賢十願歌의 비평적 해석」, 『淨土學硏究』 19집, 정토학회, 2013.

화자는 부젓가락 잡고 부처님 앞에 등불을 돋우고 기도한다. 등불의 심지는 수미산 같고 등 기름은 큰 바다를 이루기를 바란다. 한량없는 등 공양의 모습을 형상화한 것이다. 그리고 법계法界가 다하도록 두 손 모아 합장하며, 수많은 사람들이 법공양으로 법계에 가득한 부처님들께 공양한다고 했다. 마지막 구절에 가서는 법공양은 많으나 이것이 최고의 공양이라 노래한다.

그런데 마지막 10행 '이伊'의 번역을 두고 논란이 있다. 대명사 '이것'으로 번역되는 것을 '법공양'(김완진)으로, '보현행원'(김지오)으로, 또는 '등공양'(김종진)으로 해석하기도 한다.

『화엄경』의 〈광수공양〉은 공양으로 꽃, 의복, 향, 등불 등을 제시한다. 등불에 대해서는 "가지가지 등을 켜되 우유등·기름등·향유등의 심지는 수미산 같고, 낱낱의 등 기름은 큰 바닷물과 같으니, 이러한 것들의 온갖 공양거리로써 언제나 한결같이 공양하는 것이니라."[108]라고 쓰고 있다. 여기에 제시된 등공양이 〈광수공양가〉의 앞부분에 반영되어 있음을 알 수 있다.

> 선남자여, 모든 공양 가운데 법공양이 으뜸이니, 이른바 부처
> 님 말씀대로 수행하는 공양이며, 중생을 이롭게 하는 공양이
> 며, 중생을 자비심으로 보호하는[攝受] 공양이며, 중생의 괴로
> 움을 대신 받는 공양이며, 부지런히 선근을 닦는 공양이며, 보

---

108 『大方廣佛華嚴經』卷第四十, 「入不思議解脫境界普賢行願品」, "然種種燈, 酥燈, 油燈, 諸香油燈, 一一燈炷如須彌山, 一一燈油如大海水, 以如是等諸供養具常為供養."

살의 업을 버리지 않는 공양이며, 보리심을 여의지 않는 공양
이니라. 선남자여, 앞에서 말한 공양의 많은 공덕을 한 생각
동안 닦는 법공양의 공덕에 비교한다면 백분의 일에도 미치
지 못하며, 천분의 일에도 미치지 못하며, 백천억분과 한 털
끝을 백분으로 나누었을 때의 수, 계산할 수 있는 수, 헤아릴
수 있는 수, 비유할 수 있는 수, 가장 작은 극미한 수의 일에도
미치지 못하느니라. 왜냐하면 모든 부처님께서는 법을 존중
하기 때문이며, 부처님 말씀대로 수행하는 것이 모든 부처님
을 출생하게 하는 것이기 때문이니라.[109]

『화엄경』에서는 공양 가운데 으뜸이 법공양이라 했다. '법공양'은
중생을 이롭게 하고 부지런히 선근을 닦는 등 불교적 깨달음을 위해
매진하는 것이다. 부처님이 법을 존중하는 까닭에 부처님 말씀대로 수
행하는 법공양이 최고다. 앞서 이야기한 등공양이나 향공양과 같은 물
질적 공양이 필요치 않은 것은 아니나, 그보다 더 중요한 것은 법공양
이라 한다. 이러한 「보현행원품」의 논리를 따르고 있는 것이 〈광수공
양가〉라고 본다면, '이것'은 '법공양'으로 보아 타당할 것이다. 김완진
의 해석은 이를 그대로 따르고 있다.

---

109 『大方廣佛華嚴經』卷第四十,「入不思議解脫境界普賢行願品」, "善男子! 諸供養中, 法供養最.
所謂: 如說修行供養, 利益衆生供養, 攝受衆生供養, 代衆生苦供養, 勤修善根供養, 不捨菩薩
業供養, 不離菩提心供養. 善男子! 如前供養無量功德, 比法供養一念功德百分不及一, 千分
不及一, 百千俱胝那由他分, 迦羅分, 算分, 數分, 諭分, 優婆尼沙陀分亦不及一. 何以故? 以
諸如來尊重法故, 以如說修行出生諸佛故."

그에 비해 김종진은 '이것'을 '등공양'으로 보아야 한다고 했다. 작품을 그 자체로 완결된 구조물로 보아야 한다는 점, 다른 작품과 비교해서 살펴보아야 한다는 점을 고려해야 한다는 단서를 달고 시도한 해석이다. 그는 균여 대사가 "경전에서 전달하고 있는 언사의 이면에 깊이 들어가 등공양을 올리는 작은 손을 캐어 낸 것"[110]으로 본다면서 "온 누리의 어둠을 밝히는 상징적인 행위는 곧 경전에서 말하는 법공양의 실천 행위에 다르지 않다. 등공양은 법공양에 해당하며, 간절하고 소박한 서원과 정성이 담긴 기도하는 이의 등불 올리는 행위 자체는 그 어떤 법공양보다 더 진실하고 가치 있다는 주제가 담겨 있다."[111]라고 해석하여 '이(이것)'를 '등공양'으로 보았다.

그런데 공양을 하자는 내용을 담은 노래인데, 경전의 대의에서 벗어나 등공양이 최고라는 것을 말하려고 한다는 해석은 적절해 보이지 않는다. 10구체 향가가 대체로 3단 구성을 취한다는 점을 고려하고, 경전의 내용과 연결하여 보면 대체적인 내용 정리가 가능하다. 1행에서 4행까지는 부젓가락으로 등불을 켜되 수미산만큼 등불의 심지를 돋우고, 드넓은 바다와 같은 등불 기름으로 부처님께 공양을 올린 상태를 말하고 있다. 그런 다음에 5행부터 8행까지는 향을 피우고 등불을 켠 상태에서 신도가 두 손을 모아 법계에 가득한 부처님을 향해 기도하며 법공양을 실천함을 말하고 있는 것이다. 낙구인 9행과 10행은 법공양이 참으로 많으며, 중생을 이롭게 하며 깨달음을 추구하는 법공

---

110 김종진, 위의 글, 112쪽.
111 김종진, 위의 글, 112쪽.

양이 최고의 공양이라 강조하고 있다. 등공양을 부정하는 것이 아니라 그런 물질적 공양을 인정하면서도 진정으로 불교적 깨달음이라는 법공양이 함께 이루어져야만 한다는 것이다.

균여 대사는 〈광수공양가〉에서 『화엄경』에서 이야기되는 꽃, 의복, 향, 등불 등 수많은 물질적 공양 가운데 등불만을 선택하고, 그 등불을 켜고 두 손을 모아 온 세상에 가득한 부처님을 향해 기도하되, 그 기도만으로 끝내지 않고 진정한 법공양 즉 깨달음의 실천으로 가야 함을 말하려 했던 것이다. 깨달음을 추구하는 수행자가 나아가야 할 공양이 무엇인지 등불 공양하는 장면만을 간결하게 포착하여 깊은 울림을 만들어 내고 있는 것이다.

고려가요 〈동동〉

고려시대 왕실이나 민중에서 세시풍속으로 연등회를 즐겼다는 것을 우리는 〈동동動動〉이라는 작품을 통해 짐작해 볼 수 있다. 민요를 궁중음악으로 만들어 노래했던 고려가요 〈동동〉은 2월 보름의 연등회 모습을 다음과 같이 표현하고 있다.

二月ㅅ 보로매 아으 노피 현 燈ㅅ블 다호라

萬人 비취실 즈싀샷다

아으 動動다리

번역하면 이렇다. "2월 보름에 높이 켠 등불과 같구나. 만인을 비추실 모습이다." 2월 연등을 노래하는 것으로 보아 고려가요 〈동동〉은

아박

현종 대부터 공민왕 대 사이에 만들어진 작품이라 하겠다. 작품에는 사랑하는 이와 이별한 화자의 모습이 보인다. 그는 등불을 보며 임을 생각한다. 2월 보름에 높이 켠 등불 같은 임, 아롱아롱 비치는 등불은 만인을 비추실 임의 모습과 겹쳐진다. 연등회의 등불은 민중의 노랫가락 속에 이렇게 살아 있었다.

　그런데〈동동〉은『고려사』악지樂志의「속악俗樂」조를 보면 첫머리에 '무고舞鼓', '무애無㝵'와 함께 실려 향악정재鄕樂呈才에서 가무를 할 때 불렸던 노래이다.[112] 고려시대 궁중무용에서 아박牙拍의 반주가로 불렸다. 기녀 둘이서 아박을 받들어 들고〈동동〉의 첫 구를 노래하면 나머지 여러 기녀가 그에 따라 화창하면서 전개해 나갔던 궁중음악의 가사가〈동동〉이다. 일반적인 연회는 물론이고 연등회의 자리에서도 불렸을 것이다.

---

112 『고려사』악지 권25 속악(俗樂) 조.

한시 속 연등

고려시대에 나온 한시 몇 편을 보면 고려 전기의 김부식과 임종비, 몽골 침략기의 이규보, 고려 후기의 이곡 등이 쓴 몇 작품이 고려시대의 연등회 분위기를 잘 보여 주고 있다.

우선 고려 전기의 연등회를 보여 주는 작품으로 김부식金富軾(1075~1151)의 〈등석燈夕〉이 있다.

성과 궁궐이 깊고 엄한데 시간은 깊어 가고	城闕深嚴更漏長
등불 산과 등불 나무는 어우러져 찬란하네.	燈山火樹燦交光
비단 휘장 어슴푸레하고 봄바람은 살랑대고	綺羅縹緲春風細
고운 단청 환해지고 새벽달은 서늘하네.	金碧鮮明曉月涼
어좌御座는 하늘의 북극에 드높이 걸렸고	華蓋正高天比極
옥로는 대궐 중앙에 마주 대하여 놓여 있네.	玉爐相對殿中央
임금님 공손하셔서 성색을 멀리하시니	君王恭默疏聲色
궁녀들아 패물치레 자랑 마라.	弟子休誇百寶粧

연등회 날 밤이 깊어 가는데 성과 궁궐에는 거대한 등산燈山이 세워지고 등불을 매단 등수燈樹가 어우러져 찬란하기만 하다. 그 사이로 늘어진 비단 휘장, 살랑대는 봄바람, 등불에 빛나는 단청, 서늘한 기운을 뿜는 새벽달이 있다. 그리고 하늘의 북극성처럼 높은 임금님의 자리와 대궐 중앙에 옥으로 만든 화로가 놓여 있다. 이때 어좌御座로 표현한 화개華蓋는 말 그대로 화려한 덮개인데 임금님이 앉는 자리인 용상龍床 위의 천장이나 일산日傘을 말한다. 이 화개는 모든 별의 기준이 되는 북극

성과 비교되고 있다. 그리고 '옥으로 만든 화로'인 옥로玉爐는 궁전의 앞 계단 아래에 놓여서 임금 밑에 길게 늘어서서 마주하는 신하들의 위치를 상징한다. 그런 가운데 임금님은 공묵恭黙하셔서 즉 공손하고 말이 없으셔서 성색聲色 곧 음악과 여색을 멀리하신다고 하였다. 그래서 화자는 제자弟子들에게 패물치레 자랑하지 말라고 소리친다. 이때의 '제자'는 배나무 동산의 제자, 이원제자梨園弟子를 말한다. 당나라 현종玄宗이 악공이나 광대들을 모아 놓고 음악을 가르치게 했던 곳이다. 이 한시에서는 궁녀들을 가리킨다고 볼 수 있는데, 궁녀들이 온갖 장식을 하고 임금에게 잘 보이려고 하지만 임금은 좋아하지 않으니 패물치레 자랑하지 말라고 하는 것이다.

이 작품은 아마도 김부식이 이자겸의 난(1126)을 거치면서 재상이 된 후 관직에서 은퇴한 인종 18년(1140) 사이에 있었던 궁궐 내의 연등회를 보며 쓴 시일 것이다. 김부식은 호부상서 한림학사승지의 벼슬을 지내고, 묘청의 난(1135)이 일어났을 때 원수가 되어 삼군을 지휘하였으며, 은퇴 후에는 『삼국사기』(1145)를 편찬했다. 그런데 그는 〈등석燈夕〉을 통해 임금을 찬양하는 듯하면서도 한편으로는 왕의 도리를 깨우쳐 주려는 풍간諷諫의 의도를 지녔던 것으로 보인다. 군주는 성군이 되려면 과묵해야 하고 여색을 즐겨서는 안 된다는 유교적 가르침을 보여주려 한 것이라 볼 수 있다.[113]

현종 이후에는 대부분 2월 보름에 연등회를 행했는데, 숙종肅宗 10년(1105) 그리고 의종毅宗(재위 1146~1170) 기간에는 20회에 걸쳐 정월 보름 연

---

113 김명희, 「김부식의 인물됨과 詩話의 전승」, 『고려시대인물전승』, 이회, 1999, 120~121쪽.

등회를 행하기도 했다. 인종仁宗(재위 1122~1146)의 제삿날이 있는 달[忌月]을 피하다 보니 그리 한 것이라 한다. 의종 때에 임춘林椿의 큰아버지 임종비林宗庇가 〈등석치어燈夕致語〉라고 하여 연등절 때 임금에게 올린 칭송의 글도 전하고 있다. "봄바람이 발하매 백초百草가 나게 되어 빛나게 상원上元의 모임을 여오니, 일반의 즐거움이 어디에서나 같사옵고 장관이 한결같이 새롭나이다.""[114]라고 하면서 임금을 찬양하는 글을 짓고는 마지막에 다음과 같은 한시를 적고 있다.

봄이 건곤에 들어와 날씨 점점 화창한데　　春入乾坤日漸融

옥황이 음악을 벌이고　　玉皇張樂化人宮

인궁人宮을 화化하게 하옵나이다.　　笙歌迢遞中宵月

생황과 노랫소리는 한밤 달에 드높은데　　羅綺繽紛寶殿風

엷은 비단 화려한 의복　　金鴨吐香煙縷碧

보전 바람에 어지러이 흩어지나이다.　　燭籠分影火山紅

금압 향로에서 향을 토하니　　都人不怕金吾問

연기 줄기 푸르고　　天許遊觀與衆同

초롱이 그림자를 가르니

화산火山이 붉으옵니다.

서울 사람은 호위무관의 물음

두려워하지 않사온데

하늘이 구경거리 허락해

114 『동문선』 권104, 「燈夕致語」.

대중과 함께 하옵니다.

　봄밤에 연등축제가 화려하게 펼쳐지고 있음을 말하고 있다. 엷은
비단과 무늬가 있는 화려한 의복을 입고 사람들이 노닐고 있다. 생황
을 연주하고, 노랫가락이 높다. 금으로 장식한 오리 모양의 금압金鴨 향
로에 향을 피우고, 연기가 피어난다. '촉롱燭籠'은 '초롱'이라는 말로 변
하여 전해지는데, 종이나 무명을 발라서 긴 네모꼴로 만든 촛불을 켜
드는 것이다. 등롱燈籠이 처마나 집 기둥 바깥에 거는 등燈 기구라면, 초
롱은 사람들이 들고 다니기 편하게 만든 등불이라 하겠다. 산처럼 만
든 곳에 이 초롱을 환하게 밝혀 불의 산[火山]을 만들었음을 위의 한시
는 보여 주고 있다. 이는 아마도 산대山臺에 수많은 등을 설치하였음을
알려 준다.

　여기서 이야기되는 초롱이 어떤 형태인지는 명확하지 않다. 백과
사전을 뒤져 보면 초롱에는 종이로 만든 지초롱紙燭籠, 비단으로 만든
사초롱紗燭籠, 야간에 순찰을 도는 순라꾼들이 휴대하고 다녔다는 조족
등照足燈, 북 모양으로 둥그렇게 만들어진 고등鼓燈이 있었다고 한다.[115]
아마도 연등축제에 화산火山에 걸린 등불은 지초롱이나 사초롱 같은 것
으로 여겨진다.

　조선시대에도 〈등석치어〉의 한시를 거의 그대로 차용하여 쓴 시
가 전하기도 한다. 조인규趙仁奎라는 조선 전기 때의 인물로 〈상원관

---

115 『한국민족문화대백과사전』, 「초롱」.

등롱

초롱

초롱

조족등

한국의 연등문화

등응제上元觀燈應製〉[116]라는 시가 있는데 〈등석치어〉에 나온 한시와 많이 닮았다. 임금의 명령에 따라 지은 시를 응제시應製詩라고 하는데 이 시를 두고 허균은 "넉넉하고 아름답다. 역시 응제시의 고수다."[117]라고 평하였다.

다음으로는 몽골의 간섭 시기를 살다 간 이규보의 한시를 살펴보자. 앞에서도 보았지만 연등회를 그린 또 다른 한시도 있다.

구문에 임금님 납시니 벽제辟除 소리 우레와 같고	九門淸蹕走驚雷
궁중의 화사한 연회 밤을 정해 열었어라.	藥闕華筵卜夜開
용 촛불 그림자 속에 꿩 깃발 도열했고	龍燭影中排羽葆
봉황 통소 부는 가운데 금 술잔 보내왔구나.	鳳簫聲裏送金杯
만세 삼창하니 삼신산 솟아올랐고	三呼萬歲神山湧
천년 만에 한 번 이는 선도仙桃가 실려 왔네.	熟丁年海菓來
신하들에게 마음대로 즐기도록 허락해 주어	恩許侍臣司宴樂
어사화御賜花 가득 꽂고 취하여 부축받아 돌아왔노라.	宣花萬插醉扶廻

상서로운 아지랑이 감돌고 자신전紫宸殿 드높은데	祥煙繚繞紫宸高
보좌寶座의 중앙에 임금님 납시었네.	幄座中央認緒袍
동부에서 노래 부르며 옥삭 두드렸고	洞府徵歌敲玉索

---

116 "春入乾坤日漸融 鰲山千疊擁晴空 九天星月籠仙仗 萬戶笙歌徹曉風 金鴨噴香烟縷碧 燭龍分影火山紅 昇平又値繁華節 時許遊觀與衆同."(허균, 『國朝詩刪』卷5)

117 허균, 『國朝詩刪』卷5, "富麗亦是應製高手."

교방에서 기생 선발하여 선도에 취했어라.	教坊選妓醉仙挑
구층의 향로에는 용뇌 향기 피웠고	九層爐熱金龍腦
사방을 비추는 등불에는 봉황기름을 사용했네.	四炤燈燃白鳳膏
서왕모도 찾아와서 천세수 올리니	西母獻來千歲壽
제자들을 불러 운오雲璈를 치게 하였네.[118]	指呼弟子鼓雲璈

이 작품은 칠언 배율排律의 한시로 〈기사년 등석燈夕에 한림원에서 지어 올리다[己巳年燈夕翰林奏呈]〉 가운데 '문기장자시文機障子詩' 2수이다. 이때의 기사년은 고려 희종熙宗 5년(1209)으로 연등회 자리에서 과하다 싶을 정도로 임금을 찬양하는 시를 짓고 있다. 수련首聯의 '벽제辟除 소리'란 "게 물러섰거라. 임금님 행차시니라."와 같이 하면서 잡인을 금하는 소리이다. 그 소리가 우레와 같았다. 길일吉日을 받아 연등회가 열렸는데, 거기에서 이제 술자리가 펼쳐졌다. 함련頷聯은 술자리의 광경을 표현하고 있는데, 용 촛대에 불이 켜지고 봉황 퉁소의 소리가 울려 퍼지는 가운데 금 술잔을 임금이 하사한다. 그리고 경련頸聯에 이르러서는 "임금님 만세!" 소리가 세 번 울려 퍼지자 삼신산이 솟구친다고 하고, 천년이 된 신선의 복숭아를 임금이 선물로 내린다. 미련尾聯에서는 그렇게 임금께서 신하들에게 주연을 베풀어 흥건히 취해 부축받아 돌아왔다고 했다. 임금에 대한 찬양이 지나치다 싶을 정도이다.

이규보는 권세를 가진 가문 출신이 아니었으므로 23세(1190)에 문과

---

118 이규보, 『동국이상국전집』 제13권, 고율시(古律詩), 「문기장자시(文機障子詩)」 2수. (한국 고전번역원)

에 급제했어도 한동안 관직을 얻지 못했다. 그래서 자신을 백운거사白雲居士라 하고 불우한 처지를 노래하고(1192), 『동명왕편』(1193)을 지으면서 문명을 떨쳐 보려고도 했다. 그렇게 한참이 지나 32세(1199)에 가서야 최충헌을 국가적 대공로자로 칭송하는 시를 지어 전주목에 부임했지만 금방 면직되고, 농민폭동진압군 수제원修製員으로 자원해 종군(1202)하기도 했다. 그러다 40세가 되는 1207년에 이인로, 이공로 등과 겨루었던 〈모정기茅亭記〉가 최충헌의 눈에 들어 '직한림直翰林'에 임명되고, 이때부터 탄탄대로였다. 이우성 선생의 표현처럼 "최충헌崔忠獻·최이崔怡 부자 양대에 걸쳐, 그는 그의 문학으로 최씨정권에 마음껏 협조했"고, "이규보의 눈에 비치는 최충헌·최이 부자는 국가의 간성이며 민족의 지주"였다고 하겠다.[119] 가까스로 권력의 중심으로 들어온 지 얼마 되지 않은 1209년에 쓴 작품이 위의 것이었으니, 권력에 대한 찬앙의 목소리가 지나치다 싶을 정도로 나타났던 것이다.

그다음에 나온 이규보의 한시는 연등회의 등불에 대한 언급이 있어 관심을 끈다. 임금님이 납신 가운데 동부洞府에서 노래 부르며 옥삭玉槊을 두드렸다고 했다. '동부'는 신선이 사는 곳을 가리키고, '옥삭'은 옥으로 된 고리를 가리킨다. 노랫소리가 신선세계의 것과 같다는 비유로 보인다. 교방기생敎坊妓生의 춤사위가 펼쳐지고 신선의 복숭아를 먹고 취하였다고 했다. '교방'은 고려 때 여성들의 음악을 관장하던 관청이다. 송나라의 교방악을 배워서 연주하던 기생들이 '교방기생'인 것

119 이우성, 「고려중기의 민족서사시-동명왕편과 제왕운기의 연구-」, 『한국의 역사인식 上』, 창작과비평사, 1994, 160쪽.

조선시대 김홍도가 그린 〈부벽루연회도〉에
'포구락'의 모습이 보인다.

조선시대 왕실의 행사를 글과 그림으로 기록한
『진찬의궤』에 그려진 포구락도.

이다. 문종 27년(1073)에 "11월에 팔관회를 차리고 왕이 신봉루神鳳樓에
나아가 가무를 보았는데, 교방여제자敎坊女弟子 초영楚英이 새로 전래한
'포구락抛毬樂'과 '구장기별기九張機別伎'를 연주하였다."[120]라는 기록이 나
온다. 이 가운데 '포구락'은 포구문抛毬門을 가운데에 놓고 편을 나누어
노래하고 춤추며 차례로 공을 던지는 놀이다. 공을 구멍에 넣으면 봉
화가 상으로 꽃을 주고, 넣지 못하면 봉필奉筆이 벌로 붓을 먹에 찍어
얼굴에 점을 찍는 놀이였다.[121]

---

120 『고려사』樂志.
121 『한국민족문화대백과사전』,「포구락(抛毬樂)」.(한국학중앙연구원)

한국의 연등문화

김홍도가 그린 〈부벽루연회도〉에 포구락을 하는 장면이 나온다. 평양 모란봉 기슭에 있는 부벽루에서 열린 연회의 모습을 그린 김홍도의 작품이다. 7명의 악사가 앞에 배치되고 무용수들이 처용무며 칼춤, 북춤을 추고 포구락과 허선도 등의 춤을 추고 있다. 고려시대 이규보가 살던 시절에도 이와 같은 춤판이 벌어지고 있었을 것이다. 그런데 시간은 등불을 훤히 밝힌 연등회 날 밤이었다. 9층의 향로에는 용뇌향龍腦香을 피웠다. '용뇌'는 서긍徐兢이 쓴 『선화봉사고려도경』(1123)에 "짐승 모양의 향로에 사향이나 독누篤耨·용뇌龍腦·전단旃檀·침수沈水 등 속을 태운다."[122]고 할 때에도 나온다. 용뇌는 용뇌향나무에서 얻는 하얀 결정체인데, 방향성芳香性이 있고 중풍이나 담, 열병 따위로 혼미한 정신 상태이거나 인후통에 시달릴 때 쓰는 치료제라고도 한다. 이규보가 연등회를 즐기던 당시에는 용뇌를 태우는 향기가 대궐 안을 가득 채웠던 모양이다. 9층의 향로는 정확히 어떤 모습인지 알 수 없다.

이규보가 쓴 〈등롱시燈籠詩〉 4수가 『동국이상국전집』에 함께 실려 전한다. 연등회가 펼쳐지면 임금님 앞에서 한림원 문사文士들이 등불을 노래하는 시를 지어 바쳤던 모양이다.

오색구름 가운데 옥황에게 절하니 　　　　　五色雲中拜玉皇

별과 달은 머리 위에서 깜빡이네. 　　　　　壓頭星月動寒芒

---

122 서긍, 『선화봉사고려도경』 제30권, 器皿 1, "獸爐. 子母獸爐 以銀爲之 刻鏤制度精巧 大獸 蹲踞 小獸 作搏攫之形 返視張口 用以出香 惟會慶 乾德公會 則置于兩楹之間 迎詔 焚麝香 公會則蒸篤耨 龍腦 旃檀 沈水之屬 皆御府所賜香也 每隻 用銀三十斤 獸形連坐高四尺 閣二 尺二寸."

도성 사람들은 천문의 찬란함은 모르고	都人不覺天文爛
은등銀燈이 깜박거리는 빛인가 의심하네.	遙認銀燈爍爍光

비단 등롱은 물결 속에 진주가 비친 듯하고	紗籠剪水分珠蚌
황금 궁전에는 밤이 깊어 밝은 달이 걸렸구나.	金殿移天掛玉蟾
만호장안萬戶長安에 고루 비쳐 불야성 이루었으니	炤遍鳳城渾不夜
계인이 물시계를 잘못 계산할까 염려되네.	鷄人應誤漏壺籤

붉고 푸른 비단 등롱 연꽃처럼 아름다운데	絳碧紗籠菡萏開
용의 기름 불꽃을 토해 붉은 연기 휘도네.	龍膏吐暈紫煙廻
대보름을 인하여 불꽃이 길이 연달아	憑渠好續常生焰
천추만세의 장수 술잔을 비춰 주네.	萬歲千年炤壽杯

금등金燈 불꽃 토하고 홍사 초롱 투명하니	金燈吐焰透紅紗
동쪽에 해 돋아 새벽 놀 무리졌네.	日散千暉暈曉霞
천하가 한 집 되고 임금님 인자하니	四海一家天子聖
상서의 빛에 일백 가지 꽃을 보리.[123]	瑞光看取百枝花

　　앞서 본 작품과 같이 1209년, 이규보의 나이 42세에 한림원翰林院에 재직하면서 쓴 작품이다. 화자는 궁궐에서 옥황상제와 같은 존재인 임금님을 뵙고, 별처럼 달처럼 깜빡이는 등불들을 본다. 그는 금등金燈,

---

123　이규보,『동국이상국전집』제13권, 고율시(古律詩),「등롱시(燈籠詩)」4수.(한국고전번역원)

　　　　　　　　　　　　　　　　　　한국의 연등문화

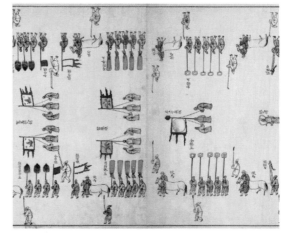

『세종실록』에 보이는 금등.　　　『인조국장도감의궤』속 금등의 모습.(프랑스 국립도서관·국립중앙박물관 제공)

은등銀燈, 사롱紗籠, 강벽사롱絳碧紗籠 등 다양한 등롱들을 언급하고 있다. 금등金燈과 은등銀燈은 붉은 칠을 한 장대 끝에 금으로 또는 은으로 칠을 한 등자鐙子를 거꾸로 붙인 것이다. 조선시대의 의궤들을 보면 금등金鐙, 은등銀鐙이 그림으로 그려져 있다. 의궤 그림 속에 이 등불을 든 사람들이 그려져 있음을 알 수 있다. '燈'과 '鐙'은 같이 등불을 뜻한다. 사람들이 장대 높이 등잔 형태의 등을 들고 다녔던 것이다.

　금등이나 은등, 그리고 사롱紗籠 등은 모두 제등提燈이라 하겠다. 제등은 자루가 있는 것으로, 밤나들이 갈 때 들고 다닐 수 있게 만든 등이다. 의·예식에서도 휴대용으로 사용되는 것이 제등이다. 그 제등은 안에다 초를 넣으면 '초롱[燭籠]'이라 하고, 등잔을 넣으면 '등롱燈籠'이라 한다. 그리고 등을 덮는 재질에 따라 깁(비단)을 씌운 것을 사롱紗籠이라 하고 종이를 씌운 것을 '지롱紙籠'이라 불렀다. 위 시에 나온 '강벽

제등   초롱

사롱絳碧紗籠'은 붉은 빛깔의 사롱과 푸른 빛깔의 사롱을 함께 이르는 말
이라 하겠다.

　　고려시대에 이곡李穀(1298~1351)이 지은 한시도 전한다. 정월대보름
에 석진교析津橋 위에 올라 바라본 등불 축제의 모습을 칠언율시 〈정월
보름날 밤에 석진교 위에서[元夜析津橋上]〉에 담고 있다.

대보름날의 풍속이 서로 같지 않은데	節到元宵便不同
황도의 춘색이 더욱 넘쳐흐르는 듯	皇都春色更融融
황혼이 지나면 만가의 연등 불빛이요	萬家燈火黃昏後
암담한 가운데 도성 거리의 풍연이라	九陌風煙暗淡中
시인의 채찍 조용히 쥐고 야윈 말 따르다가	靜着吟鞭從瘦馬
노니는 기마 우연히 만나 무지개다리 건넜네.	偶隨游騎過垂虹
금오의 검문 따위는 겁을 내지 말고서	若爲不怕金吾問
천진을 여기저기 쏘다녀 보면 어떠할꼬.	繞遍天津西復東[124]

시인은 고려에서 대보름을 맞이한 것이 아니다. 그래서 대보름 풍
속이 서로 같지 않다고 한 것이다. 시인 이곡은 원나라에 문명을 떨쳤
다 하고 공민왕의 옹립을 주장한 까닭에 충정왕이 즉위하자 신변에 불
안을 느껴 관동지방을 떠돌았다고 한다.[125] 아마도 그렇게 떠돌던 때에
석진교析津橋라는 다리 위에서 중국인들의 원소절元宵節 풍경을 보게 된
듯하다.

시인은 대보름 풍습이 다르건만 황도 곧 개경과 같은 봄빛이 피어
남을 느낀다. 저물녘 집집이 연등이 내걸렸는데, 어스름 속에서 공중
에는 등불들로 흐릿흐릿하게 반짝인다. 시인은 채찍을 조용히 쥐고 야
윈 말을 타고 가다가 우연히 무지개다리를 만났다. 그러고선 야간의
통행금지와 같이 수도의 치안을 담당하는 금오金吾의 검문 따위는 겁

124 이곡, 『가정집(稼亭集)』, 제16권 율시(律詩) 「元夜析津橋上」.

125 이신복, 「이곡」, 『한국민족문화대백과사전』, 한국학중앙연구원, 1991.

내지 않고 천진天津을 마음껏 쏘다니고 싶다는 마음을 토로한다. 고려의 등불 축제를 말한 것은 아니나, 떠돌이 생활을 하면서 중국의 대보름 축제를 보고 느낀 감회를 잘 표현한 작품으로 보인다.

마지막으로 원천석元天錫(1330~?)이 사월초파일에 영천사靈泉寺 연등회를 보며 읊은 한시는 다음과 같다.

허공에 높이 꽂은 기다란 장대에	一竿高插翠微顚
구슬처럼 찬란한 등불 하늘 가운데 걸렸네.	燦爛連珠掛半天
하나하나 한량없는 빛을 이룩하니	一一變成無盡焰
그 빛이 삼천대천세계를 두루 비추네.	盡爲無盡照三千
시방의 부처님 스님들께 두루 공양하니	供佛供僧遍十方
티끌같이 많은 복을 진실로 헤아리기 어렵네.	福如塵數固難量
밤은 깊어 가고 등불은 낱낱이 찬란한데	夜深點點尤增潔
이지러진 달 성근 별 함께 그 빛을 사양하네.	缺月疏星共讓光
남은 빛은 철위산까지 비추고	餘光照及鐵圍山
어두운 밤거리에 새벽빛이 되돌아오네.	杳杳昏衢曉色還
이제부터 다시 공덕의 바다가 깊어져	從此更深功德海
온 세상 재앙을 다 없애겠네.[126]	盡禳災殄世人間

태종 이방원의 스승이기도 한 운곡耘谷 원천석이 사월초파일에 영천사靈泉寺의 등불을 보며 부처의 공덕으로 온 세상의 재앙을 소멸케 해

---

126 元天錫, 『耘谷行錄』권5, 「四月八夕 靈泉寺燈」.

한국의 연등문화

달라고 빌고 있는 한시이다. 영천사는 지금의 강원도 원주에 있는 사찰로, 고려 말의 스님 나옹懶翁 혜근惠勤(1320~1376)이 말년에 세웠다고 전해진다. 이 영천사에서 사월초파일 연등회가 펼쳐졌음을 알려 준다. 사찰에서는 이와 같이 석가탄신일에 맞춰 연등회를 열고 있었던 것이다. 이 시에서 묘사되는 연등을 보면, 첫 부분에 나오듯 연등이 기다란 장대에 걸려 있다. 요즘처럼 전깃줄에 매단 연등 모습과 달랐다. 그런 등불을 보면서 시인은 시방의 부처님과 스님들께 등공양을 올려서 티끌같이 많은 복을 받을 것이라 한다. 그리고 그 공덕으로 온 세상 재앙을 다 없앨 것이라 한다. 석탄일 연등회가 지향하는 세계를 잘 그려낸 작품이다.

지금까지 고려시대의 연등회에 대해 살펴보았다. 고려시대에 연등 축제는 정월이나 2월에 행했던 정기 연등회, 특별한 일이 있을 때 행했던 특설 연등회, 석탄절을 기념하는 사월초파일 연등회 등으로 행해졌음을 알 수 있었다. 물론 팔관회 때에도 연등은 밝혀졌다. 처음에 왕실과 국가 차원에서 화려하게 행해졌던 연등회는 점차 사찰이나 민간 차원에서 행해졌으며, 고려 말엽에는 사월초파일 연등회가 중심이 되었다. 그리고 그러한 연등회에는 산대山臺, 화산火山, 화수火樹 등이 만들어지고 가무백희歌舞百戲가 행해지면서 축제의 분위기를 한껏 돋웠다. 등불의 형태도 다양하게 나타나고 있다. 더불어 균여 대사가 지은 향가 〈광수공양가〉, 연등회를 노래한 고려가요 〈동동〉, 이규보를 비롯한 사대부들의 한시 작품을 살펴보면서 연등회의 변화 양상과 당대인들의 정서를 살펴보았다.

조선의 연등회

조선시대에 들어와서도 연등회는 계속되었다. 그런데 성리학의 나라라 할 조선에서 불교적 색채가 강한 연등회가 어떻게 유지될 수 있었을까. 부처님오신날의 4월 8일 연등회를 그대로 유지했을까. 왕실 중심의 연등회는 조선시대에 들어서면서 사라져 갔고, 민간에서 행해지는 풍속으로서의 사월초파일 연등회가 지속되었던 것으로 볼 수 있다. 조선 전기와 조선 후기의 연등회가 조금 다른 모습을 보여 주는 부분도 있는데, 그 흐름을 살펴본다.

조선 전기 궁궐의 연등회

조선은 1392년에 개국한다. 성리학의 나라인 조선의 유학자들은 개국하던 해부터 연등회를 폐지할 것을 건의한다. "도당都堂에서 팔관회八關

會와 연등회燃燈會를 폐지하기를 청하였다."[127] 이때의 도당은 고려시대로부터 이어져 온 도평의사사都評議使司를 가리키는데 문하부, 삼사, 중추원이 함께하는 최고의결기관이었다. 하지만 태조는 그 건의를 받아들이지 않은 모양이다. 정종 2년(1400)에도 "문하부에서 상소하여 초파일에 연등의 설치를 정지하도록 청하니 회답하지 않았다."[128]라는 기록이 남아 있는 것으로 보아 한동안 초파일 연등은 지속되었던 모양이다. 왕실에서는 2월 연등회에 대해서는 처음부터 언급이 없고 초파일 연등은 한동안 지속되었던 것을 알 수 있다. 조선이 개국한 이후 20여 년간은 정월 연등이 지속되었고, 태종 대에 사월초파일 연등회로 일원화된 것으로 보인다.

태종 12년(1412) 1월 15일의 기록으로 정월 연등회의 존폐를 두고 왕과 신하들은 다음과 같은 논쟁을 벌인다.

> 금중禁中에 등燈燈을 매달았으니, 상원일上元日에 태일太一을 제사 지내기 때문이었다. 내자시內資寺·내섬시內贍寺에서 각각 종이등燈燈 5백 개를 바치고, 용봉龍鳳·호표虎豹의 모양으로 섞어서 만든 것이 또한 많았다. 처음에 임금이 15일에 등燈燈을 달고자 예조 참의禮曹參議 허조許稠를 불러서 고전古典에 상고하고 하윤河崙에게 물어서 아뢰도록 하였다. 허조許稠가 아뢰었다.

127 『태조실록』 1권, 태조 1년 8월 5일 甲寅, "都堂請罷八關燃燈."
128 『정종실록』 4권, 정종 2년 4월 6일 辛丑, "門下府上疏, 請止八日燃燈之設, 不報."

"『문헌통고文獻通考』를 상고하여도 없고, 오직 전조前朝 때『상정례詳定禮』에만 나와 있는데, 그 기원起原은 한漢나라에서 태일太一을 제사 지냄으로부터 시작된 것입니다. 하윤河崙도 또한 성인聖人의 법이 아니라고 말하니, 정지하는 것이 마땅합니다."

임금이 말하였다.

"삼대三代 이후로는 한漢나라나 당唐나라와 같은 것이 없다. 경은 한나라 제도를 본받을 것이 없다고 생각하는가?"

허조가 대답하였다.

"신은 원컨대, 전하는 반드시 삼대三代를 본받고 한나라·당나라를 본받을 것이 족히 못 됩니다."

임금이, "그렇다면 예조에서 반드시 상정詳定하여서 아뢸 것이 없다. 내가 궁중에서 또한 행하겠다." 하고 내자시·내섬시에서 각각 한 사람을 불러 말하였다.

"삼원일三元日에 연등燃燈하는 것을 대략 사림광기事林廣記에 모방하여 되도록 간이簡易한 데 따르고, 용봉龍鳳·호표虎豹의 괴이怪異한 모양을 만들어서 천물天物을 지나치게 허비하지 말라."

좌사간 대부左司諫大夫 윤회종尹會宗이 나와서 "궁중에서 연등하는 것은 성인의 제도가 아니니, 원컨대 파하소서." 하니, 임금이 "내가 연등의 행사를 크게 행하고자 하는 것이 아니라 우선 궁중에서 잠깐 시험하는 것뿐이다." 하였다.

하루 앞서 임금이, "상원上元에 연등하는 것이 한나라 때부터

시작되었으니, 폐할 수는 없다." 하고, 비로소 북쪽 궁원宮苑
에서 연등하는 것을 구경하고, 등등燈을 만든 장인匠人 26인에게
사람마다 쌀 1석을 내려 주었다.[129]

태종은 한나라 때에 행했던 상원일, 곧 정월 15일에 행했던 풍습을
그대로 받아들여 상원 연등회를 없앨 수 없다고 하였다. 이를 두고 허
조許稠(1369~1439)는 삼대를 본받고 한나라·당나라를 본받을 것이 못 된
다고 하면서 상원 연등회를 폐지할 것을 주장한다. 여기서 삼대란 고
대 중국의 세 왕조인 하夏, 은殷, 주周를 가리킨다. 우왕禹王에서부터 공
자와 맹자까지 이어지는, 성인들이 살았다는 시기가 삼대라 하겠는데,
그 시기에는 연등회가 없었다는 것을 들어 연등회를 폐지해야 한다는
것이다. 이에 대해 태종은 천지만물의 출현이나 성립의 근원이 되는,
하느님 같은 존재인 태일太一을 제사 지내기 위헤 행했던 것이 정월 연
등회이며, 궁중에서 잠깐 시험하는 것일 뿐이라는 논리를 내세워 정월
연등회를 밀어붙이고 있었다. 그렇지만 이에 대한 논란은 지속되었던
것으로 보인다.

그리고 그해 태종은 "이번 4월 8일의 연등燃燈은 금년 상원일上元日

---

129 『태종실록』 23권, 태종 12년 1월 15일 庚子, "張燈于禁中, 以上元日祀太一也. 內資, 內贍寺
各進紙燈五百, 又雜以龍鳳虎豹之狀者亦多. 初, 上欲張燈於十五日, 召禮曹參議許稠, 考諸古
典, 問於河崙以聞. 稠啓曰: 考『文獻通考』無之, 唯出於前朝『詳定禮』. 其原則自漢祠太一而
始也. 河崙亦謂非聖人之法, 宜寢之. 上曰: 三代以後, 莫漢、唐若也. 卿以漢制爲不足法耶?"
稠對曰: 臣願殿下必法三代, 漢, 唐不足法也. 上曰: 然則禮曹不必詳定以聞. 予於宮中且行之
矣. 遂召內左司諫大夫尹會宗進曰: 宮中燃燈, 非聖人之制, 願罷之. 上曰: 予不欲大行燃燈之
事, 姑於宮中暫試耳. 先一日, 上曰: 上元燃燈, 起自漢時, 不可廢也. 始觀燃于北苑, 賜造燈匠
人二十六人米一石."

298

의 예에 의하라고 명하고, 또 옛 물건을 고쳐서 쓰고 지나치게 낭비하지 말라고 명하였다."[130]라고 하여 4월 8일 연등회는 그대로 행하게끔 하였다. 이처럼 정월 15일과 4월 8일의 연등회가 이때까지만 하더라도 함께 행해졌던 것이다.

그러다 태종 15년(1415)에 이르러 "상원일上元日의 연등燃燈을 혁파革罷하였다."[131]라고 하여 정월 연등회는 사라지게 된다. 그리고 다음 해에 태종은 "상원일上元日의 장등張燈은 고제古制와 중국 조정의 법에 의하여 하고자 한다. 그러나 본국에서는 이 제도를 좇지 아니한 지 오래 되었으니, 이제부터는 상원의 장등을 없애고 이미 준비한 등燈은 4월 8일에 쓰게 하라."[132]라고 명령한다. 태종의 선언은 중국의 법을 따르는 것을 거부하고 조선왕조의 주체성을 부각하는 자신감을 한껏 드러내고 있다. 중국의 제도를 거부하고 연등회를 4월 8일로 일원화하는 모습을 보여 주었던 것이다.[133]

그런데 등불을 살펴보는 입장에서 위에 인용된 글 가운데 눈여겨볼 부분이 보인다. "내자시內資寺·내섬시內贍寺에서 각각 종이등燈 5백 개를 바치고, 또 용봉龍鳳·호표虎豹의 모양으로 섞어서 만든 것이 또한 많았다."라는 기록이다. 등불을 만들었던 곳이 내자시와 내섬시임을

---

130 『태종실록』23권, 태종 12년 4월 3일 丁巳, "命今四月八日燃燈, 依今年上元日例. 且命修葺故物, 勿令濫費."

131 『태종실록』29권, 태종 15년 1월 18일 丁巳, "罷上元日燃燈."

132 『태종실록』31권, 태종 16년 1월 15일 戊申, "上元日張燈, 欲依古制與中朝之法爲之, 然本國不遵此制久矣. 自今除上元張燈, 其已備之燈, 用於四月八日."

133 같은 해 4월 초파일 연등회도 행하지 않았다. 그렇지만 그때에만 그리하였고, 다음 해에는 4월 초파일 연등회가 열렸다.(『태종실록』29권, 태종 15년 1월 25일 갑자.)

한국의 연등문화

알 수 있다. '내자시'는 왕실에서 사용하던 쌀, 국수 같은 음식들을 관장하고 내빈內賓을 모아서 베풀던 궁중 잔치인 내연內宴이나 천을 짜는 일을 맡아 하던 곳이다. '내섬시'는 왜인과 야인(여진족)에게 음식물을 공급하고 직조織造 등을 관장하던 곳이다. 내자시의 구성원들로 옹장甕匠 8인, 화장花匠 2인, 방직장紡織匠 30인, 성장筬匠 2인의 공장工匠이 소속되어 도자기를 생산하거나 인조 꽃을 만들고 천을 짰다고 한다.[134] 왕실 사람들이 쓰는 물건을 만드는 장인들이었으니 얼마나 정교하고 아름답게 등불을 만들었을까. 최고 솜씨의 장인들 손에 의해 등불이 탄생되었던 것이다.

목제봉황모양등잔

그런데 등불들은 종이로 만들어졌다고 했다. 물론 종이는 전통 한지였을 것이다. 한지로 등불 5백 개를 만들었는데, 그 모양이 다양했다. 그 가운데 용등龍燈, 봉황등[鳳燈], 호랑이등[虎豹燈]이 가장 많았음을 알려 주고 있다.

'용'은 기운을 내뿜어 구름을 이루는 존재[135]로, 만물 생성의 근원이라 할 비구름을 만들어 내니 왕의 상징이라 할 것이다. '봉황'은 용과 함께 황제와 황후를 상징한다고 한다. 『장자』에는 "그 새(원추鵷鶵, 봉황의

---

134 전형택, 「내자시(內資寺)」「내섬시(內贍寺)」, 『한국민족문화대백과사전』(http://encykorea. aks.ac.kr/Contents/SearchNavi?keyword=%EB%82%B4%EC%84%AC%EC%8B%9C&rid x=0&tot=19)

135 『漢文』, "龍嘘氣成雲."

하나)는 남해로부터 북해까지 그렇게 멀리 나는데도 오동나무가 아니면 앉지 않고, 대나무 열매가 아니면 먹지 않고, 단 샘물이 아니면 마시지 않는다."[136]라고 하여, 어질고[仁] 의로우며[義] 믿음이 있는[信] 새로 군왕을 표시한다.

그리고 '호표虎豹'는 호랑이와 표범을 가리키지만 우리나라에서는 예부터 구분하지 않고 '범'으로 통칭되기도 하였다. '호랑이'는 모든 악귀를 물리치는 힘을 상징한다. 『역경易經』에는 "구름은 용을 따르고, 바람은 호랑이를 따른다."[137]라는 표현이 있다. 이는 호랑이와 바람의 관계를 이야기하면서, 신비한 권위와 범접할 수 없는 감독자를 암시한다고 한다.[138] 이처럼 용과 호랑이는 모두 재앙을 물리치고 복을 부르는 상서로운 동물로 인식되었고, 봉황은 군왕의 덕성 그리고 세상의 평화를 상징하였다.

경복궁의 근정전勤政殿 천장에는 구름을 뚫고 나오는 두 마리의 용이 부조되어 있고, 창덕궁 인정전仁政殿 천장에는 군왕의 어진 정치를 상징하는 봉황이 부조되어 있다. 그리고 선조 때의 선무공신宣武功臣 조경趙儆(1541~1609)을 그린 공신도 속 관복에는 호표도虎豹圖가 그려져 있다. 호랑이와 표범이 뒤섞여 있는 듯한 그림이다. 아마도 전통 한지로 등을 만들고, 거기에 길하고 상서로운 의미를 담은 동물들을 그려 넣었을 것이다. 태종 때만 하더라도 장인들의 손으로 그런 등불을 5백 개

---

136 『莊子』外篇,「秋水」, "夫鵷鶵發於南海而飛於北海 非梧桐不止 非練實不食 非醴泉不飲."
137 『易經』, "雲從龍, 風從虎."
138 이부영, 『한국문화상징사전』, 동아출판사, 1992, 340쪽.

한국의 연등문화

나 제작하여 연등회 날의 궁궐을 환히 밝혔던 것이다.

4월 8일 연등회가 궁궐에서 한동안 거행되다가 세종 5년(1423)이 되자 세종 임금은 궁궐에서의 초파일 연등회를 없애라는 전지傳旨를 예조에 내렸다.[139] 그리고 세종 13년(1431)에는 절 이외의 곳에서의 연등을 일절 금한다는 명령을 사헌부에 내리게 된다.

> 사헌부에 하교下敎하기를, "본조本朝의 풍속에 4월 8일을 부처의 탄생일이라고 하여 연등燃燈과 관등놀이[觀戲]를 행한 지 이미 오래되었는데, 요즈음 간원諫院에서 폐를 말하고 파罷하기를 청하였다. 내 생각에 오래된 습속을 갑자기 쉽사리 고칠 수 없으나 오직 이 습관만은 고치지 않을 수 없다. 지금부터 절 이외에서의 중외中外 연등은 일절 금하라." 하고, 인하여 말하기를, "날짜가 이미 임박하였는데 이리석은 백성들이 혹 알지 못하여 금령禁令을 범하는 자가 있을 것이니, 오는 초파일에는 우선 서울 안에서만 금하고, 알지 못하여 범하는 자는 죄 주지 말며, 외방外方은 내년부터 금하도록 하라." 하였다.[140]

세종은 4월 8일이 부처의 탄생을 기념하는 날이라는 간원諫院의 말

---

139 『세종실록』19권, 세종 5년 3월 18일 己亥, "傳旨于禮曹 今後除四月八日闕內燃燈."
140 『세종실록』52권, 세종 13년 4월 6일 更子, "下敎司憲府曰: 本朝風俗, 以四月八日爲佛生辰, 燃燈觀戲, 行之已久. 頃者, 諫院陳弊請罷, 予以習俗之久, 未易遽革, 重惟此習, 不可不革, 自今僧舍外, 中外燃燈一禁. 仍曰: 日期已迫, 愚民或有不知而犯禁者, 來八日則姑禁京中, 不知而犯者勿罪, 外方, 自來年禁之."

과, 그리고 없애야 한다는 간원諫院의 청에 따라 사찰 이외의 곳에서의 연등 행사를 금지한다는 명령을 내렸다. 성리학의 나라에서 벌어지는 부처님오신날 행사가 유학자들에게는 마뜩잖았을 것이다. 그리고 민간에서 행해지는 연등 행사에 적잖은 문제가 있다고 여겼던 모양이다.

좌사간 김효정 등이 상소하기를, "본조本朝의 풍속에 사월초파일을 부처의 생신生辰이라 하여 연등燃燈으로 복을 구하며 남녀들이 떼 지어 모여 밤새도록 놀이를 구경하니, 이는 진실로 전조前朝의 폐습을 그대로 따른 것입니다. 전하께서는 하늘이 내신 성군으로서 밝으신 학문으로 탄망誕妄을 밝히 아시고 궐내闕內의 연등燃燈을 일찍이 폐할 것을 명하셨으니, 그 이단異端을 배척하시는 뜻이 지극하였습니다. 그러나 여항閭巷의 불량不良한 무리들이 아직껏 구습舊習을 그대로 따라 기旗를 들고 북을 치며 떼를 지어 큰 소리로 떠들어 마을에 구걸하여 다니면서 사람들을 꾀어 재물을 취하여 연등의 비용으로 삼는데, 금년에 더욱 성하니 신 등은 폐법弊法이 다시 행하여질까 두렵나이다. 삼가 바라옵건대 명령을 내리시어 일절 금해서 구습舊習을 없애소서." 하였으나, 윤허하지 아니하였다.[141]

『세종실록』39권, 세종 10년 3월 22일 甲辰, "左司諫金孝貞等上疏曰: 本朝之俗, 以四月初八日, 爲佛生辰, 燃燈徼福, 男女群聚, 終夜觀戲, 此誠因循前朝之弊習也. 殿下以天縱之聖, 緝熙之學, 灼知誕妄, 闕內燃燈, 已曾命罷. 其排斥異端之意至矣. 然閭巷無賴之徒, 尙循舊習, 秉旗擊鼓, 成群呼噪, 行乞於里, 誘取於人, 以爲燃燈之費, 今年尤盛, 臣等恐弊法之復行也. 伏望命令一禁, 盡革舊習. 不允."

사간원에서 계하기를, "연등燃燈은 금하지 않을 수 없습니다."
하니, 임금이 말하기를, "부처에게 공양供養하고 중에게 재공
齋供하는 것도 또한 다 금하지 못하는데, 어찌 유독 연등만 금
할 수 있겠는가. 뒷날에 중에게 재공齋供하는 것을 금지한 뒤
에 이를 금하는 것이 옳겠다." 하였다.[142]

좌사간 김효정이 사월초파일 행사는 고려의 폐습으로, 세종 임금
이 궁궐 내의 연등을 없앴듯이 여항에서 행해지는 것까지 없애 달라고
청한다. 우선 그 행사는 불교라는 이단異端을 따르는 것이요, 깃발 들
고 북을 치며 떼 지어 큰 소리로 떠들어 대면서 구걸을 하고, 사람들을
꾀어 재물을 취한 다음 그것으로 연등 비용을 삼는 등의 문제를 제기
한다. 이는 앞서 공민왕 때의 일로, 살펴보았던 호기呼旗라는 놀이를 문
제 삼은 것이다. 그리고 사간원에서 연등회 금지를 청하자, 부처에게
공양하고 중에게 재공齋供하는 것도 금하지 못한 마당에 유독 연등만
금할 수는 없다고 한다.

이리하여 궁궐 내에서나 민간에서 행해지는 4월 8일의 연등축제는
국가적 차원으로는 일절 금지되었다. 그런데 이미 민간의 오랜 풍속으
로 자리를 잡은 연등축제가 금지될 수 있었을까. 궁궐 내에서 행사를
벌이지는 않아도 세조世祖나 왕실 부녀자들은 사찰에서는 물론이고
간혹 궁궐 내에서도 연등회를 열었다. 불교를 신앙했던 세조는 재위

---

142 『세종실록』 39권, 세종 10년 3월 23일 乙巳, "司諫院啓: 燃燈, 不可不禁. 上曰: 供佛齋僧, 亦
未盡禁, 何獨禁燃燈乎? 待後日禁齋僧, 然後禁之可也."

9년(1463) 4월 9일에 사정전에서 상참을 받고 주연을 베풀고는 저녁에 충순당忠順堂에서 관등觀燈하였다는 기록이 나온다.[143] 그리고 세조 재위 13년(1467) 원각사圓覺寺의 탑塔이 이루어졌을 때 연등회燃燈會를 베풀어서 낙성하였다.[144] 연산군 12년(1506) 4월 12일의 기록에도 궁궐 내에서 관등觀燈을 했다는 다음의 기록이 보인다.

왕이 경복궁에 미복微服으로 잠행潛行하여 경회루에 올라가 만세산에 관등觀燈을 배설하고 잔치를 끝낸 다음 승정원으로 하여금 들어와 보게 하였는데, 밤 2경更이었다. 왕이 사약司鑰 황소로黃小老·공효련公孝連에게 명하여 청란靑鸞·자봉紫鳳·연화蓮花·모란[牧丹]·고소대姑蘇臺·봉래산蓬萊山·금오金烏·옥토玉兔·은즉銀鰂·황룡黃龍 등의 등燈을 좌우부左右部로 나누어 다니, 천태만상으로 기교를 다하여 금은 주취金銀珠翠로 꾸몄으며 비용이 1만 냥이나 들었는데, 만세산 밑에 달고 왕이 황룡주黃龍舟에 올라 구경하였다. 부용향芙蓉香 수백 다발을 태우고 납거蠟炬 1천 자루를 늘어 세워 밤이 낮처럼 밝은데, 흥청 수백 명이 늘어 앉아 풍악을 연주하였다.[145]

143 『세조실록』30권, 세조 9년 4월 9일, 戊辰, "御思政殿, 受常參, 視事. 召判書以上入侍, 上曰: 予近日暫因感冒, 未見宰相久矣, 今日始見 仍命說酌, 召王世子進酒, 平安道都觀察使李克培辭, 引見命進酒. 因與宗親, 宰樞從容談話, 良久乃罷. 命刑曹判書李克堪齎酒樂, 往餞克培. 夕御忠順堂觀燈, 宗親, 宰樞侍."

144 『세조실록』42권, 세조 13년 4월 8일, 癸卯, "圓覺寺塔成, 設燃燈會以落之."

145 『연산군일기』62권, 연산 12년 4월 12일, 辛酉, "王微行至景福宮, 御慶會樓, 設萬歲山觀燈, 宴罷, 命承政院入觀, 夜二鼓矣. 王命司鑰黃小老. 公孝連, 分左右部作燈, 靑鸞, 紫鳳, 蓮花, 牧丹, 姑蘇臺, 蓬萊山, 金烏, 玉兔, 銀鰂, 黃龍, 千態萬狀, 窮極奇巧, 皆以金銀珠翠飾之, 所"

한국의 연등문화

연산군이 경회루에 올라가 만세산에 등불을 내건 모습을 지켜보며 잔치를 벌였다는 것이다. 만세산은 1505년에 연산군이 경복궁의 경회루 연못 안에 조성해 놓은 인공의 섬인데, 4월 8일에 연산군이 만세산을 만들고 여러 궁을 지은 뒤에 금과 은 등으로 꾸민 후 황룡 배를 만들어 만세산 주변을 왔다 갔다 했다고 한다.[146] 그곳에 사약司鑰 황소로黃小老와 공효련公孝連에게 명령하여 다양한 등불을 좌우로 나누어 달도록 했다고 한다. 여기에 열거되는 등불의 모양은 참으로 다양하다. 공작을 닮은 청란青鸞 모양의 등불, 봉황 모양의 자봉紫鳳 등불, 그리고 연화蓮花, 모란[牧丹] 꽃 등불, 중국 강소성江蘇省 오현吳縣 서쪽에 있는 고소산姑蘇山에 있었다는 누대樓臺인 고소대姑蘇臺를 형상화한 등불, 봉래산蓬萊山 모양의 등불, 태양 속에 세 개의 발을 가진 까마귀 전설에서 비롯된 '해'를 말하는 금오金烏의 등불, 옥토끼가 산다는 '달'을 형상화한 옥토玉兔 등불, 붕어 모양을 한 은즉銀鯽, 황룡黃龍을 형상화한 등불이 제시되었다. 형상화한 등불의 예로 기억해 둘 만한 부분이다. 폭군으로 알려진 연산군은 그렇게 화려한 등불 잔치를 벌이고 그해 가을 폐위되고 만다.

이처럼 조선 전기, 왕실에서의 연등회가 금지된 가운데서도 4월 8일 즈음에 등불을 밝히는 일이 있었음을 알 수 있다. 하지만 국가적 차원

費萬計, 懸于萬歲山下, 王乘黃龍舟觀之. 炷芙蓉香數百束, 列蠟炬千柄, 夜明如畫, 興淸數百, 列坐奏樂."

146 『연산군일기』62권, 연산 12년 4월 8일, 丁巳, "王命作萬歲山于慶會樓池西, 山上作蓬萊宮, 日宮, 月宮, 蘂珠宮, 碧雲宮, 皆以金銀綵段錦穀飾之. 金碧燦爛耀日, 令興淸奏樂其中, 又作黃龍舟, 可坐數百人, 亦以綵段飾之, 上乘龍舟, 往來萬歲山下."

에서 초파일을 승인하고 왕실에서 등불을 밝히는 일은 이후에 나타나지 않는다.

조선 전기 민간의 연등회

궁궐 내에서의 연등축제는 공식적으로 세조 때까지만 행해졌던 것으로 보이고, 연산군의 돌출적인 행동으로 연등을 밝히는 일이 있었음을 보았다. 그렇지만 이후로는 사찰이나 민간에서 행해지는 4월 8일 연등회(또는 관등놀이)가 중심을 이루었다. 성종 6년(1475)의 다음 기록은 4월 8일 연등축제가 민간에서 성황리에 벌어지고 있었음을 알려 주고 있다.

> 임금이 한성부漢城府에 전교하기를, "오늘은 바람이 심하게 불어서 집집마다의 연등燃燈 놀이에 화재火災가 날까 두렵다. 금지하도록 하라." 하였다. 우리나라의 풍속에 이날을 석가釋迦의 탄신일이라 하여 집집마다 등燈을 켜 놓는다. 장대를 많이 세우고 수십 개의 등을 연달아 달며 등燈으로 새나 짐승, 물고기나 용龍의 형상을 만들어 대단히 호화롭게 하기에 힘썼으므로, 구경하는 사람이 많이 모여들었다.[147]

---

147 『성종실록』54권, 성종 6년 4월 8일, 丙戌, "傳于漢城府曰: 今日風亂, 而家家燃燈, 火災可畏. 其禁之. 國俗以是日爲釋迦生日, 家家張燈. 多樹長杠, 連綴數十燈, 至爲鳥, 獸, 魚, 龍之狀, 務極侈巧, 觀者坌集."

시기	작자	작품	출전
15세기	서거정徐居正 (1420~1488)	〈종가관등鐘街觀燈〉	『속동문선續東文選』(1518) 제4권
	이승소李承召 (1422~1484)	〈종가관등鍾街觀燈〉	『삼탄선생집三灘先生集』(1514)
	강희맹姜希孟 (1424~1483)	〈종가관등鐘街觀燈〉	『사숙재집私淑齋集』(1805)
	김종직金宗直 (1431~1492)	〈사월팔일야四月八日夜〉	『점필재집佔畢齋集』(1497)
	정수강丁壽崗 (1454~1527)	〈종가관등鍾街觀燈〉	『월헌집月軒集』(1542)
	이식李湜 (1458~1488)	〈차달성상공한도십영次達城相公漢都十詠〉	『사우정집四雨亭集』(1500) 卷之上
	최부崔溥 (1454~1504)	〈탐라시 삼십오절耽羅詩三十五絶〉(1487)	이원진李元鎭의 『탐라지耽羅志』(1653)
16세기	이현보李賢輔 (1467~1555)	〈차문량팔일관등次文樑八日觀燈〉	『농암선생문집聾巖先生文集』 (1665) 卷1
	이행李荇 (1478~1534)	〈증사화약관등贈士華約觀燈〉 〈팔일장장등우두류지단속사 八日將張燈于頭流之斷俗寺〉 〈칠일 등서당후령 관등 차운경운 七日登書堂後嶺觀燈次雲卿韻〉	『용재선생집容齋先生集』 (1586)
	소세양蘇世讓 (1486~1562)	〈사월팔일四月八日〉	『양곡선생집陽谷先生集』卷4
	정사룡鄭士龍 (1491~1570)	〈광릉관등廣陵觀燈 칠언배율삼십운七言排律三十韻〉	『호음잡고湖陰雜稿』(1577) 卷4
	민제인閔齊仁 (1493~1549)	〈기경번경운寄景繁景雲〉	『입암집立巖集』(1746?)
	민제인閔齊仁 (1493~1549)	〈사월팔일四月八日〉	『입암집立巖集』(1746?)
	민제인閔齊仁 (1493~1549)	〈광릉관등廣陵觀燈〉	『입암집立巖集』(1746?)
	송순宋純 (1493~1583)	〈기유사월팔일己酉四月八日〉	『면앙집俛仰集』(1829) 卷2
	김인후金麟厚 (1510~1560)	〈관등觀燈〉	『하서선생전집河西先生全集』 (1798) 卷10
	정유길鄭惟吉 (1515~1588)	〈만제서등謾題書燈〉3수	『임당유고林塘遺稿』(1638) 下
	황준량黃俊良 (1517~1563)	〈등석유감燈夕有感〉	『금계집錦溪集』(1584) 卷6
	이덕홍李德弘 (1541~1596)	〈차련당야음시운次蓮堂夜飲詩韻〉10수	『간재선생문집艮齋先生文集』 (1871) 卷4

조선 전기의 연등 기록 작품

집집마다 등을 켜 놓고, 장대를 세워 수십 개의 등을 연달아 다는 풍습이 지속되고 있음을 알려 주는 기록이다. 그리고 등불을 새나 짐승, 물고기, 용의 형상 등으로 매우 호화롭게 하여 수많은 사람들이 모여들었다고 했다. 여기서 등불의 모양을 눈여겨볼 필요가 있겠다. 새, 짐승, 물고기, 용 등의 형상을 한 등불을 민간에서 만들어서 밝혔다는 사실을 기억해 두어야 하겠다.

민간에서 행해졌던 연등 기록으로는 서거정의 〈종가관등鐘街觀燈〉, 강희맹의 〈종가관등〉 등 참으로 다양한 기록이 남아 있다. 필자가 찾아본 조선 전기 연등 관련 작품을 앞선 표와 같이 정리해 볼 수 있겠다. 이들 가운데 당시의 관등 풍습이나 시대상을 반영하는 작품을 중심으로 살펴본다.

종로의 관등놀이

15세기에 7명이 쓴 한시 작품들이 보이고, 16세기에 10명이 쓴 한시와 기행문이 보인다. 이들 중 가장 많은 비중을 차지하는 작품은 〈종가관등鐘街觀燈〉이다. 종가는 지금의 종로鐘路를 가리킨다. 도성을 여닫으며 인정人定(통행금지)과 파루罷漏(통금해제)를 알리는 종을 매달았던 종루鐘樓가 세워져 있어서 종가, 종로 등의 이름이 붙었다고 한다. 15세기에 그곳 종가에서는 화려한 관등놀이가 펼쳐졌다.

서울 성중 백만 집들마다   長安城中百萬家
밤새껏 켜놓은 등불이 노을처럼 환하다.   一夜燃燈明似霞

삼천세계가 온통 산호수요	三千世界珊瑚樹
스물네 개의 다리에는 부용꽃이로다.	二十四橋芙蓉花
동쪽 거리, 서쪽 저자는 모두 대낮 같고	東街西市白如畫
좋아라고 뛰는 애들 원숭이보다 더 잽싸구나.	兒童狂走疾於狖
북두성 기울도록 등불 거두지 않으니	星斗闌干爛未收
황금 누각 앞 새벽 물시계를 재촉한다.[148]	黃金樓前催曉漏

이는 서거정徐居正(1420~1488)의 시 〈종가관등鐘街觀燈〉이라는 작품이
다. 종루가 선 길거리를 중심으로 펼쳐진 등불은 참으로 아름다웠다.
밤새 켜놓은 등불이 노을처럼 환하였고, 온 세상이 온통 산호수라 했
고, 24개의 다리에는 부용꽃이라 했다. 반짝이는 등불들이 나무에 매
달려 바다에서 자라나는 산호珊瑚의 나무들 같다고 했고, 청계천 다리
에 매달린 등불들이 부용꽃 곧 연꽃 같다고 한 것이다. 24개의 다리는
태종 때에 하천을 정비하고 축대를 쌓아 만든, 청계천에 놓였던 것이
다.[149] 광통교, 수표교, 살곶이다리 등 총 24개의 다리가 놓였고, 거기
에 등불을 연꽃처럼 매달아 두었던 것이다. 그래서 동쪽 거리, 서쪽 저
자가 모두 대낮처럼 환했다. 황금 누각으로 번역한 황금루黃金樓는 춘
추전국시대 말 무렵 약소국인 연燕나라를 부강하게 만들려고 인재를
모았다는, 소왕昭王이 지은 황금대黃金臺를 빗대어 조선 역시 태평성대

---

148 서거정, 「종가관등(鐘街觀燈)」, 『속동문선』 제4권.
149 이를 중국의 양주(楊洲)에 있었다는 24교(二十四橋)를 가리키는 것으로 보는 것은 잘못이
다. (『한국고전종합DB』는 작품 속 24교를 중국의 24교로 주석을 달았다.)

한국전통등연구원의 종가관등 재현도.

하다는 것을 암시한다 하겠다. 북두칠성이 사라질 때까지 도성을 환하게 밝히던 이 등불은 자격루自擊漏라는 물시계가 새벽을 알릴 때까지 종로의 거리에서 반짝이고 있었다.

이승소의 시 〈종가관등〉이나 강희맹의 시 〈종가관등〉도 유사한 시적 전개를 보여 주고 있지만 조금 다른 언급도 보인다.

끝도 없는 등불이 수많은 집에 켜지고	無盡燈然無盡家
붉은빛이 비치어 흐르는 노을 같구나.	紅光相射如流霞
천을天乙 태을太乙 명월주가 낮게 드리운 듯	玉繩低垂明月珠
옥 같은 나뭇가지에서 피어나는 영롱한 꽃들	瓊枝幻出玲瓏花
어둑한 종로 네거리를 내리비춰 대낮처럼 만들고	照破昏衢作明晝
구경꾼들 신이 나 원숭이처럼 날뛰는구나.	觀者喜躍如躁狉

한국의 연등문화

조선 후기 작품으로 추정되는 〈태평성시도〉.
성으로 둘러싸인 도시에서 생활하는 사람들의 다양한 모습이 그려져 있다.
15세기 한시에서 보이는 화려한 관등놀이의 모습을 짐작하게 한다.

온 거리에 노래와 피리 부는 소리 태평성대를 즐기니　九街歌吹樂昇平

새벽 오경 알리는 종소리 알지도 못하는구나.[150]　不覺鍾傳五更漏

　이승소李承召(1422~1484)의 한시 〈종가관등鍾街觀燈〉이라는 작품이다.
붉은 등불이 마치 노을과 같다고 하고, 옥승玉繩 곧 북두칠성의 천을성
天乙星 태을성 별과 같고 밤에 빛을 발하는 명월주明月珠와 같은 등불들
이 드리워지고, 나뭇가지에는 영롱한 꽃들처럼 등불이 반짝인다. 종로
네거리는 그 등불들로 인해 대낮처럼 환해지고 구경꾼들은 원숭이처
럼 좋아서 날뛴다. 노랫소리와 피리를 부는 소리가 울려 퍼지며 사월
초파일은 태평성대를 구가한다. 그렇게 즐거운 종가의 관등놀이는 새

150　이승소, 「종가관등(鍾街觀燈)」, 『삼탄선생집(三灘先生集)』卷7.

벽 오경五更, 곧 다섯 시가 지나며 날이 밝을 때까지 이어진다.

강희맹의 한시도 유사한 구도로 진행되는데 조금 다른 표현이 보인다.

큰 별들이 수많은 집으로 내려온 듯	恒星髣髴墮千家
저물녘 곳곳의 등롱들이 붉은 노을 같네.	黃昏處處籠紅霞
긴 장대에는 하늘하늘 채색 줄 휘날리고	長竿裊裊綵索飛
구슬 달린 나무에는 온통 월계수 꽃 피었네.	珠樹繁開金粟花
산과 물, 너른 땅이 대낮처럼 변하고	山河大地變白晝
노랫소리 북소리 다투어 들끓어 사람들 원숭이 같구나.	歌鼓競沸人如狖
모두가 소리 다투어 노래하는 석가탄신일 밤	齊聲爭唱佛誕夕
붐비는 인파는 이미 날이 샌 줄도 모르네.[151]	奔波不覺已殘漏

강희맹姜希孟(1424~1483)은 붉은 등롱들이 집집마다 내걸린 풍경을 전하고, 긴 장대에 매달린 채색 줄들이 휘날리고 있는 장면도 전한다. 그리고 구슬 달린 나무[珠樹]에 주렁주렁 매달린 등불들은 금속화金粟花, 곧 월계수 꽃처럼 피어나고 있다고 했다. 사람들은 노래하고 북을 두드리며 밤이 새는 줄도 모르고 석가탄신일을 즐겼다고 했다.

종로의 관등놀이를 한시로 쓰고 있는 서거정, 이승소, 강희맹은 김수온金守溫과 함께 당대 사대가四大家로 칭송 받던 문인들이다. 서거정은 26년 동안 문형文衡을 내놓지 않을 정도로 대단했고, 강희맹은 경사

---

151 강희맹, 「종가관등(鐘街觀燈)」, 『사숙재집(私淑齋集)』.

한국의 연등문화

經史와 전고典故에 통달한 문장가였으며, 이승소는 서거정과 함께 당시의 문풍文風을 주도한 인물이다.[152] 이들은 모두 세종 대에서 성종 대에 이르는 동안 문풍의 중심을 잡았던 인물로 위에 보이듯 모두가 〈종가관등〉이라는 제목으로 종로 거리의 관등놀이를 멋진 시로 전해 주었다.

4월 8일 관등을 서울의 남산에서 행한 내용을 담은 김종직金宗直 (1431~1492)의 칠언율시가 전한다. 〈사월초파일 밤에 겸선과 함께 남산 기슭에 올라 관등을 하였는데, 이때 양궁과 세자는 원각사에서 법사를 보았다[四月八日夜與兼善登南山脚觀燈時兩宮與世子在圓覺寺作法事]〉라는 긴 제목의 한시에는 당시 민간에서 밝혀진 등불이며 놀이를 더하는 표현이 나온다.

시역에서 성인이 났다고 누가 밀했던고.	極西誰道聖人生
드디어 조선 땅에 불야성을 만들어 낸다.	幻做鯤岑不夜城
새벽까지 물고기는 연염을 돌며 춤추고	徹曙魚環蓮焰舞
하늘 가득한 별들은 채붕에 얽혀 밝다.	滿天星繞彩棚明
승려들은 다투어 향당의 물을 끼쳐 주고	禪寮競遺香糖水
대궐 음악은 멀리 법부 소리가 들려온다.	御樂遙聞法部聲
나는 크게 야윈 몸으로 시나 읊고 앉아서	自愧吟詩仍大瘦
남녀들 따라 닭 울도록 놀지 못함이 부끄럽구나.[153]	未隨釵髻到雞鳴

152 정선용, 「삼탄집 해제」, 『삼탄집』, 한국고전번역원, 2008.
153 김종직, 『佔畢齋集』 권1.

수련首聯에서는 불교가 들어와 연등이 밝혀짐을 말했다. 함련頷聯에 "물고기가 연염을 돌며 춤춘다."고 했다. 연염蓮焰은 연꽃 모양의 등불을 가리킬 것이지만, 그 연꽃 등불을 물고기가 돌며 춤춘다니 이상하다. 이를 목어木魚로 번역한 경우도 보이는데, 목어 자체를 가리킨다기보다는 목어의 모양을 한 어등魚燈인 것으로 추정된다. 목어는 용의 머리에다 잉어의 몸을 지니는데, 그 모양을 한 등불인 것으로 보인다. 벽오碧梧 이시발李時發(1569~1626)의 〈어등魚燈〉이라는 한시가 있는데, 다음과 같이 용의 모습으로 그려 내고 있음을 알 수 있다.

삼급을 뛰어오름이 머지않아　　　　　　　　　三級登非遠

신린神鱗을 움직여 날아오르려 한다.　　　　　神鱗動欲飛

여의주如意珠는 먼저 아래턱에 있고　　　　　　驪珠先在頷

어둠 밝히는 불빛이 배 속에 가득하다.[154]　　　滿腹夜光輝

삼급三級을 뛰어오름이라 한 것은 자식이 과거에 급제하기를 바라면서 어등魚燈을 밝혔음을 알려 준다. 중국 산서성山西省의 황하黃河 상류에 있다는 용문龍門의 물줄기는 매우 거세다고 한다. 물길이 3단으로 되어 있어 용문삼급龍門三級이라 하고, 이 '삼급'을 뛰어올라야만 물고기가 용이 된다고 한다.[155] 신의 비늘, 곧 신린神鱗은 용으로 해석된다. 아

---

154 李時發, 『碧梧先生遺稿』, 「魚燈」.
155 『국역 양촌집(陽村集)』 제5권, 「연아(演雅)로 정 총랑(鄭摠郞)의 시에 차운하다.」 주석에 '용문삼급(龍門三級)'에 대해 설명되고 있다.

목어木魚

약리도躍鯉圖

래턱에 여의주를 놓고 배 속에 불빛이 가득하다. 이는 사찰에 있는 목어의 형상으로 등불을 만들어 불을 밝힌 모습을 떠오르게 한다. 그리고 민화 가운데 〈어변성룡도魚變成龍圖〉 또는 〈약리도躍鯉圖〉의 모습을 한 등불을 떠올리게도 한다. 장원급제를 통해 출세하기를 바라는 마음을 잉어가 변하여 용이 되는 그림으로 나타낸 민화인데,[156] 이런 그림과 관련을 맺고 어등이 제작된 것으로도 보인다. 또한 등불을 밝힌 가운데 채붕彩棚이 설치되어 있었던 사실도 전해주고 있다.

조선 전기 서울에서 벌어진 관등놀이와 관련된 한시로 정수강丁壽崗(1454~1527)의 〈종가관등鍾街觀燈〉(『월헌집月軒集』, 1542)이나 이식李湜, 1458~1488)의 〈차달성상공한도십영次達城相公漢都十詠〉(『사우정집四雨

---

156 허균, 『전통 미술의 소재와 상징』, 교보문고, 2001, 81쪽.

亭集』, 1500)이 더 있는데, 그 내용은 앞서 본 한시들과 별로 다른 점이 없어 보인다.

제주의 연등놀이

조선 전기 지방의 관등놀이와 관련하여 최부崔溥(1454~1504)의 〈탐라시 삼십오절耽羅詩三十五絶〉(1487)이 전한다. 원전은 전하지 않고 이후 이원진李元鎭의『탐라지耽羅志』(1653)나 이증李增의『남사일록南槎日錄』(1681) 등과 같은 문헌에 다양하게 실려 전하고 있다.[157] 이들 문헌에 남아 있는 '탐라시'의 연등 관련 대목이 있어 주목을 요한다.

> 세월을 헛되이 버리기 싫어　　　　　　　嫌將歲月虛拋擲
> 줄다리기와 그네뛰기는 예부터 전해 온다.　照里鞦韆傳自昔
> 절에서는 향화香火가 끊이지 않고　　　　僧刹了無香火時
> 등석燈夕이면 통소와 북소리 길게 늘어선다.　駢闐簫鼓燃燈夕

〈탐라시 삼십오절〉의 27절로 연등날 사찰의 행사를 노래하고 있

---

157 최부의 「탐라시 삼십오절」 전승 문헌들에 대한 이본 고찰을 시도한 윤치부는 「최부 〈탐라시〉의 이본 고찰」(『새국어교육』 86권, 한국국어교육학회, 2010.)에서 "이본을 대교한 결과 가장 정본에 가까운 이본은 이원진의『탐라지』로 오자를 하나도 발견할 수 없을 정도로 가장 완성도가 높다. 규장각본『남사록』과 청음유집본『남사록』, 『남사록』(규장각본·청음유집본)과『남사일록』, 동경대학본『탐라지』와『탐진최씨족보 문헌록』 사이에는 다른 이본에는 사용하지 않는 공통적 표기들을 사용하고 있다. 박용후 번역의『남사록』은 규장각본『남사록』을 저본으로 하고 있는 데 반해 김희동 역저본은 청음유집본『남사록』을 저본으로 하고 있다."라는 결론을 내렸다. 이원진의『남사록』에 실린 '탐라시'를 최부의 원작에 가장 부합하는 것으로 본 것이다.

다. 조리照里라 표현된 것은 줄다리기요, 추천鞦韆은 그네뛰기를 말한다. 이와 관련해『신증동국여지승람』의 '제주목' 풍속을 말한 부분에는 "매년 8월 15일이면 남녀가 함께 모여 노래하고 춤추며 왼편 오른편으로 나누어 큰 동아줄의 두 끝을 잡아당겨 승부를 결단하는데 동아줄이 만일 중간에 끊어져서 두 편이 땅에 자빠지면 구경하는 사람들이 크게 웃는다. 이것을 조리照里의 놀이라고 한다."[158]라고 하고 있다. 줄다리기와 그네뛰기의 민속놀이에 사찰에서는 등불을 내거는 풍습이 이어졌다고 했다. 그리고 연등날이면 퉁소와 북소리가 널리 퍼졌다고 했다. 제주의 연등 풍속은 1530년의『신증동국여지승람』이나 1681년에 발간된 이증李增의『남사일록』등에도 이어지고 있음을 볼 수 있다.

> 2월 초하룻날 귀덕歸德 김녕金寧 등지에서는 나무장대 열둘을 세워 신을 맞이 제시한다. 애월포涯月浦에 사는 자는 나무등걸 형상이 말머리 같은 것을 구해서 채색 비단으로 꾸며 말이 뛰는 놀이[躍馬戱]를 하여 신을 즐겁게 하다가 보름날이 되면 그만두는데, 그것을 연등燃燈이라고 한다.[159]

연등절에 이르니 장대를 세워 놓고	燃燈節屆立竿牢
나희 때 꿩 꼬리 장식 깃발 높이 받드네.	儺戱時廻奉纛高
장수하는 고장 맑은 가을에는 좋은 일도 많아	壽城淸秋多好事

---

158 『신증동국여지승람』제38권, 전라도(全羅道) 제주목(濟州牧).
159 『신증동국여지승람』제38권, 전라도(全羅道) 제주목(濟州牧).

그네뛰기 줄다리기 닭싸움 하네.[160]　　　　　鞦韆照里捕鷄毛

위의 기록에서 장대 열둘을 세운다든가 신을 즐겁게 하다가 보름날이 되면 그만둔다고 하는 것은 제주도 영등굿을 이야기하고 있는 것이다. 2월 1일부터 2월 15일까지 어부와 해녀들, 집안과 마을에 풍요를 주는 신인 영등신을 위한 굿놀이가 행해지는 것이다.[161] 연등회의, 고대에서부터 내려온 무속적 전통과 불교적 전통이 뒤엉키면서 나타난 풍농ㆍ풍어의 기원 제의가 이런 모습을 만들어 냈을 것으로 보인다.[162]

이증은 연등절에 장대를 높이 세우고 깃발도 높이 받든다고 하였다. 여기에 이미 이야기되던 그네뛰기와 줄다리기를 말하고 닭싸움까지 더하고 있다. 이전의 연등절 행사가 이때까지도 그대로 이어지고 있음을 보여 준다 하겠다.

16세기 연등회와 한시의 서정

조선시대 연등회는 관등놀이라 하여 양반 사대부에서 서민에 이르기까지 누구나 즐기는 문화였다. 양반들은 친구들과 함께 술을 마시며

---

160 이증(李增), 『南槎日錄』.

161 한금순, 「제주도 연등절의 시대적 변천」, 『연등회의 종합적 고찰』, 민속원, 2013, 189~194쪽.

162 고상현은 「제주 연등회의 역사와 지속성을 위한 제언」(『한국불교학』 89, 한국불교학회, 2019.)에서 "이는 연등회에서 파생된 민속인지 민속이 연등회와 결합한 것인지는 확인되지 않는다."(289쪽)라고 하고 있다.

관등놀이를 하였다. 그것은 굳이 석가탄신일을 기념하는 것이라기보다는 봄날의 소풍처럼 가볍고 행복한 것이었다.

16세기 양반 사대부들의 한시는 관등놀이 문화가 어떠했는지를 잘 보여 주고 있다. 16세기에 들어서서 맨 먼저 보이는 한시로 이현보李賢輔(1467~1555)가 지은 〈차문량팔일관등次文樑八日觀燈〉이 있다. 아들 이문량李文樑(1498~1581)의 시에 차운한 시로 초파일 관등에 등불이 밝다 하면서 노래하고 춤추는 사람들을 다음과 같이 읊고 있다.

초파일 관등觀燈하니 작은 방은 맑고 　　　　八日觀燈小室淸

처마에 걸린 등불은 몹시도 밝도다. 　　　　掛簷光焰爛熒熒

술동이 앞에서 사람들은 낮게 노래하고 춤추며 　樽前低唱兒孫舞

하룻밤 기뻐하고 즐기니 유별나게 정겹도다.[163] 　一夜歡娛別有情

다음으로 주목할 만한 문인으로 강서파江西波에 속하는 이행李荇이 있다. 그의 한시 중에 벗과 등불 구경을 약속하는 작품, 등불을 켜려고 절을 찾아가다 가지 못하고 지은 작품 등이 있어 눈여겨볼 만하다.

초파일 관등하기로 약조한 날 　　　　八日觀燈約

남산에 반달이 뜰 그때이지 　　　　南山半月時

휴가라 나는 절로 한가하고 　　　　告休吾自暇

복야를 그대는 능히 기약하리 　　　　卜夜子能期

163 이현보, 『聾巖先生文集』 卷1, 「차문량팔일관등(次文樑八日觀燈)」.

바위는 구름 깃든 자취 띠었고　　　　　嵓帶雲栖迹

학이 가지를 밟아 솔은 시들었다　　　　松殘鶴踏枝

서로 만나면 흠씬 술에 취할지니　　　　相逢須酩酊

뒷수레에 술 부대를 싣고 노니세　　　　後乘載鴟夷

평생에 흠모하는 남만리를　　　　　　　平生南萬里

못 본 지도 이십 일 지났구려　　　　　不見二經旬

침식은 요즈음 어떠하신지요　　　　　眠食今何似

풍류는 늙어서 절로 새로워라　　　　　風流老自新

작은 수레를 낮에 자주 타고 와　　　　短轅頻晝駕

약이 될 좋은 말을 때로 해야지　　　　良藥要時陳

술 마시러 오시길 아까워 마오　　　　莫惜來同醉

우리들은 역시 오랜 친구이니　　　　　吾儕亦故人

여주의 강은 천하의 승경이요　　　　　驪江天下勝

목은 노인은 백 년의 몸이로세　　　　牧老百年身

절창을 오랜 뒤에야 화답하니　　　　絶唱久方和

고풍을 그대가 홀로 친했구려　　　　高風君獨親

아련한 물가의 내 낀 나무며　　　　　微茫煙渚樹

표연한 그림 배에 탄 사람이여　　　　縹渺畫船人

옛날 내가 그 정자 지날 적엔　　　　昔我曾經過

부끄럽게도 시구 하나 못 지었지[164]　　　　憋無一句新

　　이행李荇(1478~1534)이 그의 벗인 사화士華 남곤南袞(1471~1527)에게 등불 구경을 함께 하자는 약속을 시로 써서 준 작품이다. 첫 수에서 자신은 한가하니 등불 구경을 가서 흠씬 술에 취해 보자고 하였다. "학이 가지를 밟아 솔은 시들었다[松殘鶴踏枝]."라고 한 것에 대해 주를 달기를 "청학동에서 놀기로 약조하였기 때문에 이렇게 말하였다[約遊靑鶴洞故云]." 라고 했다. 청학동은 서울 남산에 있는 곳이다. 남산 북쪽 기슭에 있는, 지금의 한옥마을이 들어선 곳을 일컫는다. 주세붕周世鵬(1495~1554)이 쓴 이행의 행장行狀을 보면 "일찍이 남산南山 청학동靑鶴洞에다 작은 집을 짓고 또 청학도인靑鶴道人이라 호號하였다. 좁은 오솔길에다 소나무 · 회나무 · 복숭아나무 · 버드나무를 심어 놓고 공이 퇴근하여 지팡이를 짚고 소요하면 그 한가하고 조용한 모습이 마치 농부와 같았다."[165]라고 했다.

　　둘째 수에서 남만리南萬里라는 것은 남곤을 가리킨다. 남곤이 사는 곳은 서울 삼청동이었는데 그곳에 개울물이 가까이 있었다. 그런데 남곤은 벼슬살이에 바빠서 일찍 집을 나가서는 늦게 돌아왔으므로 가까운 개울물도 볼 시간이 없었다고 친구 박은朴誾(1479~1504)과 이행이 늘 놀리며 쓰던 말이 만리뢰萬里瀨, 곧 만 리 밖의 개울물이었다. 성종을 거

164　이행, 『容齋先生集』 卷2, 五言律, 「贈士華約觀燈」 三首.

165　주세붕, 『武陵雜稿』 卷8, 「容齋李相公行狀」, "嘗開小齋於南山之靑鶴洞又號靑鶴道人. 夾路種松檜桃柳公退. 扶杖逍遙蕭然如野人."

처 중종(1506~1544)에 접어들면서 당시唐詩의 세계로 나아가는 복고적 문풍을 이끌었던 강서파江西派의 대가인 이행과 박은[166]이 늘 술을 들고 찾아가던 곳이 남곤의 집이었다고 한다. 그래서 그를 못 본 지 20일이나 되었다고 하고 있다. 그러면서 이야기를 나누고 술을 마시자고 하고 있다.

셋째 수에서는 여주가 나오고, 목은 이색이 나오고 있다. 이런 이야기를 하고 있는 것은 "사화가 새로 여주驪州로부터 돌아왔는데, 청심루淸心樓의 벽에 사화가 일찍이 목은牧隱의 시에 화운和韻한 시 4수를 걸었기 때문에 이렇게 말하였다."[167]라고 협주를 달아놓고 있다.

벗과 함께 등불 구경을 하며 술을 마시고 마음껏 이야기를 나누자고 이행은 남곤에게 이런 편지 시를 썼던 것이다. 등불 구경, 관등觀燈놀이는 조선 중기에도 벗들과의 끈끈한 우정을 확인하는 일이었다. 하지만 남곤은 이 말을 듣지 않고 기묘사화를 일으켜 조광조와 김정 같은 신진 사림파를 숙청하는 데 힘썼다. 이후 남곤은 온갖 어려움을 겪어야 했다.

이행의 〈칠일 등서당후령 관등 차운경운[七日登書堂後嶺 觀燈次雲卿韻]〉[168]도 초파일 전날 남산에서 관등하며 운경雲卿 정사룡鄭士龍(1491~

---

166 이병주 외, 『한국한문학사』, 반도출판사, 1991, 298쪽.

167 이행, 『容齋先生集』권2, "士華新自驪州還 淸心樓壁上 釘士華曾和牧隱詩四首 故云."

168 이행, 『容齋先生集』권2, "靑山今夜月 白首昔年人 節序有來往 風光無故新 多違應物理 一笑亦天眞 僮僕能扶醉 杯行不問巡."(이 작품이 김정(金淨, 1486~1521)의『충암선생집(冲庵先生集)』卷2에 들어 있지만 이는 이행의 작품이 맞다. 이는 허균의『성소부부고』26권『학산초담(鶴山樵談)』에서 "김충암(金冲庵, 충암은 김정(金淨)의 호) 시집 속의 '청산금야월(靑山今夜月)'이라는 시는 바로 용재(容齋) 이문민공(李文愍公)의 작품으로 시법(詩法)이 같지 않다. 편찬한 자가 잘못 엮은 것이다."라고 밝히고 있다.)

1570)의 시에 차운한 시이다. 술을 마시며 친구와 벗함을 잘 그려내고 있다. 한편 이행은 또 다른 한시 한 편을 남겨 놓았다. 〈초파일에 두류산 단속사斷俗寺에 가서 등을 켜려고 하다가 왜구 때문에 길이 막혀 밤에 누워 있다가 느낌이 있어[八日將張燈于頭流之斷俗寺以倭梗止夜臥有感]〉라는 오언율시이다.

뜻하지 않게 전란이 일어나	不謂邊塵起
길 가기 어려울 줄 어이 알았으랴.	何知行路艱
남은 생애 하나도 이룰 것 없고	餘年無一得
자잘한 일은 천 갈래로 많아라.	細故有千般
눈물 젖은 눈 등불 보매 껄끄럽고	淚眼看燈澁
마른 창자라 술잔 들기 아끼노라.	枯腸把酒慳
두류산에는 달빛이 넉넉하리니	頭流饒月色
꿈에 가서 늙은 얼굴 의지하리라.[169]	夢去倚蒼顔

단속사斷俗寺는 경상남도 산청군 단성면 지리산(두류산)에 있던 절이다. 초파일을 맞이하여 이행은 그곳에 가서 등불을 켜려 했던 모양이다. 그런데 왜구가 침입하여 길이 막히게 되었고, 가만히 누웠다가 느낌이 있어 적었다는 것이다. 그는 이룰 것 없는 남은 생애, 자잘한 일로 번거로운 마음이었나 보다. 눈물을 흘리며 등불을 바라본다. 그리고 달빛 넉넉한 지리산을 떠올리며 꿈에서라도 거기에 의지하고 싶다

---

169 이행,『容齋先生集』권7, 南遊錄 庚午年.

고 토로하고 있다. 이 무상無常과 애상哀傷, 덧없음과 슬픔은 어디에서 비롯된 것일까.

이 작품은『남유록南遊錄』에서 경오년庚午年 중종 5년(1510)에 쓰인 글이라 했다. 이때는 연산군의 폭정에 저항하다 죽음의 문턱까지 이르렀다가 되살아난 이후이다. 갑자년甲子年(1504)에 연산군이 어머니 윤씨尹氏의 죽음을 알고 옛 신하들을 모조리 죽이고 윤씨를 추숭하면서 지극한 휘호徽號를 논하라고 했다. 그런데 이행은 추숭하는 전례典禮가 이미 지극하므로 휘호를 더할 필요가 없다고 하였다가 국문鞫問에 처해져 잘못하면 극형을 받을 뻔했다. 남들은 힘껏 변명을 하며 벗어나고자 했지만 그는 "죽는 것은 운명이다."라며 목숨을 구걸하지 않았다. 그러다 권달수權達手가 자신이 맨 먼저 논의를 했다고 하여 목숨을 구했다. 그리고 병인년丙寅年(1506) 봄 정월에 거제도巨濟島에 유배를 가고, 가을에 다시 잡아 가두고 죽을 때까지 장杖을 치라고 명했을 때 중종반정中宗反正으로 시운時運을 만나 죽음을 면하게 되었다. 그렇게 이행은 죽음의 문턱까지 이르렀다가 목숨을 부지하고 다시 복권될 수 있었다. 1507년 12월 어머니의 상을 당했고, 1510년 2월에 상복喪服을 벗고 성균관 사예成均館司藝에 제수되고, 4월에 홍문관 부응교 겸 예문관 응교에 제수된다.[170]

그 무렵 4월 초파일을 맞아 단속사에서 등불을 밝히려 했던 것이다. 그런데 하필이면 그때 삼포왜란三浦倭亂이라 하여 4월 4일부터 4월 19일까지 제포(내이포), 부산포, 염포 등 삼포에 거주하고 있던 왜인들이

---

170 주세붕,『武陵雜稿』卷8,「容齋李相公行狀」.

한국의 연등문화

대마도주 종성친의 지원을 받아 왜변을 일으켰고, 그로 인해 그는 켜켜이 쌓인 회한으로 눈물에 젖어 등불을 바라봤던 것이다. 시 속에 담긴 삶의 덧없음과 슬픔은 실로 선사禪師의 초탈한 세계와 잇닿아 있는 듯하다.

나머지 작품들을 들여다보면 '광릉廣陵'을 노래한 한시가 눈에 띈다. 정사룡鄭士龍(1491~1570)이 쓴 〈광릉관등廣陵觀燈 칠언배율삼십운七言排律三十韻〉[171]이나 민제인閔齊仁(1493~1549)의 〈광릉관등廣陵觀燈〉[172]이 그것인데, 작품이 적지 않은 길이를 보여 준다. 그런데 여기서의 광릉廣陵은

171 『湖陰雜稿』卷4, "東南都會是蕪城 欲數繁雄僕屢更 枕臂江淮成沃壤 輓漕柁觸走神京 平時富庶居無讓 偏伯風塵處必爭 形勝于今資拱制 藩維從古壯經營 歌鍾俠窟喧闐鬧 裘馬奢風脫略輕 曲巷魚鱗開繡戶 通衢雁齒接朱甍 祀星舊俗流聲靄 弛禁前朝樂事幷 歲後風光元夜値 城中供設幾家傾 綵棚高倣鼇山峙 火樹繁欺璧月明 共揭籠燈彈技衢 競排蓮焰盡情呈 衣冠連袂成帷至 車馬通宵作晝行 照徹山河堪覷隙 射穿星漢亦凝晶 華譙殺箭遲遲下 綺陌游塵冉冉橫 何處鬪粧鉤畫鴿 誰家按拍捻瑤笙 虛明幻界二十遍 晃朗層城十二淸 金粟未收闌夜爐 珠樓先聽誤鷄鳴 銷沈萬古無留迹 完缺殘甌但記名 九曲迷藏需燕幸 再傳洪業屬升平 龍舟犯露淹仙躧 螢爝供燈逞謔情 未必戲游皆敗度 須知玩物易迷精 禁中祕法纔聞呪 空裏虹橋已奏成 妃子伶官參鼇從 雲幢風馭鶩脩程 積蘇臨睨紛微蟻 點芥傍看眇大瀛 綺羅掩翳褘臺拭 道俗奔波寺觀盈 杳辨繁花光璨爛 遙知高架鬱崢嶸 飄揚仙曲隨風颺 紛緋塵褒入耳驚 悅惚歸來神覺爽 羅穿奇勝語難評 試看輕佻人安在 自是危亡禍所嬰 勝地偉觀猶不泯 佳辰浪費幾相丁 維揚侈汰須裁革 勅罷觀燈厚有生."

172 『立巖集』, "聞說廣陵佳麗地 環觀勝賞固難名 山川窈窕眞天府 城郭周遭似玉京 萬里人煙成聚落 千年民物樂耘耕 風流絶勝聞天下 士女爭姸儘大平 憶昔明皇思一往 當時道士自相迎 橋成忽見千尋逈 虹起俄驚萬丈橫 御氣還同超汗漫 步虛元不躡崢嶸 須臾恍若從天降 咫尺何勞縮地行 縹緲都城迷處所 依俙陳設極縱橫 風煙逈與凡塵隔 日月偏從特地淸 萬古名區元自異 一天燈夕又新晴 籠回棚列層層出 雲卷煙開點點生 彩暈縈林初隱映 紅光照夜漸分明 高張萬幕天如晝 爛入千家火作城 義馭徊徨藏景像 月娥羞澁讓光晶 映江入底蛟龍避 照穴無幽鬼魅驚 却恐燭龍三夜鬪 還疑列宿一時傾 瞠瞠瑞雪迷千里 婷婷紅蕚簇萬莖 金殿玉樓深隱隱 錦囊紅袖遠盈盈 香生寶篆花連席 影落流霞酒滿觥 自是眞遊非世有 從知異事與仙幷 五雲初見王喬馭 三弄遙聞子晉笙 雲霧衣裳紛綷綷 瓊林環佩乍玲玲 三生宿契斯爲重 一夜淸歡亦豈輕 漢武九光燃不數 周王八駿宴難爭 心傳廣樂聲猶遠 曲奏霓裳響正鏗 興盡依然還世界 歸來那復到蓬瀛 仙遊縱以淸虛得 王業難從逸豫成 當日已招天寶亂 異時還作馬嵬征 願將此事爲殷鑑 宵旰憂勤益勵精."

우리나라의 지명이 아니라 지금의 중국 강소성江蘇省 양주揚州를 가리킨
다. 노수신盧守愼(1515~1591), 황정욱黃廷彧(1532~1607)과 함께 관각삼걸館閣三
傑로 알려진 정사룡은 중종 대에 동지사冬至使로 명나라에 가서 이름을
떨치기도 했고, 돌아와 명나라 기행 내용을 담은『조천일록朝天日錄』을
저술하기도 한 인물이다. 그는 한시에서 "동남쪽에 위치한 도회지는
황폐한 성[東南都會是蕪城]"이라 하고, "강회는 비옥한 땅을 이루었다[江淮
成沃壤]."라고 하면서 광릉의 연등회를 시로 읊었다. 그리고 "채붕綵棚이
높이 솟아 오산鰲山의 언덕을 모방한 듯하고 / 화수火樹는 화려하여 아
름다운 달빛을 속이고 / 함께 등롱을 들고서 돌아다닌다."라고 하여 중
국 광릉의 모습을 묘사하기도 하였다. 민제인도 중종의 승하를 알리기
위해 중국에 사신으로 간 적이 있는데, 그도 말로만 듣던 광릉의 관등
을 보고 한시를 지었다.

이처럼 광릉의 관등이 조선 선비들에게 잘 알려지게 된 것은 당나
라 현종과 관련된 전설이 있었기 때문으로 보인다. 개원開元 18년(730)
정월 보름 때 당나라 현종이 어디서 가장 화려한 관등놀이가 펼쳐지는
지를 섭선사葉仙士에게 물으니 광릉廣陵이라고 대답하였다. 현종이 광
릉의 관등놀이를 볼 수 있는 방법을 묻자, 섭선사는 금방 무지개다리
를 만들었다. 섭선사는 뒤를 돌아보지 말고 따라오라고 했는데, 그 무
지개다리에 올라서는 순간 벌써 광릉에 도착했다고 한다. 그러고서 현
종은 관등놀이를 구경했다고 한다.[173] 가장 화려한 관등놀이의 공간이

---

173 『古今事文類聚』前集 卷7, 「廣陵觀燈」, "開元十八年正月望日 帝謂葉仙師曰四方之盛此夕何
處極麗 對日天下無踰於廣陵 帝日何術以觀之 師日可俄而虹橋起於殿前 師奏橋成 但無回顧
於是 帝步而上太真及高力士 黃旛綽樂官數人從行俄頃已到廣陵寺觀陳設之盛燈火之光照灼

한국의 연등문화

광릉이라는 이 전설은 조선의 지식인들에게 광릉 관등에 대한 강한 호기심을 불러일으켰던 모양이다. 그래서 명나라 사행의 길에 오르면 광릉의 관등놀이를 구경하며 그 감회를 적었던 것이다.

16세기의 연등과 관련된 나머지 작품 중에서 정유길鄭惟吉(1515~1588)은 〈서등書燈이라 게으르게 이름을 짓다[謾題書燈]〉[174]라고 하여 3수를 읊었는데, 그 중 첫 수를 보면 "4월은 청화절淸和節이니 / 관등觀燈하며 아름다운 시절을 즐기네 / 뜬눈으로 하늘을 바라보니 / 별들은 수많은 집으로 떨어지네."라고 하였다. 여기에서 청화절이라는 표현은 황준량黃俊良(1517~1563)의 〈등석유감燈夕有感〉이라는 시에도 나타난다. 초파일에 느끼는 인생의 쓸쓸함과 덧없음이 잘 그려진 작품이다.

지난해 초파일 저녁 단구군丹丘郡	去年燈夕丹丘郡
이요루二樂樓에서 외람되이 인재들 틈에 끼었다.	二樂樓上忝先登
별처럼 매달린 등불 나무[火樹] 찬란히 빛나고	星簇火樹粲文光
술꾼과 시객들도 모두 풍채 훌륭했다.	酒徒詞客多風稜
생황 소리 울려 하늘 멀리 펴져 가는 속에서	笙歌動塵沸寥廓
호탕하게 읊고 질펀히 취하니 어찌 그리 몽롱하던지.	豪吟縱醉何曹騰
올해 초파일 저녁 금계 마을에는	今年燈夕錦水村
작은 집 문 닫히고 바람과 이슬만 엉기었다.	小院閉門風露凝

其殿士女華麗皆仰面曰仙人現于五色雲中帝大悅師曰請勅伶官奏霓裳羽衣一曲後數日廣陵果奏云幽怪錄."

174 『林塘遺稿』, 「謾題書燈」 3首, "四月淸和節 觀燈樂歲華 乾文看徹曉 星落萬人家 / 竹實垂寒壁 桐花落晚風 鳳凰看不至 悄悄抱遺經 / 松月尋柴戶 溪風透葛衣 無人共淸景 來往自忘歸."

성긴 별 지는 달에 등잔불을 돋우니	疏星缺月助燈焰
오동꽃 그림자 속 층층이 밝아 온다.	桐花影裏明層層
원추리꽃 활짝 피어 고당에 비추고	萱華春茂映高堂
산 앵두꽃 흐드러져 고운 빛을 더한다.	棣蕚韡韡輝彩增
탁주에 나물 안주 절로 담박한데	山醪野蔌自眞率
피리 불고 가야금 타니 옥승玉繩을 흔든다.	橫笛鳴琴搖玉繩
흥겨운 밤이 깊어 북두성도 기울려 하는데	恰愉深夜斗欲轉
온화한 웃음 피어나 화기를 더한다.	諧笑氤氳和氣蒸
벼슬에서 물러나 곤궁해도 슬퍼할 것 없으니	家居落跖不須嗟
한집안의 삼락은 사람마다 그런 것 아닌가.	一門三樂非人能
연못에 동전같이 뜬 연잎은 사랑할 만하지만	荷沼浮錢政可憐
바람이 버들개지 날리니 얄미운 마음 생긴다.	柳風撲綿堪生憎
청화절淸和節에 부모 섬김 다할 뿐	淸和佳節罄承歡
어찌 불법을 밝히고 등불 전하는 승려를 본받으랴.	豈學照佛傳燈僧
뜬 인생의 처세는 뜻 맞음이 귀하니	浮生處世貴適意
뜻밖에 오는 부귀공명 교만할까 꺼려진다.	倘來軒冕難驕矜
돌이켜 보면 옛일이 엊그제만 같은데	追思舊遊似隔晨
흰머리가 늘어 서리처럼 내려앉았다.	却添衰鬢霜鬅鬙
금귀金龜를 팔아 술과 바꿔 마시니	金龜已損換一斗
태창에 무심하여 적은 곡식으로 만족스럽다.	太倉無心糴五升
한 그릇 밥으로 안회는 누항에서 도를 즐겼고	一瓢猶堪樂顏巷
많은 시로 두보처럼 남을 놀랠 건 없다.	千詩不必驚杜陵
유유자적 해를 보내면 그런대로 만족하니	優游卒歲聊爾耳

다른 해엔 어디에서 초파일 연등을 볼 것인가. 他年何處看春燈

　황준량은 1557년(41세)에 단양군수丹陽郡守로 부임하여 5,001자에 이르는 장문의 상소 <단양진폐소丹陽陳弊疏>를 올린다. 여러 적폐로 인해 백성들이 살 수 없음을 밝히고 열 가지 조목의 계책을 제시한 이 글로 단양의 백성들은 10년 동안 세금을 감면받게 된다. 그리하여 향교를 다시 짓고 피폐한 고을을 일으키면서 3년이 지나는 해인 1559년 임기를 다 채우고 귀향했다. 그는 예조정랑, 병조정랑에 제수되었지만 이황처럼 벼슬을 버리고 학문에 몰두할 생각으로 관직을 사양하고 고향으로 향한다. 그렇지만 금계로 돌아간 지 1년 만인 1560년 가을에 다시 성주 목사직을 받아 관직에 나아가게 된다.[175]

　이로 보아 위의 작품 <등석유감>은 1560년 초파일에 느낀 감회를 적고 있는 것이라 하겠다. 지닌해, 곧 1559년 봄 초파일에 외람되이 이요루二樂樓에서 인재들 틈에 끼어 있었다고 했다. 이요루는 단양군에 있는 누각이다. "비해당匪懈堂 안평대군이 쓴 이요루二樂樓라는 커다란 세 글자가 찬란히 밝은 밤하늘 달과 같아, 그 빛을 움켜잡을 수가 없는데 산개울이 햇빛을 머금었다."[176]라고 김일손金馹孫(1464~1498)이 <이요루기二樂樓記>에서 밝힌 곳이다. 여러 인재가 함께 모여 등불이 별처럼 매달려 있는 나무들을 바라보고, 술 마시고 시를 읊조리며, 생황의 소리가 퍼져 나가는 그곳에서 황준량은 많이 취했던 모양이다. 그런데

---

175 구완회, 「금계 황준량의 관력과 목민 활동」, 『영남학』63호, 경북대학교 영남문화연구원, 2017.
176 『속동문선』 제14권, 기(記), 「二樂樓記」.

이제는 그곳에서 물러나 금수촌錦水村, 곧 고향인 영주 풍기의 금선계 곡錦仙溪谷에 머물렀던 것이다. 그는 단양을 일으키느라 바쁘게 3년을 보내고 다시금 맞이하는 초파일의 풍경 앞에서 감회가 새로웠다. 원 추리꽃은 어머니가 살아 계심을, 산 앵두꽃 흐드러져 고운 빛 더하는 것은 형제간에 우애가 넘침을 비유한다. 그는 벼슬에서 물러나 가난 해지더라도 슬퍼할 것 없고, 그저 한집안의 가족이 모두 편안한 것이 면 된다고 여긴다. 그저 청화절에 부모님 잘 모시고, 안빈낙도의 삶을 구한다면 그것으로 족하다고 한다. 퇴계 이황을 존경해 마지않던 황 준량의 삶의 자세와 몸가짐을 초파일 저녁 등불을 보며 잘 드러내고 있다.

조선 후기 왕실의 연등

임진왜란 이후 조선의 왕실에서 과거와 같은 연등회가 열린 적은 없었 다. 그렇다고 연등회의 기운이 완전히 사라진 것은 아니었다. 궁궐 내 에 등불을 걸어 두는 풍습은 여전히 남아 있었다. 사월초파일을 맞은 백성들은 연등회를 성대하게 열었고, 그것을 구경하는 관등놀이 또한 지속적으로 펼쳐졌다. 조선 후기 연등놀이는 민간에 널리 퍼져 풍속으 로 자리를 잡아 백성들이 모두 즐기는 문화로 자리매김하게 된 것이 다. 그런데 불교적 행사라 할 초파일에 사찰에서 따로 연등회를 열었 다는 기록은 존재하지 않는다. 오히려 불상을 씻는 욕불회浴佛會가 있 었음을 기록은 알려 주고 있다.

그런 가운데서 조선 후기, 특히 18세기부터 연등회를 비롯한 세시 풍속을 기록한 저작들이 대거 출현하였다. 풍속서 속에서, 사대부들의 한시와 가사 속에서 연등놀이가 화려하게 펼쳐졌음을 알려 주고 있다. 이런 연등회 기록이 많이 등장하는 까닭은 중국의 세시풍속 서적에 비견할 만한 기록을 남기고 싶어한 당대 문사들의 의식이 작용한 결과로 보인다. 이제부터는 조선 후기 다양한 기록 속에 존재하는 연등회에 대해 그 모습이 어떠했는지, 등불의 모습은 어떠했는지 등을 살펴본다.

조선 후기에 들어 왕실 자체에서 거행하는, 조선 전기와 같은 초파일 연등회는 따로 존재하지 않았다. 그러나 궁궐에 등불을 걸어 두는 풍속이 완전히 사라진 것은 아니었다. 김매순金邁淳(1776~1840)이 한양의 세시풍속에 관해 순조純祖 19년(1819)에 쓴 『열양세시기洌陽歲時記』에는 왕실에서 행했던 초파일 풍속이 다음과 같이 나와 있다.

모든 궁가宮家와 내사內司, 내영內營에서는 초파일에 등을 만들어 임금에게 바쳐 정교함과 화려함을 경쟁하는 것이 오랜 관례였다. 선왕이신 정조 임금께서도 대비전과 혜경궁에서 이를 좋아하시기 때문에 그 뜻을 따라 시절의 유풍을 없애지도, 생략하지도 못했다.

그런데 한번은 이러한 일이 있었다. 임금이 여러 신하들과 누각에 올라 관등觀燈을 하는데, 내영에서 먼저 들어온 등은 제작법이 매우 기이하고 유리와 운모와 쇠붙이와 옥으로 등 깃을 장식하니 광채가 번쩍이므로 보는 사람들이 주목하고 아름다움을 칭송하였다.

그런데 다음으로 내사에서 등을 올리겠다고 청하자 왕이 이를 허락하여 잠시 후에 등이 들어오는데 시골에서나 파는 싼 종이로 붙여 만든 오이 모양의 등이었다. 모두들 경악을 금치 못하고 임금 또한 잠시 그 천함을 괴히 여겼는데, 이때 내관 일을 맡은 노황문老黃門이 나와 엎드려 아뢰기를 "등은 이와 같은 수준 정도면 족한 줄로 압니다. 불을 살라 밝음을 얻을 수 있는 점은 피차 한가지입니다." 하였다. 임금이 잠자코 말없이 있다가 내영의 등은 걷어 내보내고 나중에 온 등을 대궐 안 뜰에 걸라고 명을 내리었다.

이날 이 일을 본 자들은 경연 신하와 호위병으로부터 대궐 안 하인과 문지기에 이르기까지 서로 쳐다보며 동요하는 기색이었다. 오호라 선왕이 가까이 있는 말을 잘 살핀 일은 순舜 임금과도 부합되는 것으로 비록 문지방이나 길을 소제하는 천한 사람도 이 일로 충성심을 느낄 수 있었으니, 이와 같이 성절盛節을 이루심은 수레의 규식[在輿之規]에도 있고 침실의 잠언[居寢之箴]과도 같이 오로지 옛날에만 있는 것은 아니다. 이 일을 일으킨 노황문은 궁중에 오래 거하여 임금이 예우하던 원로인데, 외부로는 그 이름도 알려지지 않은 자다.[177]

---

177 金邁淳, 『열양세시기(洌陽歲時記)』, "諸宮家及內司內營以八日 造燈進御競尙精麗 其來久矣 先王上奉殿宮承歡順志於時節故事不欲遽加裁省 嘗與諸近臣御樓觀燈 內營燈先入 形製甚奇飾以玻璨雲母金璧翠羽光彩炫燿 觀者咸注目稱美已而內司請進燈 上可之 少焉燈入乃邨巷所賣紙糊苽子樣也 諸人愕然 上亦頗恠其陋 老黃門管司者進伏徐奏曰 燈如是足矣 炷火

궁궐 내에서 연등회를 개최하지는 않았다. 하지만 초파일에 궁가宮家와 내사內司, 내영內營에서 등을 만들어 임금에게 바치는 풍속이 있었다고 했다. 궁가는 왕실의 일부인 궁실宮室, 왕실에서 분가해 독립한 대원군, 왕자군, 공주, 옹주가 살던 집을 통틀어 이르던 것이다. 내사는 왕실 재정의 관리를 맡아보던 관아로 궁중에서 쓰는 쌀, 베, 잡물雜物, 노비 따위에 관한 일을 맡아보았다고 한다. 내영은 대궐 안에 있던 병영을 가리킨다. 이러한 곳에서 등을 만들어 임금에게 바치되 정교함이나 화려함을 경쟁하였다고 했다. 그리고 선왕인 정조, 대비전과 혜경궁에서 좋아한 까닭에 순조 대에 이르기까지 그 유풍을 없애지도 생략하지도 못했다고 한다.

그리고 임금과 여러 신하들은 누각에 올라 궁궐이며 궁궐 밖 여항의 등불을 바라보았던 모양이다. 내영에서 들어와 내걸린 등불은 제작법도 기이했고, 유리와 운모와 쇠붙이, 옥으로 등의 깃을 장식하여 광채가 번쩍거려 사람들이 주목하고 아름다움을 칭송했다.

그런데 문제는 내사에서 올린 등이었다. 시골에서나 파는 싼 종이로 붙여 만든 오이 모양의 등이었다. 이를 두고 사람들은 경악하면서 천하다고 여겼다. 그런데 내관 노황문老黃門이라는 자가 등불이 밝기만

取明彼如此一也 上默然良久命撤內營燈出 取其燈懸之內庭 是日睹其事者自筵臣衛士以至掖隸門卒無不相顧動色 嗚呼先王之好察邇言同符大舜 故雖門巷掃除之賤亦得以因事納忠 成此盛節在輿之規居寢之箴孰謂專美於古昔哉 老黃門盖宮中耆宿 上所禮遇者 外廷不知其名云." * 뒷부분에 등장하는 '재여지규(在輿之規)'는 '재여유여분지규(在輿有旅賁之規)'로 여분(旅賁)은 수레 좌우에서 호위하는 군사직을 가리키는데, 은나라 탕왕(湯王)의 고사(故事)에 나오는 것이다. 그리고 '거침지잠(居寢之箴)'은 '거침유설어지잠(居寢有褻御之箴)'으로 설어(褻御)는 가까이 모시는 신하를 가리키며, 주나라 선왕(宣王)의 고사에 나온다.

하면 된다고 아뢰자, 정조 임금은 그의 뜻에 따라 오이등을 대궐 안뜰에 내걸라고 명하였다. 오이등은 가난한 백성들이 사월초파일에 등불로 내걸었던 것인데, 정조 임금은 내관의 말을 듣고 화려하기보다는 그 소박한 등불을 궁궐 안에 걸게끔 했다는 것이다. 이 이야기는 정조 임금이 화려한 것을 좇기보다 소박한 백성의 등불, 그리고 지체 낮은 신하의 말을 따르는 성군이었음을 드러내고 있다.

그 밖에 왕실 기록으로 남아 있는 몇 가지 기사는 백성들의 관등놀이와 관련된 것이다. 현종 3년(1662) 4월 25일에 헌부가 전 정언 정창도를 파직시킬 것을 아뢰는 내용 중에 "전 정언 정창도丁昌燾가 지난번 등석燈夕에 선비 몇 명과 함께 술에 취하여 기생을 좇다가 밤이 이슥하여 무사들이 여악女樂을 두고 술을 마시는 자리에 뛰어들어 함께 싸움을 하였다는 소문이 자자합니다. 사대부의 치욕이 이보다 더 심함이 없으니 그를 파직시키소서."[178]라는 대목이 나온다. 관원들이 초파일 관등놀이에서 술을 마시며 즐겼던 사정을 보여 주는 글이다.

영조 42년(1766) 초파일에는 임금이 전례前例에 의하여 관등觀燈하라고 명하는 대목이 나오고,[179] 영조 49년(1773)에는 임금이 약방에서 입진하고는 도제조에게 "오늘 저녁은 연등燃燈하는 밤이다. 도민都民들은 부자 형제가 서로 이끌면서 관등觀燈하련만 나만 혼자니, 이 무슨 팔자인가?"[180]라고 말하는 대목이 나온다. 왕실에서도 초파일에 궁궐 내의 등

---

178 『현종개수실록』 7권, 현종 3년 4월 25일 무진.
179 『영조실록』 107권, 영조 42년 4월 7일 병오.
180 『영조실록』 120권, 영조 49년 4월 8일 병신.

한국의 연등문화

불이며 백성들의 연등 행사를 지켜보는 풍습이 계속되고 있었음을 알려 주는 대목이다.

정조 16년(1792) 초파일 기록에는 "처음에 여러 군영의 장수들이 연등절燃燈節 저녁에 장용영壯勇營 뒤 방마원放馬園에서 음악을 베풀고 이소履素가 장용영의 제거提擧라 하여 맞이하여 함께 놀았는데, 그곳은 경모궁景慕宮의 뒤 산등성이와 떨어져 있고 홍화문弘化門의 누각과 서로 마주 대한 곳이었다."[181]라는 대목이 보인다. 홍화문 누각 맞은편에 있었던 방마원에서 군영의 장수들이 연등절을 맞아 음악을 베풀며 놀았다는 기록을 남겨 주고 있다.

그러다 고종 9년(1872)에 이르렀을 때 고종은 "초파일에 등燈을 다는 것은 듣자니 불교 행사라고 한다. 거행할 필요가 없으니, 올해부터 이 풍습을 영원히 혁파하라. 사등紗燈에 대해서 말한다면 긴요한 물건도 아닌데 낭비가 적지 않으니, 일절 그만두도록 분부하라."[182]라는 전교를 내린다. 이것이 조선 왕조 연등절과 관련된 마지막 기록이다.

여기에 언급되고 있는 '사등紗燈'은 통명전通明殿에서 야진夜進, 곧 밤에 행하는 잔치가 벌어질 때 사용했던 등불을 가리킨다. 1848년에 편찬된『진찬의궤進饌儀軌』[183]를 통해서 살펴보면, 그림을 그려 넣은 깁(명주실로 바탕을 조금 거칠게 짠 비단)을 씌워서 만들었다고 한다. 이때 줄홍향사縷紅鄕絲라 하여 우리나라에서 생산한 붉은 빛깔의 명주실, 그리고 납염

---

181 『정조실록』34권, 정조 16년 윤4월 2일 경오.

182 『고종실록』9권, 고종 9년 3월 20일 갑진.

183 1848년(헌종 14) 대왕대비 순원왕후 김씨(純元王后 金氏, 1789~1857)의 육순을 축하하기 위하여 베푼 진찬(進饌) 의절(儀節)을 기록한 책.

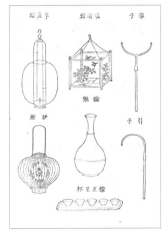

1848년(무신년)에 열린 궁중의 진찬 행사를 그린 병풍 가운데
〈통명전야진찬도〉 부분. 다양한 사등이 걸려 있다.

『진찬의궤進饌儀軌』
도식 부분에 나온 등의 모습.

원환鑞染圓環이라 하여 땜납을 한 쇠붙이를 둥글게 만든 쇠고리를 이용한다고 하였다. 이것들은 제용감과 호조에서 만들었다고 한다.[184]

사찰의 연등회

사찰에서 행해진 연등회가 조선 전기에는 없었다가 조선 후기에 되살아난 것은 아니다. 사찰을 중심으로 하여 부처님오신날에 행해졌던 연

---

184 『進饌儀軌』 책01 卷首 「圖式 器用圖」 030전, "紗畫燈十雙色燭本所新備烑紅鄕絲三甲所一百巨里濟用監鑞染圓環一百十箇戶曹."

한국의 연등문화

등회는 조선 전기에 이르러 욕불회浴佛會를 중심으로 거행되었던 것이 아닌가 추정된다. 이는 조선 후기까지도 이어진 것으로 보인다. 불상을 씻어 내는 행사라 할 욕불회는 관불회灌佛會라고도 하는데 그 역사가 참으로 오래되었다. 부처의 탄생일에 맞춰 탄생불을 씻기는 정화의식은 불교를 믿는 이들에게 중요한 행사일 수 있었다. 『보요경普曜經』에서는 다음과 같이 관불을 이야기하고 있다.

> 천제석과 범왕은 홀연히 내려와서 여러 이름 있는 향수로 보살을 목욕시켰고, 아홉의 용은 위에서 향수를 내리며 성인을 목욕시켰느니라. 목욕을 마치니 몸과 마음이 깨끗하여서 계신 데서 노닐되 도가 뛰어나고 완전히 갖추었으며 큰 종성에서 탄생함이 바르고 참된 보배와 같았고 신기한 모습과 여러 가지 좋음이 법의 바퀴를 굴림에 알맞았으며, 전륜왕이 삼계에 있으면서 하나의 도의 일산日傘으로써 시방세계를 덮음과 같았느니라. 그 백정왕은 마음속이 관대해져서 뛸 듯이 좋아하기를 한량없이 하였느니라.[185]

여러 향수로 부처를 목욕시키는 관불灌佛의식이 이와 같은 기록을 기반으로 한 것이었다. 그리고 오늘날 우리나라 사찰에서 행하는 관불

---

[185] 축법호(竺法護, Dharmarakṣa) 護譯, 『佛說普曜經』권2[『한글대장경 155 方廣大莊嚴經』外 (서울: 동국역경원, 2009).], "天帝釋梵忽然來下, 雜名香水洗浴菩薩, 九龍在上而下香水, 洗浴聖尊. 洗浴竟已身心清淨: 所在遊居道超具足, 生於大姓如正眞寶, 奇相衆好應轉法輪, 若轉輪王處在三界, 以一道蓋覆於十方. 其白淨王心中坦然踊躍無量."

의식은 당나라 때 번역된 『욕상공덕경浴像功德經』과 『욕불공덕경浴佛功德經』에 따른 것이라고 한다. 『욕불공덕경』에 욕불하는 방법에 대해 다음과 같이 나와 있다.

> 불상을 목욕시킬 때에는 반드시 우두전단牛頭栴檀 · 백단白檀 · 자단紫檀 · 울금향鬱金香 · 용뇌향龍腦香 · 영릉零陵 · 곽향藿香 따위를 맑은 돌 위에 놓고 갈아서 향니香泥를 만들고, 그것으로써 향수를 만들어 맑은 그릇에 담아 두고 청정한 곳에 좋은 흙으로 단壇을 만들되, 혹 모나게 하거나 둥글게 하고, 때에 따라 크고 작게 하여 그 위에 욕상浴床을 두고, 중간에 불상을 안치한 다음 향수를 부으면서 정결히 목욕시키고 다시 맑은 물을 뿌리라. 쓰이는 물은 모두 맑게 걸러서 작은 벌레가 다치지 않게 할 것이며, 그 불상을 목욕시킨 물은 두 손가락으로 찍어서 자기의 정수리 위에 두어야 하니, 이름하여 길상수吉祥水이다. 나머지 물은 깨끗한 곳에 버려 밟지 않게 하고, 가늘고 부드러운 수건으로 불상을 닦아서 깨끗이 할 것이며, 모든 이름난 향을 태워서 주변을 향기롭게 하고, 본래의 처소에 안치해야 한다. 선남자여, 이렇게 불상을 목욕시켰기 때문에 그대들 인천의 대중으로 하여금 현재에 부귀와 안락을 받고, 병이 없이 오래도록 평온하며, 원하고 구하는 일이 뜻대로 되지 않음이 없으며, 친한 벗과 권속이 모두 안온하고, 길이 8난難을 떠나 영원히 괴로움의 근원을 벗어나며, 여인의 몸을 받지 않고 속히 정각을 이루게 할 것이다. 불상을 안치한 뒤에는 다시 모

든 향을 사르고 불상 앞에서 경건하게 정성을 다해 합장하고, 게송으로 찬탄하라."[186]

돈황 막고굴에 그려진 〈불타탄생도〉의
구룡관정.(9세기)

향수를 만드는 방법, 욕상을 만들고 불상을 안치하는 방법, 불상을 목욕시키고 불상 씻은 물을 처리하는 방법 등이 이야기되고 있다. 그리고 불상을 목욕시킨 덕택으로 부귀와 안락을 얻으며 정각正覺을 이루게 된다고 한다. 마지막으로 합장하고 게송으로 찬탄하라고 한다. 이러한 가르침을 바탕으로 욕불浴佛의식 과정과 그것의 복덕을 드러냈던 것이다.

남방불교나 초기 중국불

---

186 義淨 漢譯, 『浴佛功德經』. "若浴像時, 應以牛頭栴檀, 白檀, 紫檀, 沈水, 熏陸, 鬱金香, 龍腦香, 零陵, 藿香等, 於淨石上, 磨作香泥, 用爲香水, 置淨器中, 於淸淨處, 以好土作壇, 或方或圓, 隨時大小, 上置浴牀, 中安佛像, 灌以香湯, 淨潔洗沐, 重澆淸水, 所用之水, 皆須淨濾, 勿使損蟲, 其浴像水, 兩指瀝取, 安自頂上, 名吉祥水, 瀉於淨地, 莫令足蹈, 以細軟巾, 拭像令淨, 燒諸名香, 周遍香馥, 安置本處. 善男子, 由作如是浴像故, 能令汝等人天大衆, 現受富樂, 無病延年, 於所願求, 無不遂意, 親友眷屬, 悉皆安隱, 長辭八難, 永出苦源, 不受女身, 速成正覺. 旣安置已, 更燒諸香, 親對像前, 虔誠合掌, 而說讚曰."

교에서는 욕불의식이 일상화되어 있었다. 『삼국지三國志』권49, 오서吳書 4, 「유요전劉繇傳」에는 착융笮融이 불교 포교를 위해 황금으로 불상을 만들고, "불상을 목욕시키고 술과 음식을 많이 베풀어 놓으며 길에다 자리를 펴니 수십 리에 걸쳐 있고, 백성들이 와서 구경하고 음식을 먹는 자가 또한 1만 명이었고 그 비용은 거억巨億으로 헤아렸다."[187]라고 하였다. 남방불교에서도 새해나 초파일에 정화와 찬불 의식으로 욕불을 중요하게 생각하며 의식을 행한다고 한다.[188]

조선 후기 이만부李萬敷(1664~1732)가 지은 『식산선생문집息山先生文集』에서도 중국의 욕불일이 우리나라에서는 관등 형태로 나타남을 제시하고 있다. 그는 송나라 맹원로孟元老가 지은 『동경몽화록』(1147) 속의 "4월 8일은 부처님의 탄생일이다. 경사京師(중국의 서울) 열 개의 대선원大禪院에서 각기 욕불재회浴佛齋會가 있다. 향당수香糖水를 끼얹는데 이름이 욕불수浴佛水이다."라는 말을 인용하고는, "우리나라 4월 8일이 명절인 점은 같지만 상원上元(정월대보름)에 관등觀燈을 하지 않고 초파일에 등불을 매다는데, 또한 전통이 변한 것이라 하겠다."[189]라고 하였다. 그리고 우리나라의 중국 사행 기록으로 중국의 수도인 연경燕京을 사행한 기록을 담은 이압李押(1737~1795)의 『연행기사燕行記事』(1777)에도 "4월 1일부터 8일까지는 여러 절 명승지에 가서 욕불회浴佛會를 하고, 10일부터 18

---

187 『三國志』卷49, 吳書 4, 「劉繇傳」, "每浴佛, 多設酒飯, 布席於路, 經數十里, 民人來觀及就食 且萬人, 費以巨億計."

188 구미래, 「천도재에서 관욕의 상징성과 수용 양상」, 『淨土學研究』제22집, 정토학회, 2014. 12, 67~68쪽.

189 이만부, 『息山先生文集』, "夢華錄云 四月八日佛生 京師十大禪院 各有浴佛齋會 煎香糖水相 遺 名曰浴佛水 我國以四月八日爲名節 蓋原於此 上元不觀燈 八日始懸燈 亦傳襲之變也."

한국의 연등문화

일까지는 고량교高樑橋 · 초교草橋 · 홍인교弘仁橋 · 염계산髯髻山에 가서 논다."[190]라고 한 것으로 보아 18세기까지도 욕불의식이 이어지고 있음을 확인할 수 있다.

그런데 우리나라에서 이 욕불의식이 지속되었는지는 명확하지 않다. 앞서 보았듯 고려시대에 사찰에서 행해졌던 연등회가 매우 화려했음을 확인할 수 있지만 욕불에 대한 이야기는 찾아보기 어렵다. 고려 문종이 봉은사에 직접 가서 연등회를 열고 새로 만든 불상을 경찬經讚하였고, 의종의 나이에 맞춰 백선연白善淵이 동銅으로 만든 부처상 40존, 그림으로 그린 관음보살상 40개를 부처님오신날에 맞춰 별원에서 점등하기도 했다는데,[191] 이때에 욕불에 대한 이야기는 나오지 않는다.

그렇지만 불상을 목욕시키는 욕불회가 이전 시기에 이미 존재했음은 최치원의 지증대사智證大師 비문에 나오는 "대사는 잉태한 지 400여 일이 지나 관불회灌佛會의 아침에 태어났다."[192]라는 표현이나 일본 원흥사元興寺 〈가람연기병류기자재장伽藍緣起幷流記資財帳〉의 "538년 2월에 백제 성왕이 태자상太子像과 관욕기灌浴器 등을 보냈다."[193]는 기록을 통해 일찌감치 석가탄신일이 욕불회와 관련 맺고 있었음을 짐작해 볼 수는 있다. 그러나 고려시대까지의 기록으로는 구체적 욕불의 기사를 찾아보기 어렵다.

190 이압, 『연행기사(燕行記事)』, 「문견잡기(聞見雜記)」, "四月一日至八日 遊諸寺名勝 爲浴佛會 十日至十八日 遊高樑橋 草橋, 弘仁橋, 髯髻山."

191 이미 고려시대 연등회에서 자세히 다루었다.

192 『鳳巖寺智證大師寂照塔碑』.

193 최춘옥, 「사월초파일의 관불(觀佛)에 부처」, 『문화재칼럼』, 문화재청, 2009. 5. 4.

고려시대까지만 하더라도 율곡 이이李珥가 표현하듯 "사월초파일은 세칭 구담瞿曇(부처)의 생일인데, 서역에서는 욕불재浴佛齋가 있는 데 반해 우리나라에서는 연등회燃燈會가 있다."[194]라고 한 것을 보면 욕불회가 초파일의 중심된 행사는 아니었을지 모른다.

그런데 조선시대에 들어서면 사찰에서 행한 연등회가 초파일에 욕불회浴佛會 또는 관불회灌佛會와 연관을 맺었을 것으로 보이는 자료가 보인다.[195] 지금도 부처님오신날이면 사찰에서 아기 부처님의 정수리에 물을 부어 씻어 내는 의식을 하는데, 조선시대에는 연등을 밝혔을 뿐만 아니라 부처님을 목욕시키는 행사인 이 욕불회가 중요했다는 것이다.

그 단서가 되는 것은 김종직金宗直(1431~1492)의 글로, "승려들은 다투어 향당의 물을 끼얹었다[禪寮競遺香糖水]."[196]라고 하였다. 1525년에 간행된 성현成俔의『용재총화傭齋叢話』에는 "12월 8일 욕불 때면 다투어 다과와 떡 등을 시주하여 부처님에게 공양하고 스님을 대접했다."[197]라고 하였다. 그리고 1794년 4월 8일에 서산대사 휴정休淨의 영靈에 제사하면서 "지금은 갑인년/ 관불灌佛하는 사월초파일"[198]이라고 표현하기도 하였다. 조선 말기 이남규李南珪(1855~1907)의 시를 보더라도 "4월 8일은

---

194 이이,『栗谷先生全書拾遺』卷5, 雜著2, 節序策, "四月八日. 世稱瞿曇生日. 西域有浴佛之齋. 我國有燃燈之會."

195 박진태,「한국 연등회의 지속과 변화 양상-의미와 형태를 중심으로-」,『연등회의 종합적 고찰』, 민속원, 2013, 58쪽.

196 김종직,『佔畢齋集』卷1.

197 성현,『傭齋叢話』卷824.

198 『淸虛集補遺』, "太歲維甲 浴佛屆期."

한국의 연등문화

관불灌佛하는 날이라네,/ 우리의 연등 풍속이 상원놀이 같아라.'"199라고 하고 있다. 또한 조수삼趙秀三(1762~1849)의『세시기歲時記』(1795)에도 "여러 사찰에서는 모두 욕불회浴佛會를 한다.'"200라고 하고 있다. 불상을 씻어 내는 관불의 풍습이 구체적으로 묘사된 경우는 바로 보이지 않지만 4월 8일을 욕불, 관불을 하는 날이라 인식하고 있었고, 실제 조선 후기에는 이 의식을 행했음을 알려 주고 있다.

관불灌佛의식은 근대에 들어『매일신보』1915년 5월 21일자에 "매년 각 사찰에서 성대한 관불회가 있음은 물론이거니와 금년에도 각처 사찰에서 전례를 따라 부처의 탄생을 기념하는 회가 있다."라고 했고, 1928년에는 초파일에 조선은행 앞, 동아일보사 앞 광장, 장충단 등 세 곳에 연화대를 마련하고 불상을 모신 다음 각각 오전 11시, 오후 1시, 오후 3시에 장엄한 관불식을 거행한다는 기록을 남기고 있다.201 근대에 들어서는 관불의식이 초파일의 연등 행사와 함께 중요한 의식으로 자리를 잡는 모습을 보인다.

그렇다면 조선시대 사찰에서의 사월초파일 연등 행사는 어떠했을까. 조선시대에 4월 8일은 부처님오신날이라는 종교적 의미는 거의 없어지고 세시풍속으로 일반 민중이 등불놀이를 즐겼으며, 도시 상인들은 그 등불놀이를 주관하며 등을 제작하기 위한 물자들을 비싼 값으로

199 이남규,『修堂集』, "四月八日浴佛辰 東俗燃燈似上元."
200 趙秀三,『歲時記』, 「四月初八日」, "諸梵宮皆作浴佛會".
201 부처님오신날 봉축위원회, 대한불교조계종 행사기획단,『초파일행사 100년』, 한국불교연구원, 2008, 49~76쪽.

팔아 이득을 취하는 행사였다.[202] 그러다 보니 사찰에서 사월초파일에 어떤 행사를 했는지 분명하게 전하지 않아, 억불로 인해 "불탄일 행사가 아예 없었거나, 있었더라도 매우 소규모의 단위 사찰 행사에 그쳤을 것"[203]이라는 추정을 하게 한다.

그렇다고 조선시대 사찰에서 행해졌던 연등 행사의 면모를 아예 찾을 수 없는 것은 아니다. 다음의 기록은 사찰을 장엄하면서 왕실의 도움을 받았던 사실, 그런 관계 속에서 경제적 어려움을 타개하고 등불도 밝힐 수 있었던 배경을 보여 주고 있다.

> 이에 삼가 솜씨 좋은 공장工匠을 청하여, 우선 석가釋迦 · 미타彌陀 · 약사藥師 · 세존世尊 · 관세음觀世音 · 대세지大勢至 등 여러 불보살들을 보수補修하고, 또 진기珍奇한 채색을 갖추어 삼가 화엄해회華嚴海會의 여러 불보살 등을 그렸습니다. 이처럼 장엄莊嚴하는 일을 일단 마치고는 삼가 향화香花 · 등촉燈燭 · 다과茶果 · 진식珍食 등 보시의 의물儀物을 마련하여 길일을 가려서 점안點眼을 하고 낙성落成하며 다함이 없는 공덕을 청하는 바입니다. (중략) 삼가 바라옵건대 선왕先王과 선후先后의 여러 선가仙駕는 이 수승한 인연을 의지하여 저 묘각覺妙에 오르시며, 항하사恒河沙의 국계國界에 인연 따라 강탄降誕하여 원친寃

---

202 김호섭, 「중세등불놀이에 관한 연구」, 『력사과학』 112호, 과학백과사전출판사, 1984, 46쪽. / 진철승, 「사월초파일과 등놀이 축제」, 『연등회의 종합적 고찰』, 민속원, 2013, 140쪽.
203 진철승, 위의 글, 140쪽.

親의 중생들을 두루 구제하고, 진묵겁塵墨劫 중에 소원대로 생을 받아 인천人天의 대중을 널리 제도하소서.

주상 전하는 음양陰陽의 재앙이 해소되고 연월年月의 재액이 사라져서 이요二曜(일월)와 광명을 함께하고, 양의兩儀(천지)와 수명을 같이하며, 금지金枝의 상서祥瑞가 열리고 옥엽玉葉의 길상吉祥이 엉기어 주옥珠玉과 같은 기초가 대지처럼 오래 가고 보배로운 역수曆數가 하늘처럼 장구하소서. (하략).[204]

연등회를 거행했다는 기록은 아니다. 사명당대사四溟堂大師가 왕실의 도움을 받아 여러 불보살의 모습을 그리고, 점안하고 낙성하면서 쓴 〈화제불보살경찬소畫諸佛菩薩慶讚疏〉를 부처님 앞에 올린 것이다. 그리고 향화香花·등촉燈燭·다과茶果·진식珍食 등 보시의 의물儀物을 마련하는 가운데 등촉이 존재함을 알 수 있다. 이처럼 왕실이나 민간의 불교 신도들의 도움을 받아서 석가탄신일에 등불을 밝히는 것이 가능했을 것이다.

조선시대 들어 사찰에서 등불을 밝히는 일이 쉽지 않았던 사정, 그런 상황 속에서도 등불을 밝히려 애썼던 불교계의 상황을 다음과 같은 기록은 잘 전달하고 있다.

---

204 사명당, 『四溟堂大師集』卷6, 「畫諸佛菩薩慶讚疏」, "謹倩良工 爲先修補釋迦彌陁藥師世尊 觀音勢至諸菩薩 又備琢彩 謹畫華嚴海會諸佛菩薩等 莊嚴已畢 謹備香花燈燭茶果琢食布施 之儀 涓吉日點眼而落之 以乞無盡功德者 …(中略)…伏願先王先后列位仙駕 伏此勝因 登彼 覺妙 河沙國界 隨緣降誕 普濟寃親之流 塵墨劫中 如願受生 廣度人天之衆 主上殿下 陰陽沴 釋 年月厄消 二曜並明兩儀齊壽 金枝産瑞 玉葉凝祥 珠基地久 寶曆天長…(下略)."

내가 순환의 이치를 보건대, 낮을 주관하고 밤을 주관하여 소멸하고 늘어남이 쉬지 않아 조금도 차이가 없는 게 일월이다. 새벽이나 밤은 물론하고 느림과 빠름, 길고 짧음이 뜻대로 절로 있는 게 등촉燈燭이다. 그러나 등촉에 종류가 많아 첨등添燈은 탑묘塔廟를 비추고 참등饞燈은 잔치 자리를 비춘다. 그 나머지 시등詩燈과 서등書燈·방적등紡績燈 등 계속해서 끝이 없어, 검은 밤을 밤이 아니게 하고, 이루離婁의 눈으로도 보지 못하는 것을 보게 하며, 징공澄公의 손바닥으로도 비추지 못하는 것을 비추어 주니, 아름답다 등촉이여. 하물며 장명등長明燈이 또한 불상 앞을 밝히는 것임에랴.

강녕사江寧寺의 장명등과 보융사寶融寺의 장명등은 책에 기록되어 있어서 후인들이 보고 듣는다. 우리 동방의『선원청규禪院淸規』같은 데서는 이것을 일러 제1등 복전福田이라고 한다. 상고시대에 연등불燃燈佛이 원을 세워, 나의 심광心光이 등촉처럼 두루 비추어 중생으로 하여금 무명을 깨뜨리고 심지를 밝게 하며 또한 중생으로 하여금 수명이나 자손이나 부귀영화가 바라는 대로 반드시 이루어지도록 기원했다. 사람들이 비록 그 이유를 모르더라도 세상에서 불공드리는 자는 비유할 때 등촉을 끌어온다. 점등하는 공양뿐만 아니라 또한 연등불 공양이니 믿음 또한 높아진다. 그러나 세월이 흘러 인심이 해이해져 연등공양이 이전에 비해 점차 줄어드니, 탄식하지 않을 것인가.

본 암자의 형세로 연등물품을 구비하기 어려워 새벽과 밤마다 한탄하였다. 연일후延日侯 박인순朴仁淳은 지성으로 기도하다가 여기에 와서 등촉이 없음을 안타까이 여겨 70민緡의 돈을 주니, 샘을 파 물이 흐르게 하듯 영원토록 길이 밝도록 하였다.

아, 연등불이 도와주사 공의 마음을 밝게 비추시고, 공의 조상으로 하여금 모두 연등불 있는 곳으로 왕생하게 하고, 또한 공의 자손들은 복락을 영원히 누리어 등촉의 불빛처럼 무궁하게 성대하리라.[205]

19세기에 활동한 극암 사성克庵師誠(1836~1910)의 〈성전암장명등서聖殿庵長明燈序〉라는 글이다. 열여섯 살에 출가하여 학암學巖 화상에게 구족계를 받고, 하은霞隱 화상에게 법을 이어받았으며, 혼허混虛 화상에게 경학을 배우고, 만파萬波 화상에게 문학을 배웠으며, 불가의 내전內典이나 경사백가經史百家에 두루 통했던 인물이라고 한다.[206] 그는 위와 같이 경상남도 진주시에 있는 성전암聖殿庵의 장명등長明燈을 밝히게 됨을 기

---

205 克庵師誠, 『克庵集』卷3, 「聖殿庵長明燈序」, "余觀循環之理 主晝主夜 而消長不息 毫末無差 日月也 毋論晨夕 遲速長短 隨意自在 燈燭也 然而燈有多種 添燈照塔廟 饋燈照宴席 其餘詩燈書燈紡績燈 相續無盡 能使黑夜不夜 而離婁之目所不親視之 澄公之掌所不照之 美哉燈乎 況謂長明燈亦佛前所點也 江寧寺之長明 寶融寺之長明 於傳有之 後人所見所聞 至若我東禪規 稱此爲第一福田 上古有燃燈佛立願 願我心光 如燈徧照 使衆生破無明 明心地 又使衆生壽命也 子孫也 榮華富貴 隨願必遂 人雖不知其由 世有供佛者 比言引燈 非但點燈供養 亦以燃燈佛供養 信且崇矣 世降人懈 燃燈供養 比前漸少 可不歎哉 本庵勢難辦燃燈之資 晨夕咨嗟 延日侯朴仁淳 以祈誠來斯 悶此燈闕 惠以七十緡金 立泉取流 使長明於永歲 噫 燃燈佛加佑 熒熒照於公之心地 而使公之先人 咸往燃燈佛所 亦以公之子孫 永享福樂 與燈光無窮盛矣乎"

206 이종찬, 「극암집 해제」, 『한국불교전서』 11책, 동국대출판부, 1992.

348

념하며 그 내력을 글로 쓰고 있
다. 사찰에 쓰이는 등불로 탑묘塔
廟를 비추는 첨등添燈, 잔치 자리
를 비추는 참등饞燈, 그리고 시등
詩燈, 서등書燈, 방적등紡績燈을 말
하고, 불상 앞을 밝히는 장명등長
明燈을 말하고 있다. 잠시 이 등불
들을 살펴본다.

장명등

'첨등添燈'은 기름을 부은 등불
을 말하는 듯한데, 이와 관련된
사전의 기록은 보이지 않는다.

김시습의 소설『금오신화』의「만복사저포기」에서 "기름병을 손에 들고
등잔에 기름을 따라 부은 뒤, 등불을 켜고 향을 꽂았다[手携油甁 添燈揷香]."
라는 구절에 이 첨등이 등장한다. '참등饞燈'은 사전에 알락돌고래[江豚]
의 지방으로 짠 기름을 넣어서 불을 켜는 등불이라 하며, 불이 매우 밝
다고 했다.[207] 잔치의 자리를 비추기에 적당한 등불임을 알 수 있다. '시
등詩燈'은 시를 지을 때 켜 놓는 등불인지 시를 적은 등불인지 명확한
뜻을 알 수 없는 등불이다. '서등書燈'은 글을 읽을 때 켜 놓는 등불을 뜻
하고, '방적등紡績燈'은 실을 뽑을 때 켜 놓는 등불을 뜻하는 것으로 보인
다. 그리고 '장명등長明燈'은 분묘나 사찰 또는 관가 등 공공 건축물의 처
마 끝이나 마당에 기둥을 세워 불을 밝히는 등불이다. 다른 말로는 '석

---

207 「饞燈」,『漢韓大辭典』, 단국대학교 동양학연구원, 2008.

349   한국의 연등문화

등롱石燈龍' 또는 '석등石燈'이라고 한다.[208] 극암 사성은 이 장명등이 불상 앞을 밝히는 것으로 사찰에서 매우 중요한 것이며, 당나라에 있던 강녕사江寧寺와 보융사寶融寺의 장명등이 유명하고, 우리나라의 『선원청규禪院淸規』에서 제1등 복전福田이라 한다고 했다.

마음의 빛[心光]이 등촉처럼 두루 비추어 중생이 무명無明을 깨뜨리고 수명과 자손, 부귀영화가 바라는 대로 이루어지도록 기원하는 대상이 등불이라고 했다. 그런데 세월이 흘러 연등공양이 점차 줄어들고 연등물품을 구비하는 것까지 어려움을 겪고 있음을 밝혔다. 이를 안타까이 여긴 박인순朴仁淳이라는 신도가 70민繙(1민은 1천 냥의 돈꿰미)이나 되는 돈을 시주하여 등을 밝히게 되었다고 했다.

그리고 조선시대에는 수많은 수륙재水陸齋가 봉행되었다. 수륙재는 물이나 뭍에 사는 고혼孤魂이나 아귀와 같은 혼령들에게 법식을 평등하게 공양해 그들을 구제하려는 데 목적을 둔 것인데 조선시대에는 죽은 자의 복을 구하고 살아 있는 자의 병을 구원할 목적으로 행해졌다. 관음굴, 상원사, 견암사, 전라도 쌍봉사와 무등사, 경상도의 견암사와 통도사, 황해도의 패엽사, 충남의 안파사 등에서 국가적 수륙재가 정례로 행해졌다.[209] 이 수륙재를 행할 때의 의식 중에 연등을 밝히고 게偈를 읊는 내용이 나옴을 알 수 있다.

---

208 이영진, 「장명등(長明燈)」, 『한국민족문화대백과사전』(http://encykorea.aks.ac.kr/Contents/SearchNavi?keyword=%EC%9E%A5%EB%AA%85%EB%93%B1&ridx=0&tot=28)

209 서윤길, 『한국밀교사상사연구』, 불광출판부, 1995, 440~444쪽.

큰 원으로 심지 삼고 큰 슬픔으로 기름 삼으며	大願爲炷大悲油
큰 희생으로 불을 삼으니 삼법三法이 모였네.	大捨爲火三法聚
보리심의 등불이 법계를 비추니 아 하 훔	菩提心燈照法界阿呵吽
모든 중생 고루 비춰 부처를 이루소서.[210]	照諸羣生願成佛

위의 연등게燃燈偈는 경기도 양주 삼각산 중흥사重興寺에서 1721년
(경종 1)에 지환智還(생몰년 미상)이 간행한 수륙재와 관련된 의식 중에서 많
이 사용하는 내용을 추려 모은 의식집인『천지명양수륙재의 범음산보
집天地冥陽水陸齋儀梵音删補集』의 한 부분이다. 등불을 밝히면서 등불이 법
계를 비추어 모든 중생이 성불하기를 바라는 마음을 이 연등게에 담았
다. 조선시대 사찰에서 주로 행해졌던 수륙재에는 이와 같이 등불을
밝히면서 연등게를 읊조렸을 것이다. 이와 같은 의식이 많았음을 통해
사찰 내에서 연등을 밝히는 일 또한 적지 않았음을 짐작해 볼 수 있다.
사월초파일에만 행해졌던 것은 아니고, 다양한 불교 행사에서 연등을
밝혔던 사실을 이와 같은 기록들이 잘 보여 준다.

풍속지에 그려진 조선 후기 연등회

조선 후기, 특히 18세기부터 19세기까지는 수많은 세시풍속 관련 작
품과 풍속지들이 나타나고 있다. 그 가운데 산문으로 기록된 세시기歲

---

210 智還,『天地冥陽水陸齋儀梵音删補集』, 卷上.

時記와 세시기속시歲時紀俗詩로 유득공柳得恭(1748~1807)의 『경도잡지京都雜志』, 조수삼趙秀三(1762~1849)의 『세시기歲時記』(1795), 김매순金邁淳(1776~1840)의 『열양세시기洌陽歲時記』(1819), 홍석모洪錫謨(1781~1857)의 『동국세시기東國歲時記』(1849)와 『도하세시기속시都下歲時紀俗詩』(1847), 조운종趙雲從(1783~1820)의 『세시기속歲時記俗』(1818), 유만공柳晩恭(1793~1869)의 『세시풍요歲時風謠』(1843), 권용정權用正(1801~1861)의 『한양세시기漢陽歲時記』와 한시 〈세시잡영歲時雜詠〉 등이 보인다.[211] 그 외에 세시풍속을 노래하는 각종 한시도 대거 등장하였다.

이러한 현상은 중국의 세시풍속과 다름없이 우리나라에도 다채로운 세시풍속이 존재함을 드러내고 싶어했던 조선 지식인들의 의식이 작용한 결과로 보인다. 『동국세시기』의 서문을 쓴 이자유李子有는 다음과 같이 서술하고 있다.

> 그러던 차에 하루는 도애陶厓 홍군洪君이 찾아와 책상 위에 한 권의 책을 내놓으면서 말했다. "이것은 우리나라의 세시歲時를 기록한 것입니다. 중국에서는 종름宗懍 이래 이런 책을 지은 사람이 많으나 우리나라에서는 아직껏 없었습니다. 그러므로 제가 이번에 일부러 효빈效顰하는 식으로 지방의 풍속이 각각 다른 것을 기록했습니다. 그러나 하나의 믿음직한 책으로 만들기 위해서는 서문이 없을 수 없으므로 시험 삼아 저를

---

211 박은정, 「조선 후기 세시풍속, 그리고 일상-세시기 · 세시기속시를 중심으로-」, 『동아시아 문화연구』 제58집, 한양대학교 동아시아문화연구소, 2014, 16쪽.

위해 하나 써 주십시오." 한다. (중략) 우리나라 일국의 풍속을
묘사했을 뿐만 아니라 중국의 옛 풍속도 아울러 묘사했는데
그 공통점을 유별類別해서 엄연한 한 계통의 문자를 이루고 있
다. 그리고 그 표현력이 풍부함은 후세에 이르러 넉넉히 증명
될 것이 틀림없다.[212]

　홍석모가 종름宗懍의 『형초세시기荊楚歲時記』를 본받아 우리의 고유
한 풍속을 기록한 『동국세시기東國歲時記』를 썼음을 말해 주고 있다. 또
한 조운종이 지은 『세시기속歲時記俗』의 서문에서도 다음과 같은 저작
의도를 남기고 있다.

　세시의 풍속은 여러 나라가 진실로 같지 않아, 호사자들이 시
와 문으로 기록하였으니 『형초세시기』와 범석호의 『기오속시』
로 징험할 수 있다. 나는 해동 세시풍속에 대하여 대략 보고
들은 것을 매 절기 이름 아래 간략히 기록하고, 절구 한 수씩
을 덧붙였다.[213]

212　李子有, 「東國歲時記 序」, "一日陶厓洪友抽刀上一編書示之曰此所述東國歲時記也 中州則
　　自宗懍以來作此書者不爲不多 而吾東則至今闕如 故聊爾效嚬以誌土風之各異焉 便一信書
　　不可無弁首之文 試爲我裁之也…(中略)…是不但爲描寫一國之俗 尙並與中華之舊而觸類長
　　之 儼然爲一統文字 富哉言乎其足徵於來後也必矣."

213　趙雲從, 『歲時記俗』, "歲時之俗, 諸邦固不侔, 而好事者, 以詩若文記之, 荊楚歲時記及范石
　　湖記吳俗詩可徵也. 余於海東歲時之俗, 略有耳剽目染者, 每節名下, 輒有小識, 以一絶繫
　　之." (이창희 역, 『조선대세시기 Ⅱ』, 국립민속박물관, 2005, 86쪽.)

두 기록 모두 중국과 다른 우리 고유의 세시풍속이 존재하고 있음을 밝히려는 의도가 있었음을 보여 주고 있다. 조선 후기 '우리 것'에 대한 깊은 관심이 세시풍속에 대한 기록을 만들어 냈음을 보여 주는 것이다.

그렇다면 이런 관심은 어떤 배경에서 비롯되었을까. 학자들은 여러 이유를 들고 있다. 조선 후기에 상업화와 도시화가 진행되는 상황 속에서 우리의 고유 풍속과 생활양식에 각별한 관심을 갖게 된 문인들의 개인적 취향 때문으로 보기도 하고,[214] 조선 후기에 나타나는 '조선시朝鮮詩'와 '조선풍朝鮮風'을 창작 작품에 드러내면서 민중의 풍속이나 생활상을 채록하고 기록하려는 데서 비롯된 것으로 보기도 한다.[215] 조선의 지식인들이 명나라가 청나라로 바뀌면서 중국을 여행하거나 서학을 접하는 등의 경험을 통해 '우리 것'과 '우리 문화'에 대한 관심을 갖게 되었고,[216] 청나리기 들어서며 중화적 질서가 붕괴되고 우리 조선의 문화와 관습을 존중하는 생각[217]을 하면서 세시풍속에 관한 저작을 짓게 되었을 것으로 보기도 한다. 이 모든 주장은 세시풍속 관련 저작들의 탄생 배경을 잘 설명하고 있다.

이러한 배경을 바탕으로 4월 8일의 연등회를 묘사한 풍속지가 여

214 김명순, 「權用正의 歲時雜詠에 나타난 形象化 樣相과 作家意識」, 『東方漢文學』 9, 동방한문학회, 1993, 24쪽.

215 신장섭, 「歲時紀俗詩를 통한 조선 후기 歲時風俗의 의미와 양상」, 『比較文學』 46, 한국비교문학회, 2008, 191쪽.

216 박은정, 앞의 논문, 17쪽.

217 조성산, 「18세기 후반~19세기 전반 "朝鮮學" 형성의 전제와 가능성」, 『동방학지』 148, 연세대학교 국학연구원, 2009, 180쪽.

럿 등장하였다. 그 가운데 가장 먼저 출현한 것은 정조正祖 때 집필된 것으로 여겨지는 유득공의 『경도잡지』이다. 이를 바탕으로 순조 19년(1819)에 김매순이 『열양세시기』를 집필하고, 홍석모가 헌종憲宗 15년(1849)에 『동국세시기』를 집필하게 된다. 그래서 기존의 세시기를 바탕으로 가장 자세한 내용을 담고 있는 것이 『동국세시기』이다. 이들 세시기는 50~60년 정도의 기간에 쓰였는데, 대부분 4월 8일의 음식 풍속, 연등 풍속, 연등의 종류, 연등의 역사 등을 다루면서 유사한 기술을 하고 있다. 세 기록의 초파일 부분을 먼저 살펴본다.

경도잡지

사월四月 초파일八日

[음식 풍속]

이날 손님을 초청하여 음식을 차릴 때 느티떡, 볶은 콩, 삶은 미나리 등을 내놓는다. 이것을 부처 탄신일에 먹는 소찬이라고 한다. 또한 어린아이들은 동이에 물을 떠다가 등대[燈竿] 아래에 놓고 바가지를 물 위에 띄우고 빗자루로 바가지의 등을 두드리면 소박한 소리를 낸다. 이것을 수고水鼓(수부水缶, 물장구 놀이)라고 한다. 내 생각에는 장원張遠의 「오지隩志」[218]에 "서울 풍속에 염불하는 사람들은 언제나 콩으로 그 횟수를 헤아렸다가 사월초파일 부처 탄신일이 되면 소금을 살짝 뿌려서 콩을 볶아서는 길에서 만나는 사람들에게 그 콩을 먹기를 권하

---

218 「오지(隩志)」는 중국 명나라 때 나온 책이다. 저자 장원은 중국 송나라 사람이다.

여 인연을 맺는다."[219]라고 했다. 지금 콩 볶는 풍속이 여기에서 비롯된 것이다. 또 생각건대 『제경경물략帝京景物略』에 "정월 보름밤에 아이들이 저녁 무렵부터 새벽이 될 때까지 북을 친다. 이것을 태평고太平鼓라 한다."라고 했다. 지금 풍속의 수고水鼓는 태평고와 비슷한 것으로 부처 탄신일에 등석燈夕 행사가 있으므로 이때로 옮겨온 것이다.

[연등 풍속]

인가에서는 자녀의 수대로 등을 다는데 밝을수록 길하게 여긴다. 등대(등간燈竿, 등을 다는 대나무)는 커다란 대나무 열 개를 겹쳐 묶어서 완성한다. 이보다 더 사치스럽게 치장하는 경우는 오강五江[220]에서 말 짐으로 실어 온 돛대를 사용한다. 그 돛대 머리에는 꿩의 깃털을 꽂아 장식하고, 각색 깃발을 매달기도 한다. 또는 일월권日月圈[221]을 꽂아 바람에 띠리 이지럽게 돌아가게 만들기도 한다. 종로 거리에 늘어선 여러 가게에서도 항상 높고 큰 것을 좋아하여 등대를 새끼줄 수십 개를 매달아서 '어기여차' 하며 끌어올려 세운다. 이때 등대가 작으면 남들의 웃음거리가 된다. 이날은 관례에 따라 야간통금이 해제된

---

219 송나라 때 중국 북경에서 유행한 풍속이라 하며 다른 말로 '사두결연(舍豆結緣)'이라 한다.

220 오강(五江)은 한강(漢江)·용산(龍山)·마포(麻浦)·지호(支湖)·서호(西湖)를 아울러 가리킨다.

221 일월권(日月圈)은 긴 장대 상부의 한가운데에 구멍을 뚫고 다른 나무를 그 구멍에 꿰어 열십자(十) 형태로 만든 다음 가로지른 나무의 한 끝에는 붉은 빛, 다른 끝에는 흰 빛의 직경 4㎝가량의 공을 위로 향하게 꽂아서 바람이 불면 가로댄 나무가 빙빙 돌게 한 바람개비를 가리킨다.

다. 등 구경을 나온 사람들은 남산이나 북악산 기슭으로 올라
가기도 하고, 혹 어떤 이들은 퉁소와 북을 들고 시가를 따라
멋대로 구경하기도 한다.

[연등의 역사]

생각건대 『고려사高麗史』에 "왕궁이 있는 수도에서 시골 읍에
이르기까지 정월 보름의 연등 행사는 이틀간 열려 왔다. 그러
나 최이崔怡에 의해 이 행사가 4월 8일로 옮겨졌다."라고 한 데
서 그 기원을 알 수 있다. 또 내 생각에는 『고려사』에 "우리 풍
속에 4월 8일을 석가의 탄일로 여겨 집집마다 등을 밝히고, 행
사 수십일 전부터 아이들은 자른 종이를 등간에 달아 깃발을
만들고 그 비용은 장안 거리를 두루 누비면서 얻은 쌀과 베로
마련하였다. 이를 호기呼旗라고 한다."라고 하였는데 지금 풍
속에 등대에 깃발을 다는 것도 고려의 호기 풍속과 같은 종
류다.

[연등의 종류]

등의 종류에는 마늘등·연꽃등·수박등·학등·잉어등·자
라등·병등·항아리등·배등·북등·칠성등·수자등壽字燈
이 있는데 모두가 그 형상을 따른 이름이다. 종이를 바를 때
혹 푸른색 비단을 이용하여 운모雲母를 새겨 넣기도 하고 비선
飛仙이나 화조花鳥 그림으로 장식한다. 북등에는 『삼국지』이
야기를 그리는 경우가 많다. 또한 그림자등[影燈] 안에 등을 돌
아가게 하는 선기旋機를 넣고 종이를 잘라 말을 타고 매와 개
를 데리고 범, 사슴, 꿩, 토끼 등을 사냥하는 모양을 만들어 선

기에 붙인 다음 뜨거운 바람을 일으켜 돌게 하면 등 밖으로 움직이는 그림자를 볼 수 있다. 내 생각에는 소동파蘇東坡의 〈여오군채與吳君采〉[222]라는 글에서 일컫기를 "그림자등을 아직 보지는 못했지만 그것을 본다고 한들 『삼국지』를 한 번 더 보는 것만 같을까."라고 한 것을 보면 그림자등의 그림이 『삼국지』 이야기임을 알 수 있다. 또한 범석호范石湖[223]가 〈상원기오하절물배체上元紀吳下節物排體〉 시에서 "그림자가 돌아가니 말을 타고 종횡으로 달린다."라고 한 주석에 '이것이 마기등馬騎燈이다'라고 했는데, 아마도 송나라 때부터 이러한 등이 있었던 것 같다.[224]

---

222 소동파의 시 〈여오군채(與吳君采)〉 2수가 전한다. 그 가운데 1수에 영등(影燈)이 언급되고 있다. 원문을 옮기면 다음과 같다. 一首: 惠花已領, 影燈未嘗見, 與其見此, 何如一閱『三國志』耶? 二首: 近日黃州捕私酒甚急, 犯者門戶, 立木以表之. 臨皐之東有犯者, 獨不立木, 怪之, 以問酒友, 曰: 「爲賢者諱.」吾何嘗爲此, 但作蜜酒爾.

223 범석호는 범성대(范成大)를 가리키는데 자가 치능(致能), 호는 석호거사(石湖居士)이다. 『석호집(石湖集)』과 『남비록(攬轡錄)』 등의 저서가 있다.

224 유득공, 『京都雜志』, "四月八日 延客設饌楡葉餅煮豆烹芹 云是佛辰茹素 又童子設盆水於燈竿下泛瓢用帛柄叩其背爲蟇奉之音號爲水戱 按張遠㗊志京師俗念佛號者輒以豆識其數至四月八日佛誕生之辰煮豆微 撤以鹽邀人于路請食之以爲結緣也 今俗賣豆盖昉於此 又按帝京景物略元夕童子攟戱 旁夕向曉日太平戱 今俗水戱似卽太平戱 而佛日爲燈夕故移用之也 人家點燈依子女多少以明亮爲吉 燈竿縛大竹累十而成 侈者馱致五江橧㮦 頭插雉羽繫色幟或插日月圈隨風眩轉 鍾街列塵務尙高大張數十索邪許引起 矮小者人皆唾之 是夕例弛夜禁 觀燈者遍於南北麓或携簫戱沿街縱觀 按高麗史王宮國都以及鄕邑正月望燃燈二夜崔怡於四月八日燃燈 又按高麗史國俗以四月八日是釋迦生日家家燃燈前期數旬羣童剪紙注竿爲旗周呼城中街里求米布爲其費謂之呼旗 今俗燈竿插幟者呼旗之類也 燈名蒜蓮西瓜鶴鯉龜鼈瓶缸船戱七星壽字類皆象形 紙塗或用碧紗嵌雲母飾飛仙花鳥戱燈 多畵三國故事 又有影燈裏設旋機 剪紙作獵騎鷹犬虎鹿雉炙狀 傅於機爲風炎所轉 外看其影枝東坡與吳君采書云 影燈未嘗見與其見此何如一閱三國志耶 此必以三國故事作影也 又范石湖上元吳下節物排體詩轉影騎縱橫註云馬騎燈 盖自宋時已有此制."

열양세시기

사월四月 초파일八日

[연등 풍속]

인가는 물론 관청과 시장에서 모두 등대[燈竿]를 세운다. 등대는 대나무를 잇대어 묶어 만드는데, 높이가 10여 길이나 된다. 비단을 잘라 만든 깃발을 등대 위에 단다. 깃발 아래에는 막대기를 가로 대어 고리를 단 다음 양쪽으로 줄을 달아 그 끝이 땅까지 내려오게 한다. 밤이 되면 등에다 불을 붙이는데 많을 때는 10여 개의 등을, 적을 때는 서너 개의 등을 단다. 인가에서는 등의 수를 집안의 아이들 수에 맞추는 것이 원칙이다. 등은 재갈 물리듯 층층이 쌓기 때문에 구슬로 꿴 듯이 보인다. 먼저 줄 한끝을 제일 꼭대기 등 머리에 잡아매고 다음에 제일 아래 등 꼬리에 매어 줄을 서서히 잡아당기면 꼬리까지 올라가 멈춘다. 높은 곳에 올라가 보면 빛나는 모습이 마치 하늘에 가득 찬 별들과 같다.

[연등의 종류]

등의 모양은 마늘처럼 생긴 것, 오이처럼 생긴 것, 꽃잎처럼 생긴 것, 새나 들짐승처럼 생긴 것, 누대樓臺처럼 생긴 것 등 가지각색이어서 일일이 다 말할 수가 없을 정도다.

[음식 풍속]

아이들은 등대 밑에 자리를 깔고 느티떡[楡葉餻]과 소금 간을 하여 찐 콩을 먹는다. 그리고 악기를 연주하듯 물을 담은 동이에 바가지를 엎어놓고 돌리면서 두드리며 즐거워하는데, 이것을 수부水缶라고 한다.

[연등의 역사와 일화]

중국에서는 상원上元, 즉 정월 보름에 연등행사를 하는 반면 우리는 4월 8일에 한다. 그 기원은 불교에서 나온 것으로 이날이 석가의 탄신일이기 때문이다. 모든 궁가宮家와 내사內司, 내영內營에서는 초파일에 등을 만들어 임금에게 바쳐 정교함과 화려함을 경쟁하는 것이 오랜 관례였다. 선왕이신 정조 임금께서도 대비전과 혜경궁에서 이를 좋아하시기 때문에 그 뜻을 따라 시절의 유풍을 없애지도, 생략하지도 못했다. 그런데 한번은 이러한 일이 있었다. 임금이 여러 신하들과 누각에 올라 관등觀燈을 하는데, 내영에서 먼저 들어온 등은 제작법이 매우 기이하고 유리와 운모와 쇠붙이와 옥으로 등 깃을 장식하니 광채가 번쩍이므로 보는 사람들이 주목하고 아름다움을 칭송하였다. 그런데 다음으로 내사에서 등을 올리겠다고 청하자 왕이 이를 허락하여 잠시 후에 등이 들어오는데 시골에서나 파는 싼 종이로 붙여 만든 오이 모양의 등이었다. 모두들 경악을 금치 못하고 임금 또한 잠시 그 천함을 괴히 여겼는데, 이때 내관 일을 맡은 노황문老黃門이 나와 엎드려 아뢰기를 "등은 이와 같은 수준 정도면 족한 줄로 압니다. 불을 살라 밝음을 얻을 수 있는 점은 피차 한가지입니다." 하였다. 임금이 잠자코 말없이 있다가 내영의 등은 걷어 내보내고 나중에 온 등을 대궐 안 뜰에 걸라고 명을 내리었다. 이날 이 일을 본 자들은 경연 신하와 호위병으로부터 대궐 안 하인과 문지기에 이르기까지 서로 쳐다보며 동요하는 기색이었다. 오호라 선왕이 가까이 있는 말을 잘 살핀 일은 순순舜 임금과도 부합되는 것으로 비록 문지방이나 길을 소제하는 천한 사람도 이 일로 충성심을 느낄 수 있었으니, 이와 같이 성절盛節을 이루심은 수레의 규식[在輿之規]에도 있고 침실의 잠언[居寢之箴]과도 같이 오로지 옛날에만 있는 것은 아니다. 이 일을 일으킨 노황문은 궁중에 오래 거하여 임금이 예우하던 원로인데, 외부로는 그 이름도 알려지지 않은 자다.[225]

동국세시기

사월四月 초파일八日

[연등 풍속]

8일은 곧 욕불일浴佛日로 석가가 탄생한 날이다. 우리나라 풍속에 이날 등불을 켜기 때문에 등석燈夕이라고 한다. 수일 전

---

225 김매순,『洌陽歲時記』. "人家及官府市廛皆竪燈竿 聯束竹木爲之 高者十餘丈 剪綵帛爲轍插之竿 杪轍下橫木爲鉤 納繩鉤中 垂其兩端于地 至夕點燈 多者十餘少者三四 人家則皆以童稚口數爲準 層累相啣如貫珠狀 先將繩一端繫于最上燈之頭 次將一端繫于最下燈之尾 徐徐挽上至鉤而止 登高望之煜燦如滿天星宿 燈有蒜苽花葉鳥獸樓臺之形 種種色色難以具悉 兒童就竿下布席 設楡葉饒鹽蒸豆 覆瓠盆水中輪流考擊以爲樂 名曰水缶 中國燃燈用上元 而東俗用四月八日 其源出於竺敎 盖以是日爲如來降期也 諸宮家及內司內營以八日 造燈進御競尙精麗 其來久矣 先王上奉殿宮承歡順志於時節故事不欲遽加裁省 嘗與諸近臣御樓觀燈 內營燈先入 形製甚奇飾以玻璨雲母金璧翠羽光彩炫燿 觀者咸注目稱美已而內司請進燈 上可之 少焉燈入乃閭巷所賣紙糊苽子樣也 諸人愕然 上亦頗怩其陋 老黃門管司者進伏徐奏曰燈如是足矣 炷火取明彼此如此也 上黙然良久命撤內營燈出 取其燈懸之內庭 是日睹其事者自筵臣衛士以至抜隷門卒無不相顧動色 嗚呼先王之好察邇適同符大舜 故雖閭巷掃除之賤亦得以因事納忠 成此盛節在輿之規居寢之箴孰謂專美於古昔哉 老黃門盖宮中耆宿 上所禮遇者 外廷不知其名云."

부터 각 가정에서는 각기 등대[燈竿]를 세우는데, 맨 위에 꿩 장목을 세우고 색을 넣은 비단으로 만든 깃발을 매단다. 형편이 넉넉하지 못한 집에서는 장대 꼭대기에 대개 오래된 솔가지를 맨다. 각 집에서는 자녀 숫자대로 등을 달아 주위를 밝히면 길하다고 생각한다. 이 일은 9일이 되어서야 그만둔다. 사치를 부리는 집에서는 큰 대나무 수십 개를 묶어서 세우기도 하고 한강까지 가서 말 짐으로 돛대를 실어다가 시렁을 만들어 놓기도 한다. 혹은 해와 달 모양을 한 일월권日月圈을 장대에 꽂아 바람을 받아 현란하게 돌아가게 하며 혹은 빙빙 도는 전등轉燈을 매달아 마치 탄알이 날아가는 것처럼 불빛이 왔다 갔다 하게 한다. 혹은 화약을 종이에 싸서 새끼줄에 매어 승기전乘機箭[226]처럼 쏘아 올리는데, 이렇게 하면 불줄기가 마치 비처럼 흩어져 내린다. 혹은 장대 끝에 수십 줌 되는 긴 종이쪽들을 매달아 용 모양으로 펄럭이게 하며, 혹은 광주리를 매달기도 하고, 혹은 허수아비를 만들어 바지저고리를 입혀 새끼줄을 매어 놀리기도 한다. 줄지어 늘어선 시렁들은 높게 보이도록 각각 새끼줄 수십 가닥을 벌려 끌어 일으켜 세울 수 있도록 만드는데, 그렇게 하는 이유는 시렁이 낮고 작으면 사람들이 모두 빈정거리기 때문이다.

[연등의 역사]

생각건대 『고려사高麗史』에 "왕궁이 있는 서울 송도로부터 시

---

226 승기전(乘機箭)은 병기(兵器)로 화살에 불을 붙여서 당기는 것이다.

골에 이르기까지 정월 보름에 이틀 밤씩 등불을 켜는데 최이崔怡는 4월 8일에 등불을 켰다.”라고 하였는데, 정월 보름의 연등행사는 원래 중국의 제도이며 고려 때까지 있었던 이 풍속도 이제는 없어졌다. 또 생각건대『고려사』에 “우리나라 풍속은 4월 8일이 석가탄신일이라고 하여 집집마다 등불을 켠다. 이보다 수십 일 전부터 아이들은 종이를 잘라 깃발처럼 장대에 매달아 서울 거리를 외치고 돌아다니면서 쌀과 포목을 얻어 그날 비용으로 쓰는데 이를 호기呼旗라고 한다.”라고 하였는데, 지금 풍속에 등대에 깃발을 다는 것은 과거 호기의 유습이며 이것을 반드시 4월 8일에 행하는 것은 최이로부터 시작된 것이다.

[연등의 종류]

등의 이름에는 수박등·마늘등·연꽃등·칠성등·오행등·일월등·공등[毬燈]·배등[船燈]·종등鐘燈·북등[鼓燈]·누각등·난간등·화분등·가마등·머루등·병등·항아리등·방울등·알등·용등·봉등·학등·잉어등·거북등·자라등과 수복壽福·태평太平·만세萬歲·남산南山 등의 글자를 넣은 등이 있는데 모두 그 모양을 종이로 만들어 등에 바른다. 혹은 붉고 푸른 갑사에 운모雲母를 박아 날아가는 신선이나 꽃 또는 새를 장식하며 등의 면과 모마다 삼색 종이를 길게 오려 붙여 바람에 너울너울 나부끼게 한다. 북등[鼓燈]에는 주로 말 탄 장군이나『삼국지三國志』의 내용을 그렸다. 또 그림자등[影燈]이 있는데 안에다 회전하는 기구[鏇機]를 장치해 놓고 말을 타고 매와 개를 데리고 호랑이·이리·사슴·노루·꿩·토끼 등을 사냥하는 모습을 종이에 그려 오린 다음 그 기구에 붙인다. 그러면 바람결에 그 기구가 돌면서 바깥으로는 이것들의 그림자가 비쳐 나오게 된다. 내 생각에는 중국 송나라 시인 소동파의 <여오군채輿吳君采>라는 글에 "영등을 아직껏 보지 못했으나 그것을 보는 것보다는『삼국지』를 한 번 읽는 것이 어떠한가."라고 하였으니 이것은 곧『삼국지』의 고사로 그림자를 만들었음을 지적한 것이다. 또 생각건대 중국 송나라 시인 석호石湖 범성대范成大의 <상원기오중절배해체上元紀吳中節俳諧體>라는 시에 "그림자가 돌아가니 말을 타고 종횡으로 달린다."라고 하고 그 주석에 이것을 마기등馬騎燈이라고 한 것을 보면 송나라 때부터 이런 제도가 있었던 것이다. 시내 저잣거리에서 파는 등은 천태만상으로 오색찬란하고 값이 비싸며 기이함을 자랑한다. 종로 거리에는 이 등불을 보려고 구경꾼들이 담장처럼 둘러선다. 또 난새[鸞鳥]·학·사자·호랑이·거북·사슴·잉어·자라 등에 신선들이 올라 탄 형상을 인형으로 만들어 팔면 아이들은 다투어 구입하여 장난감으로 가지고 논다. 연등 행사가 있는 날 저녁에는 으레 야간 통행금지를 해제하기 때문에 온 장안의 남녀들은 초저녁부터 남산과 북악의 산기슭에 올라가 등을 달아 놓은 시내 광경을 구경한다. 혹 어떤 이들은 퉁소나 거문고를 들고 거리를 돌아다니며 논다. 그리하여 서울 장안은 사람으로 바다를 이루고 불야성이 된다. 그렇게 떠들기를 밤새도록 한다. 장안 밖의 시골 노파들까지도 서로 이끌고 와서는 반드시 잠두봉蠶頭峯[227]에 올라가 이 장관을 구경하고야 만다.

[음식 풍속]

아이들은 각각 등대 밑에 석남石楠[228]의 잎을 넣은 시루떡과 삶은 검정콩, 그리고 삶은 미나리 등의 음식을 차려 놓는데, 이것은 석가탄신일을 맞아 간소한 음식으로 손님을 맞이해 즐기는 뜻이라고 한다. 또 물동이에다 바가지를 엎어 놓고 빗자루로 두드리면서 진솔한 소리를 내는데, 이것을 물장구놀이[水缶戲]라고 한다. 내 생각에는 중국 송나라 때 장원張遠이 쓴 『오지陳志』에 "서울 풍속에 염불하는 사람들은 염불할 때마다 콩으로 그 횟수를 헤아리며, 4월 8일 석가탄신일에 이르러 그 콩을 볶아 소금을 약간 쳐서 길 가는 사람을 맞이해 다 먹기를 권하여 인연을 맺는다."라고 하였는데, 지금 우리나라 풍속에 콩을 볶는 것도 여기에서 비롯된 것 같다. 또 생각건대 『제경경물략』에 "정월 보름 밤에 아이들이 저녁부터 다음 날 새벽까지 북을 치며 노는 것을 태평고太平鼓라고 한다."라고 하였는데, 지금 풍속에 물장구[水缶]는 태평고의 뜻과 유사한 바가 있고 부처의 탄일에 연등 행사를 하므로 결국 정월 보름에 하던 것을 4월 8일로 옮겨 하는 것이다.[229]

---

227 잠두봉(蠶頭峯)은 남산 서쪽에 있는 봉우리에 있는 바위로 누에머리처럼 생겼다고 한다.

228 석남(石楠)은 상록활엽관목으로 녹나무로 부른다.

229 홍석모,『동국세시기(東國歲時記)』, "八日卽浴佛日東俗以是日燃燈謂之燈夕 前數日人家各竪燈竿頭建雉尾色帛爲旗 小戶則竿頭多結老松計家內子女人口懸燈以明亮爲吉 至九日乃

　　　　　　　　한국의 연등문화

유득공의 기록은 나중에 쓰인 풍속지의 기반이 되고 있다. 거의 유사한 기술을 보여 주고 있는데, 먼저 음식 풍속으로는 느티떡, 볶은 콩, 삶은 미나리 등을 이야기하고 그 가운데 볶은 콩을 먹는 풍습이 중국에서 비롯되었음을 이야기하고 있다. 또한 수고水鼓 또는 수부水缶라고 일컬어지는 아이들의 물장구놀이를 언급하고 있다. 음식 풍속을 김매순의 『열양세시기』에서는 간결하게 처리하고, 홍석모의 『동국세시기』에서는 『경도잡지』의 내용에 조금 첨가된 부분이 없지 않으나 거의 그대로 옮겼음을 확인할 수 있다.

연등 풍속을 다룬 부분은 세 기록 모두 자세한 기술을 하고 있다. 등대(燈竿)를 세우고 장식하는 방법에 대한 이 기록들에서 공통적으로 언급되고 있는 부분을 살펴보면 이렇다. 첫째, 커다란 대나무를 묶어

止 侈者縛大竹累十 又馱致五江檣桅而成棚 或揷日月圈隨風眩轉或懸轉燈往來如走丸或紙包火藥而繫於索衝上如乘機箭火脚散下如雨或繫紙片幾十把飄揚如龍形或懸筐筥或作傀儡 被以衣裳繫索而弄之 列厘之棚務勝競高張數十索邪許引起矮小者人皆唾之 按高麗史王宮國都以及鄉邑正月望燃燈二夜 崔怡於四月八日燃燈 上元燃燈本是中國之制而麗俗今已廢矣 又按高麗史國俗以四月八日是釋迦生日家家燃燈前期數旬羣童剪紙注竿爲旗 周呼城中街里求米布爲其費謂之呼旗 今俗燈竿揭旗者呼旗之遺也 必以八日肇自崔怡也 燈名西苽蒜子蓮花七星五行日月毬船鍾樓閣欄干花盆轎子山檼瓶缸鈴卵龍鳳鶴鯉龜鼈壽福太平萬歲南山等字燈皆象形紙塗 或用紅碧紗嵌雲母飾飛仙花鳥面面稜稜皆粘三色卷紙片紙旖旎聯翩 鼓燈多畫將軍騎馬三國故事 又有影燈裹設旋機剪紙作獵騎鷹犬虎狼鹿獐雉兎狀傳於機爲風炎所轉外看其影 按東坡與吳君朶書云影燈未嘗見與其見此何如一閱三國志耶 此必以三國故事作影也 又按范石湖上元吳下節物俳體詩轉影騎縱橫註云馬騎燈 盖自宋時已有此制也 市燈所賣千形百狀五彩絢爛重價衒奇鍾街上觀者如堵 又造鸞鶴獅虎龜鹿鯉鼈仙官仙女跨騎之狀 羣童競買而弄玩 至燃燈之夕例弛夜禁士女 傾城初昏遍登南北麓觀懸燈 或携管絃沿街而遊人海火城達夜喧闐鄉外村婆提擎爭來必登蠶頭觀之 兒童各於燈竿下設石楠葉甑餅蒸黑豆烹芹荣云是佛辰茹素廷客而樂 又泛甕於盆水用帚柄叩而爲眞率之音謂之水缶戲 按張遠隩志京師俗念佛號者輒以豆識其數至四月八日佛誕生之辰煮豆徵撤以鹽邀人于路請食之以爲結緣夜 今俗煮豆盖肪於此 又按帝京景物略元夕童子擊鼓旁夕向曉日太平鼓 今俗水缶似是太平鼓之意而以佛日爲燈夕故移用之也.”

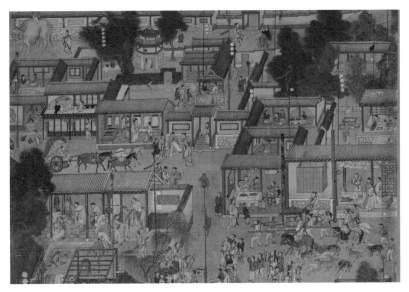

조선 후기의 도시 생활상을 그린 〈태평성시도太平城市圖〉의 부분도.
기다란 등대[燈竿]에 한 개에서 여섯 개까지 다양한 등불들이 매달려 있다.

서 등대를 세운다. 둘째, 인가에서는 자녀의 수에 맞춰 등을 단다. 셋째, 등대에는 비단을 잘라 만든 깃발을 매단다.

세부적으로 다른 부분을 살펴보면 몇 가지 보인다. 『경도잡지』에서 대나무 대신 오강五江에서 말 짐으로 실어 온 돛대를 사용하여 사치스러운 치장을 한다고 했다. 그러면서 꿩의 깃털을 꽂아 장식하거나 일종의 바람개비인 일월권日月圈을 매다는 것을 서술하였고, 종가의 여러 가게가 커다란 등대를 세운다고 했다. 야간통금이 해제되며, 등 구경 나온 사람들이 남산이나 북악산 기슭으로 올라가며 어떤 이들은 퉁소와 북을 들고 거리를 오가며 구경한다고 했다. 『열양세시기』에서는 등을 재갈 물리듯 층층이 쌓으며 등을 높이 올리는 방법을 서술하면서

한국의 연등문화

등불 켜 놓은 모습을 높이 올라 보면 하늘의 별들 같다고 묘사했다.『동국세시기』에서는『경도잡지』의 돛대를 이용한 등대 만들기나 일월권등을 그대로 옮겨 오고, 화약을 종이에 싸서 새끼줄에 매어 승기전乘機箭처럼 쏘아 올려 불줄기가 비처럼 흩어져 내린다는 내용을 덧붙였다. 그리고 장대 끝에 종이쪽들을 매달아 용 모양으로 펄럭이게 하며, 광주리를 매달거나 바지저고리를 입힌 허수아비를 만들어 새끼줄에 매달기도 한다고 했다. 줄지어 늘어선 시렁들을 높게 만드는 것도 덧붙였다. 등대의 모습을 구체적으로 그려 넣은 〈태평성시도太平城市圖〉가 남아 있다.

연등의 역사와 관련하여『경도잡지』나『동국세시기』가 최이崔怡에 의해 정월 보름의 연등 행사가 4월 8일로 옮겨졌다는 점, 호기呼旗 풍속에서 등대에 깃발을 다는 풍습이 생겨났다는 점을『고려사』를 똑같이 인용해 밝히고 있다. 앞에서 이미 살펴본 조선 후기 왕실의 연등에서 정조 임금과 오이등 이야기가『열양세시기』에 나와 있다.

다음으로 연등의 종류를 밝히고 있는 부분에서는 세 문헌의 편차가 있다. 이 부분에서는『열양세시기』가 간소한 서술을 하고,『동국세시기』가 가장 자세한 서술을 하고 있다.

세 문헌에 등장하는 등불을 헤아려 보면 32종에 달한다. 그 가운데『경도잡지』에 13종,『동국세시기』에 27종이 보이는데『열양세시기』에는 6종만 제시되었다. 하지만『열양세시기』에 등장하는 새등이나 짐승등의 경우 학등, 봉등, 용등, 거북등, 알등, 잉어등, 자라등과 같은 등을 아울러 표현한 것이라 볼 수 있다. 마늘등, 머루등, 수박등, 연꽃등과 같은 식물을 형상화한 등불이나 가마등, 공등, 난간등, 누각등, 방울

	등불 이름	경도잡지	열양세시기	동국세시기
1	가마등[교자등轎子燈]			○
2	거북등[구등龜燈]			○
3	공등[毬燈]			○
4	그림자등[影燈]	○		○
5	글자등			
6	꽃잎등[화엽등花葉燈]		○	
7	난간등欄干燈			○
8	누각등樓閣燈		○	○
9	마늘등[산자등蒜子燈]	○	○	○
10	머루등[산류등山樏燈]			○
11	방울등[영등鈴燈]			○
12	배등[선등船燈]	○		○
13	병등瓶燈	○		○
14	봉등鳳燈			○
15	북등[고등鼓燈]	○		○
16	새등[조등鳥燈]		○	
17	수박등[서과등西瓜燈]	○		○
18	수자등壽字燈	○		
19	알등[난등卵燈]			○
20	연꽃등[연화등蓮花燈]	○		○
21	오이등		○	
22	오행등五行燈			○
23	용등龍燈			○

한국의 연등문화

24	일월등日月燈			○
25	잉어등[이등鯉燈]	○		○
26	자라등[별등鼈燈]	○		○
27	종등鐘燈			○
28	짐승등[수등獸燈]		○	
29	칠성등七星燈	○		
30	학등鶴燈	○		
31	항아리등[항등缸燈]	○		
32	화분등花盆燈			○

각 풍속지가 밝힌 등불 종류

등, 배등, 병등, 북등, 종등, 항아리등, 화분등과 같이 사물을 대상으로 한 등불이 참으로 다양한 형태로 제작되었음을 알려 준다. 거기다 오행등, 일월등, 칠성등과 같이 종교적 색채가 강한 등불들도 제작되었다.

이들 등불의 형상과 의미에 대해서는 뒤의 가사 작품인 〈관등가〉에서 자세히 다룰 것이므로 여기에서는 줄이도록 하겠다. 그렇지만 〈관등가〉에 언급되지 않고 있는 등불로 '글자등', '수자등'은 살짝 들여다볼 필요가 있겠다. 『경도잡지』에서 '수자등壽字燈'으로 표현된 등불은 『동국세시기』에서 "수복壽福·태평太平·만세萬歲·남산南山 등의 글자를 넣은 등이 있는데 모두 그 모양을 종이로 만들어 등에 바른다."의 내용으로 자세하게 언급하고 있다. 당대 민중의 소망을 기원하는 문자

문자도

문자도

를 직접 등불에 썼을 수도 있었겠지만 아마도 민화에 나타나는 문자도文字圖를 그려 넣었을 수도 있다. 유교적 전통사회의 윤리로 기본이 되는 '효제충신예의염치孝悌忠信禮義廉恥'라는 글자를 그림 글자로 형상화한 것에서부터 '수壽, 복福, 희喜, 부귀富貴'와 같은 길상을 담아내는 그림 글자들에 이르기까지 참으로 다양한 형태를 보여 준다. 그리고 이 그림들에는 한자와 어울리는 상징적 동물들이 함께 그려지는 경우가 많다. 효孝 자 그림에는 효행과 관련을 맺는 잉어, 제悌 자 그림에는 형제간의 우애와 관련을 맺는 할미새가 그려진다.[230] 등불 축제를 행했던 당대 민중은 장수하고 복을 받으며 태평한 세월을 보내고자 하는 소망을 담아 문자 또는 그림 글자를 넣은 등불을 제작했음을 짐작해 볼 수 있다.

---

230 허균, 『전통미술의 소재와 상징』, 교보문고, 2001, 159~179쪽.

조선 후기에 세시풍속을 다룬 풍속지의 기록을 살펴보았다. 이를 통해 민간에서 행해진 연등회가 얼마나 화려했으며 등불의 모습이 어떠했는지, 민중의 소망이 어떻게 등불에 담겼는지 등을 알아볼 수 있었다. 이때 언급된 등불의 구체적인 모습은 다음에 살펴볼 가사 〈관등가〉 부분에서 들여다보도록 하겠다.

가사 〈관등가〉 속의 등불들

김천택이 편찬한 『청구영언』(1728)의 대학본 권말에는 〈관등가〉라는 월령체 가사가 붙어 있다. 작자를 알 수 없는 작품인데, 정월부터 섣달까지의 풍속을 노래하면서 임을 여읜 여인의 슬픔을 드러내고 있다. 고려가요 〈동동〉이나 정학유의 기시 〈농가월령가〉와 같은 월령체인데, '사월령'에서는 사월초파일을 다음과 같이 노래한다.

> 四月 初八日에 觀燈하려 臨高臺하니
> 遠近 高低의 夕陽은 빗겨난대
> 魚龍燈 鳳鶴燈과 두루미 南星이며
> 鐘磬燈 仙燈 북燈이며 수박燈 마늘燈과
> 蓮꽃 속에 仙童이며 鸞鳳 우희 天女로다
> 배燈 집燈 산듸燈과 影燈 알燈 甁燈 壁欌燈
> 가마燈 欄干燈과 獅子 탄 체팔이며
> 虎狼이 탄 오랑캐라 발노 차 구을燈에

日月燈 밝아 닛고 七星燈 버러난듸

東嶺의 月上하고 곳고지 불을 현다

우리 임은 어듸 가고 觀燈할 줄 모로난고[231]

[번역 시]

사월초파일에 관등하러 높은 대 오르니

원근 고저 석양은 빗겼는데

어룡등 봉학등과 두루미 남성이며

종경등 선등 북등이며 수박등 마늘등과

연꽃 속에 선동이며 난봉 위에 천녀로다

배등 집등 산대등과 영등 알등 병등 벽장등

가마등 난간등과 사자 탄 취발이며

호랑이 탄 오랑캐라 발로 차 구을등에

일월등 밝아 있고 칠성등 벌렸는데

동령의 달이 뜨고 곳곳이 불을 켠다

우리 임은 어디 가고 관등할 줄 모르는고

화자는 사월초파일이라 저물 무렵에 관등을 하러 높은 대에 오른
다. 다채로운 등불들이 펼쳐져 화려하게 밝히고 있건만 임은 어디를
가고 관등할 줄 모르는가 하고 화자는 슬퍼하고 있다. 작품은 화려한
등불의 모양들을 이야기하여, 조선 후기의 등불이 어떤 것들이었는지

---

231 김천택, 『청구영언』 대학본 권말.

를 짐작하게 한다.

3행에 나온 '어룡등魚龍燈'은 물고기와 용을 형상화한 등불을 가리킨다. '봉학등鳳鶴燈'은 봉황과 학을 형상화한 등불이라 하겠다. 그런데 특이한 이름 '남성南星'이 나오는데 무엇을 가리키는지 모호하다. 글의 흐름으로 보아 동물을 형상화한 등불을 말하는 가운데 나온 것이므로 '남생이등'으로 보는 것이 합당해 보인다. 남생이는 거북이와 비슷하게 생겼지만 몸집이 작고 등은 진한 갈색의 딱지로 되어 있으면서, 네 발에는 각각 다섯 개의 발가락이 있는데 그 사이에 물갈퀴가 있는 동물이다. 아마도 앞서 살핀 세시기 속의 거북등과 같은 것을 가리키는 것이 온당해 보인다.

4행에 등장하는 '종경등鐘磬燈'은 종경鐘磬, 곧 커다란 종을 뜻하는 종鐘과 작은 종을 뜻하는 경磬의 모양을 딴 등불을 가리키는 것이다. 쇠북의 모양을 본뜬 등불인 것이다. 종은 조선시대 예악에서는 사람의 성정을 순화하고 천지조화를 이룩하는 정치를 구현하고자 하는 의미를 지닌 악기였다. 편종編鐘과 편경編磬은 예악과 융화되는 중요한 악기였다. 그리고 불교에서는 사방에 울려 퍼져 중생을 각성케 하고 지옥의 중생까지 구제한다는 의미를 지녔다. 종소리는 제행무상諸行無常을 깨달아 번뇌에서 벗어나게 하는 힘을 지닌 것으로 인식되기도 한다. 무속에서는 방울과 함께 악신을 물리치는 기능을 하는 신성성을 갖는 것이었다.

우리나라 풍습 중에는 아이들 주머니 끈에 종경鐘磬을 달아 주어서 그것이 부딪쳐 내는 소리를 통해 명성을 떨치라는 염원을 담아내기도 했다고 한다.[232] 초파일의 종경등은 이처럼 다양한 민중의 기원을 담은 등불이었으리라 짐작된다.

'선등仙燈'은 신선이 사는 세상으로 안내하는 등불을 가리킨다고 하겠는데, 어떤 특정한 모양을 떠올리기가 쉽지 않다. '북등'은 북 모양의 등불이고, '수박등'은 수박 모양의 등불이며, '마늘등'은 마늘 모양의 등불이라 하겠다. 이런 사물들에는 어떤 의미가 있었을까.

'북'에는 풍물놀이나 사물놀이에 사용되는 풍물북도 있고, 판소리 반주할 때 사용하는 소리북, 무속 굿판에서 사용되는 북도 있다. 여기에 사찰의 법고法鼓라고 표현되는 북도 있다. 물론 북은 적의 침입을 알리거나 전쟁터에서 전진과 후퇴를 알리는 기능을 하는 것이었고, 주술적인 의례에도 사용되었다.[233] 우리나라에서는 고구려 안악3호분 벽화를 비롯하여 수산리 고분, 덕흥리 고분, 안악1호분, 약수리 고분 등 벽화의 행렬도에서부터 북의 모습이 나타난다. 틀에 매달아 메고 가며 연주하는 북을 비롯하여 기마악대가 연주하는 북 등 다양한 북 연주의 모습이 나타나고 있다.[234] 그리고 단군신화의 천부인天符印에서 신의 방울[神鈴]이 신의 북[神鼓]으로 이해되기도 한다.[235] 이때의 북은 신을 부르는 소리로 무속 굿판의 북과 같은 기능을 지닌 것으로 볼 수 있다. '북등'은 사월초파일에 만들어졌으므로 아마도 불교적 의미와 많은 관련

232 『한국문화상징사전』, 「종」, 535~537쪽.

233 한국박물관연구회, 『한국의 박물관 4』, 문예마당, 2001.

234 송혜진, 「고구려 고분벽화에 표현된 북(鼓): 행렬악의 연주 형태에 기하여」, 『동양음악』 28, 서울대학교 음악대학 동양음악연구소, 2006, 1~21쪽.

235 서대석, 「단군신화」, 『한국민속문학사전』 1, 국립민속박물관, 2012, 167쪽.

한국의 연등문화

북등과 현대의 법고등.

을 맺었으리라 여겨진다. 불교의 법고法鼓는 범종각에 걸린 사물四物
(북, 종, 목어, 운판) 가운데 하나로 아침과 저녁 예불 때에 치는 것이다. '북'
은 특히 축생畜生을 제도하기 위해서 치는 것으로 이해된다. 이러한
북의 의미를 담아 북등은 사월초파일의 등불로 만들어졌으리라 여겨
진다.

　그렇다고 불교적 의미만을 지녔던 것이라고 보는 것은 잘못이다.
유득공이 편찬한 『경도잡지』를 보면 "북등에는 『삼국지』이야기를 그
리는 경우가 많다."라고 하고 있다. 18세기에 유행하던 『삼국지』이야
기가 가장 많이 북등에 그려졌다는 표현이라 하겠는데, 다른 그림들도
다양하게 그려졌다는 것을 말하는 기록이기도 하다. 일반 대중들은 등
불을 만들 때 종교적 의미만을 담아냈던 것이 아니라 당대 민중의 다
양한 취향을 담아내려 했던 것으로 봄이 타당하겠다.

　'마늘등'은 한자로 표현하면 산등蒜燈 또는 산자등蒜子燈인데, 마늘 모
양의 등불이라 하겠다. 예부터 마늘은 쑥과 함께 사악한 것을 물리치

는 기능이 있다고 믿어 온 식물이다. 강한 향기가 악귀나 재액을 쫓아 낸다는 힘을 믿었다고 한다.[236] 그런 의미를 담아 마늘등이 만들어졌을 것으로 보인다. 그런데 임천상任天常(1754~?)의『궁오집窮悟集』속 한시 〈욕불일관등浴佛日觀燈〉에서 연잎등[蓮葉燈], 난간등欄干燈을 얘기하면서 "몇 개의 마늘등이 밝게 빛나는데/ 가난한 집에서 부잣집을 배워서라 네."라고 한다. 그리고 마늘등에 주석을 달기를 "등 가운데 가장 값싼 것[燈之最賤者]"이라고 했다.[237] 마늘등은 커다랗게 만드는 것이 아니라 작 은 마늘 모양으로 만들어 가난한 집에서 내걸었던 등불이라는 것을 짐작하게 한다.

'수박등'은 한자로는 서과등 西瓜燈으로 표현되는 등불이다. 수박은 오이나 참외와 함께 과瓜 또는 고苽로 표현되는 넝쿨 식 물인데, 씨가 많고 줄기에 여 러 열매가 매달려 있어 자손의 번성이나 번화함, 그리고 어떤 일에서 많은 성과가 있기를 뜻 하는 과일이다.[238] 신사임당의

신사임당의 〈초충도草蟲圖〉.

---

236 『한국문화상징사전』, 257쪽.

237 임천상,『窮悟集』권2,「浴佛日觀燈」, "萬井燈竿簇簇. 千家水缶 (覆匏盆水中. 以枹鼓之曰水 缶.) 薨薨. 兒童得意讙呌. (栴葉成饎菱蒸. 栴餅蒸菽.) 皆是日例食. 枝蓮葉生花. 角角欄干罨 紗. (蓮葉, 欄干. 皆燈名.) 數箇蒜燈 (燈之最賤者) 自照. 貧家強學豪家."

238 고연희,「소과도(蔬果圖)」,『한국민속대백과사전』, 국립민속박물관, 2020. (https://folkency. nfm.go.kr/kr/topic/detail/6580)

한국의 연등문화

〈초충도草蟲圖〉를 비롯해 민화의 소재로도 많이 등장했던 과일이 수박이다. 물론 수박등도 자손 번성이나 잘 살기를 바라는 마음을 담아내는 등불이었다 하겠다.

그리고 배등, 집등, 산대등山臺燈, 영등影燈, 알등[卵燈], 병등甁燈, 벽장등壁欌燈, 가마등, 난간등, 사자 탄 취발이 등, 호랑이 탄 오랑캐 등, 구을등, 일월등, 칠성등 등의 등불이 열거되고 있다. 이 가운데 '영등影燈'은 그림자등이라 번역할 수 있겠는데, 돌리는 대로 그림이 다르게 보이도록 만든 주마등走馬燈을 가리킨다(앞 장의 중국 편에서 밝힌 윤등輪燈과 같은 것이다). 벽장등壁欌燈은, 바람벽을 뚫어서 작은 문을 낸 다음 그 안에 물건을 넣어 두게 만든 곳을 뜻하는 벽장 모양의 등불을 가리키는 것으로 보인다. 난간등欄干燈은 난간 모양을 한 등불을 가리키는 것으로 보이는데, 정확히 그 모양을 판단하기가 쉽지 않다. 홍대용의『담헌서湛軒書』를 보면, 마늘등[蒜燈]은 세작하는 데 돈이 많이 들지 않지만 난간등欄干燈을 제작하려면 많은 비용이 든다는 대목이 나온다.[239] 아마도 등롱 형태에 난간 모양까지 덧붙인 등불이 아니었을까 추정된다.

'사자 탄 취발이'라 표현된 것 역시 등불로 보인다. 양주별산대놀이나 송파산대놀이, 봉산탈춤, 강령탈춤 등에 등장하는 '취발이'(은율탈춤에서는 최괄이)는 붉은 얼굴을 하고 있는데, 이는 술에 취한 승려임을 보여주고 있다. 시커멓고 음흉한 모습을 한 노장이 소무의 유혹에 넘어가

---

239 홍대용,『湛軒書內集』권2, 桂坊日記, "令曰. 由來久矣. 禁之無乃過乎. 一二蒜燈. 何麼費之有. 又曰. 若爲欄干燈則費亦不小矣." (동궁이 이르기를, "유래된 지 오랜 것을 금함은 너무 과하지 않겠소? 한두 개의 마늘등(燈)을 다는 데 큰 비용이 들겠소?" 하고, 또 이르기를, "만약 난간등(欄干燈)을 만든다면 비용도 또한 적지 않을 것이오." 하였다.)

파계를 하고, 이 노장 앞에 취발이
가 등장해 활기와 힘으로 소무를 빼
앗는 것으로 나온다. 봉산탈춤에서
는 사자獅子를 타고 나타나는 인물
이 문수보살인데, 그는 파계승을
벌하러 온 이로 나타난다. 문수보
살이나 취발이가 모두 사회적으로
재앙을 일으키는 노장을 물리치는
인물로 나타나는 것이 공통점이라
할 것이다.[240] 〈관등가〉에서는 그
두 인물이 뒤섞여 사자를 타고 나타
나는 취발이의 모습을 그려 놓은 등
불을 노래하고 있다.

봉산탈춤 취발이탈

'호랑이를 탄 오랑캐 등'은 호랑
이를 타고 있는 오랑캐를 그려 넣은
등불을 뜻하는 것으로 보인다. 호

양주별산대놀이 취발이탈

랑이를 탄 오랑캐라고 하니 산신도山神圖가 떠오른다. 깊은 산골짜기를
배경으로 하여 백발과 허연 수염을 늘어뜨리고 호랑이와 함께 있는 산
신도를 연상케 하는 표현이다. 본래 산신은 불법을 수호하는 호법신중
이었으나 나중에는 산을 지키는 외호신이 되었다고 한다. 그리고 호랑

---

240 취발이의 기원과 의미에 대해서는 전경욱, 『한국전통연희사전』(민속원, 2014.)의 「취발
　이」 부분을 보면 '술 취한 호인(胡人)'을 가리키면서, 「처용가」의 처용과 같이 재앙을 물리
　치는 존재로 오랜 내력을 지닌 인물이라 분석하고 있다.

　　　　　　　　　　　　　　　　　　　　　　　　　한국의 연등문화

산신도

이가 산신이 변신한 것으로 여겨지기도 한다. 아마도 '호랑이를 탄 오랑캐 등'이란 호랑이를 타거나 호랑이를 곁에 둔 산신의 모습을 그려 넣은 등불 정도로 추정된다. 1800년대 그려진 무신도를 보면 산신이 호랑이를 곁에 두고 있는 모습이다. 물론 사찰 내의 산신각에서도 호랑이와 산신이 함께 있는 그림들을 보게 된다. 여기 등장하는 산신은 이마를 훤히 내민 중국 청나라 사람을 닮았다. 아마도 이를 그대로 표현하다 보니 산신이라 하지 않고, 호랑이 탄 오랑캐라 했던 것으로 여겨진다.

'구을등'이라 표현된 것은 '구슬등'을 말하는 것으로 보인다. 그런데 구슬을 뜻하는 한자어에 珠(구슬 주)가 있고 玉(구슬 옥)이 있어 珠燈(주등)을 가리키는지 玉燈(옥등)을 가리키는지 정확하지 않다. '주등'은 구슬처럼 둥근 모양의 등을 가리킬 테고, '옥등'은 사전적 의미로 '옥으로 만든 등'을 가리킨다. 관련된 등을 보면 '연주등連珠燈'이라 하여 기다란 줄에 여러 개의 등燈을 쭉 달아매어 켠 등燈이 사전에 언급된다. 일반적인 등불이 둥근 경우가 많아 주등은 그냥 등불을 가리키는 것으로 쓰인 것으로도 보인다. 이항복李恒福(1556~1618)의 시를 보면 "만가의 주등은 정역을 열었을 줄 알았건만[萬家珠燈開淨域]"이라 했다.[241] 수많은 집들에 널린 등불을 '주등'이라 했고, 그 주등이 번뇌를 벗어난 깨끗한 세상, 정토를 열었다고 한 표현이다.

일월성신도

'일월등日月燈'은 해와 달을 형상화한 등불이라 하겠다. 해와 달은 천지 만물의 근본을 이루는 것으로, 우리 무속에서는 신으로 떠받들어지면서 인간에게 복을 주는 기복의 대상이었다. 일월천신日月天神은 일월조상으로 집안이나 씨족의 수호신이면서 조상신의 성격을 갖는다.[242] 그리고 불교 경전인『수능엄경』에는 '일월등日月燈'이라는 부처님 이야기가 나온다. 마하가섭摩訶迦葉과 자금광비구니紫金光比丘尼가 부처님께 아뢰기를 "지나간 세월에 이 세계 속에 있을 적에 세상에 나온 부처님이 계셨으니 그 이름이 '일월등'이었습니다."라고 하고, 자신들이 가까이 모시면서 법을 듣고 닦아 익혔으며, 그 부처님이 멸도滅度하신 뒤에는 사리에 공양하면서 등을 켜 계속 밝혔다고 했다.[243]

---

241 李恒福,『白沙別集』제5권「朝天錄」上,「次月沙豊潤觀燈韻)」.

242 『한국문화상징사전』, 동아출판사, 1992, 192쪽, 597쪽.

243 『首楞嚴經』권5, "摩訶迦葉及紫金光比丘尼等. 即從座起. 頂禮佛足. 而白佛言. 我於往劫. 於此界中有佛出世. 名日月燈. 我得親近聞法修學. 摩訶迦葉云大飮光氏. 名畢鉢羅. 頭陀上行眾推無上. 紫金光尼在家時婦. 緣起如常. 日月燈所便得親近聞法修行 二滅後遵承."

『법화경法華經』에서는 일월등명불日月燈明佛이라 하여 부처님의 광명을 하늘에서는 해와 달 같고 땅에서는 등불과 같음을 빗대어 그와 같은 명칭을 붙이고 있다.[244] 이로 보아 일월등이라는 명칭은 무속적인 면과도 관련이 있고, 석가탄신일과도 관련하여 불교적 색채도 가졌을 것으로 보인다.

'칠성등七星燈'의 칠성은 북두칠성을 의미한다. 칠성신은 무속에서 인간의 수명을 관장한다고 알려져 무병과 장수를 돌보는 신이다. 정화수井華水를 떠놓고 아이의 무병장수를 기원하는 대상이 이 칠성신이다.[245] 전라도와 충청도 지역에는 〈칠성풀이〉라 하여, 칠성님에게 버림받은 매화부인이 일곱 아들을 낳고, 그 아이들이 아비 없는 자식이라 놀림을 받다가 어머니를 졸라 아버지가 있는 곳으로 찾아가는 무가가 있다. 또한 제주도에는 〈칠성본풀이〉라 하여 집을 지켜 주는 가신家神의 내력을 이야기하는 무가가 있다. 이때 칠성은 뱀의 형상을 하고 나타난다.[246]

그런데 무속의 칠성신앙은 도교적인 색채가 자리 잡고 있다. 도교에서는 칠성이 인간의 길흉吉凶과 화복禍福을 맡았다고 하는데, 이것이 불교로 오면 칠성여래七星如來, 칠원성군七元聖君이라 하게 된다. 북두칠성에는 탐랑성貪狼星, 거문성巨門星, 녹존성祿存星, 문곡성文曲星, 염정성廉貞星, 무곡성武曲星, 파군성破軍星이 있다. 이들을 본존本尊으로 하여 재앙

---

244 『妙法蓮華經』권7.
245 『한국문화상징사전』, 동아출판사, 1992, 342쪽.
246 김헌선, 「칠성본풀이」/ 박경신, 「칠성풀이」. (『한국민속문학사전』, 국립민속박물관, 2012.)

을 물리치거나 천재지변을 막으려
는 밀교의 수행법으로 북두법北斗法
이라는 것이 있다.[247] 우리나라에서
는 칠성각七星閣이라 하여 칠성신을
모시고 있고 칠성각 내부에는 칠성
삼존불七星三尊佛과 칠여래七如來 등을
그린 칠성탱화를 모신다. 해와 달,
곧 자연현상을 지배하는 치성광여
래가 가운데에 있고, 양옆에서 일광
보살과 월광보살이 모시고, 북두칠
성에 해당하는 칠여래, 북두대성과
칠원성군, 삼태육성三台六星 28수宿까

칠성도

지 합하여 아주 거대한 무리가 칠성탱화에 그려져 있다.[248]

그런데 칠성등은 도대체 어떤 모양이었을까.『삼국지연의』제
103~104회에 제갈량이 과중한 업무 때문에 피를 토하고 중병에 걸린
다. 그때 기양법祈禳法을 쓰게 되는데 향과 꽃, 그리고 제물을 차려 놓
고 큰 등잔 일곱 개를 배치한 후 북두칠성의 별자리를 밟으며 수명 연
장을 기원한다. 수명 연장을 기원하는 데 칠성등이 이용되고 있는 것
이다. 칠성등은 붉은색[紅]·노란색[黃]·남색[藍]·검은색[黑]·하얀색[白]·
분홍색[粉紅]·초록색[草綠] 등 일곱 가지 색깔의 종이나 비단으로 겉을

247 『北斗七星護摩法』.(대장정 21권 457쪽.;『불교대사전』, 홍법원, 2001.)
248 정병삼,『그림으로 보는 불교 이야기』, 풀빛, 2000, 309~310쪽.

한국의 연등문화

곱게 꾸민 등불이다.[249]

우리나라에서는 고종 5년(1868)에 공조참의 조성교趙性敎가 청나라 상원 등불 축제 본 것을 임금께 아뢰는 내용 중에 이 '칠성등'이 언급되고 있다.

> 신이 관소館所에 머물러 있을 때가 상원 밤이었는데, 관소 앞에서 연등놀이를 하였기에 관람하였습니다. 두 개의 긴 나무를 상대하여 세우고 줄로 연이어 매고는 큰 등 하나를 매달았습니다. 얼마 뒤에 하나의 불덩이가 그 등 밑에서 떨어졌는데, 갑자기 전서篆書 주련柱聯 두 구절을 이루었습니다. 불꽃으로 글자를 만들었는데도 자획이 뚜렷하였습니다. 또 하나의 불덩이가 떨어져서 다섯 줄을 이루었는데, 줄마다 각각 일곱 개의 등을 가지고 있었으며, 이것을 '칠성등七星燈'이라 하였습니다. 줄줄이 돌아가면서 등이 매달려, 35개의 등이 일시에 빛났습니다.[250]

중국에서 연등놀이를 관람한 내용이다. 두 개의 나무를 세워 줄로 연결하고 사이에 커다란 등을 매단다. 그리고 그 등불 밑에서 불덩어리가 떨어지면서 그 불꽃으로 전서로 쓰인 한시 글귀가 주련을 만들어

---

249 선뻐진·탄리앙샤오 지음, 정원기 옮김, 『삼국지 사전』, 현암사, 2010. / 「七星燈」, 『漢韓大辭典』, 단국대학교 동양학연구원, 2008.

250 『승정원일기』, 고종 5년 무진(1868) 4월 28일(병오).

낸다. 또 다른 불덩어리가 떨어져서 다섯 줄을 이루고, 각 줄마다 일곱 개의 등을 매달고 있는데 그것이 '칠성등'이라 했다. 불꽃축제 중에 나타나는 칠성등이다. 청나라 말엽의 연등놀이 모습인데, 『삼국지연의』에 보이는 칠성등이 시대 변화에 따라 새롭게 변모했음을 알 수 있게 한다.

이 모습을 고종 임금과 신하가 함께 이야기하며 신기해하는 것을 보면 우리나라에서는 이와 같이 불꽃놀이 가운데 칠성등이 밝혀졌던 것이 아닌가 본다. 아마도 일곱 개의 색깔을 한 등불, 아니면 북두칠성을 그려 넣은 등불이 만들어져 칠성등이라 했을 것으로 추정된다.

조선 후기 가사인 〈관등가〉 속의 등불들을 살펴보았다. 다양한 등불들이 사월초파일의 밤을 밝혔음을 알 수 있는데, 그것들이 모두 불교적 색채만 지닌 것은 아니었다. 우리 고유의 무속적 측면과 불교적 측면이 뒤섞이면서 복을 빌고 재앙을 물리치려는 소망을 담아 등불을 제작하고 관등놀이를 즐겼음을 알 수 있다. 그리고 〈관등가〉에는 그 등불을 바라보며 떠나간 임을 간절하게 그리는 그 시대 민중의 정서가 잘 아로새겨져 있다.

조선 후기 한시 속 연등의 서정

17세기 이후 등불을 노래한 한시 작품이 여럿 보인다. 이들 작품 중에는 민간에서 행해졌던 연등회 현장을 묘사하고 있을 뿐만 아니라 시대의 아픔을 노래하면서 간절한 지식인의 소망을 함께 담아낸 작품이 보

시기	작자	작품	출전
17 ~ 19 세 기	권필權韠 (1569~1612)	〈관등행시우인觀燈行示友人〉	『석주집石洲集』(1631)
	이안눌李安訥 (1571~1637)	〈사월팔일四月八日〉	『동악선생집東岳先生集』 卷8, 내산록萊山錄(1637)
	이민성李民宬 (1570~1629)	〈종가관등鐘街觀燈〉	『경정집敬亭集』(1664)
	이식李植 (1584~1647)	〈종가관등鐘街觀燈〉	『택당선생집澤堂先生集』 卷3 / 詩
	윤기尹愭 (1741~1826)	〈대보름30운[上元三十韻]〉	『무명자집無名子集』
	한장석韓章錫 (1832~1894)	〈욕불일제등방금기지 민수 우홍원산사 浴佛日提燈訪金畿止民秀于洪園山榭〉	『미산선생문집眉山先生文集』 제1권(1934)
	김윤식金允植 (1835~1922)	〈귀천기속시20수歸川紀俗詩二十首〉, 〈욕불일여제객공부浴佛日與諸客共賦〉 외 4수	『운양집雲養集』(1914)
	이남규李南珪 (1855~1907)	〈함산관관등행咸山館觀燈行〉	『수당집修堂集』(1939)

조선 후기 연등을 노래한 작품

인다.

　권필權韠(1569~1612)의 한시 〈관등행시우인觀燈行示友人〉은 '등불을 바라보다 벗에게 보임'[251] 정도로 번역할 수 있는 작품이다. 이 작품의 작자 권필은 사람됨에서 기개가 커 얽매이는 성품이 아니었으며, 시는 격률格律이 맑고 어휘 구사가 정묘해 시가詩家의 상승上乘을 논할 때면 반드시 그를 첫째로 거론했다고 한다. 일찍이 과거 공부를 포기하고 관직에 제수되어도 나아가지 않으면서 강호를 방랑하고 오직 시 창작과 음주를 즐겼다고 한다. 조정의 잘못을 조롱, 풍자하는 시를 잘 지었

---

251 이를 〈관등 행렬에서 친구를 보다(觀燈行示友人)〉라고 번역하는 것(전경욱, 앞의 글, 108쪽.)은 작품의 전체적인 내용에 부합하지 않는다.

는데 버드나무를 읊은[詠柳] 절구絶句 한 수가 외척에게 저촉되어 미움을 받아 유배지로 향하던 도중에 44세(1612)로 죽었다고 한다.[252] 그의 시는 임진왜란을 겪은 후의 조선 후기 사회를 잘 묘사하였으며, 전란으로 백성들이 고달픈 삶을 살아가는데 관리들은 그 백성들의 고혈을 짜낸다고 비판하는 작품을 많이 지었다. 한시 〈관등행시우인〉 역시 임진왜란에 고통 받아야 하는 현실을 과거의 화려했던 관등놀이와 선명하게 대조시키고 있는 작품이다.

작품은 4월 8일 서울에서 행해진 관등행렬을 드러내고, 잡희 무대를 설치하는 것과 같은 풍습이 이어져 오고 있음을 밝히고 있다. 그리고 통금을 없애어 사람들이 길거리를 오가고 음악 소리가 가득함을 노래하여 당시 연등회의 모습을 세밀하게 전하고 있다. 그런데 그것은 시인이 시를 쓰던 당시의 모습이 아니다.

수미산에 있는 도솔천에서	須彌之山兜率天
사월초파일에 금선金仙이 탄생하여	四月八日生金仙
심인心印이 서로 이어져 등불을 전하여	心心相印比傳燈
해동에 들어온 지 몇 해나 되었던가.	流入東華知幾年
한양의 부호들은 천하에 으뜸이라	漢陽豪富天下雄
등불 밝히고 유희 벌여 유풍을 전한다.	張燈設戲傳遺風
분분한 큰 저택들이 화려한 위풍 다투니	紛紛甲第鬪奢華

---

252 『인조실록』 1권, 인조 1년 4월 11일 경오, 「권필·조수륜·최기·황혁 등에게 치제하고 그 자손을 녹용하도록 명하다」.

둘러친 비단 장막 푸른 허공에 잇닿았다.　　　　　羅幃繡幕連青空

금 술동이에 술은 담기고 꽃에는 안개 어리며　　　金樽酒重花滿烟

사롱의 은 촛불은 그 빛이 영롱하여라.　　　　　　紗籠銀燭光玲瓏

오봉五鳳이 춤을 추고 구룡九龍이 꿈틀대며　　　　五鳳琶琶九龍騰

십 리에 걸친 단청 대궐에 빛나도다.　　　　　　　十里金碧輝瓴稜

이날은 금오金吾가 밤 통행을 막지 않아　　　　　是日金吾不禁夜

풍악 소리가 거리에 가득하고 향 연기 어렸어라.　笙歌滿路香烟凝

청루에는 곳곳마다 주렴을 걷었는데　　　　　　　青樓處處捲珠箔

무리 지어 다니는 이들 호객도 많았건만　　　　　分曹作隊多豪客

번화하던 시절 얼마던가 인사가 바뀌니　　　　　繁華幾時人事改

눈앞 가득 창칼에 일월이 어두웠네.　　　　　　　滿目干戈日月晦

구중궁궐이 홀연 폐허가 되고 말았으니　　　　　九重城闕忽丘墟

옛날에 함께 놀던 사람 몇이나 남았는가.　　　　疇昔同遊幾人在

타향에 나그네 되어 외로운 등잔 짝하니　　　　他鄉作客伴孤燈

꿈속에 고향 찾아 아득히 운해를 넘는다.　　　　歸夢遙遙越雲海

배고파 누워 있는 게 걸핏하면 열흘 넘어　　　　閉門飢臥動經旬

내일이 초파일 명절인지도 알지 못하노라.　　　不覺明朝是佳節

어서 벗들과 모여 한 말 술을 마셔야지　　　　速宜相就飲一斗

인간 세상 애환일랑 말할 게 못 되느니　　　　人世悲歡不堪說

남아는 평생에 득의한 게 가장 좋은 법　　　　男兒百年貴得意

무엇하러 상심하며 백발 재촉하리오.　　　　　何用傷心催白髮

옥충과 금속을 봐도 그저 무료하니　　　　　　玉蟲金粟亦無賴

밤이 오면 꽃 사이로 달이 뜨겠지.[253]　　　　　夜來應有花間月

　　권필이 표현하고 있는 연등회의 모습은 참으로 화려하다. 시인은
4월 8일 풍습이 불교에서 비롯되었음을 밝히고 나서 서울의 화려한 등
불 축제를 노래한다. 부호들은 등불을 밝히고 유희를 벌이며, 큰 저택
들이 등불로 위풍을 다툰다. 질펀한 술자리에 비단 등롱燈籠이 영롱하
다. 오봉이 춤추고 구룡이 꿈틀대며[254] 십 리에 걸친 단청을 한 대궐이
빛났다. 그리고 야간통행을 막지 않아 4월 8일 밤에는 풍악 소리가 가
득하고 향 연기가 어렸다. 청루靑樓, 곧 기생집에서는 주렴을 걷고 호
객豪客들은 무리 지어 찾아들었다.

　　그런데 권필이 전하는 그 모습은 시인 자신이 직접 바라본 광경을
읊은 것이 아니다. 그것은 과거시제로 이전에 경험했던 연등회의 모습
이다. 번화했던 시절이 변하여 창칼에 해와 달이 어두워지고, 구중궁
궐마저 홀연 폐허가 되고 말았다고 했다. 임진왜란을 겪으면서 궁궐이
폐허가 된 시점에 떠올린 사월초파일 서울의 모습이다. 시인은 벗들
소식을 모른 채 타향에서 나그네로 외로이 등잔과 짝하며 고향을 떠올
렸던 것이다.[255] 타향살이에 걸핏하면 열흘 넘게 배고파 누워 있고 다

253　권필, 『石洲集』권2 七言古詩, 〈觀燈行示友人〉.

254　높고 큰 누각과 궁전이 늘어섰음을 뜻한다. 오봉(五鳳)은 오봉루(五鳳樓)로 당(唐)나라 때
　　낙양(洛陽)에 있던 커다란 누각을 가리키고, 구룡(九龍)은 구룡전(九龍殿)으로 중국 삼국
　　시대 위(魏)나라 명제(明帝) 때에 이름이 붙여진 황궁(皇宮)을 가리킨다.

255　연등회와 관련한 논문들이 이 작품을 인용하며 앞부분만 다루고 뒷부분을 생략한 채 다루
　　는 경우가 많다. 석주 권필이 〈관등행시우인〉에서 다루는 연등회의 모습은 과거시제로
　　이루어져 있음을 바로 보아야 한다.

음 날이 사월초파일인 것도 알지 못하고 살아가는 현실이었다. 시인은 어서 벗들과 만나 술을 마시며 편안히 살기를 바랐다. 옥충玉蟲과 금속 金粟,[256] 곧 아름다운 등불을 바라보면서도 그저 무료함을 느끼는 사이 시인은 밤이 오고 꽃 사이로 달이 뜰 것이라 노래한다. 시인은 임진왜 란에 피란살이를 하며 사월초파일 전날에 등잔의 불을 무료하게 바라 보며 화려했던 서울의 연등회를 떠올리고 친구와 고향을 간절하게 그 리워했다.

권필의 죽음을 가장 애석하게 여기며 조상했던 동악東岳 이안눌李安 訥(1571~1637)도 〈사월초파일, 이날은 우리나라에서는 등석燈夕이라 한 다. 두봉 이지완이 부산에 머물고 있어 새 술 한 통을 보내면서 겸하여 시 한 수를 보낸다[四月八日乃我東燈夕也斗峯學士留駐釜山奉送新酒一榼兼呈長律一 首]〉라는 작품을 남기고 있다.[257]

임진왜란 이후에도 종로 기리에서는 관등놀이가 계속 이이졌다. 이민성李民宬(1570~1629)의 〈종가관등鍾街觀燈〉(『경정집敬亭集』, 1664)과 이식 李植(1584~1647)의 〈종가관등鍾街觀燈〉(『택당선생집澤堂先生集』 卷3)이 다시금 종로의 관등놀이를 노래하고 있는데, 조선 전기 때의 분위기가 그대로 나타난다.

희미한 불빛이 네모진 등 아래를 비추고   微微暝色下觚稜

256 한유(韓愈)의 〈영등화(詠燈花)〉라는 작품 속에 "황색 장막 속에 금속을 배열하고 비녀 끝에 옥충을 꿰맨 듯해라[黃裏排金粟 釵頭綴玉蟲]."라고 한 표현에서 가져온 것이다.

257 이안눌,『東岳先生集』卷8, 萊山錄, "釋迦生日麥風暄 國俗觀燈似上元 共滯殊方阻携手 謾持 清醽慰吟魂 佳辰易過羈顏變 寸步相思別恨繁 料得更深成獨酌 月沈虛館海濤喧."

연로의 먼지를 거두자 달이 뜨려 한다.　　　輦路塵收月欲昇

은은한 종소리 넓어진 길로부터 들려오고　　隱隱鐘聲來廣陌

황황히 빛나는 나무가 화려한 등을 거둔다.　　煌煌火樹撒華燈

풍성함과 형통함이 점점 더하니 천심을 알 것 같고　豐亨有漸天心豫

조야로 근심 없으니 거듭 즐거운 일이로다.　　朝野無虞樂事仍

들으니 의금부에서 통금을 정지하여　　　　聞道金吾停夜禁

방해 없이 취할 수 있다니 기쁨이 한층 더하리라.[258]　不妨扶醉喜騰騰

　　네모진 등불이 걸려 있고, 임금님이 거둥하는 연로輦路에는 달이 뜨려 한다. 은은한 종소리가 울려 퍼지고 화려한 등불을 달아 놓은 나무들이 황황히 빛난다. 사월초파일의 풍성함과 형통함이 더하여져 태평성대이다. 의금부에서는 통금을 해제하고 사람들은 술에 취할 수 있다.

하늘 거리 물 씻긴 얼음 같은 달이 떴는데　　天街如水月如氷

남녀가 몰려와 걸린 등불을 바라보네.　　　士女排萍看掛燈

빛나는 일만 은꽃 대낮처럼 밝혀 주고　　　萬炬銀花明似晝

구지등九枝燈 구름 잎새 갈라져 시렁 이루었네.　九枝雲葉散成棚

바퀴와 말발굽은 향기로운 먼지를 일으키고　輪蹄合沓香塵起

노래와 악기 소리는 마치 상서로운 아지랑이 같도다.　歌管啁啾瑞靄凝

중흥의 인물들 그 얼마나 성대한가　　　　剩見中興人物盛

---

258 이민성,『敬亭集』,「鍾街觀燈」.

한 사람에게 전등傳燈하는 선가禪家에 댈 바 아니로다.[259]　非關傳照效禪乘

이식의 〈한도팔경漢都八景〉에 들어 있는 〈종가관등〉이다. 사월
초파일 얼음 같은 달이 뜨고 남녀가 몰려들어 등불을 바라본다. '빛나
는 일만 은꽃'이란 수많은 등불을 가리키고, 그 등불이 대낮처럼 종로
의 거리를 밝혀 주고 있다. 아홉 가닥으로 갈라져 마치 시렁처럼 각각
얹혀 있는 촛대인 구지등九枝燈과 같이 등불은 공중에 떠 있다. 수레의
바퀴와 말발굽이 먼지를 일으키고, 사방에서는 노래와 악기 소리가 퍼
져 나간다. 제자가 스승에게 정법을 받아 이어 가는 사자상승師資相承의
선가禪家와 비교할 수 없을 정도로 화려하게 등불을 밝히고 있다.

무명자無名子 윤기尹愭(1741~1826)가 지은 〈대보름 30운[上元三十韻]〉은
중국의 정월대보름 풍경을 적고 있는 작품이다. 직접 중국의 대보름
풍경을 들여다본 것은 아니고 그의 나이 54세에 대보름의 유래와 불가
의 고사를 소개하고 있다. "우리 동방은 그저 달구경만 즐기니[獨我東方
惟翫月]"라고 하면서 『동경몽화록東京夢華錄』에 실린 수많은 고사들을 언
급하고 중국의 관등놀이를 소개하고 있다.

위에 제시한 작품들 가운데 사월초파일과 관련하여 가장 많은 작
품을 남긴 이는 김윤식金允植(1835~1922)이다. 그는 〈귀천기속시 20수歸
川紀俗詩二十首〉에서 초파일 풍습을 노래하고, 〈욕불일여제객공부浴佛日
與諸客共賦〉를 비롯하여 다섯 작품에 걸쳐 초파일에 벗들과 만나 느끼
는 감회를 노래하였다. 〈귀천기속시 20수〉 가운데 사월초파일 풍습

---

259 이식, 『澤堂先生集』, 「鍾街觀燈」.

을 노래한 부분을 살펴보자.

쟁반에 쌓인 상추 쌈밥도 신선해라	盤堆萵苣菜包新
느릅 잎으로 떡을 찌니 초파일이로세.	楡葉蒸餻浴佛辰
울타리 밖에 짧은 장대를 기대어 놓고	扶起小竿籬落外
자원의 등불 파는 사람을 자주 부르네.	頻呼瓷院賣燈人

　　조선 말기를 넘어 개화기까지 온갖 변신을 거듭했던 김윤식은 사
월초파일 풍습을 위와 같이 노래했다. 상추로 밥을 싸 먹고, 느릅나무
잎으로 떡을 찌고, 울타리 밖에 장대를 높이 세우고 등불을 밝히는 풍
습을 말하고 있다. 이와 유사한 내용을 〈욕불일에 여러 객들과 함께
읊다[浴佛日與諸客共賦]〉라는 시에 담아냈다. 또한 지방의 사월초파일 관
등놀이를 노래한 조선 말엽의 작품으로 이남규李南珪(1855~1907)의 〈함
산관에서 관등한 노래[咸山館觀燈行]〉가 남아 있다.

사월초파일은 욕불浴佛하는 날이라네	四月八日浴佛辰
우리의 연등 풍속이 상원놀이 같아라	東俗燃燈似上元
함산관은 예부터 번화했다네	古來咸關擅繁華
성을 둘러 안팎이 만여 호가 넘더라	環城內外萬餘家
집마다 촛불을 대낮처럼 밝히고	家家蠟炬明如晝
산등성이 겹겹으로 비단 등을 달았어라	疊山層棚堆錦繡
송이송이 나무들에 꽃송이가 피었는데	朶朶春林綴新葩
하늘 가득 빨간 별이 점점이 반짝여라	點點晴旻排列宿

가로 세로 이어지며 몇 십 리인가	縱橫聯絡十數里
사녀들 구슬신을 끌며 북적대어라	士女匝沓曳珠履
오늘 밤은 비도 개고 구름이 맑아라	今夜雨收雲霧開
하늘에는 상현달이 걸려 있거니	碧空掛出弦月來
풍류스러운 사또님 모습이 한가롭구나	風流刺史裘帶閑
날아갈 듯 정자는 녹음 속에 아른거리네	畫欄飛出綠陰間
불빛 받은 붉은 이슬 유리 사발에 가득한데	紅露灩瀲琉璃椀
경쾌한 춤사위에 풍악이 어우러지누나	曼歌輕舞雜絃管
환락은 끝이 없는데 밤이 벌써 깊었구나	歡樂未央夜向闌
손님들 시를 읊지 않고선 못 돌아간다네	嘯咏不許賓僚散
이 뜻이 어찌 웃음만 선사하기 위한 것이랴	玆意豈置供笑謔
진정 은총을 베풀어 백성들과 즐기고자	眞要宣恩與民樂
영흥의 원님은 옹졸하고 멍청해리	永興小吏拙且悫
봉고封庫한 기름을 함부로 못 쓴다네	未敢輕挑庫油封
그대의 초청이 고마워 와서 참석했거니	重公折簡來與席
도성의 옛 풍습을 변방에서도 보아라	都城舊俗塞外覿
금의 수레가 궁문宮門에 납신 때를 생각하노니	恭憶鳳輦御端門
승평곡 한 곡조에 만민이 환호했어라	昇平一曲萬衆歡
놀이는 본래 예쁜 일이 아니어라	玩戲由來非美事
소동파는 그걸 논한 글에서 사람을 부끄럽게 했다네	子瞻論狀令人愧
더구나 요사이 미쳐서 시끄러운 세상이겠나	更堪近日狂塵囂
풍예는 안 보이고 쓸쓸함만 보여라	豐豫不見見蕭條
들으니 송 나라 때 복주의 진계자는	且聞福州陳季慈

시로써 채태사를 충고했는데	一詩規諷蔡太師
채태사가 보고 단번에 깨달아서	太師見之爲幡然
두 사람의 훌륭함이 기록으로 전한다네	至今兩美簡策傳
임금님을 도와서 밝은 세상 만들어	願佐聖人調玉燭
가난한 백성들을 골고루 비췄으면	亟回光明照蔭屋
온 누리의 나쁜 기운 말끔히 청소하고	廓掃氛穢淸區宇
곳곳마다 풍년 노래에 저녁연기가 오르고	烟火處處歌豊熟
이런 시절 영달함은 또한 임금님 은혜거니	此時通也亦受賜
등불 켜고 글을 읽으면 즐겁고 만족하리라[260]	篝燈讀書樂且足

함산관咸山館은 함경북도 함흥이다. 그곳에서 벌어진 사월초파일 연등 풍속을 담아내고 있다. 성을 둘러 만여 호에 달하는 집들이 촛불을 밝히고 겹겹이 비단 등을 매달았다고 했다. 꽃송이가 피어나듯 나무에 등불이 밝혀져 가로 세로 이어진 등불 길이 몇십 리에 달한다고 했다. 사람들이 북적대고, 불빛 받은 붉은 이슬 곧 술잔이 낭자하고, 환락의 밤은 끝없이 깊어 갔다. 도성의 옛 풍습을 변방에서도 보게 된다며 태평성대를 노래하였다.

18세기 김홍도가 그린 〈평안감사향연도〉에도 지방의 화려한 등불 축제가 잘 나타나고 있다. 대동강에 등불을 밝힌 배를 띄운 유등축제의 모습이다.[261] 하지만 얼마 지나지 않아 조선은 멸망의 길을 걷고

---

260 이남규, 『修堂集』, 「咸山館觀燈行」.
261 평양 유등축제는 1590년 발간된 『평양지』에 처음 소개되었으며, 국립중앙박물관에 소장되

한국의 연등문화

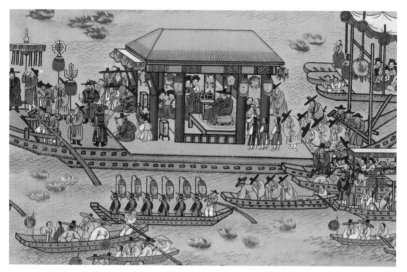

지방의 화려한 등불 축제의 모습을 보여 주는 김홍도의 〈평안감사향연도〉.
대동강에 등불을 밝힌 배를 띄운 유등 축제의 모습이다.

외세에 의해 난도질을 당하며 식민지가 되는 비운을 맞아야 했다. 이
남규는 1893년 일본의 조선 내정간섭을 규탄하는 〈청절왜소請絶倭疏〉
라는 상소를 올리고, 1895년 명성황후 시해 사건을 규탄하는 〈청복왕
후위호토적복수소請復王后位號討賊復讐疏〉 상소를 올렸으며, 1905년 을사
조약을 규탄하는 〈청토적소請討賊疏〉 상소를 올리며 매국노 처단 및
일제와의 결전을 주장하고, 의병장 민종식을 은신시킨 죄로 공주감옥
에 투옥되었다가 풀려난 후 1907년 피살되고 만다.[262] 그가 등불을 향

어 있는 〈평안감사향연도〉를 통해서 그 모습을 확인할 수 있다. 『평양지(平壤志)』는 『서
경지(西京志)』라고도 하는 사찬읍지로 원지(原志) 9권, 속지(屬志) 5권, 후속지(後續志) 2
권 총 16권 10책으로 구성된 도서이다. (한국정신문화연구원, 1991, 470~488쪽.)

262 『한국민족문화대백과사전』, 「이남규」.

해 기도했던 밝은 세상, 가난한 백성들을 골고루 비추고 온 누리의 나쁜 기운을 말끔히 청소하며, 곳곳마다 풍년 노래에 저녁연기가 오르는 세상은 살아생전에 이룰 수 없었다.

지금까지 살펴본 조선 후기 한시들을 보면 사월초파일 관등놀이에 대한 풍속들을 담아내면서 당대의 아픔을 노래하고, 모두가 평안한 세상을 꿈꾸는 지식인들의 소망이 오롯이 담겨 있음을 알 수 있다.

근현대의 연등회

개화기의 연등회와 제등행렬

일제강점기에 들어서기 전 대한제국 시절(1897년 10월 12일~1910년 8월 29일)에 연등회는 이전처럼 풍성하게 열리지는 않았지만 이에 명맥이 끊어진 상태는 아니었다. 조선의 불교는 쳐들어오는 일본 불교에 대응해야 했는데, 사월초파일 행사나 연등회는 조선 불교의 정체성을 지켜내는 일이었다.

1895년(고종 32)에 승려들이 도성을 출입할 수 있게 되고 1902년(고종 39) 사찰을 관리하는 관리서가 궁내부에 설치되어 사찰령을 공포하고 원흥사를 창건하는 등 승려의 자질을 높이고 불교를 보호하려 했지만 관리를 제대로 하지 않아 1904년 폐지되고 만다.

1905년 을사조약으로 대한제국의 외교권이 일본으로 넘어간 후 조선통감부는 일본 불교를 매개로 삼아 조선의 불교를 식민지화하려 한다. 1906년에 불교연구회가 조직되고 근대적 교육을 제창하면서 명진학교가 설립된다. 1908년에 이회광이 원종圓宗을 창시하고 1909년 각황사覺皇寺가 창건된다. 이회광은 조선의 불교가 존립하려면 일본의 불교와 연합해야 한다며 일본의 조동종曹洞宗을 끌어들이는데, 이는 일본 조동종의 승려인 다케다[武田範之]의 술수에 넘어간 것이었다. 임제종臨濟宗을 법통으로 한 선종을 표방해 왔던 조선의 불교는 이회광을 비판하면서 박한영朴漢永, 한용운韓龍雲 등을 중심으로 임제종을 창시하여 순천 송광사에 종무원을 두고서 원종과 맞서게 된다.[263]

이처럼 조선의 불교는 친일세력을 앞세운 일본 불교의 침투에 대응해야 했다. 연등회는 오랜 세월 대중들과 함께해 온 풍속으로 일제강점기에는 다른 모습을 보인다. 20세기 들어 사월초파일 행사가 행해졌음을 알려 주는 기록은 1907년에 처음 나온다.

運動盛況

陰四月初八日은 釋尊誕辰이라 明進學校一般校員이 學徒를 伴率ᄒ고 奉元寺에 前往ᄒ야 慶祝ᄒ 事는 前報에 已揭ᄒ얏거니와 同日에 慶祝禮式을 執行ᄒᆯ시 講法師金寶輪시는 水不離波波是水라는 問題로 反覆演述ᄒ고 신士諸시가 次第히 新學을 益勉ᄒ야 愛國精神을 培養홈을 演祝ᄒ고 신士金纘濟尹明섭兩시가 玩賞次로 偶然出來ᄒ얏다가 學徒의 活發靜肅ᄒ 氣像과 益益長進ᄒᆯ 情態을 感歎ᄒ야 六十錢를 傾托捐助ᄒ얏다더라[264]

---

263 이이화,『역사속의 한국불교』, 역사비평사, 2002, 참조.
264 「運動盛況」,『大韓每日申報』, 1907. 05. 24. (국립중앙도서관 「대한민국 신문 아카이브」−

한국의 연등문화

이 글은 20세기 들어 연등회 행사와 관련된 최초의 기록이다. 1907년 사월초파일에 명진학교의 교원과 학생들이 봉원사奉元寺에 와서 경축하였다고 했다. 봉원사는 서울시 서대문구 안산鞍山에 있는 절인데, 이곳에 동국대학교의 전신인 명진학교 학생들이 참석하여 행사를 주도했다는 사실을 알려 주고 있다. 그때 연등을 어찌했다는 내용은 보이지 않는다.

그때 행해진 강연과 기부에 대한 내용이 신문 기사의 뒷부분을 차지하고 있다. 경축 예식을 행할 때 강법사講法師 김보륜金寶輪이 "물은 파도를 여의지 않으니, 파도가 곧 물이다[水不離波 波是水]."라는 『금강경』의 가르침을 연설했다고 했다. 그리고 여러 사람들이 차례로 애국정신을 기르자고 연설했으며 김찬제·윤명섭 씨가 구경을 왔다가 학생들의 기상이나 태도에 감탄해 60전錢이나 기부했다고 한다.

1909년 사월초파일에 욕불절浴佛節을 기념하여 덕수궁에서 행사를 하고 순종純宗(1874~1926) 임금이 의친왕義親王과 황족에게 술자리를 내려 주었다고 했다.[265] 고종 9년(1872)에 금지시켰던 초파일 행사가 왕실에서 다시 열렸음을 보여 준다.

이런 기록들은 일제강점기에 들어서기 전에도 초파일 행사가 행해졌음을 알려 주고 있다. 이때 예전처럼 등불을 밝혔는지는 기록만으로 확인할 수가 없다. 그런데 지규식池圭植이 쓴 『하재일기荷齋日記』의 기록을 통해 등불을 밝히는 행사가 여전히 진행되었음을 알 수 있다.

---

http://www.nl.go.kr/newspaper/)
265 『皇城新聞』, 1909. 05. 30. 2면.

1909년 4월 8일 병술. 맑고 바람.

보통학교 개교기념일이다. 모든 학생이 제등提燈하고 노래를
부르며 삼전궁三殿宮을 위해 만세를 불렀다. 유쾌하게 운동하
고 밤이 깊은 뒤 집회를 마쳤다. 김영진이 서울로 돌아갔다.[266]

제등提燈은 원래 밤에 들고 다니는 휴대용 등불을 가리킨다. 이 기
록을 통해 사월초파일에 등불을 들고 거리를 행진하는 행사가 일제강
점기에 들어서기 전부터 있었음을 알 수 있다. 그런데 제등을 한 것이
사월초파일이긴 하지만, 보통학교 개교기념일 행사로 제등을 하고 삼
전궁을 위해 만세를 불렀다고 했으니 사월초파일을 기념하기 위해 제
등 행사를 했다고 단정 지어 말하기는 어려울 듯하다. 삼전궁三殿宮은
임금인 고종, 왕비인 명성황후, 왕세자 세 사람을 가리키는 것이다. 제
등행렬 기록은 이후 1924년 함경도 안변 석왕사와 예천 불교당의 초
파일 행사에 나타나고 있다. 석왕사에서는 승려와 학생들이 저녁에 제
등행렬을 했다고 한다.[267]

안변安邊 석왕사釋王寺에서는 석존강탄 제2951회 기념 축하식
을 본월 11일(구 4월 8일) 오전 9시에 같은 절 대법당 넓은 도량
에서 거행하였지만 십수 일 전부터 각처에서 구름처럼 몰려

---

266 지규식, 『荷齋日記』. "丙戌 晴風 普通學校開校紀念日也 諸學生 提燈唱歌 爲三殿宮呼萬歲
      愉快運動 夜深罷會 金甯鎭歸京."
267 『조선불교』 제2호. 『한국근현대불교자료전집』 25, 1996, 민족사. (편무영, 「일제하 사월초
      파일」, 『한국불교민속론』, 민속원, 1998.)

오는 남녀 관중이 실제 오육천 명에 이르러 이른 아침부터 같은 절 청년회에서 정거장 근처에 무료 찻집을 설치하여 접대해야 했다. 정각이 되어 주지 최환허崔煥虛 화상의 주관 아래 순서에 의거하여 시련侍輦, 괘불이운掛佛移運의 장엄한 식을 마쳤다. 석왕사 학교의 남녀 생도 백사십여 명의 찬양가 또한 청정하고 맑아서 중생의 진념塵念을 잊게 하였다. 최 주지의 설교가 끝나고, 오시권吳時勸 화상의 강연은 장내에 가득한 관객의 환성을 자아내게 했고, 진공식進供式에 바친 후에 일체중생을 위한 축원을 성심으로 하였다. 종루鐘樓에서 함께 관중의 뜻을 정화하기 위해 동 11시에 식이 끝나고 오후 8시부터 생도와 여러 화상들이 제등행렬提燈行列까지 있어 공전空前의 대성황을 이루었다.[268]

예천 불교당에서 석존의 강탄을 기념하기 위하여(음 4월 8일) 오전 10시에 본 교당에서 성대히 거행하고, 여흥으로 오후 2시에 유일학원唯一學院의 여학생의 경기운동과 제등행렬 등을 하

268 「釋王寺の世尊降誕祝賀」,『朝鮮佛教』제2호, 和光教園, 1924. 06. 2쪽. "安邊釋王寺ては釋尊降誕第二千九百五十一回紀念祝賀式を本月十一日(舊四月八日) 上午九時に同寺大法堂廣間道場にて擧行したるが十數日前各處より雲集して來る男女觀衆は實に五六千名に達し早朝より同寺靑年會ては停車場附近に無料茶店を設りて來賓に接待してゐる定刻になれば住持崔煥虛和尙の司式で順序に依つて侍輦掛佛移運等の莊嚴な式が畢つて釋王寺學校男女生徒百四十餘名の讚揚歌ミ尤淸淨劉曉して衆生の塵念な忘却せしめたし崔住持の說教が終るヤ吳時勸和尙の講演て滿場の觀客な喚醒せしめたし次に進供式な獻じた後一切衆生の爲に祝願する誠心は鐘樓ミ共に觀衆の意志を淨化せしめた, 同十一時に式を了へて午後八時から生徒ミ諸和尙の提燈行列求てあつて空前の大盛況を呈した."

고 이후에 법사 최취허崔就墟 씨의 불경강화가 있었고 무사히

폐회하였다.[269]

강원도(옛 함경남도) 안변의 석왕사에서 행해졌던 초파일 행사는 5천

~6천 명이나 되는 사람들이 몰려들 정도로 대단했다. 중간쯤 보면 주

지인 최환허의 주관 아래 "시련侍輦, 괘불이운掛佛移運의 장엄한 식을 마

쳤다."라고 했다. 영산재靈山齋의 모습이 중간에 나타나고 있는데, 초파

일 행사로 사찰 내에서 이러한 행사를 했다는 것을 알 수 있다('시련'을 초

파일에 행하는 것은 광복 이후에도 나타나는데, 자세한 이야기는 뒤에서 살펴보겠다). 그리

고 저녁이 지나고 밤 8시가 되어서 학생과 스님들이 제등행렬을 했음

을 밝히고 있다.

경상북도 예천에서도 불교유일학원佛敎唯一學院의 학생들이 운동경

기를 치르고 제등행렬을 했다고 한다. 제등행렬을 한 불교유일학원은

1914년 예천군 용문사와 명봉사 연합으로 불교의 진리 선포와 중생

제도를 위해 세운 불교포교당이다. 1915년에는 안진호를 중심으로 한

예천불교회가 조직되고 야학회를 설치했는데 1921년에 불교유일야

학회로, 1922년에 여자부가 개설되었다가 여자부를 주학으로 변경하

여 예천불교유일학원으로 개칭되었다.[270] 재정과 가뭄 문제로 1924년

---

269 「醴泉釋尊記念式」, 『朝鮮佛敎』 제2호, 和光敎園, 1924. 06. 2쪽. "醴泉佛敎堂ては釋尊の降
誕を紀念する爲め(陰四月八日) 午前十時より本校堂にて式を盛大に擧行したガ餘興ミし
て午後二時から唯一學院の女學生の競技運動や提燈行列等があ後法師崔就墟氏の佛經講
話を以て無事に閉會した."

270 한동민, 「일제강점기 寺誌 편찬과 그 의의-安震湖를 중심으로」, 『불교연구』 32호, 한국불교
연구원, 2010, 240쪽.

에 폐교되었으니, 제등행렬은 폐교가 되던 해에 이루어졌음을 알 수 있다.

제등행렬을 했다는 기록이 일제강점기 1924년까지만 존재하는 것으로 알고 있는 경우가 많은데[271] 필자가 조사한 바로는 1925년과 1926년, 1927년의 기록에도 보인다.

◎ 석왕사釋王寺. 금년今年에는 특特히 성대盛大히 봉축奉祝하기 위爲하야 동구洞口로부터 사원寺院까지 등화燈火 기타其他로 장식裝飾하고 야간夜間에는 학생學生들의 제등행렬提燈行列이 잇섯고 쏘 주간晝間에는 각종各種 여흥餘興이 잇슬 쑨 아니라 강연회講演會를 대대大大的으로 개최開催하고 일반신도一般信徒는 매우 만족滿足하얏스며 더구나 원산역元山驛에서는 참배자參拜者의 편의便宜를 위爲하야 임시열차운전臨時列車運轉까지 하야 대성황大盛況을 극極하얏다더라 (元山)[272]

◎ 진흥회振興會. 진주불교진흥회晉州佛教振興會에서는 당일當日 오전午前 십일시十一時부터 동회同會 신축회관내新築會舘內에서 축하식祝賀式을 성대盛大히 거행擧行한바 회장會長 황의호黃儀浩

---

271 편무영(위의 책, 76~77쪽.)의 연구나 이를 바탕으로 제등행렬을 언급하는 박진태(「한국연등회의 지속과 변화 양상」, 『연등회의 종합적 고찰』, 민속원, 2013, 66쪽.)의 연구에서도 1924년까지의 제등행렬이 언급되고 있다.

272 「佛教消息 各地의 釋尊降誕紀念奉祝 ◎ 釋王寺」, 『불교』 제12호, 三藏譯會, 1925. 6. 45쪽. (원문은 국한문 혼용으로 쓰임. 필자가 한자음을 먼저 내세워 표기한 것임. 이하 마찬가지.)

일제강점기 때의 함남안변 석왕사 전경.

씨氏 식사式辭와 동회同會 진명학원振明學院 생도生徒 일동一同의

축하가祝賀歌와 분향焚香이 마친 후後 최월봉崔月峰 이종천李鍾天

양사兩師의 설교說敎로 오후午後 일시一時에 폐회閉會하고 동팔

시同八時부터 시내市內 제등행렬提燈行列까지 성대盛大히 행행行行하

얏다더라 (晉州)[273]

1925년 6월에 발간된 『불교』 12호의 기록이다. 1924년도에 제등행

렬을 했던 석왕사에서 다시금 제등행렬이 있었다. 마을 어귀[洞口]부터

---

273 「佛敎消息 各地의 釋尊降誕紀念奉祝 ◎ 振興會」, 『불교』 제12호, 三藏譯會, 1925. 6. 45쪽.

한국의 연등문화

사원寺院까지 등불과 여러 장식을 하고, 야간에는 학생들의 제등행렬이 있었다고 했다. 그리고 진주晉州의 진주불교진흥회가 주축이 되어 저녁 8시부터 시내에서 제등행렬 행사를 성대하게 치렀다고 했다. 1926년, 1927년의 것은 초파일 행사와 함께 부처님의 성도일을 기념하기 위해 행했던 제등행렬의 기록도 남아 있다.

> 경남慶南 남해南海 불교중앙교당佛教中央教堂에서도 성도일成道
> 日의 기념식紀念式을 굉장轟壯히 거행擧하얏는데 이백여명二百餘名
> 학생學生의 제등행렬提燈行列과 기념설교회紀念說教會를 개開할
> 쁜 아니라 포덕문布德文을 인쇄印刷하야 남해군南海郡 일원一圓
> 에 반포선전頒布宣傳하엿다더라 (南海)[274]

> 강원江原 고성군高城郡 대본산人本山 건봉시乾鳳寺에시도 주야晝
> 夜 이회二回로 성도成道 기념紀念 대법회大法會를 개開하엿는데
> △주회晝會. 전구시前九時부터 개회開會하야 엄숙리嚴肅裏에서
> 성대盛大히 거행擧行하는 중中 김보련金寶蓮 김일우金日宇 양화
> 상兩和尙의 법음法音은 일반청중一般聽衆 삼백여인三百餘人으로
> 하야곰 환락歡樂 미증유未曾有를 엇게 하고 불교전문학생佛教專
> 門學生 일동一同의 기념축가紀念祝歌와 주악奏樂까지 잇섯고
> △야회夜會. 사유신회寺維新會의 주최主催로 불교전문학생佛教專
> 門學生과 협동協同하야 오후午後 육시六時 삼십분三十分부터 제등

274 「紀念式과 布德文 南海佛教會의 壯擧」, 『佛教』21호, 불교사, 1926. 03.

행렬提燈行列과 소인극素人劇의 불교현상佛教現狀, 사문유관상四門遊觀相 · 비극悲劇 · 희극喜劇 · 공십여막共十餘幕으로 공전空前의 성황盛況을 정呈하야 일반관중一般觀衆의 신앙信仰을 고취鼓吹하얏다더라 (高城)[275]

◇ 안변安邊 석왕사釋王寺에서는 당일當日 상오上午 십일시十一時부터 팔십여명八十餘名의 신도信徒와 백여명百餘名의 학생學生과 천여명千餘名의 관중리觀衆裡에 성대차엄숙盛大且嚴肅한 대기념회大紀念會를 행행行하고 하오下午 사시四時부터는 선전문宣傳文을 배부配付하며 야간夜間에는 제등행렬提燈行列과 설교說教짜지 잇섯는데 당일當日에 집회集會한 군중群衆은 무려無慮 육칠천명六七千名이라고[276]

해인사海印寺에서는 납월臘月 팔일八日 상오上午 팔시경八時頃에 대적광전大寂光殿에서 성도재成道齋를 거행擧行하고 하오下午 칠시七時부터서는 사무실事務室의 후원後援으로 강원講院에서 설교회說教會를 개최開催하니 청중聽衆은 무려無慮 백수십원百數十員인데 설교강사주說教師講主 변설호卞雪醐 선생先生과 밋 윤호순尹豪淳 지대련池大蓮 서병재徐炳宰 이상以上 제씨諸氏가 세존世尊께서 견명성오도見明星悟道에 대對한 역사적歷史的 교리적敎理

---

275 「乾鳳寺의 紀念會 說教會와 素人劇」, 『佛教』21호, 불교사, 1926. 03.
276 「各地에서 奉行한 釋尊의 聖誕法會盛況」, 『佛教』25호, 불교사, 1926. 07.

的으로 심오深奧한 진리眞理를 설설設說하신 설법성設法聲은 구원久
遠한 진세塵世에 잠긴 청중聽衆으로 각오覺悟를 편책鞭策하며 서
몰西沒코자 한 불일佛日로 하여금 더욱 연광延光케 하며 엿 십
성상十星霜 이래已來 해인사海印寺에 초유初有인 서광曙光이며 일
반一般은 환희용약歡喜踊躍으로 설법회設法會를 맛첫는데 그 순
서順序는 여좌如左하다

一, 운집雲集 一, 경축가敬祝歌 一, 삼정례三頂禮 一, 제등행렬提燈
行列 一, 장경각배관藏經閣拜觀 一, 열좌列座 一, 경축가敬祝歌 一,
설교說敎 一, 진다進茶

또 거去 일월一月 오일五日 오후午後 7시七時 반半에 제9회정기총
회第九會定期總會를 개최開催하고 지대련池大蓮 씨氏 사회하司會下
에서 회원점검會員占檢, 회록낭독會錄朗讀, 각부경과보고各部經
過報告, 임원선거任員選擧, 회칙개정會則改定, 유지방침維支方針,
기타사항其他事項, 이상以上 제건諸件을 결의決議하엿는데 당선
當選된 신임원新任員은 여좌如左하다[277]

석가모니 부처님은 마갈타에서 6년 동안 고행한 후 보리수나무 아
래에서 샛별이 뜰 무렵에 도를 이루었다고 한다. 이날을 기념하기 위
해 성도일成道日이라 하여 음력 12월 8일이면 불교에서는 재齋를 지낸
다. 1926년 1월 21일이 바로 그날이었다. 그날 경남 남해에서 2백여
명의 학생들이 제등행렬을 했다고 하고, 강원 고성군 대본산大本山 건

---

277 「海印寺講院에 成道紀念式과 佛地會定期總會」, 『佛敎』 32호, 불교사, 1927. 02. 48쪽.

행사일	내용	문헌기록
1909년 5월 26일	초파일. 개교기념일 제등하고 노래	『하재일기』
1924년 5월 11일	초파일. 함경도 안변 석왕사 제등행렬	『조선불교』 제2호
	초파일. 예천불교당 제등행렬	『조선불교』 제2호
1925년 4월 30일	초파일. 석왕사 제등행렬	『불교』 12호
	초파일. 진주불교진흥회 제등행렬	『불교』 12호
1926년 1월 21일	성도재일. 경남 남해에서 제등행렬	『불교』 21호
	성도재일. 강원 고성군 건봉사 제등행렬	『불교』 21호
1926년 5월 19일	초파일. 석왕사에서 제등행렬	『불교』 25호
1927년 12월 8일	성도재일. 해인사에서 제등행렬	『불교』 32호

광복 이전 제등행렬 기록

봉사乾鳳寺에서는 사유신회寺維新會의 주최로 불교전문학생과 협동하여 오후 6시 30분부터 제등행렬을 했다고 한다. 그리고 1926년에도 석왕 사에서는 초파일 야간에 6천~7천 명이나 되는 군중이 모인 가운데 제 등행렬이 있었다. 1927년 해인사에서도 성도재일을 맞이하여 제등행 렬이 있었다고 했다.

1910년 일제강점기에 들어서기 전에도 우리나라에서 초파일 행사 는 있었다. 1907년과 1909년의 기록은 초파일 행사가 이어지고 있었 음을 보여 준다. 그리고 1909년의 기록으로 제등행렬이 나오는데 이 는 1927년까지 여러 곳에서 다양한 형태로 진행되었음을 확인할 수 있

한국의 연등문화

다.[278] 등불을 밝히고 행진하는 제등행렬은 1927년까지 기록으로 남아 있고, 이는 1955년에 부활한다. 그리고 지금까지도 제등행렬은 우리나라의 초파일 행사로 중요한 위치를 점하게 된다.

일제강점기에 부활한 연등회

1910년 8월 29일 한일합병이 있었다. 그해 4월 10일에도 본원사本願寺에서 석가여래 탄신 기념식이 설행되었고,[279] 1911년 5월 6일에 대성교회大聖敎會에서,[280] 5월 9일에는 정토종 경성교회京城敎會에서 석가여래 탄생일 경축회가 열렸다.[281] 1912년 5월 25일 각황사覺皇寺에서,[282] 1913년 5월 13일 중부中部 사동寺洞 중앙포교당中央布敎堂에서 석가탄신일 행사는 지속되었다.[283] 그런데 이들 기록에서 등불을 밝혔다고는 하시 않는다. 그러다가 1915년 5월 21일 초파일 관련 기사에서는 부처의 탄생담이 길게 서술되고, 종로 거리에 등불이 여전히 밝혀지고 있었음을 알려 주고 있다.

---

278 뒤에서 살펴보게 될 1915년에 행해졌던 종로의 초파일 행사를 두고 제등행렬에 관한 언급이라고 주장되기도 한다. (박진태, 앞의 글, 68쪽.)

279 『皇城新聞』, 1910. 04. 10. 2면.

280 『每日申報』, 1911. 05. 06. 2면.

281 『每日申報』, 1911. 05. 09. 3면.

282 『每日申報』, 1912. 05. 25. 3면.

283 『每日申報』, 1913. 05. 13. 2면.

• 鐘路 廛頭에 色燈

팔일 전날의 경셩

오늘은 즉 음력으로 사월 팔일이라. 이날은 셕가모니불「釋迦
牟尼佛」의 탄싱일이라. 그럼으로 젼으로 치면 각 사찰마다 볼
만ᄒ고 리약이ᄒ기 뎍당ᄒ 관불회「灌佛會」가 잇스며 뎨일 디
방의 셩황은 물론 ▲경셩 대도회쳐 된 종로 갓흔 곳은 참 볼만
ᄒ 가치가 잇셔 각식등이 모다 식식이로 여긔져긔 달어 노코
팔며 더구나 막대에 걸어가지고 단이ᄂᆫ 품이 더욱 식치를 일
우어 만호 장안이 그 씨ᄂᆫ 낮이나 밤이나 령롱ᄒ 식치와 불빗
이 굉장ᄒ얏스나 근뤼ᄂᆫ 시듸의 변쳔으로 인ᄒ야 그씨와ᄂᆫ 비
교홀 슈 업겟스나 어제로부터 경셩 시즁을 도라단이며 본즉
그러도 구관은 업셔지지 안코 종로 각 뎐두마다 식식의 등이
달녀 잇슴도 보겟고 ᄯᅩᄂᆫ 젼일보다 번화도 ᄒ여진 모양인듸
더욱 싀골셔 녀편네 ᄋ히들을 물론ᄒ고 만히 올나온 모양인
바 이곳져곳을 구경 단이ᄂᆫ 것도 볼만ᄒ며 겸ᄒ야 텬긔ᄂᆫ 화
챵ᄒ고 쌔ᄂᆫ 초하에 들어 실로 이날 하로의 쾌락과 감구의 회
샹은 더 말홀 수 업겟더라.

浴佛日과 各地 覺皇寺와 京山

경산 각졀의 긔념

사월 팔일은 불교의 시죠 셕가여러불「釋迦如來佛」의 탄신이
라. 미년 각 사찰에셔 셩대ᄒ 관불회「灌佛會」가 잇슴은 물론이
어니와 금년에도 각쳐 사찰에셔 젼례를 싸라 부쳐의 탄싱을

한국의 연등문화

긔념ㅎ는 회가 잇고 슈숑동「壽松洞」각황ㅅ에셔는 특히 셩대
ㅎ 관불회를 힝홀 터이라더라.[284]

이전에는 각 사찰마다 관불회灌佛會가 있었다고 한다. 그리고 서울
의 종로에는 각색등을 모두 색색으로 여기저기 달아 놓고 팔았으며, 더
구나 막대에 등불을 걸고 다니는 모습이 더욱 색채를 이루어 밤낮 영
롱한 불빛으로 굉장했다고 한다. 종로 거리에서 행해졌던 화려한 관등
놀이의 모습을 이야기하고 있는 것이다. 그런데 근래에는 시대의 변천
으로 인해 그때와 비교할 수 없겠지만 어제 경성 시중을 돌아다니며
보니 그래도 옛 모습은 없어지지 않았다고 했다. 각 전두廛頭, 곧 가게
의 지붕 위로 색색의 등이 달렸고, 이전보다 번화한 모양을 보이며, 시
골에서 올라온 부녀자들과 아이들이 이곳저곳 구경을 다니는 모습도
볼 만하다고 했다. 연등회의 모습이 옛날 같지는 않지만 완전히 사라
지지는 않았음을 이야기하고 있다. 그리고 욕불일浴佛日에 각 사찰에서
불상을 씻는 관불회灌佛會를 여러 곳의 사찰에서 전례에 따라 행한다고
하면서 서울 수송동의 각황사覺皇寺에서도 성대한 관불회를 행할 것이
라고 했다. 다음 날 신문에도 '覺皇寺 灌佛會(각황사 관불회)'라는 제목 아
래 수백 명에 달하는 인파가 모였음을 간략하게 전하고 있다.[285] 그리
고 '팔일八日의 시중市中'이라는 제목으로 서울의 모습을 전하고 있는데
등불을 밝히는 모습이 담겨 있다.

---

284 『每日申報』, 1915. 05. 21. 3면.
285 『每日申報』, 1915. 05. 22. 2면.

412

일제강점기 때 개성 지방의 초파일 놀이.

한국의 연등문화

수월 팔일의 경셩시 각쳐에 번화훈 바룸

수월 팔일은 녜젼과 굿치 번셩치는 못ㅎ야도 수월 팔일이듯은
ㅎ더라. 발강 파랑의 고흔 옷을 시로 입은 ᄋ희들도 만히 왓다
갓다 ㅎ고 종로 모퉁이에 등쟝수도 만히 느러셧고 작란감 파
는 가가에 에워싸은 어린 ᄋ희의 뭉텅이는 털느진 꽂이 만발
한 듯흔데 슈박등 샤 가지고 집으로 드러가는 샤롬도 이 골목
져 골목에 보겟고 더구나 당일은 북빅쳔궁「北白川宮」뎐하가
경셩에 드러오시난 날이라. 각집 문머리에 국긔를 다라 시가
는 일층 번화훈 듯ㅎ더라.[286]

종로 모퉁이에 등불을 파는 장사꾼도 많이 늘어서고, 장난감을 파
는 가게에 아이들이 에워싸고, 수박등을 사서 집으로 들어가는 사람도
보인다고 했다. 예진처럼 등불놀이를 대대적으로 행힌 것은 아니니 여
전히 등불을 이 골목 저 골목 매단 풍경이 이어지고 있었음을 알 수
있다.

일제강점기 연등회는 조선시대와 달리 도시로 내려온 사찰을 중심
으로 수많은 대중들을 끌어들이며 각종 문화행사를 하는 모습을 띠었
다. 강연과 음악 공연, 활동사진 상영과 같이 대중들이 몰려들 만한 행
사들을 사월초파일에 불교계에서는 마련하였다. 1920년 초파일에 각
황사에서 행해졌던 행사만 하더라도 '개회사-강연-영산회상곡 연주-
연극 수하항마상樹下降魔相 공연-환등기 상영' 등으로 진행되었다. 음악

---

286 『每日申報』, 1915. 05. 22. 3면.

이 연주되고 연극 공연과 영화 상영이 있었으니 그 당시 사람들이 몰려들었다. 그래서 각황사에서는 입장권을 발행하여 인원을 통제했는데도 떠밀고서라도 들어가려 난리가 났다고 한다.

(전략) 시간은 오후 여덜 시가 넘엇느듸『이졔 시간이 되얏스니가 기회홉니다』ᄒᄂᆫ 기회사가 잇고 일로부터 불탄팔상『佛誕八相』이라ᄂᆫ 연뎨로 리윤현『李潤鉉』씨의 강연과 텬상텬하유아독존『天上天下唯我獨尊』이라ᄂᆫ 연뎨로 리지광『李智光』씨의 강연과 양금 가야금 거문고 히금 단소 들을 가지고 칠 인이 무듸 우에 놉히 안자 담박ᄒᆞ고 청아ᄒᆞᆫ 령산회상곡『靈山會上曲』은 일반 듯ᄂᆫ 자로 ᄒᆞ여금 틋글셰상에 관념은 한뎜도 업셔지고 모도 다 불셩『佛性』으로 화ᄒᆞ야 삼승법계『三乘法界』에셔 노ᄂᆫ듯ᄒᆞᆫ 감각이 잇ᄂᆫ 것갓치 회쟝 니ᄂᆫ 일시 동안을 공적젹ᄒᆞᆫ 신경에 이르럿고 다만 쟝니에 휘황ᄒᆞᆫ 사등『寺燈』이 촉불빗ᄂᆫ 한 □명ᄒᆞᆫ 별쳔디를 지엿고 반은에 놉히 달린 교기『敎旗』ᄂᆫ 쟌쟌ᄒᆞᆫ 남풍을 씌우고 무심히 나븨기ᄂᆫ 모양은 참 밧분 가운듸 한가ᄒᆞᆫ 취미가 잇스며 그 다음에 수하항마상『樹下降魔相』이라ᄂᆫ 석가여릭가 모든 마귀를 항복 밧든 실디 연극이 잇셧고 그 외에 지미ᄂᆫ 환등도 잇셔서 보ᄂᆫ 쟈ᄂᆫ 모다 흥취를 다ᄒᆞ고 도라갓더라.[287]

---

287 『每日申報』1920. 05. 27. 3면.

오후 8시가 넘어서 개회사가 있었다. 강연이 시작되었는데, 이윤현 씨의 〈불탄팔상佛誕八相〉과 이지광 씨의 〈천상천하유아독존天上天下唯我獨尊〉이라는 제목의 강연이 이어졌다.

이윤현李潤鉉은 조선불교단 사무원이었고 이지광李智光은 1920년 이 윤현과 함께 조선불교회의 발기인으로 활동하면서[288] 불교 관련 대중 강연과 신문 기고 등을 이어 갔던 인물이다. 1910년 만해 한용운이 박한영 등과 함께 임제종 운동을 펼쳐 나갔던 단체가 조선불교회인데 탄압을 피해 조선불교동맹으로 이름이 바뀌었다가 다시금 1920년에 조선불교회로 발기인 모임을 가졌다.[289] 여기에 두 인물이 들어 있었던 것이다. 일제의 압력에 굴하지 않고 조선의 불교를 굳건히 지켜 나가려는 조직이었다. 그런데 이윤현이 또한 몸담았던 조선불교단은 일본인들이 주도하면서 조선인 유력자들이 참여한 단체로 "이들의 목표는 조선불교에 대한 일본의 영향력 강화와 내선융화 정책의 보조 그리고 조선인에 대한 사상적 통제를 목적으로 하였다."[290]라고 한다.

이를 보더라도 조선불교의 고유성을 유지하려는 운동과 일본의 불교를 조선에 심고자 하는 세력들 사이의 갈등 한가운데에 사월초파일 행사가 자리하고 있었음을 짐작하게 한다. 조선 고유의 불교를 지켜 내자는 운동이나 일본의 불교를 조선에 심어야 한다는 세력들이나 모

---

288 『每日申報』1920. 03. 10. 2면. 이 기록에 조선불교회 발기인으로 전무이사 박한영(朴漢永), 이명칠(李命七), 오철호(吳澈浩)가 올라 있고, 이윤현(李潤鉉)과 이지광(李智光)은 이능화(李能和)를 비롯한 여러 인사들과 함께 이사로 올라 있다.

289 김상현, 「1910년대 한국불교계의 유신론」, 『불교평론』 4호, 불교평론사, 2000.

290 한동민, 「근현대 불교인물 탐구⑤ 안진호」, 『불교평론』 48호, 불교평론사, 2011.

두 대중 포교를 위한 활동을 왕성하게 해야 한다는 것은 다르지 않았다. 그래서 그들은 다양한 불교 행사를 행하였고, 그 가운데 사월초파일 행사는 불교계의 가장 중요한 행사로 다채로움을 더하게 되었던 것이다.

위에 보이듯, 1920년 초파일 행사로 강연 다음에는 영산회상곡靈山會上曲 공연이 있었다. 7인이 양금洋琴, 가야금, 거문고, 해금, 단소를 가지고 무대 위에서 연주하는 이 공연은 삼승법계三乘法界에서 노는 듯한 감각이 있는 것처럼 느껴진다고 했다. 그리고 여기에 공연이 이루어지는 사찰의 경내에는 등불이 휘황하게 빛을 내면서 별천지를 만들어 놓고, 불교의 깃발이 잔잔한 남풍에 나부끼고 있었다. 마지막으로는 석가여래가 모든 마귀를 항복시키는 〈수하항마상樹下降魔相〉 연극 공연이 있었다.

1921년 초파일에는 덕수궁의 북문인 영성문永城門 안쪽에 있던 해인사 불교 포교소에서 시련侍輦, 관불灌佛, 헌공獻供, 창가唱歌, 설법說法, 강연, 팔상봉배八相奉拜, 정진순당精進巡堂, 팔상연의八相演義가 있었으며, 초구일에는 송경誦經, 불상점안佛像點眼, 불상이운佛像移運, 설교와 강연, 팔상봉배, 팔상연의가 이어지고, 초십일에는 기념식을 거행하되 특히 영산작법靈山作法이 진행되었다.[291] 사흘에 걸쳐 다양한 초파일 행사가 이어졌다. 1922년에는 초파일에 조선불교대회가 장곡천정長谷川町(현 서울시 중구 소공동) 동회관에서 열렸는데 2천여 명이 모인 가운데 관불, 독경, 예불, 식사式辭, 삼보귀의, 강연, 취지 설명, 찬불가, 활동사진 상영

---

291 「盛大히 거행흔 灌佛會」, 『每日申報』, 1921. 05. 15. 3면.

으로 이어졌다고 했다.[292] 이때 서울시 중구 장사동長沙洞의 묘심사妙心寺 동별원에서는 독경, 찬불가, 불교 강화, 대화가 이어졌다.[293] 1923년 초파일에는 석존강탄 축하식을 거행하고 활동사진을 무료로 관람할 수 있도록 했다고 한다.[294]

이렇게 다양한 행사가 이어지는 가운데 집집마다 등을 내걸기도 했고, 예전과 같은 관등觀燈놀이가 다시금 크게 일어나기도 했다. 1924년의 기록에는 장관이라고 하면서 집집마다 찬란한 오색채 등燈을 식구 수대로 달아 놓고 장래의 극락길을 축원한다고 했다.[295] 그리고 1925년 초파일에는 종로에서 전기로 장식한 관등놀이가 전개되었음을 알리고 있다.

京城市中은 不夜城化 오늘 밤은 시중이 불바다로 화할 터

금일은 음陰 사월 팔일四月八日 즉 기급 이쳔구빅 오십삼년 전 셕가여리셰존釋迦如來世尊의 탄싱긔념일이다. 산간이나 도회나 대찰이나 암자에서는 욕불식浴佛式을 지내고 불공佛供을 드리고 속가俗家에셔 관등觀燈이라 하야 불구경을 하는 습관이 잇다. 근리에는 그런 풍속이 점점 해이하여 가더니 금년에는 특히 시내 종로동 각 상뎜에셔는 전 시가를 뎐긔로 쟝식하야

---

292 「朝鮮佛教大會 釋尊誕降祝賀」, 『每日申報』, 1922. 05. 06. 3면.

293 「妙心寺의 釋尊誕降 祝賀」, 『每日申報』, 1922. 05. 10. 3면.

294 「各處에 釋尊祝賀 축하식도 잇고 강연도 잇고 석왕사에서는 탄강제가 잇서」, 『朝鮮日報』, 1923. 05. 23.

295 「釋尊誕日」, 『每日申報』, 1924. 05. 11. 5면.

밤이면 오륙만명직이 대혼잡을 일으키는 중인대 금일 밤에는 문박 각 절[寺]에셔 재를 올리기도 하며 부내 각 불교포교당佛 敎布敎堂에셔는 설교說敎와 사리배관舍利拜觀식을 거힝할 터임 으로 매일 밤 사람의 물결과 뎐광의 물결로 대성황을 일으키 는 시중은 금야에 일층 번창할 모양이라더라.[296]

점점 해이해져 가던 관등놀이가 종로 거리에 다시금 펼쳐져 5만~6만 명이나 되는 사람들이 찾아들어 대혼잡을 이루었다고 한다. 그런데 전 기를 이용한 등불들이라고 하였다.

1898년 1월 18일 한성전기주식회사가 설립된 후 1899년 4월 10일 종로에 거리를 밝히는 전등이 켜졌다. 1901년 8월 17일에는 진고개와 본정통(명동, 충무로)의 일본인들 상가와 주택가에 첫 영업용 전등을 밝혔 다. 10촉광燭光 600등燈이었다고 하는데 사람들을 몽환적으로 만들기 에 충분했다. "사람의 마음을 들뜨게 하는 봄철[春季]의 밤[夜]이나 사람 을 녹일 듯한 여름[夏節] 밤에 이곳을 들어서면 백화百花가 난만한 듯한 장식이며 서늘한 맛이 떠도는 갖은 장치가 천만 촉의 휘황한 전등불과 아울러 불야성不夜城을 이루는 것을 볼 때에는 실로 별천지別天地에 들어 선 느낌을 주는 것이다."[297]라고 할 정도로 전등은 사람들을 황홀케 하 는 것이었다.

종로의 거리는 바로 그런 전등들이 즐비하게 늘어서면서 사월초파

---

296 「석가세존탄일기념」, 『每日申報』, 1925. 04. 30. 2면.

297 鄭秀日, 「진고개, 서울맛 · 서울情調」, 『별건곤』 제23호, 1929년 09월 27일.

일제강점기 때의 개성 관등행사.

일 관등놀이의 장소로 사람들은 인산인해를 이루었던 것이다. 게다가 불교 포교당을 찾는 사람들까지 더해져 경성은 사람들의 물결과 전등 불빛의 물결로 대성황을 이루었다.

1927년 개성의 풍속을 전하는 다음 기사는 초파일의 관등이 종로뿐만 아니라 전국적으로 일반화되어 있었음을 이야기해 준다.

석가모니의 탄일인 四月八日만 되면 市街에는 히늘도 보히지 아니할 만치 줄 등을 만히 달고 가가마다 등째를 세움니다. 그리고 등째에는 고흔 비단을 길게 늘여서 펄펄 날니는 모양이 대단 보기 좃습니다. 쏘 동리마다 취군을 꿈미고 쏘 탈박패을 꿈여 가지고 밤이 되면 등째에는 등불을 달고 市街中 第一 놉흔 子男山에서는 落花라 하야 숫가루 봉지에 불을 질너서 불가루가 썰어지는 것도 대장관임니다.[298]

개성에서는 하늘이 보이지 않을 정도로 줄로 등을 달고, 집집이 등

298 開城南千石, 「내고장 風俗習慣」, 『동아일보』, 1927. 03. 20.

대를 세운다고 했다. 그리고 등대에 고운 비단을 길게 늘여서 펄펄 날
려 보기가 좋다고 했다. 마을마다 '취군聚軍' 곧 농악대를 꾸미고 '탈박
패' 곧 탈춤을 추는 패를 꾸며서 흥을 돋우고 등대에는 등불을 단다. 개
성시에서 제일 높은 자남산子男山에서는 불꽃놀이가 행해지는데 숯가

전라북도 무주 안성 낙화놀이.

루 봉지에 불을 질러 불 가루를 떨어뜨리는 이 놀이는 꽃잎이 떨어진다는 의미로 낙화落花놀이라 한 것이다. 낙화놀이는 충북에서는 정월 대보름에, 경남에서는 사월초파일 관등놀이 때 행해진다[299]고 하는데 개성에서도 초파일 행사로 행해졌음을 알려 주고 있다.

일제강점기 최고의 축제였던 연등회

일제강점기의 연등회가 이전과 다른 모습을 보여 주는 기록은 1928년에 나타난다. 우선 연등회를 개최하는 사람들로 상업적인 이득을 취하고자 하는 상인들이 나타나고 있음을 알 수 있다.

> 四十年만에 復活된 四月 八日 觀燈노리
> 종로 네거리에 사월 팔일 등대를 세운다 十日間은 景品附 販賣
> 오난 卄六日은 陰曆으로 四月 八日이다. 이날은 釋迦牟尼의 誕辰
> 으로 넷날부터 우리의 名節에 한아이엇스나 近年에 와서는 우
> 물 쭈물해 오든 바 이날을 機會로 하야 北村一帶의 活氣를 도두
> 며 놀기 조흔 요새에 사람의 마음을 慰勞코저 中央繁榮會에서
> 는 오난 卄一日부터 卅一日까지 十日 동안 景品附 大賣出을 하며
> 한편으로는 卄六日(陰 四月 八日)부터 堅志洞 어구에는 數十尺의
> 燈臺를 세우고 鐘路通 큰거리에는 觀燈으로 쇠쭐어 不夜城을 이

299 「낙화놀이」, 『한국민속대백과사전』.

루게 하야 數十年前의 녯일을 追想케 하며 또 오리동안 졸고 잇
던 鐘閣의 인경도 울녀서 사람들의 鼓膜을 찔로케 하리라 한
다.[300]

사월초파일 관등놀이가 40년 만에 부활되었다고 했다. 견지동堅志
洞 어구에 세워진 등대는 수십 척이나 되며, 수십 년 전의 옛일을 떠올
리게 한다고 했다. 앞에서 보았듯이 서울에서 등불을 내걸고 관등하는
모습은 일제강점기에 들어서도 지속되었다. 아마도 불교계가 아닌 민
간이 주체가 되어 등대를 세우고 관등놀이를 행한 것이 대략 40년이
되었다는 표현으로 보인다. 1928년의 다른 신문 기사를 보면 "사십오
년 만에 새로 스는 종로 네거리의 등ㅅ대"[301]라는 설명을 더하는 사진
이 보인다. 민간에서 등대를 세우고 관등놀이를 행하던 것이 45년이
나 되었음을 밝히고 있다. 이러한 부분들을 생각해 보면 민간에서 거
대한 등대를 세우고 관등놀이를 행한 것이 40년~45년 정도 지났음을
알려 주고 있는 것이라 보인다.

사찰이 아닌 민간에서 관등놀이를 이끌었던 단체로 중앙번영회가
나온다. 이 중앙번영회는 3·1운동 이후 조선의 경제적 자립을 이루
자고 하는 물산장려운동이 일어나는 가운데 생겨난 서울의 상인 단체
이다. 일본인들의 상권이 확대되는 것에 대항해 1926년 1월에 조직되
어 조선물산장려일朝鮮物産獎勵日을 정한다든지 조선물산장려가朝鮮物産獎

---

300 「四十年만에 復活된 四月 八日 觀燈노리」, 『每日申報』, 1928. 05. 19. 2면.
301 『中外日報』, 1928. 05. 26.

한국의 연등문화

勵歌를 현상 모집하는 활동을 했던 단체이다.[302] 중앙번영회는 1928년의 관등놀이를 통해 많은 사람들을 끌어들여 조선 상업의 번영을 꾀하고자 했던 것이다. 그래서 1928년 5월 21일부터 5월 31일까지 10일 동안 경품부景品附 대매출大賣出을 한다고 했다. 손님을 끌기 위해 경품을 내건 행사를 한다는 것이다. 관등놀이를 통해 수많은 사람들을 끌어모으고, 이를 이용해 상업적 이득을 취하려 했던 것이다.

또 다른 기사에는 이때의 주최 단체로 조선인 측에 중앙번영회 외에도 조선불교중앙교무원, 일본인 측에 경성상공조합연합회, 경성불교청년동지회 등 5개 단체가 언급되고 있다.[303] 이로 보아 한국과 일본의 경제단체와 불교단체가 연합하여 연등회를 개최했다 하겠다. 상업인들의 상업적 이득을 취하고자 하는 목적과 불교계의 석가탄신일 기념행사로서의 목적이 연등회를 통해 구현되었음을 보여 주는 것이다.

또한 그날 행해졌던 초파일 행사로 몇 가지 형태가 나타난다. 관불식이나 기행렬, 상점 등에 설치하는 등불 등 다양한 형태를 보인다.

> 그리고 그날에 擧行할 實行方法은 午前 八時부터 釋迦誕日 奉祝
> 煙花를 頻發하야 全市民에게 四月 八日이라는 것을 알리여 주고
> 同 十時頃에는 空中에 奉祝 飛行을 하야 宣傳紙 數十萬枚를 뿌리
> 고 午後 一時頃에 佛敎日曜學校 生徒를 中心으로 어린이를 多數

---

302 방기중, 「1920·30年代 朝鮮物産獎勵會 硏究- 再建過程과 主導層 分析을 중심으로 -」, 『國史館論叢』第67輯, 국사편찬위원회, 1996, 112쪽.

303 「八日 觀燈 노리를 全京城的으로 奉讚」, 『每日申報』, 1928. 05. 20. 2면.

히 朝鮮銀行通 廣場에 모와가지고 本町通과 奬忠壇으로 旗行列을 하고 쏘 光化門通 東亞日報社압 廣場 朝鮮銀行前 廣場 奬忠壇의 세 곳에는 蓮花臺를 設置하야 電氣 裝飾으로 佛像을 만드러 모시고 朝鮮銀行 前에서는 午前 十一時 光化門通 前에서는 午後 一時, 奬忠壇에서는 午後 三時에 煙火를 發하고 莊嚴한 灌佛式을 擧行할 터이며 府內 各 商店에서는 電氣와 其他로 佛堂과 走馬燈을 美麗하게 店頭를 裝飾하야 全市街을 不夜城으로 裝飾하고 쏘 當日 午後 三時 奬忠壇 蓮花臺 觀佛式[304]에는 朝鮮 名士 三百餘名을 招待하야 盛宴을 配置하고 쏘 그날 저녁에 京城『호텔』에서 官民 有志奉祝晚餐會를 開催할 터이라는대 會費는 二圓式이라더라.[305]

1928년 5월 26일 석가탄신일 행사에 대한 계획을 밝히고 있는『매일신보』의 기록이다. 행사 당일 이전에 광화문통光化門通 동아일보사東亞日報社 앞 광장, 조선은행朝鮮銀行 앞 광장, 장충단奬忠壇 세 곳에 연화대蓮花臺를 설치하여 전기 장식으로 불상을 만들어 모신다고 했다. 그리고 행사 당일에는 다음과 같은 시간별 행사 내용이 나온다. 실제 행사 결과의 내용은 1928년 5월 27일자『매일신보』에 나온 것이다.[306]

아침 8시에 하늘에 쏘아 올린 연화煙火를 다섯 번이나 터뜨리면서 사월초파일이 시작되었음을 알린다. 오전 10시에는 비행기가 하늘을

---

304 灌佛式의 잘못된 기록.
305 「八日 觀燈 노리를 全京城的으로 奉讚」,『每日申報』, 1928. 05. 20. 2면.
306 「祝福된 麗日 下에 展開된 八日 祝賀」,『每日申報』, 1928. 05. 27. 2면.

한국의 연등문화

시간	행사 내용	실제 행사 결과
오전 08시	봉축 연화煙火 빈발頻發	사월초파일 알림. 실제 5발 쏨
오전 10시	봉축 비행飛行하며 선전지 날림	실제 10시 30분경 봉축 비행기가 날면서 중앙번영회 관등연합대회 등에서 나온 3만 장의 선전지가 뿌려지고 청홍색 꽃비가 날림
오전 11시	조선은행 앞에서 연화煙火를 쏘고 관불식 거행	봉축자가 입추의 여지 없이 모임
오후 01시	불교일요학교 생도 중심의 어린이들을 조선은행 앞 광장에 모이게 한 후 본정통本町通과 장충단獎忠壇으로 기행렬旗行列을 함	귀여운 어린이들이 손에 꽃과 기를 들고 다니는 광경은 근래에 보지 못하던 이채異彩를 드러냄
	광화문통 앞에서 연화煙火를 쏘고 관불식 거행	봉축자가 입추의 여지 없이 모임
오후 03시	장충단에서 연화煙火를 쏘고 관불식 거행. 조선 명사 3백여 명을 초대하여 성연盛宴을 배치함	봉축자가 입추의 여지 없이 모임
저녁	경성호텔에서 관민유지봉축만찬회官民有志奉祝晚餐會 개최. 회비 2원圓	

『매일신보』에 소개된 1928년 5월 26일 석가탄신일의 행사.

날면서 3만 장에 달하는 선전지를 날리고, 청홍색 색지들을 꽃비처럼 날렸다. 조선은행 앞, 광화문 거리, 장충단 등에서도 불꽃을 쏘면서 관불식을 거행하였다. 이곳을 찾은 사람들은 인산인해를 이룰 정도였다. 그리고 어린이들은 불교일요학교 생도를 중심으로 하여 조선은행 앞 광장에 모였다가, 본정통本町通[307]과 장충단獎忠壇으로 기행렬旗行列을 하

---

307 '본정통'은 서울의 현재 지명인 '낙원동'과 '계동'을 가리킨다.

였다. 각 상점에서는 전기와 여러 물건으로 불당과 주마등을 가게 앞에 장식하여 서울의 거리가 불야성을 이루게 하였다고 했다. 일제강점기에 행했던 사월초파일 행사는 참으로 많은 시민들이 참여할 수 있도록 한 거대한 기획이었음을 느끼게 한다. 일제강점기라는 시대적 한계 속에서도 국가적 차원의 행사로 연등회를 재탄생시킨 모습이다.

1928년 서울과 평양에서 있었던 관등놀이의 모습은 다른 신문에도 보이고 있는데, 등불이나 불꽃놀이에 대한 자세한 기록을 보여 준다.

> 사십팔 년 만에 부활되 음 사월팔일의 관등회觀燈會도 오늘밤으로 림박하얏다. 녯날의 이날에는 장안 텬디가 불야성으로 변하야 그 장관이 비길 데가 업섯스나 세속이 변함에 딸하 그와 가튼 장관도 해마다 퇴폐하야 일반의 생활의 여유가 업서진 최근에는 오즉 녯말로 그때의 장관을 환상가티 그릴 수 잇슬 뿐이더니 오늘에 다시 그 성황을 일우게 되매 종로만이 아니라 서울 텬디가 다시 활긔 잇든 녯날로 돌아가게 되어 쪼들린 우리 생활에 적지 안흔 자극이 될 것이다. 더욱 구식 련화등 사등紗燈 모둥車燈 장등長燈에다가 신식의 뎐긔등 장식까지 더할 터임으로 금상첨화의 가경을 보일 것이다. 이것은 각 상뎜과 거리의 장식이려나와 라듸오 방송도 잇슬 터이오 광화문통 관등회 식장에서는 금일 오후 한 시에 불교단포교사 김련성金連聲 씨의 장연까지 잇스리라더라.[308]

---

308 「四十八年前 燦爛한 幻夢, 불꼿밧을 일울 종로 일대 觀燈노리는 今夜」『동아일보』 1928. 05. 26. 2면

일제강점기 때 안성 지방의 절 마당에 달아놓은 초파일 연등.

등불로 연화등蓮花燈, 사등紗燈, 모등牟燈, 장등長燈, 전기등電氣燈이 언급되고 있다. '연화등'은 연꽃 모양으로 만들어진 등불이고, '사등'은 그림을 그려 넣은 비단을 덮어 씌운 등불이다(사등에 대해서는 조선시대 등불에서 다루었다). '모등'은 '牟'라는 글자를 쓰고 있지만 모가 진 등불을 가리키는 것으로 보인다. 손으로 들고 다니는 네모진 등인 각등角燈 또는 제등提燈의 다른 표현이 모등이다.[309] 그리고 '장등'은 밤이 새도록 등불을 켠 상태로 끄지 않는 등불을 가리키는 것으로 보인다. 여기에 전기등 장식까지 더해져 아름다운 경치를 자랑했다.

평양에서 벌어진 폭죽과 유화流火를 계속 쏘아대는 등불 축제가 벌어진 모습 또한 기록으로 남았다.

---

309 「제등」/「각등」/「모등」, 『표준국어대사전』 (https://ko.dict.naver.com/#/entry/koko/2d227886f6594d218d38c8fea211c7d8)

滿都의 人氣를 集中 ◇ 綢緞商組合主催, 本報支局後援

朝鮮人綢緞布木商組合 主催와 本報支局 後援으로 開催되는 平壤의 數十萬府民이 企待하든 四月 八日 밤의 觀火大會는 午後 八時부터 爆竹 三 發을 信號로 하야 豫定대로 大同江 上의 觀火大會는 幕을 열엇다. 街頭에는 數千의 電燈으로 不夜城을 일우운 中附近 各 地方에서 入壤한 사람도 無慮 數萬으로 突破하야 路上에는 人波가 넘처 흘러 果然 朝鮮人 市街의 繁盛을 如實히 表現하얏다. 午後 八時 觀火大會의 定刻 前부터 江岸으로 雲集하는 群衆은 實로 數十萬을 算할 것이며 爆竹 三 發이 터지자 對岸에 횃불이 一齊이 닐어나고 水道橋 下에 淀泊하얏든 觀火船 十數 隻은 一時에 불을 밝히고 流火를 始作하야서 朝鮮의 古樂과 洋樂을 울리우며 半月島를 지내서 大同江 鐵橋 미틀 向하야 나려가기 始作하얏는데 連發하는 爆竹 聲은 朝鮮人 商業界의 永遠한 振興을 외치는 우렁찬 소리엇고 爆竹은 꼬리를 물고 터저 나와 빗 곱게 空中을 裝飾하고 물 우에는 배가 뜨고 물 미테는 船影과 火影이 어울어진 中에 流火는 흘러나려 實로 空前의 大壯觀을 呈하얏다. 이날의 불구경을 兼하야 밤배 놀이를 하는 船遊客은 不知其數로 그 數는 數百 隻을 算하게 되어 朝鮮의 平壤, 平壤의 大同江이 아니면 다시 보지 못할 風景 極致를 조금도 遺憾 업시 보여주엇다. 觀火船이 大同橋에 니르러 同 十一時頃에 爆竹 二發로 閉會되엇는데 大同會의 餘興으로서는 翌日 午後 一時부터 得月樓에서 열리는 絃乘會는 朝鮮的의 奇拔한 妙技를 發할 것임에 人氣가 크게 集中되어 兩日間의 餘興도 觀火大會에 損色업는 大盛況을 豫期하

429

일제강점기 때의 평양 대동강 뱃놀이 풍경.

며 이날을 期會로 大賣出을 開始한 各 商店의 賣上高는 實로 數十

萬 圓을 突破하야 果然 空前의 好景氣를 呈하얏다. (平壤)[310]

1928년 사월초파일 밤 8시부터 조선인주단포목상조합이 주최하고
동아일보지국이 후원하여 평양에서 개최되는 관화대회燦火大會를 소개
하고 있다. 대동강의 언덕으로 사람들이 수만 명이나 몰려들고, 폭죽
세 발이 터지자 언덕에 횃불이 일어났다. 수도교水道橋 아래에 정박해
있던 관화선觀火船 십여 척이 흘러가는 불[流火]을 만들기 시작하여, 조
선의 전통음악과 서양음악을 울리며 반월도半月島를 지나 대동강 철교
밑을 향해 내려갔다. 폭죽 터지는 소리가 연이어 들려오는데, 이는 조

---

310 「爆竹, 流火連發 不夜城의 大同江」,『동아일보』, 1928. 05. 28. 4면.

선인 상업계의 영원한 진흥을 외치는 소리였다. 폭죽은 꼬리를 물고 터지면서 곱게 하늘을 장식하고, 물 위의 배와 그림자, 그리고 불꽃의 그림자들이 어우러지면서 대장관을 드러냈다. 관화선이 대동교大同橋에 이르러 밤 11시경에 폭죽 두 발과 함께 폐회되었다고 했다. 16세기 「평양」지에 기록된 평양 유등축제의 전통을 그대로 잇는 행사라 하겠다.

일제강점기 꽃을 바치는 초파일로 변질

그런데 여기서 깃발을 들고 퍼레이드를 하는 기행렬旗行列이 낯설게 다가온다. 편무영 씨는 '기행렬'은 일본에서 사월초파일 행사로 행해졌던 하나마츠리[花祭]의 영향에 따른 것이라고 밝히고 있다.[311] 메이지유신(明治維新, 1841~1877) 이전 음력 4월 8일에 행해지던 하나마츠리는 서양식으로 양력 4월 8일에 행해졌는데 일본의 민속과 불교 의식을 결합한 명절이다. 하나마츠리는 꽃, 특히 벚꽃에 대한 남다른 애정을 담아내면서 낙화를 방지함으로써 가을 추수의 풍요를 기원하는 진화제鎭花祭이면서, 이를 발전시킨 염불 무용을 통해 돌림병과 해충을 몰아내는, 원령怨靈을 몰아내는 부정씻김 의례가 혼합된 것이다.[312] 이때 하나마츠리는 불상을 목욕시키는 관불회와 결합되었는데 아이들이 건강하게 자라기를 기원하면서 거리를 걷는 행렬을 만들어 냈다고 한다.

---

311 편무영, 『초파일민속론』, 민속원, 2002, 76~77쪽.
312 山折哲雄, 『佛教民俗學』, 講談社, 1994.

하나마츠리, 곧 '화제花祭'는 일본의 초파일 행사를 가리키는 명칭이라 하겠다. 우리 신문 기록에서 이 화제의 개최를 알리는 기사로 맨 처음 나타나는 것은 1917년으로 일본 동경 히비야공원[日比谷公園]의 화제이다. 양력 4월 8일에 많은 인파가 모인 공원의 사진을 흑백으로 담아 전하고 있다.[313] 그리고 포항浦項에 있던 일본 정토진종淨土眞宗이 진출하여 세운 서본원사西本願寺(니시혼간지) 포교소에서 화제를 열면서 강탄회降誕會도 함께 개최됨을 알리고 있다.[314] 또한 1926년 기록에는 '화제에 사용할 백상白象'이라 하여 코끼리의 모습을 띤 골조 앞에서 사람들이 서 있는 모습을 보이고 있다.[315]

화제花祭는 초파일에 관불식과 함께 여러 지역에서 행해진다. 관불회灌佛會, 기행렬旗行列 등을 학생들을 동원하여 일본식으로 행하였다. 부산, 광주, 해주, 수원, 경성 등 여러 곳에서 '화제'를 내걸고 행사가 진행되었디. 1928년까지민 하디라도 화제가 진면에 나서지 않다가 1929년에 이르면 경성화제봉찬회京城花祭奉讚會가 조직되면서 일본식 축제의 이름이 붙은 초파일 행사가 치러지게 된다. 이 조직이 생겨나면서 연등회는 일본화된 모습을 띠게 되었던 것으로 보인다.

1929년의 기사를 보면 "경성불교청년회京城佛敎靑年會 경성상공조京城商工組 합연합회合聯合會 중앙번영회中央繁榮會 조선朝鮮 불교단佛敎團 조선불교중앙교무원朝鮮佛敎中央敎務院의 련합으로 경성화제봉찬회京城花祭奉讚

---

313 「日比谷公園의 花祭」, 『釜山日報』, 1917. 04. 11. 3면.

314 『釜山日報』, 1925. 05. 25.

315 『釜山日報』, 1926. 03. 28.

會를 조직하야 여러 가지 화제식뎐式典을 거행할 터인데"[316]라고 나와 있다. 이 단체는 1928년에 초파일 행사를 행했던 조선은행 앞이나 광화문통 넓은 터, 동아일보사 앞 넓은 마당에 관불당灌佛堂를 설치하여 관불식을 행하였다. 이 단체가 연등회 행사의 중심으로 자리를 잡고 화제花祭를 전면에 내세우면서 일본화의 길을 걷기 시작했던 것으로 보인다.

그러다 1937년부터는 일본식 초파일 행사로 화제花祭가 중심으로 나타나고 관등觀燈놀이가 없는 모습을 취하게 된다. 우선 제일 먼저 눈에 띄는 것이 음력 4월 8일 행사가 양력 4월 8일로 바뀐 것이다.

> 佛陀의 大情神宣揚 八日 莊嚴한 灌佛式
>
> 敎團은 勿論, 府民一齊祝賀 前後 七八日 盛大花祭
>
> 부내 각종불교단체련합으로 조직된 경성화제봉찬회京城花祭奉讚會에서는 소화 三년부터 경성에서 화제花祭를 실행하기 시작하야 금년은 매 十회에 해당함으로 八일에 꼿제사花祭를 성대하게 거행하야 一반민중으로 하야금 불타佛陀의 대정신을 더한층 각성하도록 하리라는데 그 방법은 아래와 갓타여서 一반부민은 구경을 겸하야 정신적으로 크다란 수확收穫이 잇슬 것이라 한다.[317]

---

316 「灌佛日 祝賀로 花祭 式典 擧行」, 『朝鮮日報』, 1929. 05. 15. 2면.
317 「佛陀의 大情神宣揚 八日 莊嚴한 灌佛式」, 『每日申報』, 1937. 04. 06. 4면.

화제를 실행한 것이 1937년에 이르러 10회에 달했다고 하니, 일본식 초파일 행사인 꽃제사[花祭]의 시작이 1928년에 시작되었음을 알려 주고 있다. 그렇지만 그 과정에서도 관등놀이와 같은 조선의 초파일 행사가 함께 치러졌는데, 1937년에 이르러서는 일본식으로 '꽃제사'라는 명칭으로 양력 4월 8일에 성대하게 거행하게 되었다는 것이다. 음력 4월 8일에 행해졌던 조선의 초파일 행사가 갑자기 양력으로 바뀐 것은 조선총독부의 강요와 불교계의 친일 인사들에 의해서였다.

1931년 7월에 제6대 조선총독부 총독으로 보임한 우가키 가즈시게[宇垣一成]는 1934년 3월에 "반도 민중의 정신작흥, 즉 심전心田이 젖을 수 있도록 당국이 의도하는 것을 양해하시고 일심으로 협력하여 주시기 바랍니다. 특히 조선불교를 부흥시켜 정신계를 진전시키는 데 공헌해 줄 것을 바라마지 않습니다."[318]라고 하면서 조선불교를 일본화하려 했다. 1936년 1월에 총독부는 〈심전개발 시설施設에 관한 건〉이라 하여 '국체관념의 명징, 경신숭조敬神崇祖의 사상 및 신앙심을 함양, 보은報恩·감사·자립정신의 양성' 등 세 가지 목표를 제시하면서[319] 조선을 천황에 순종하는 신민으로 만들기 위해 심전개발운동이라는 명목 아래 불교를 비롯한 종교계를 장악하려 했다. 특히 오랜 전통을 가지고 있으면서도 조선시대에 소외받았던 불교를 중흥시킴으로써 불교를 황민

---

318 우가키 가즈시게(宇垣一成), 「精神界のために貢獻せよ」, 『朝鮮佛教』 99호, 소화 9년(1933), 2~3쪽. (김순석, 『일제시대 조선총독부의 불교정책과 불교계의 대응』, 경인문화사, 2003, 161쪽, 재인용.)

319 김순석, 위의 책, 162~163쪽. 오오니시 료게이(大西良慶), 「心田開發と佛教」, 心田開發に關する講演集, 朝鮮總督府中樞院, 1936. 02. 100쪽, 참조.

화 정책의 최전선에 내세웠다.[320] 이런 이유로 1937년에 이르러 일본의 화제가 치러지는 양력 4월 8일로 초파일 행사를 끌어들이려 했던 것이다.

일제가 1931년에 만주사변을 일으키고 1937년 7월 중일전쟁을 일으키기 직전이었던 1937년 3월 11일에 조선총독부 제1 회의실에는 31 본산 주지스님들이 모여 있었다. 7대 총독 미나미 지로[南次郎]가 이전 총독을 찬양하면서 훈시를 이어 가며 조선불교의 진흥책을 논의했다고 한다. 이때 만공滿空(1871~1946) 선사는 다음과 같이 일갈하였다.

> "전 총독 데라우찌[寺內正毅]는 우리 조선불교를 망친 사람이다. 그리하여 전 승려로 하여금 일본 불교를 본받게 하여 帶妻 · 飮酒 · 食肉을 마음대로 하게 하여, 부처님의 계율을 파하게 한 불교에 큰 죄악을 지은 사람이다. 이 사람은 마땅히 無間阿鼻地獄에 떨어져서 한량없는 고통을 받음이 끝이 없을 것이니라. 우리 조선불교는 1千5百年 역사를 가지고 그 수행 정법과 교화의 방편이 如法하거늘 일본불교와 합하여 잘될 필요가 없

---

320 불교를 전면에 내세워 황민화 정책을 수행하려 했던 이유는 다음과 같은 것이었다. "첫째, 불교는 오랜 전통을 가지고 있음에도 불구하고 조선시대를 거치면서 국가로부터 가혹한 탄압을 받아 피폐되어 있는 상황이었지만 부녀자 층을 비롯해서 많은 신도들을 가지고 있는 잠재력이 큰 종교이다. 둘째로 조선 승려들의 자질이 저하되어 있었기 때문에 승려들의 지위를 상승시켜 주고, 정책적으로 불교의 부흥운동을 지원해 준다면 심전개발운동에서 지향하고 있는 목적을 달성하는 데 가장 무난한 종교이다. 셋째로 불교는 일본에서 명치유신 이전에 가장 유력한 종교였으며, 조선에서 궁극적으로 전파하고자 하는 신도(神道)와 모순 없이 수용될 수 있는 종교이다. 넷째, 일본이 장차 점령하고자 하는 중국을 비롯한 동양에서 불교는 거부감을 최소화할 수 있다."(류승주, 「일제의 불교정책과 친일불교의 양상」, 『佛敎學報』제48집, 동국대학교 불교문화연구원, 2008, 169쪽 인용.)

으며, 정부에서 종교를 간섭하지 말라. 불교진흥책은 정부에서 간섭하지 않는 것만이 유일한 진흥책이다." 그리고 정치와 종교와는 분립해야 한다는 적극적인 政教分立선언을 제기하고, 소매를 떨치며 하단하였다.[321]

만공 선사는 이전의 총독이 조선의 불교를 망쳤다고 했다. 일본 불교를 본받게 하여 아내를 얻는 대처승帶妻僧이 생겨나고, 술을 마시고 고기를 먹는 것을 마음대로 하게 함으로써 부처님의 계율을 깨뜨리는 죄악을 저지르게 했다고 일갈했다. 그러면서 1500년의 역사를 지닌 조선의 불교가 지닌 수행 정법이나 교화 방편이 뛰어난데 일본의 불교와 합할 이유가 없다고 말하였다. 일제가 불교를 진흥한다며 조선의 불교에 대해 간섭하는 것은 정교분립政教分立에 어긋난다고 보았던 것이다. 총독 앞에서도 굴하지 않았던 민공 선사의 기백을 잘 느끼게 한다.

하지만 조선의 불교계에는 식민 정부의 압력에 의해서만이 아니라 자체적으로도 심전개발운동을 전개하면서 불교를 진흥하겠다는 일념에 사로잡힌 인물들이 적지 않았다. 권상로, 김태흡, 이능화를 비롯한 수십 명의 불교계 지도자들은 전국을 순회하며 심전개발운동을 적극 권장했다고 한다. 1935년부터 1937년까지 전국 강연 횟수가 572회였고 청중은 149,787명에 달했다고 한다.[322] 불교의 대중화나 교세 확산의 의지가 강했던 그들은 "전시체제하에서 전쟁 이데올로기를 대변하

---

321 滿空門徒會,『滿空法語』, 수덕사 능인선원, 1982, 85~86쪽.
322 김순석, 앞의 책, 176쪽.

는 황도불교皇道佛教로의 변질을 담보로 한 것이었으며 일제의 군국주의를 위해 종교적 진리를 희생시킨 결과였다."라는 평가를 들을 수밖에 없었다. [323]

이러한 사회·정치적 배경을 바탕으로 음력 4월 8일의 행사는 양력으로 바뀌고, 일본화의 길을 걸으면서 화제를 전면에 내세운 행사가 기획되고 실행되었던 것이다. 그렇다면 그 행사는 어떤 모습을 취했던 것일까.

白象을 先頭로 燦爛한 市街行列 式場에는 官民 千餘名 招待

당일 오후 四시에 장충단奬忠壇에서 거행하는 화제식장花祭式場에는 귀빈 명사 千여명을 초대한다 하고 전긔의 화어당花御堂 설치의 장소 四개소에와 유지상점에 의뢰하야 부내 각처에서 감다접대甘茶接待를 하기로 되얏고 당일의 행렬은 흰 코끼리[白象]에다가 화어당花御堂을 봉안하야 치아稚兒 학동學童회 관계자들이 따라서는데 제一대는 오후 영시 三十분에 경정京町을 써나서 조선은행압 광장까지 오고 제二대는 오전 十一시에 각황사覺皇寺를 출발하야 안국정安國町을 것치어 광화문통光化門通의 인편으로 종노鐘路 一二정목을 지나서 파쏘다 공원에 이르고 제三은 오후 二시 四十분에 전긔의 제一대가 조선은행압 광장을 써나서 본정本町과 서사헌정西四軒町을 지나서 장충단 식장奬忠壇에 이르는데 악대樂隊는 경성련합청년단 각종各宗 청

323 류승주, 위의 글, 171쪽.

년단 국민학당國民學堂생도 화광교원和光敎員 생도 등이라 하고 九일 오후 六시반에는 경성京城 호텔에서 관민유지의 봉축만 찬회가 잇고 조선은행압 광장 화어당花御堂 부근에서 각종 승 려各宗僧侶의 노방路傍 강연이 잇고 공개 강연은 경성제국대학 [城大]과 각 전문학교에서 불교청년회가 중심이 되야 가지고 대강연회를 개최하기로 되얏다.[324]

　등불에 대한 기록이 보이지 않는다. 1928년에 보이던 종로 거리에 세워졌던 수십 척의 등대燈臺며, 상점 앞을 등불로 장식하여 불야성을 이루는 모습은 전혀 언급되고 있지 않다. 화어당花御堂이 4개의 장소에 설치되고, 흰 코끼리인 백상白象에 화어당을 봉안한 가운데 어린 학생들, 관계자들이 그 뒤를 따르고 있는 행사를 이야기하고 있다. 일본어로 '하나미도오(はなみどう)'라고 발음되는 화어덩은 꽃과 상록수로 장식하고 그 안에 불상을 모셔놓고 관불灌佛, 곧 부처님을 목욕시키며 기도를 하는 집이다. 이는 양력 4월 8일, 일본 화제花祭의 중심 행사이다. 백상에 화어당을 봉안한 채 아이들이 행렬을 하는 풍습 또한 일본 화제의 모습이다.

　일본에서 등불을 떠받드는 행사는 사월초파일이 아니라 7월 15일 우란분재盂蘭盆齋 때 행해졌다. 조상의 영혼[祖靈]을 맞이하여 공양하고, 다시 저승으로 돌려보낼 때 등롱을 떠받들었다고 한다.

　지금까지 살펴본 바에 따른다면, 우리나라가 사월초파일을 맞이하

---

324 「佛陀의 大情神宣揚 八日 莊嚴한 灌佛式」,『每日申報』, 1937. 04. 06. 4면.

화어당

일본의 '화제花祭' 행사 모습.

여 등불을 밝혔음에 비해 일본은 '꽃[花]'을 통해 부처님을 맞이하였음을 알 수 있다. 그런데 1937년 이후 일제는 우리나라에도 자신들의 초파일 행사인 화제花祭를 강요하면서 황국신민화 정책을 펴 나갔던 것이다.

한국의 연등문화

백만 경성 부민의 년중 행사인 금년도의 제十六회 관불식灌佛
式은 경성화제봉찬회京城花祭奉讚會의 주최로 오는 八일 부민대
강당에서 『국위선양 적국항복 전첩기원』을 겸하야 엄숙 성대
히 집행된다. 대동아전쟁의 발발로 十억의 아세아 민족이 해
방의 여명을 마지하고 불타佛陀의 자광慈光이 왼아세아를 비춰
려는 이 째 불타의 강탄을 봉축함과 아울러 타이[泰] 『비르마』
불인佛印 인도印度 등의 불교국과 한층 긴밀한 관게를 매저 가
지고 나가게 되엿슴은 쁫기푼 일이라고 할 것이다. 그리하야
이날 오후 두시부터는 부민관에서 관불식 식전을 성대히 거
행한 후 불교 아동연맹의 청흥淸興이 잇슬 터이고 오후에는 여
섯시 반부터 다시 식전과 청흥을 거행하고 불타의 가르치심
에 의하야 더욱 보살도菩薩道를 실천하므로써 시간 극복의 결
의를 새로히 하게 되엿다고 한다.[325]

1943년 양력 4월 8일은 제16회 관불식이라 했다. 일제강점기에 들
어서 연등회의 커다란 변화가 나타난 1928년으로부터 그 시작을 헤아
리고 있다. 경성화제봉찬회가 주최했는데 '국위선양 적국항복 전첩기
원'을 겸한다고 했다. 일본에서 대동아전쟁이라 일컬었던 태평양전쟁
이 발발하여 10억의 아세아 민족이 해방의 여명을 맞이하고 불타의 자
비로운 빛이 아세아를 비추려는 때라고 했다. 초파일이 일제가 저지른
전쟁을 승리로 이끌어 달라고 기도하는 행사가 되었던 것이다.

---

325 「四月八日의 灌佛式, 國威宣揚戰捷 祈願 아울러 盛大 擧行」, 『每日申報』, 1943. 04. 07. 3면.

1943년 태고사太古寺에서 행해겼던 석존강탄 기념식에서도 전쟁을 위한 기도가 다음과 같이 이어졌다.

> 오전 열한시 수송정 태고사 놉고 넓은 법당에는 혜화전문학
> 교[佛專]와 명성여학교[明星]의 직원 생도를 비롯하야 선남선녀
> 善男善女 一천여명이 구름처럼 모여드러 기념식전이 거행되엿
> 다. 국민의례가 잇슨 다음 삼귀의三歸依를 게송하고 독경으로
> 드러가 반야심경般若心經을 읽고 이어서 권공勸供이 시작된다.
> 일동이 일어선 가운데 승려들이 나아가 다게茶偈 사다라니四陀
> 羅尼 삼정례三項禮 공양진언供養眞言 회향진언回向眞言 등을 차례
> 로 올리고 나서 총본산 종무총장宗務總長 히로다[廣田鐘郁] 씨로
> 부터 성수무강과 황군의 무운장구 및 전몰장병의 명복을 비
> 러밧드는 축원문을 봉독한 다음 기념법화紀念法話를 하고 정오
> 가까히 식을 맛치엿다.[326]

히로타 쇼우이쿠[廣田鐘郁]가 성수무강과 황군의 무운장구, 전몰장병의 명복을 빌어 받드는 축원문을 봉독하였다고 했다. 히로타 쇼우이쿠는 지암智庵 스님으로 알려진 이종욱李鍾郁의 창씨개명 이름이다. 일제강점기 초기에는 상해임시정부에 참여할 정도로 항일운동에 적극적이었다가 나중에는 '국위선양과 무운장구'의 국도회國禱會를 비롯해 여

---

326 「釋尊降誕記念式, 太古寺에서 嚴肅 擧行」, 『每日申報』, 1943. 04. 09. 2면.

러 시국 집회를 행하는 친일로 돌아선 인물이다.[327] 일제강점기 말엽이 되면서 초파일은 일본제국의 이와 같은 불교계 친일 인사들에 의해 전쟁을 비호하는 기도회의 성격을 갖게 되었다.[328]

지금까지 개화기부터 일제강점기에 행해졌던 연등회의 모습을 살펴보았다. 개화기에는 제등행렬이 있었음을 통해 연등회가 완전히 끊어진 것이 아니었음을 보았다. 일제강점기 초기에는 불교계를 중심으로 사월초파일 행사가 치러지면서 관불식이나 민간의 관등놀이가 한때 성황을 이루는 모습이 있었다. 그런데 일제의 황국신민화 정책에 따른 일본식 초파일 행사인 화제花祭가 강요되면서 등불이 아닌 꽃을 부처님께 올리는 행사로 변질되어 갔음을 보았다. 일제의 강요에 의한 것이었지만 이에 저항하지도 않고 자발적으로 참여한 불교계 인사들이 있었음을 확인할 수 있었다. 자비와 평화를 간절히 기원하는 초파일, 연등회의 뜻을 저버리고 전쟁에 광분하는 일본제국주의를 비호하는 행태를 보인 것은 참으로 커다란 문제였다.

---

327 지금의 조계종을 창설한 인물로 친일파 논란을 불러일으키는 인물이 지암 이종욱이다. 박희승은 『지암 이종욱』(조계종출판사, 2011)에서 일제 말의 친일행위에 대해 독립을 위한 '위장 친일'이었다는 것을 주장하고 있다.

328 이이화(『역사속의 한국불교』, 역사비평사, 2002, 396쪽.)는 "1941년 일제가 태평양전쟁을 도발한 뒤 불교의 친일화 정도를 더해 갔다. 총본산인 태고사에서는 태평양전쟁이 일어난 바로 그날, 전 조선 1,500여 사찰에 연전연승을 위해 성심성의로 기도 법회를 열어서 무운장구를 빌라는 통고문을 보냈다. 승려와 신도들이 일본군 전승을 위한 합동기도회에 참여하기도 하고 조일 승려들이 합동으로 황군의 전승을 비는 기도를 열기도 하였다."라고 적고 있다.

광복 후 제등행렬 이전 시기의 등불

일제로부터 광복이 된 후 처음 맞이하는 초파일인 1946년 5월 8일을 전후로 하여 여러 행사가 있었다. 4월 20일 세존탄경축준비회에서 광복 후 처음 맞이하는 세존 탄생 경축 행사를 성대히 개최코자 문화 관계 명사들을 초대하여 행사에 대한 의견을 들었다.[329] 그리고 초파일 전날인 5월 7일에는 건국재를 올리고, 초파일 당일인 5월 8일에는 시련侍輦 행렬과 경축회 등이 열렸다. 그리고 5월 9일에 태고사에서 강연회가 열리고, 10일에는 경축 음악회가 열렸다.[330] 이와 관련하여 자세한 기록을 보여 주는『중외신보中外新報』의 기사가 있다.

> 世尊降誕慶祝行事 - 泗誼大명遺物展覽會
>
> 佛陀降誕日인 四月八日(음를)을 해방후처음맞이하는 朝鮮中央佛
> 敎總務院에서는 世尊降誕慶祝會둘 경성하고 전국각사찰과 불
> 교도를총동원하야 이날을 성대히 기념하게되었다
>
> 즉七日오전十一時부터 옛圓覺寺의자리인 종로파고다공원에서
> 建國齋를올리며 八日에는 서울의三千교도들이 太古寺에모여
> 시輦의행열을 시작할터인데 이시輦의 행열은 종로통을지나昌
> 慶苑으로향하게되었다

---

329 「世尊誕降慶祝準備」,『한성일보』, 1946. 04. 21. 2면.

330 태고사에서 10일 오후 7시부터 음악회가 있었음을 알려 주고 있다.(「世尊降誕慶祝 音樂會
大盛況」,『한성일보』, 1946. 05. 12. 2면.)

그리고 오전 十一時부터는 창경원에서 聖誕法要를 성대히거행
한다

또한 世尊降誕慶祝 會에서는 壬辰왜란때 통군(統軍) 대장으로 八
道의 僧兵을거느리고 왜군과대전하야 小西行長을 평양서도망
케하고 加藤淸正군을뭇찔러 偉勳을세운 四溟大師의遺物전람회
를 七日부터十日까지 國立圖書館에서 개최한다

여기展覽되는 유품은 四溟大師가 친히입고쓰든 裘裟 長衫 親筆
宣朝가하사한 군사령旗등二四점으로 이것들은 그간경남 밀양
군 表忠寺에 비장하였든유물의일부분으로 이번처음공개되는
것이다[331]

7일 오전 11시부터 파고다공원에서 건국재建國齋를 올린다고 했다.
그리고 8일 태고사太古寺에서 불상을 모시고 기두행진을 하는 시련 행
렬이 종로통을 지나 창경원으로 향하였으며, 창경원에서 성탄법요를
성대히 거행한다고 알려 주고 있다. 거기에 7일부터 10일까지 국립도
서관에서 사명대사 유물 전람회가 있음을 알려 주고 있다. 여기서 눈
여겨봐야 할 표현이 시련侍輦이다. 본래 시련은 '영산재 때, 죽은 사람
의 넋을 그 재를 지내는 곳으로 모셔 오는 의식'[332]이라 표현되기도 하
지만, 가마에 모시는 대상은 죽은 자뿐만 아니라 부처이기도 하다.

초파일 행사로 시련의 행렬이 갑자기 나타난 것은 아니다. 앞에서

331 「世尊降誕慶祝行事 - 泗溟大冥遺物展覽會」, 『中外新報』, 1946. 05. 07. 2면.
332 곽철환, 『시공 불교사전 』, 시공사, 2003.

보았듯 1921년의 초파일 행사를 보면 그 순서가 시련, 관불, 헌공, 창, 설법 등으로 이어지는 가운데 시련이 맨 앞에 자리함을 알 수 있다.[333] 이 또한 영산재의 순서를 바탕으로 하여 만들어진 순서임을 짐작할 수 있다. 영산재 의식의 첫머리는 "신앙의 대상인 불보살과 재를 받을 대상인 천도 받을 영가를 모셔 오는 의식부터 시작한다."라고 한다. "이 시련은 행렬 의식으로 행하는데, 그 행렬에는 나무인로왕보살번기를 선두로 여러 영기슈旗 · 청사초롱 · 일산 등이 따른다. 행렬 음악으로 삼현육각 · 범패 · 나무대성인로왕보살을 창한다. 인로왕보살은 영혼을 극락으로 인도한다는 신앙적 기능을 지닌 보살이다."라고 한다.[334]

이러한 영산재의 시련 의식이 초파일에 수많은 불교 신도들이 불상을 모시고 법요식이 행해지는 곳으로 자리를 옮기는 형태로 나타났던 것이다. 그리고 그것은 1921년도에도 행해진 초파일 의식이었다. 광복 후 처음 치러진 1946년의 초파일 행사는 이 시련 행렬을 특징으로 한다.

그런데 이 시련 행렬도 계속된 것은 아니었다. 1947년에는 시련 행렬이 나타나지 않는다. 제1일(음력 4월 6일) 강연회 · 전람회, 제2일(음력 4월 7일) 건국촉성기원대법요 및 선열위령제, 제3일(음력 4월 8일) 석존강탄봉축식 등이 계획되었다.[335]

---

333 「盛大히 거행홀 灌佛會」, 『每日申報』, 1921. 05. 15. 3면.

334 「영산재」, 『한국민족문화대백과』 (https://terms.naver.com/entry.nhn?docId=567492&cid=46648&categoryId=46648)

335 '대한불교조계종 중앙기록관'의 1947년 계획 문건에 나온 내용이다. (『초파일 행사 100년-연등축제를 중심으로-』, 한국불교연구원, 2008, 113쪽.)

연등회의 시련

　"1948년과 관련된 초파일 행사는 보이지 않고, 1949년에는 전국 사찰에서 불공 의식이 있었다."[336]는 정도로만 기사로 남아 있다. 1950년에는 다시 관등놀이 형태를 취하는 것으로 나타난다. 5월 24일에 성탄법요식, 전법대강연회, 가두전법강연이 있었고, 5월 23일에서 25일까지 관등觀燈을 한 것으로 나와 있어 관등놀이의 풍습을 다시 살리려는 노력을 했던 것으로 보인다.[337] 그리고 한 달 후 한국전쟁이 발발하고 1953년 7월 27일 휴전협정이 맺어질 때까지 초파일 행사는 제대로 열

336 「全國 各寺刹에서 佛供儀式擧行」, 『東亞日報』, 1949. 05. 05.
337 「觀燈놀이의 名節」, 『東亞日報』, 1950. 05. 24.

리지 못한 것으로 보인다.[338] 전쟁이 끝난 후 1954년 5월 10일 초파일에는 태고사에서 축하방송, 봉축식, 꽃 버스 행렬, 강연 음악회가 열렸다는 기사가 실렸다.[339]

제등행렬 시기의 등불

1907년부터의 초파일 행사 자료를 정리하고 있는 『초파일 행사 100년-연등축제를 중심으로』라는 책은 1955년부터 1974년까지를 '제등행렬의 시작'으로, 1975년부터 1995년까지를 '제등행렬의 발전'으로 나누고 있다. 1975년은 부처님오신날이 국가공휴일로 지정되면서 종로 일대에서 행해지던 제등행렬이 여의도까지 넓혀지게 되는 때이다.[340] 이 기간

연등회 제등행렬

338 『동아일보』는 1951년 5월 13일자로 전국 명사찰에서 성전완수의 기원과 석가탄생의 관불회가 거행된다고 밝히고 있다.

339 「釋迦誕生 二九八一周年」, 『東亞日報』, 1954. 05. 10.

340 『초파일 행사 100년-연등축제를 중심으로-』, 한국불교연구원, 2008, 129쪽, 373쪽.

을 합쳐 '제등행렬의 시기'로 통칭하여 이때의 초파일과 연등에 대해 살펴 본다.

二十九日 전국 각지의 불교도들은 『서가무니』가 二천 수백년 전에 탄생했다는 『사월 파일』(陰 四월 八일)을 맞이해서 각각 이 날을 기념하는 식전과 시가행진 등 각종 기념행사를 성대히 거행했다. 더구나 서울에서는 불교계 정화를 부르짖고 궐기해 나온 비구比丘들이 상오 十시에는 서울 조계사曹溪寺(太古寺)에서 불전예식佛前禮式을 올리고 하오 일시에는 설법說法과 강연이 있은 다음 시가행진을 하였다.

그리고 하오 칠시부터 팔시까지는 조계사에서 불교음악과 승무僧舞를 일반에게 공개하고 하오 九시부터는 조계사에서 나와 종로 삼가 을지로 삼가 시청 앞을 지나 안국동을 돌아 조계사로 돌아가는 제등행렬提燈行列이 있었다. 그런데 이날 대처승帶妻僧은 별도로 창경원昌慶苑에서 예정보다 두 시간 늦게 이시부터 축하행사를 하였다.[341]

1955년은 불교계가 분열된 모습을 보이면서 비구들이 조계사에서 불전예식佛前禮式을 행하고 제등행렬을 했다고 하고, 대처승들은 창경원에서 축하행사를 하였다고 했다. 어떻게 된 일일까.

1954년 11월 5일 비구스님들은 대처승들이 머물던 태고사太古寺를

341 「밤엔 提燈行列 釋尊誕日 盛大한 行事」, 『朝鮮日報』, 1955. 05. 30. 2면.

접수한 후 조계사曹溪寺로 절 이름을 바꾼 일이 있었다. 전국의 비구와 비구니들은 불교정화를 외쳤고, 비구 측에서는 태고사 간판을 내리고 불교조계종중앙종무원 간판을 달면서 조계사로 명명했다. 이런 갈등이 벌어지게 된 것은 5월 21일 제3대 민의원 총선거 다음 날의 이승만 대통령 담화 발표에서 시작되었다. 왜색 불교의 잔재인 대처승을 사찰에서 몰아내라는 것이었는데, 이 담화를 듣고 사람들은 이승만 대통령의 부정선거보다 비구와 대처의 싸움에 더 관심을 기울였다고 한다. 친일 부역에 앞장섰던 대처승들은 수행할 장소를 요구하는 비구승들을 푸대접했는데, 비구승들은 이 담화를 계기로 사찰 탈환을 시도하게 된 것이다. 11월에 이승만 대통령은 "전국의 승려는 일본식 정신과 습관을 버리고 불교의 빛나는 전통을 살리라."라고 두 번째 유시를 내린다. 비구들은 더욱 힘을 모아 태고사를 접수하고 불교정화운동을 시작하게 된다. 이승만의 정치적 입지를 넓히려는 의도에서 친일불교 배척을 내건 불교정화를 표명한 것으로 보이는데, 이로부터 비구승과 대처승의 싸움은 한동안 계속된다.[342]

이러한 역사적 배경 속에서 1955년의 초파일 행사가 치러졌다. 비구들은 1954년 11월에 접수한 태고사, 곧 조계사에서 불전예식을 올리고 설법과 강연, 시가 행진을 했다. 그리고 광복 후 처음으로 조계사에서 나와 종로3가, 을지로3가, 시청, 안국동을 거쳐 다시 조계사로 돌아가는 제등행렬을 하게 된다.

일제강점기 1927년까지의 기록으로 나타나는 제등행렬이 한동안

---

342 이이화, 앞의 책, 401~407쪽.

한국의 연등문화

1980년 부처님오신날 서울 조계사 전경.

끊어졌다가 1955년에 다시 시작된 것이다. 그렇다면 1955년 이후에 행해진 제등행렬은 어떤 모습일까.

위의 기록을 보면 서울에서 행해진 제등행렬은 등불을 들고 조계사에서 서울 시내 여러 곳을 거쳐 다시 조계사로 돌아오는 모습이다. 1955년에는 '조계사-종로3가-을지로3가-시청-중앙청-안국동 로터리-조계사'로 이어지고, 1959년에는 '종로-을지로-광화문'으로, 1960년에는 조계사 경내에서 제등행렬이 있었다. 1961년처럼 제등행렬을 시행하지 않은 때도 있었다. 1962년에는 '조계사-화신-종로4가-을지로2가-을지로 입구-시청-광화문-중앙청-안국동-조계사'로 이어져 1955년의 모습과 유사한 시가행진을 벌인다. 1963년에는 조계사에서 벌어지는 제등행렬과 더불어 동국대학교에서도 '동국대-을지로3가-종로3가-조계사-중앙청-태평로-을지로 입구-을지로4가-동국대'로 이어지는 제등행렬을 했다. '제등행렬'이라는 명칭으로 이와 비슷하게 서울 시내를 행진하는 것은 지금까지 이어지고 있다.[343]

1970년 서울에서는 제등행렬이 없었는데 지방에서는 제등행렬을 행했음이 나타난다.[344] 1980년에는 5·18 광주민주항쟁이 있었고 계엄이 발령된다. 1980년 5월 17일 24시를 기해 비상계엄이 전국으로 확대 실시되면서 모든 정치활동을 금지하고, 옥내외의 집회와 시위를 금지하고, 대학에는 휴교령을 내리는 등 전국은 얼어붙었다. 1980년 5월 21일의 초파일도 그 영향 속에서 거리를 활보하는 제등행렬을 할 수 없었다.[345] 하지만 봉축행사는 행했던 것으로 나타난다.

> 서울 曹溪寺등 전국의 사찰들은 이날 상오10부터 수많은 신도
> 들이 모인 가운데 봉축법요식을 올렸고 밤에는 찬란한 연등
> 을 밝혀 부처님 오신날을 기렸다. 이번 초파일엔 시국을 감안,
> 서울 여의도광장에서 曹溪寺에 이르는 가두에서 베풀려던 제
> 등행렬은 중단됐고 통금도 평일처럼 해제되지 않았다.[346]

---

343 2020년 코로나19로 인해 연등행사를 취소하였다. 2020년까지 제등행렬(이후 이름 변경 '연등행렬')은 계속되었다.

344 「제등행렬 부산 대각사」,『대한불교』호외, 1970. 05. 10. 1면.

345 「1천3백만 佛子 '부처님 오신 뜻' 기려」,『대한불교』, 1980. 5. 25. "한편 이날 저녁 제등행렬은 없었으며 통금 해지키로 했던 정부방침이 시국관계로 한편의 불자들에게 한 가닥 아쉬움을 남겨 주었다."

346 「온누리 慈悲가득하길…時局감안 街頭提燈행사中斷·通禁그대로」,『경향신문』, 1980. 05. 21. 1면.

1980년의 신문 기사이다. 전국 사찰들에서 부처님오신날을 맞아 봉축법요식을 올리고 밤에는 연등을 밝혀 관등행사를 했다고 한다. 그런데 1980년 여의도에서 조계사로 이어지는 제등행렬은 중단되었고, 통금을 해제하겠다던 당국은 평일처럼 야간통금을 이어 나갔다.

서울에서 행해진 제등행렬에는 등불을 들고 시가행진만 하는 것은 아니었다. 일제강점기부터 이어진 등불 행렬 속에는 코끼리차, 등차, 꽃버스, 대형 법고, 5층탑, 연등탑 등 수많은 상징물도 등장하여 행렬과 함께했다.

1962년 4월 12일 조계종은 대한불교조계종으로 종단 이름을 정하

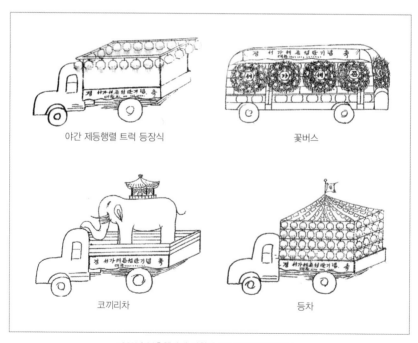

야간 제등행렬 트럭 등장식

꽃버스

코끼리차

등차

1962년 봉축행사에 기획된 제등행렬의 자동차들.

452

『초파일 행사 100년』에 수록된 사진으로
위에서부터 1979년 5월 3일 제등행렬 대형 법고.
1981년 5월 1일 제등행렬 연등탑.
1984년 5월 8일 제등행렬 5층탑.

한국의 연등문화

고 종조를 도의로, 보조를 중천조로, 보우를 중흥조로 하여 재발족하게 된다. 대처 측에서는 법륜사에 종무원을 두고 태고종이라 하였다.[347] 이런 상황 속에서 봉축 행사가 성대하게 봉행되었다. 제등행렬은 주야에 걸쳐 수많은 차량을 동원했다. 낮에는 '백차白車-짬차-코끼리차-꽃차-등차燈車-꽃차-짬차-백차'의 순서로, 밤에는 여기에 5대의 제등차提燈車를 더해 '백차白車-짬차-코끼리차-꽃차-등차-꽃차-제등차-제등차-제등차-제등차-제등차-짬차-백차'로 그 순서를 정하고 있다.[348]

이와 같은 제등행렬의 상징물들이 차에 실려 또는 학생들의 손에 의해 서울 시내에서 옮겨졌다. 이 외에도 대형 법고, 5층탑, 3층탑, 연등탑 등도 나타난다. 참으로 다양한 상징물들을 앞세운 제등행렬이 이어졌다. 그리고 서울의 시청 앞에는 거대한 등탑을 세우고, 경기도 김포시 하성면 애기봉등탑에 등을 밝히기도 했다. 서울시청 앞은 거대한 탑들이 계속 세워지면서 지금까지도 이어지는데 그 모습은 점점 더 세련되어 갔다. 애기봉에서는 통일에 대한 기원을 담아 매년 점등의식을 행하곤 했는데, 1996년 당시 총무원장이던 월주 스님은 "한 핏줄, 한 역사, 같은 문화와 전통을 이어온 하나의 민족이 이처럼 분단된 국토에서 서로 대립하며 살고 있는 우리는 깊이 참회해야 한다."며 "민족이 하나 됨을 서원하는 이 등불이 북녘에도 널리 비쳐 북한 동포의 가슴에도 조국 통일의 염원과 민족 화해의 비원이 가득하기를 기원한다."

---

347 이이화, 앞의 책, 404쪽.
348 『초파일 행사 100년』, 176쪽.

애기봉 점등탑

서울시청 앞 점등탑

라고 하였다.[349] 그런데 2005년이 되면서 심리전을 하지 않기로 했던 남북 당국 간 합의를 존중하여 조계종에서는 애기봉 등탑 점등식을 하지 않기로 하여 이후에는 점등 의식을 하지 않았다.[350]

349 「부처님오신날 애기봉점등식 봉행」,『불교신문』, 1996. 05. 13.
350 「조계종 "부처님오신날 애기봉 봉축 점등 반대"」,『동아일보』, 2011. 04. 15.

이와 더불어 수많은 사찰에서도 연등을 밝히고 그 등불을 구경하는 관등이 행해졌다. 1968년 신문 기사를 보면 다음과 같다.

> 은은히 퍼지는 석공예불 범종소리와 함께 일제히 대웅전 법당 안을 비롯해서 조계사 안 수천등과 정문 앞 아취등, 그리고 행렬 대열에 미리 대기된 갖가지 등에 일제히 등불을 밝히고 장엄한 법요가 진행되었다. 이날 제등행렬 참가자는 약 3만으로 추산, 조계종 산하 각급단체 기관과 신도들외 법상종, 원불교, 진각종, 불입종의 종파와 수많은 외국인들이 제등행렬에 참가했다.
>
> 특히 눈에 띨 만치의 외국인들이 많아 이채를 띠었으며 공사 불교부원들의 제등행렬은 금년도에 처음이었다. 코끼리차, 만등, 탑등, 언등, 수박등, 내형모각등 외 수많은 호화로운 등을 부처님의 법신을 밝히는데 흡족하리만치 질서가 정연하고 엄숙했다. 대각보현에서 만든 대형모각등(전기장치)은 너무 커서 전선줄에 닿을 만치 장관을 드러냈다.[351]

만등, 탑등, 연등, 수박등, 대형모각등과 수많은 호화로운 등불이 이야기되고 있다. '만등萬燈'은 수많은 등불을 가리키는 듯하고, '탑등塔燈'은 탑 모양을 한 등불, '연등蓮燈'은 연꽃 모양의 등불, '수박등'은 수박 모양의 등불을 가리킨다 하겠다. '대형모각등'은 '팔모등'과 같은 각이

351 「관등행렬에 수만 인파-시가 관등제로 부처님오신날 경축」, 『대한불교』, 1968. 05. 16.

진 등불을 가리키는 것으로 보인
다. 여러 등불이 언급되고는 있지
만 조선 후기에 나온 등불의 수효
에는 미치지 못한다.

연꽃등

그러다가 1975년에 불교민속
연등회를 재현하는 행사를 하게
되는데 "등은 과실·어류 등의 모
양을 딴 수박등·참외등·연화
등·모단등·칠성등·봉등·닭등·거북등·잉어등과 같은 여러 이
름이 있었으나 지금 전해지는 것은 연꽃등·팔모등·주름등·탑등·
별등의 몇 종류만이 있다."[352]라는 기사를 남기고 있다. 녹야원에서 연
등회를 재현한다고 하면서 해인도놀이·십바라밀도놀이·불꽃놀이
등 세 가지를 주로 드러냈고, 연등 자체를 복원하는 행사를 한 것은 아
니었다.

1970년대 이후 급속한 산업화로 인해 편리성을 추구하면서 등의
모습도 많은 변화를 겪게 된다. 수박등과 종이로 만든 초롱등이 1960
년대 중반부터 없어졌고, 1970년대에는 팔모등, 연꽃등, 종이주름등,
비닐등이 주로 나타났다. 공장에서 생산된 연꽃잎으로 접고 대나무 대
신 철사로 골조를 만든 연꽃등이 대중화되었다.[353]

1996년 한국전통등연구회를 만들어 전통등의 복원을 연구한 백창

---

352 「불교민속연등회 재현-녹야원 주최 북악 '스카이웨이·풀' 광장서」, 『중앙일보』, 1975. 05. 17.
353 「불자 소망 가득한 등(燈) 변천사」, 『금강신문』, 2015. 05. 19.

1980년 부처님오신날 서울 조계사의 다양한 등.

호 씨는 1979년 열반종의 '만등불사萬燈佛事'가 그나마 전통등 복원을 제대로 시도했다고 전한다.

해방 이후의 연등놀이는 일제강점기보다도 더욱 쇠퇴기를 겪게 된다. 여기에는 금전적 어려움과 미신 타파라는 정부의 정책이 크게 작용했다. 실제로 고증 과정에서 만난 노장스님들이 "예전에는 등을 만들 사람과 비용이 없어 등의 수가 많지 않았다."는 증언이 많았다. 또한 불교예술의 다양한 모습을 보여 주는 영산재의 시연 과정에서도 고작해야 '북등'과 '팔모등' 정도가 보이는 것으로 보아, 등의 제작이 활발하지 않았던 것으로 보인다. 그러다가 다양한 전통등이 나타난 것이 1979년 열반종의 '만등불사'였다. 당시 만등불사를 주도했던 열반종의 해곡 스님에 따르면 만등불사를 위해 7~8년 가까운 시간을 투자했다고 한다. 당시만 해도 과거 등을 만들었던 스님들이 존재하던 시점이라 이들이 대거 등 제작에 참여했으며, 부족한 부분은 합죽선을 만드는 전주의 장인과 어구를 만드는 부산과 인천의 장인들이 동참했다. 당시 복원했던 전통등은 수박등, 어등, 용등, 북등, 새우등, 참외등, 마늘등, 석류등, 탑등, 종등, 코끼리등, 봉황등, 법륜등, 목어등, 석등등, 원앙등, 거북등 등 30여 종이었다고 한다. 하지만 이런 전통등의 재현도 1회성에 그치고 세상에 다시 모습을 드러낸 것은 1996년 '전통등연구회'가 결성되면서였다.[354]

이를 통해 본다면 1996년 이전 관등놀이를 위해 사찰이나 제등행렬에 쓰인 등불들은 매우 조악한 수준이었음을 알 수 있다. 경제적 이유 때문에 전통등을 복원하는 것이 쉽지 않았고, 그것의 복원을 위한 불사가 진행되었어도 1회성에 그치는 문제를 안고 있었던 것이다.

---

354 백창호, 「전통등의 역사와 재현작업」, 『한·중·일 전통등(燈) 문화의 어제와 오늘』, 한국 전통등연구원, 2006, 20쪽.

한국의 연등문화

부처님오신날의 국가공휴일 지정과 등불의 의미

부처님오신날이 '석가탄신일'이란 이름으로 국가공휴일이 된 것은 1975년이었다. 조선시대 민간에서 관등놀이 중심으로 흘러갔던 연등 행사를 불교 행사로 자리매김하도록 불교계에서 참으로 많은 노력을 했다. 1949년부터 크리스마스가 국가공휴일로 지정되어 있었고, 불교 신자들도 많았다. 1963년에 '부처님 탄일 공휴일 지정 대정부 건의서'를 정부에 제출했지만 거절당했다. 그러던 차에 용태영 변호사가 1973년에 '공휴권 청구 관련 확인소송'을 제기했는데, 국가의 종교가 없는 나라에서 크리스마스를 국가공휴일로 정했다면 당연히 부처님오신날도 공휴일로 정해야 한다는 논리를 편다. 그러나 정부에서는 예수 탄생일이 휴일인 것은 범세계적 추세이기 때문이라며 거절한다. 11번의 심리기 진행되면서 불교 신자들이 재판을 참관하러 상경하는 일들이 벌어졌다. 종단에서도 용태영 변호사의 노력을 기반으로 하여 결국 1975년 1월에 부처님오신날이 국가공휴일로 지정받게 된다.[355] 1975년 국가공휴일로 지정되고 전국의 3천여 사찰에서 법요식을 하고, 서울에서 제등행렬에 3만 명이 참여하는 대성황을 이룬다.[356] 국가공휴일로 지정되기 전부터 부처님오신날이면 연등과 관련하여 큰스님들은 우리들이 되새겨볼 만한 말씀을 많이 남기셨다. 여기서 몇 가지 말씀을 들여다보면 좋을 듯하다.

---

355 「'부처님오신날 공휴일 제정 소송' 주역 용태영 변호사」, 『불교신문』, 2005. 05. 14.
356 「온누리에 부처님 자비-어제 초파일」, 『동아일보』 1975. 05. 19.

만약 그에게 이러한 대비원력大悲願力이 없었던들 그는 보리수 아래 앉아 홀로 정각正覺의 기쁨만을 누리면서 입 벌려 대화를 나누지 않았을 것이다. 그렇게 했다면 오늘의 그는 있을 수 없다. 그러니까 그의 출현은 오로지 헤매는 중생을 구제하기 위한 일밖에는 아무 이유도 없게 된 것이다.

탄생의 본질적인 의미는 육신의 출생이 아니라 미망未忘의 결별에 있어야 한다. 괴로움과 속박에서 벗어나 자유롭게 전생轉生하는 일이다. 나 혼자서만이 아니라 모든 이웃과 함께-. 이웃이 없는 나의 존재는 무의하기 때문.

오늘날처럼 인간人間의 자각이 절실해진 때가 일찍이 있었던가. 비인간화의 전도된 문명권에서 우리들 인간이 할 일은 무엇인가. 그것은 우리들 자신 속에 있는 등불을 밝히는 일이다. 그 빛으로 우선 인간의 발부리를 비추어야 한다. 우리가 태어난 것이 물고 뜯고 싸우기 위해서가 아니라면, 서로 믿고 의지해 사랑하며 인간의 길을 함께 갈 수 있도록 밝혀야 할 것이다.[357]

1970년 부처님오신날을 맞아 법정法頂(1932~2010) 스님이 신문에 기고한 글이다. 부처가 우리들에게 온 이유는 오로지 헤매는 중생을 구제하기 위해서라고 하고 있다. 나뿐만 아니라 이웃과 더불어 괴로움과 속박에서 벗어나 자유롭게 삶을 살아갈 수 있도록 해야 한다고 했다.

---

357 법정, 「마음의 등불을 밝히자」, 『동아일보』, 1970. 05. 11.

우리들 자신 속에 있는 등불을 밝히는 일이 우리의 할 일이라 했다. 자신을 태워 타인의 길을 밝히는 이타적 삶의 상징으로 법정 스님은 등불을 이야기하고 있다.

> 부처님오신날을 맞아 평화를 선포합니다. 이제 나 자신부터 자비를 베풀고 길러야겠습니다. 우리가 이 세상에 태어난 것은 전쟁을 위해서가 아니라, 서로서로 의지하고 사랑하기 위해서 만났다는 사실을 알아야 합니다. 이것이 부처님의 가르침입니다. 저마다 나 한 마음이 자비로 충만하여 화평할 때, 온 세상에 평화가 온다는 것을 확인해야 하겠습니다.[358]

1973년 종정 고암古庵(1899~1988) 스님이 부처님오신날 법어로 하신 말씀이다. 우리가 이 세상에 태어난 것은 선생을 위해서가 아니라 서로 의지하며 사랑하기 위해서 만났다고 했다. 저마다 자비로 충만하여 평화로울 때 온 세상에 평화가 온다고 했다.

> 아我를 몰라서 그래. '아我'는 '소아小我'가 아니라 '대아大我'를 말하는 거야. 대아란 우주아宇宙我야. 아무리 석가가 무식하다 해도 만고 성인인데 '내가 제일 잘났다'는 식의 유치한 말을 하겠나. 이 말을 정확히 알아야 해. '인간 존엄성의 선언'이야. 우

---

358 고암 대종사(古庵大宗師)가 1973년 '부처님오신날'에 설한 법어이다. (고암문도회, 『고암법어록』, 조계종출판사, 2020.)

주 전체의 생명이 독존獨尊, 즉 절대적 존재라는 뜻이지. 나[我] 아닌 게 하나도 없는 세계 곧 이타利他가 자연히 이뤄지는 세계지.[359]

1983년 종정 성철性徹(1912~1993) 스님이 신문사 기자와 대담하신 내용이다. 기자가 말하기를, 부처님의 천상천하天上天下 유아독존唯我獨尊이란 말이 이기주의를 나타낸 것이 아니냐고들 한다고 하자 이에 대한 답변으로 하신 말씀이다. '아我'라고 표현되는 '나'는 결코 '작은 나'가 아니라 '큰 나', '우주 나'라고 하면서 우주 전체의 생명이 독존獨尊, 즉 절대적 존재라는 뜻이라고 하셨다. 이 세상에는 나 아닌 것이 하나도 없으니 타인을 이롭게 하여야 한다고 했다.

부처님오신날을 맞아 큰스님들이 하신 말씀은 하나같이 등불처럼 자신을 태워 주변을 밝히는 대승적 보살행菩薩行을 언급하고 있다. 그리하여 이웃을 사랑하고 평화롭게 살아가야 한다고 했다. 우리 민족이 예전부터 등불을 밝히며 서로의 복을 빌고 평화롭기를 바랐던 마음이 그대로 큰스님들의 법어法語로 이야기되고 있다.

---

359 「내일 부처님오신날 李性徹 종정에게 듣는다 物慾이 萬苦의 근원이라…」, 『동아일보』, 1983. 05. 19.

연등축제 시기의 등불

1996년 이후부터는 연등축제의 시기였다. 이전의 부처님오신날에 대해 불교계는 "오랫동안 관행화되어 의례적인 행사로 전락해 버린 봉축 행사는 부처님 오신 참뜻을 사회에 회향하지 못해 시대정신을 이끌지 못하고 불자들만의 자위적인 행사로 그치고 있다."[360]라는 반성을 하면서 연등축제를 기획한다.

봉축 행사가 전통 축제의 형태로 거듭나면서, 불교 신도들만의 행사가 아니라 시민들과 어우러지는 축제로 새롭게 태어난다. 그래서 종교의식 중심에서 축제의 형식으로 변화하고, 중앙과 지방의 통일, 전통과 현대의 조화, 불교 신도와 시민의 화합 등이 연등축제의 시대의 슬로건이 된다.[361] 이때의 연등축제에 대한 평가를 『불교신문』은 다음과 같이 전하고 있다.

> 조잡하고 통일되지 않은 과거의 모든 양식을 규범화시켜 전국적으로 봉축행사의 기본 틀을 제시했으며 봉축 분위기를 더한층 고조시켰다. 특히 음악 미술 등 문화 행사, 소외된 이웃과 함께하는 자비 행사, 부처님 오심을 찬탄하는 봉축 행사 등에 맞는 매뉴얼 시대는 사부대중과 함께한 행사로 만들었다. 새로운 봉축 문화는 종교의식 중점에서 시민과 함께하는 축

---

360 「2540 부처님오신날 행사-해설」, 『불교신문』, 1996. 03. 13.
361 「96년 봉축행사 결산」, 『불교신문』, 1996. 06. 11.

2023년 부처님오신날 서울 광화문 봉축 점등식.

서울 연등회 연등행렬.

제로의 대전환이었다. 불자들만의 봉축이 아닌 시민 외국인도 함께 참여해 부처님 오심을 기뻐하고 찬탄하며 환희심을 공유했다는 것이다. 시민에게 부처님 오심을 가르치는 것이 아니라 부처님이 이 땅에 나투셨으니 함께 찬탄하며 기쁨을 같이하자는 연등축제는 민족 전통을 계승하는 이 시대에 새로운 전통 축제로의 자리매김이었다.[362]

연등축제는 지역별로 흩어져 있던 봉축 행사에서 전국적으로 일관된 축제로 변화되어 갔다. 불자들만의 행사가 아니라 국민 전체, 나아가 외국인들도 참여할 수 있는 행사이고자 했다. 그러면서 민족의 전통을 계승하면서도 창의적인 축제이고자 했다. 그래서 범종파적으로 사용될 수 있는 부처님오신날 기념 휘장을 연꽃 모양으로 만들고, 부처님의 이릴 적 모습을 캐릭터로 만들었다. 이후에도 아기 부처님의 캐릭터는 지속적으로 쓰인다.

이와 함께 전통 등불을 제작하고 전시하는 행사들이 만들어진다. 행사는 시청 앞 점등식을 시작으로 각양각색의 전통등 전시회가 열리고, 관람객이 직접 등불을 제작하고 전통놀이와 불교문화를 체험할 수 있는 거리 행사와 연등법회, 등불을 들고 행진하는 연등행렬 등으로 이어진다. 그야말로 연등으로 수놓아진 축제의 장을 1996년 이후부터 만들어 냈다.

---

362 위의 글.

전통등을 재현하다

'전통등'이라는 용어는 1996년, 불교계에서 문헌에만 남아 있던 등불을 복원하는 과정에서 생겨난 말이다. 처음에는 '지금까지 사용되던 등과 다른 등'이라는 뜻에서 사용하던 이름이었는데 계속 사용하다 보니 고유명사처럼 굳어졌다. 일본풍의 등불과는 다른 우리 고유의 등불을 지칭할 필요성도 있었다. 그런 가운데 과거에 대량으로 생산되던 등불과 차별 지으면서 한국 고유의 등불이라는 뜻을 담아 전통등이라는 용어를 쓰게 된다.[363]

1990년대에 등불은 일본의 영향을 받은 듯한 주름등이나 공등이 대부분이었고, 우리의 등불이라 할 팔모등이나 연꽃등은 명맥만 유지하고 있을 뿐이었다. 손이 많이 가는 연꽃등이나 팔모등이 제작되긴 했지만, 도심의 큰 사찰에서는 부처님오신날을 맞이하여 대량으로 생산해 내야 했으므로 국적 불명의 등불이 사찰의 연등회를 차지하고 있었다.

이런 문제를 인식하면서 전통등을 복원하겠다고 나선 이들이 있었다. 행사기획단(현 연등회보존회)에서 전통등 복원의 실무를 담당하던 김범정(당시 한국전통등연구원 연구위원/ 마곡사 종무실장) 씨와 동국대학교 미대를 졸업한 백창호(현 한국전통등연구원 원장) 씨가 만나고 몇몇 뜻을 함께하는

---

363 김범정, 「전통등 복원 과정과 미래를 위한 제언」, 『전통등의 어제와 오늘』, 한국전통등연구원, 2016, 10쪽.

한국전통등연구원에서 복원한 전통등_ 왼쪽 위부터 차례대로
물고기등(북한), 수박등, 수복등, 알등, 가마등,
병등1(북한), 연화등, 용등, 새우등, 남산등,
오행등(북한), 묵능, 송능, 수마등, 공등,
화분등(북한), 방울등, 배등, 봉황등, 물고기등.

이들이 만나면서 전통등을 복원하는 작업이 시작되었다.[364] 그리고
1996년 10월에 전통등연구회가 결성되고 이후 한국전통등연구원으로
발전하면서 지속적 발전을 하게 된다.

　백창호 원장이 밝히는 전통등 복원 과정은 참으로 지난한 과정이

---

364 김범정, 위의 글, 13쪽.

었다.[365] 그의 이야기를 조금 정리해 본다.

그는 전통등 재현 작업을 하려 하니 문헌에 남아 있는 사료가 전부였고 등불의 구체적 형상에는 사람들이 별로 관심을 갖고 있지 않다는 것을 알게 됐다. 그래서 맨 먼저 칠보사 석주 스님을 찾아갔다. 수박등과 거북등을 만들어 보셨다고 했는데 수박등은 수박의 단면을 자른 모양이고, 거북등은 거북이처럼 만들면 된다고 하셨다. 돌아와 수박등을 만드는데 어떻게 단면을 자를지가 문제였다. 처음에는 둥근 수박을 만들어 옆면을 잘라 보았는데, 푸른 수박껍질과 붉은 수박의 속이 대조를 이루는 것이 썩 나쁘지 않았다고 했다. 하지만 제작 과정이 매우 번거로운 게 문제였다. 그래서 그는 이렇게 만들지는 않았을 것이라며 고민에 빠진다. 그리고 1970년 와우정사 해곡 스님(현 대한불교 열반종 총무원장)이 만등불사를 하면서 한 차례 전통등을 재현하신 것을 알았다. 그분의 조언은 전통등 재현에 큰 힘이 되었다. 그리고 1997년 4월 전통등 시연회를 열었다.

이후 그는 민속학의 대가이신 심우성 선생님을 비롯한 많은 분의 도움을 받았다. 전라남도 담양에서 죽세공 기술을 배워 와서 대나무로 등을 만들기 시작하였고, 태안의 장세일 법사님께 설위설경設位說經(굿 장소를 종이로 꾸민 화려한 장식)의 '종이바수기(종이오리기)' 기술도 견학하였다. 부산 수영야류를 찾아가 놀이에 쓰는 대등大燈 4점을 보았다. 무속에 사용되는 등을 알아보기 위해 김석출 옹을 찾아가 무속에서 사용되는

---

365 백창호, 「전통등의 역사와 재현작업」, 『한 · 중 · 일 전통등(燈) 문화의 어제와 오늘』, 한국 전통등연구원, 2006. 여기의 글을 바탕으로 재구성하고 있다.

등의 종류와 제작 방법에 대해 자세히 듣기도 했다.

그는 일본 아오모리의 네부타마츠리를 참관하고 돌아와서는 연등 축제에 사용할 대형 장엄등莊嚴燈 제작에 대한 고민을 하였다. 연등축 제 행렬에 나오는 대형 장엄물들은 대부분 외부 조명을 사용하고 있었 고, 내부 조명을 사용해도 그다지 밝지 않아 장엄미가 없었다.

그리고 1998년 4월 22일부터 5월 2일까지 서울 삼성동 봉은사에서 '전통등 재현전'을 열었다. 40여 종 100여 점의 작품을 대나무와 한지 로 제작해 많은 관심이 있었다. 하지만 등을 예쁘게만 만들려 노력하 다 보니 전통등 재현에는 부족한 점이 많음을 느꼈다. 이후 전통등 제 작 강습회를 열면서 전통등 대중화에 힘쓰고, 연등축제의 장엄등과 행 렬용 소품등을 지속적으로 개발하며 지금까지 전통등 전시를 지속하 고 있다.

유네스코 인류무형문화유산이 된 연등회

2020년 12월 16일 오후(파리 현지시간) 제15차 유네스코 무형유산보호협 약 정부간위원회(12월 14일~12월 19일)는 화상으로 회의를 진행하였다. 그 회의에서 대한민국의 '연등회(Yeondeunghoe, lantern lighting festival in the Republic of Korea)'가 유네스코가 지정하는 인류무형문화유산 대표목록에 등재되었다.

유네스코 무형유산위원회에서는 연등회가 시대를 지나며 바뀌어 온 포용성으로 국적과 인종, 종교와 장애의 경계를 넘어 문화적 다양성을 보여 주고 있다는 점, 사회적 경계를 일시적으로 허물고 기쁨을 나누고 위기를 극복하는 데 중요한 역할을 수행한다는 점 등을 높이 평가하면서 인류무형문화유산으로 등재한다고 했다. 그리고 '연등회' 등재 신청서가 무형유산의 중요성에 대한 가시성과 인식을 높이는 모범 사례라고 높이 평가하였다.

부처님오신날 무렵에 개최되는 관불灌佛의식과 연등행렬, 회향 등으로 구성되는 연등회가 처음에는 불교 행사로 시작되었지만, 나중에는 일반인의 참여로 확대되고 국민적 축제로 발전했음을 중요하게 보았다고 했다. 불교가 전래된 이후 천 년이 넘도록 전승된 문화행사이자 축제로 시대에 따라 발전하여 살아 있는 무형의 문화유산으로 인정을 받은 것이다.

> 연등회는 대한민국 전역에서 개최된다. 부처님오신날(음력 4월 8일)이 가까워 오면 전국에 다채로운 연등이 밝혀진다. 본래 부처님오신날을 기념하기 위한 종교의식이었으나 현재 연등회는 누구나 참여할 수 있는 국가적인 봄철 축제이다. 거리에는 다채로운 연등이 내걸리고, 사람들은 각자 만든 연등을 들고 축하 행렬을 위해 모여든다. 매년 열리는 축제는 부처님의 탄생을 기념하는 관불의식으로 시작된다. 그다음에는 연등을 든 사람들의 행진이 이어지며, 행진 뒤에는 참여자들이 모여 회향 한마당이 열린다. 참여자들은 스스로 만든 연등을 들고 자신들과 가족, 그리고 이웃과 나라 전체의 안녕과 행복을 기원한다. 또한 연등을 밝히는 것은 개인, 공동체, 그리고 사회

한국의 연등문화

전체를 부처의 지혜로 밝히는 것을 상징한다. 연등회와 관련
된 지식과 기술은 주로 불교 사찰과 공동체를 통해 전승되는
데, 연등회보존위원회가 교육 과정의 운영을 통해 중요한 역
할을 담당한다. 연등회는 사회적 경계를 일시적으로 허무는
행복한 시간이다. 사회적으로 어려움이 있을 때에는 연등회
가 사회를 단합하고 위기를 극복하는 데 중요한 역할을 수행
한다.[366]

유네스코 인류무형유산등재 결정문에서 밝히고 있는 연등회의 인
지 사항이다. 4월 8일 부처님오신날을 기념하기 위한 행사가 누구나
참여할 수 있는 축제로 자리매김하면서 대표적인 봄철의 축제가 되었
음을 인지한다고 했다. 그리고 아기 부처님의 몸을 씻기는 관불灌佛의
식, 등불을 든 사람들이 길거리를 활보하는 연등행렬, 여기에 회향 한
마당이 펼쳐짐을 밝혔다. 그러면서 사찰과 공동체를 통해 전승되고,
연등회보존위원회가 교육 과정을 운영하는 등 지속적인 활동이 이어
지고 있음을 이야기한다. 유네스코 무형유산위원회는 이러한 내용들
을 인지한다면서 "연등회, 대한민국의 연등축제를 인류무형문화유산
대표목록에 등재하기로 결정한다."라고 했다.

이제 연등회는 국내뿐만 아니라 세계적인 축제로 인정을 받은 것
이다. 인류무형문화유산은 문화의 다양성을 보존하는 데 원천이라 할
수 있는 무형유산의 중요성에 대한 인식을 높이고, 무형유산을 보호하

---

366 「'연등회' 유네스코 인류무형유산등재 결정문(번역)」(외교부, 문화재청 공동 보도자료).

472

기 위해 국가적·국제적 협력과 지원을 도모하기 위해 지정된 것으로 연등회는 국가적·국제적으로 협력과 지원을 아끼지 말아야 할 중요 문화재가 되었다.

지금까지 연등회가 얼마나 많은 굴곡을 지나면서 이어져 왔는지를 살펴보았다. 연등회가 단순히 불교인의 종교의식이기만 했던 것은 아니었으며, 시대에 따라 통치자의 권력을 유지하는 방편으로 또는 민중의 축제로 끝없이 변화해 왔다. 그 변화는 등불의 문화사를 형성하며 인도에서 중국으로, 다시 한국으로 도도한 강물처럼 이어져 오면서 우리 인류의 역사와 함께하였다. 그리고 그 과정에서 그 가치와 의의를 기억하고 연등축제의 방식을 잘 보존하고 유지하는 것이 얼마나 중요한지를 보았다. 전통을 보존하려는 수많은 이들의 노력이 없었다면 연등축제는 사라져 버렸을지도 모른다. 이제 우리는 연등축제를 국적과 인종, 종교와 장애의 경계를 뛰어넘는 축제로 잘 보존하면서 계승 발전시켜야 할 것이다.

연등문화의 특징과 미래

—

연등의 문화요소들
연등문화의 미래

연등의 문화요소들

인류는 지구상에 존재하면서 끊임없이 '인위적'으로 무언가를 만들어 왔다. 그렇게 만들어 낸 결과물들을 모두 문화文化라 할 것이다. 에드 워드 타일러(Edward B. Tylor, 1832~1917)가 "문화 또는 문명이란 지식, 신앙, 예술, 도덕, 법률, 관습 및 기타 사회구성원인 인간에 의해 획득된 모든 능력과 관습의 복합 총체이다."[1]라고 표현한 것과 같은 것이다. 그런 정의를 놓고 보면 문화의 범위는 너무 넓어서 명확한 개념이 잘 서지 않는 것 또한 사실이다. 그렇지만 법이나 자연과학, 철학 등과 같이 특정 분야에 한정 지으면서 다른 학문 영역에 대해 매우 배타적인 것과 다른 것이 문화이다. 문화는 종교문화, 법률문화와 같이 자유분방하게 다양한 학문 영역을 넘나들면서 여러 요소를 끌어들여 다채로운 스펙트럼을 보여 주는 세계이다. 코디 최의 비유처럼 문화는 방랑자, 보헤미안 같은 존재[2]가 맞다.

---

1 Edward Burnett Tylor, 『Primitive Culture』(1871), (Cambridge University Press, 2010). p. 1.

그런데 문화는 인위적人爲的이어서 처음부터 정해진 것은 없었으며, 특정 시기에 형성된 문화도 세월의 흐름에 따라 끊임없이 변화하며, 생성되었다가 사라지기도 하고 사라진 것으로 알던 것이 되살아나기도 한다. 서양문화가 밀려오던 근대기에 우리의 전통문화가 고루하고 비루한 것으로 여겨지며 내팽개쳐지기도 하고, 그러다 다시금 전통을 되살리자는 운동이 벌어지면서 전통문화가 최고의 문화로 평가되고 보존되기도 했다. 예컨대 판소리라는 것이 조선 후기에 형성되어 흥행을 이어 가다가 일제강점기를 거치며 천덕꾸러기 취급을 받았다. 그러다 1964년에 판소리를 중요무형문화재로 지정하고 1970년대 초의 민중문화 운동과 더불어 학문적·예술적 가치를 인정받으며 21세기까지 전승되고 있다. 영화 〈서편제〉(1993)에서 보이듯, 한때 소리를 들어주는 이들이 줄어들고 사람들의 냉대를 받으면서도 판소리의 완성과 전승을 위해 고군분투하는 유봉과 같은 이들이 없었다면 판소리는 지금까지 그 명맥을 유지하기 어려웠을 것이다. 그런 판소리보다 더 오랜 역사를 지닌 연등 또는 등불도 인류의 삶을 변화시키고 다양한 문화를 창출하면서 지금까지 흘러왔다.

이 글은 그 연등, 등불의 문화사를 드러내는 것이다. 인도, 중국, 한국 등에서 펼쳐진 연등 및 등불 문화는 부침浮沈을 거듭하면서 다채로운 변화 과정을 거쳤다. 인도에서는 어둠을 밝히는 등불이 불교와 관련을 맺으며 종교적 의미를 획득하고 대승불교의 보살행을 상징하게 되었다. 그리고 이는 중국, 한국, 일본 등으로 이어지는 북방불교와 관

---

2 코디 최, 『동시대 문화 지형도』, 컬처그라피, 2010, 27쪽.

연등문화의 특징과 미래

련을 맺으며 연등회의 전통을 만들어 주었다. 중국에서는 불교가 전해지기 전부터 정월 보름에 등불을 밝혔는데, 세월이 흐르면서 황실의 권위를 상징하는 행사로서의 역할을 하다가 점차 민중의 문화로 변화하는 모습을 보여 주었다. 한국에서 연등 행사는 삼국시대부터 등불을 켜는 일이 국가적 차원이나 민간 차원에서 행해지다가, 고려시대에는 연등회와 팔관회 행사에 불교적 의미를 담으면서 지속되었고, 조선시대에 이르러 관등놀이라는 명칭과 함께 민간 행사로 자리를 잡고 이어졌다. 그러다 일제강점기를 거치면서 연등회의 전통이 끊어지는 듯하다가 광복 이후 다시금 부활하여 불교 행사, 나아가 전 국민적 행사로 변화하는 모습을 보이게 된다.

이런 연등문화의 통시적 흐름 속에서 우리는 몇 가지 특징을 파악할 수 있었다. 연등은 정치권력, 민속, 종교, 예술, 연희 등의 측면과 관련을 맺고 변화를 서듭했음을 확인할 수 있다.

일반적으로 문화를 성립하게 하는 요소로 기술과 가치, 사회관계, 언어로 나누기도 하고, 여기에 물질을 더하기도 한다. 이들 요소는 각기 독자적인 기능을 가지면서도 내적으로는 서로 관련을 맺으면서 통합적인 전체를 형성한다고 볼 수 있다.[3] 연등도 그러한 문화의 요소들을 지니면서 서로 연관을 맺고 하나의 통합적 전체를 형성하고 있다고 볼 수 있다. 그런데 연등의 문화사를 살피는 과정에서 도드라진 측면을 연등의 문화요소라고 할 때 그 요소들을 제시해 본다면 위와 같은

---

3 「문화의 요소와 구조」, 『두산백과』(https://terms.naver.com/entry.nhn?docId=1185925&cid=40942&categoryId=31611)

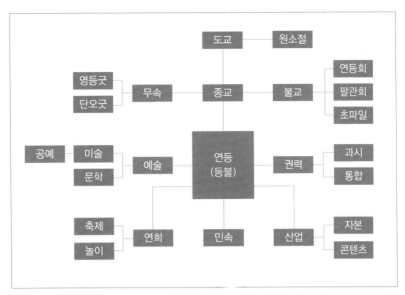

연등 관련 문화요소

그림으로 정리할 수 있다.

연등을 제작하는 부분에서는 기술적 측면, 연등의 장식성이나 예술성을 고려한다는 점에서는 예술적 측면, 연등이 불교나 도교 등 종교적 의례와 관련을 맺는다는 점에서는 가치의 측면, 연등이 민족이나 국가를 통합하면서도 권력자의 권력 과시를 위한 도구로 이용된다는 점에서는 사회관계의 측면이 나타난다. 또한 연등을 통해 문화 콘텐츠나 경제적 이득을 추구한다는 점에서 산업적 측면도 존재한다. 이런 요소들은 각기 독립적 특성을 드러내면서도 서로 연관을 맺고 있으며 연등문화라는 통합적 측면을 형성하게 된다.

이런 부분과 전체의 관계를 고려하여 연등문화의 요소로 ①종교

②권력 ③예술 ④산업 등을 상정해 볼 수 있다. 연등문화의 역사를 통해 나타나는 이들 문화요소의 두드러진 특징을 살펴 본다.

종교의 상징

연등은 불교, 도교, 무속 등의 종교와 관련을 맺으면서 종교적 상징물로 이어져 왔다. 중국은 도교, 한국은 불교 및 무속과 깊은 관련을 맺었다. 인도에서 발흥한 불교적 상징으로서의 연등은 동북아시아의 문화 전통을 형성하는 데 지대한 영향을 끼쳤다.

지금까지 남아 있는 불교 경전들을 중심으로 들여다보면 석가모니 부처님이 중생을 구제하기 위해 진리의 법을 전할 때부터 연등은 밝혀지고 있었다. 바사닉왕은 부처님과 여러 사람을 공양하면서 기원정사를 등불로 가득 채웠다고 한다. 그런데 부처님은 바사닉왕을 칭찬하기보다 난타라는 가난한 여인을 칭찬한다. 난타는 비렁뱅이로 1전의 돈으로 기름을 사서 연등을 밝혔다. 끼니도 제대로 못 챙겨 먹는 여인이 전 재산과 같은 돈으로 연등 공양을 올린 것이다. 그러면서도 그는 자신이 잘 먹고 잘 살기를 기원하는 기도를 올리지 않고 이렇게 생각했다. '저는 지금 가난해서 부처님께 이렇게 작은 등불이나마 공양합니다. 그렇지만 이 인연 공덕으로 돌아오는 생에는 지혜 광명을 얻어 일체중생의 어둠을 없애 주옵소서.' 그가 꿈꾼 것은 현세의 이득이 아니라 돌아오는 삶에서나마 지혜 광명을 얻어 일체중생의 어둠을 없애 달라는 것이었다. 연등은 단지 어둠을 밝히는 도구를 뛰어넘어 무명에

사로잡혀 있는 중생이 지혜를 얻고 참된 삶을 살아갈 수 있도록 인도하는 상징물로, 나아가 대승불교의 보살행을 나타내고, 심지어 전생 인연과 연결시키면서 부처님을 '연등불'이라고까지 하게 되었던 것이다. 그렇게 불교가 만들어 낸 연등의 상징성은 수많은 불교 경전, 설화와 어우러지면서 2500년이 넘도록 살아 있다 하겠다.

인도에서 형성된 경전 속에서 연등 공양은 등불과 같이 세상을 비추면서 눈이 완전하고, 천안통天眼通과 지혜를 얻으며, 큰 복의 갚음을 갖추고, 죽어서는 천상에 나고, 열반을 빨리 증득하게 된다고 이야기된다.[4] 심지어 다른 사람이 부처님께 보시한 등불을 보고 신심이 청정해져 합장하고 기뻐하는, 곧 관등觀燈을 통해 불교에 대한 신심만 갖더라도 여덟 가지 증상법增上法을 얻게 된다고 하였다.[5] 연등 공양과 관등의 공덕을 설함으로써 종교적 신심을 형성하도록 하였던 것이다.

연등 공양은 보시바라밀의 한 측면이라 하겠는데, 대승불교를 이끄는 최고의 경전인 『화엄경』에서는 "젖등불, 기름등불, 보배등불, 마니등불, 칠등불, 화등불, 침수향등불, 전단향등불, 일체향등불, 무량불꽃과 광명불꽃 등불"과 같은 등불을 보시하면 일체중생을 이롭게 하여 부처님의 법을 두루 비추게 된다고 하였다.[6] 깨달음을 얻는 방편으로 연등을 보시하는 방법을 제시하고 있는 것이다. 『화엄경』이라는 경전의 권위는 대승불교를 떠받들었던 동북아시아의 불교인들에게 연등

---

4 『佛爲首迦長者說業報差別經』.

5 『佛說施燈功德經』.

6 『大方廣佛華嚴經』, 「金剛幢菩薩十廻向品」.

연등문화의 특징과 미래

보시의 전통을 만들어 낸 것이다.

중국의 고승 법현法顯이 인도를 찾았던 5세기 무렵 인도 마가다 (Magadha)국에서는 연등을 밝히며 불법을 떠받드는 행사가 이루어지고 있었다. 매년 건묘월建卯月, 곧 2월 8일에 네 바퀴 수레에 대나무로 엮은 5층짜리 탑과 같은 망루를 세우고 그 위에 불상을 안치하고 거리를 오가는 의식을 행하고 있었다. 성 안에 모인 승려와 속인들은 이틀 동안 머물렀는데, 밤중에는 등불을 밝히고 기악을 공양하였다고 했다.[7] 최근까지 우리나라에서 행해지는 제등행렬과 매우 유사한 모습을 보여 주고 있었다.

그리고 우전국于闐國에서 행해졌던 불교 행사와 축찰시라에서 행해졌던 연등회를 전하고 있는데, 사찰에서 그리고 탑 앞에서 행해졌던 연등 행사를 전하고 있다.[8] 음력 4월 1일부터 14일까지 이뤄졌던 불교 축제이다. 왕실과 민간이 힘을 합쳐 정말 화려하고 성대하게 치른 축제였는데, 우리나라의 사월초파일과 같은 시기에 우전국에서 축제가 행해지고 있었던 것이다.

중국에서 벌어지는 등불 축제의 근원은 정료庭燎로, 무속적 요소가 강했다. 마귀를 내쫓고 질서를 부여하기 위한 무속적 행사로 불을 이용하는 의식이었는데 이것이 발전하여 횃불 축제며 등불 축제로까지 이어진 것이다. 그러다 한나라 때에 원소절元宵节이라 하여 도교적 성격의 정월대보름 행사가 열리게 되었다. 이때의 등불은 번료燔燎라고

---

7 法顯, 『高僧法顯傳』.

8 法顯, 『高僧法顯傳』.

하여 도교적 성격이 강했다. 태일신太—神을 제사 지내기 위해 저녁부터 날이 밝을 때까지 불을 밝혔는데, 사람들은 밤에 관등놀이를 하는 풍습이 있었다고 한다.[9] 태일신은 도교에서 모셔지는 신이다.

그러다 한 무제에 이르러 향등香燈이라 하여 부처님이나 신상神像 앞에 등불을 밤낮으로 켜 두는 제사를 올리다가 마침내는 연등燃燈이라 하여 불법의식과 관련된 등불문화가 생겨나게 되었다. 수隋나라 양제煬帝는 불교를 중흥시키면서 사찰을 짓고 탑이나 불상을 조영하는 등의 불사를 행하면서 정월대보름에 연등을 밝혔다. 그가 남긴 〈정월대보름 사통팔달의 거리에 등을 세운 밤 남쪽 누각에 올라[正月十五日於通衢建燈夜升南樓詩]〉라는 시가 이를 잘 드러내 준다.

불교를 받아들이기 시작한 남북조시대가 지나고, 중국 불교의 황금기라 이야기되는 당나라 때에는 상원上元이라 언급되는 정월대보름 연등회가 열린다. 호승胡僧 파타婆陀의 요청에 따라 당나라 현종玄宗 황제가 연등 수천 개를 3일 밤 동안 환히 밝혔으며, 주변의 대신들이 등불 보는 것을 만류할 정도였다고 한다. 이렇게 불교적 색채가 강했던 등불 행사는 점차 춤과 노래 나아가 곡예를 즐기는, 유흥을 위한 행사로 변화한다. 천보天寶(742~755) 3년(744) 11월에는 조서를 내려 매년 정월 14일, 15일, 16일에 저잣거리에 등불을 내걸게 했다. 그러면서 연등회가 민간인들도 참여하는 온 민중의 축제로 자리를 잡게 되었다.

국가적 행사가 되어 정월대보름을 전후한 14일부터 16일까지 3일

---

9 송(宋)나라 홍매(洪邁)의 『용재삼필(容齋三筆)』「상원장등(上元張燈)」에 나온다. "太平御覽 載史記樂書曰 漢家祀太一 以昏時祠到明 今人正月望日 夜游觀燈 是其遺事 而今史記無此文 唐韋述兩京新記曰 正月十五日 夜勅金吾弛禁 前後各一日以看燈."

연등문화의 특징과 미래

간 행해졌던 당나라의 등불 축제는 송나라 때에 이르러 이틀을 더하게 된다. 송나라에서는 여민동락與民同樂을 내세우며 황실에서부터 일반 백성들에 이르기까지 함께 어우러져 화려한 등불을 켜고 노래하고 춤추며 사랑을 나누는 축제의 날을 만들었다. 송나라 때에는 관음보살과 문수보살을 오산에 세워 놓는 등 불교적 색채를 띠었다. 불교를 포용하면서 황실과 민중이 어우러진 국가적 행사로 자리했던 것이다.

명나라 때에는 정월 8일부터 18일까지 무려 11일간이나 등불을 밝혔다. 푸른 산처럼 세워 놓은 오산鰲山에 각양각색의 등기구를 매달아 놓고 중국에서 기리는 8명의 신선 인형을 달아 놓았다고 한다. 궁중에서 행해졌던 등불 축제는 매우 도교적인 색채를 띠었다. 그렇다고 모두 도교적 색채만을 띠었던 것은 아니고, 불교 사원에서도 등불을 밝혀 사람들에게 지혜의 길을 열어 주려 노력했다. 그런데 명나라의 등불 축제는 황실이나 민간에서 매우 세속화되어 갔고, 마침내는 그 사치스러움이 극에 달해 원소절이 축소되고 명나라 멸망까지 가져왔다고 한다.

청나라 때에도 원소절에 등불을 다는 풍습이 있었는데, 이전보다 더욱 찬란했다. 정월 8일부터 10일간 행해졌던 등시燈市는 밤마다 장등張燈을 밝히고 화려한 축제를 이어 갔다. 등불 축제는 정월대보름뿐만 아니라 1월 8일의 순성順星, 2월 19일의 관음회觀音會, 9월 9일의 중양절重陽節, 10월 25일의 백탑연등白塔燃燈 등 불교와 도교를 모두 아우르면서 계승되었다.

근현대 중국에서는 등불 축제가 오랜 시기 침체되어 있다가 1980년대 이후에 부활한다. 이후 중국에서는 도시와 시골의 전통등회, 종묘사묘의 등회, 도시의 신형등회 등 다양한 등불 축제가 행해지고 있는데, 전통을 이어 가는 측면이 강하지만 한편으로는 상업적 측면도 매우 강해졌다. 사라져 가던 전통등회 민속이 개혁·개방을 거치면서 경제 발전에 힘입어 되살아난 것이다. 여기에 종교적 색채는 많은 부분 옅어졌다고 봐야 할 것이다.

한국에서 등불은 불교가 중심을 이루고 무속적 성격이 결부되어 있다. 현재까지 전해지는 강릉단오굿이나 오구굿 같은 무속의 굿마당에서는 '등노래굿'이라는 노래가 전해지고 있다. '꽃노래굿' 다음에 행해지는 '등노래굿'은 서낭당 곁에 매달아 놓은 호개등昊蓋燈을 떼어 내며 시작되는데, 하늘을 덮는 등불을 뜻하는 이 호개등은 하늘과 땅, 신과 인간이 만나는 강릉단오제를 상징하는 것이다. 이 등불은 석가여래가 내놓은 것으로 극락세계로 가는 망자를 위한 것이라 한다. 무속에서 등불은 불교와도 연관되면서 극락세계로 나아가는 데 쉬어 가고, 원하는 세계로 가기를 기원하는 망자를 위한 굿에서 밝게 빛났던 것이다. 또한 신화 〈창세가〉에 등장하는 불의 기원 이야기,『청학집靑鶴集』이나『규원사화揆園史話』에 등장하는 부소夫蘇가 불을 발명했다는 이야기, 〈구지가龜旨歌〉를 노래하는 가락국 건국신화 속에 이야기되는 제의 등이 모두 무속과 관련을 맺는다고 하겠다. 그리고 불귀신을 담고 있는 〈지귀주사志鬼呪辭〉나 부엌의 신인 조왕신을 모시는 전통도 무속의 전통이라 할 수 있다. 우리나라에서 무속이 민간에 깊이 뿌리를 내린 가운데 불, 등불을 떠받드는 전통을 이어 왔던 것이다.

한편 우리나라에 일찌감치 전래된 불교는 등불을 떠받드는 연등회를 오랫동안 계승했다. 신라시대에 시작된 연등회는 처음에 기존의 무속적 전통에 불교적 의미가 뒤섞이며 전해지기도 했다. 고려 전기만 하더라도 정월 보름, 2월 보름에 연등회가 국가적 차원에서 행해졌는데 무속과 불교가 뒤섞여 있었다. 이는 고려 태조가 부처를 섬기고 오악, 명산, 대천, 용신 등을 섬기는 풍습을 이어 감으로써 임금과 신하, 모든 백성이 서로를 공경하며 살아가야 한다는 마음으로 등불을 밝히는 연등회와 팔관회八關會를 열었다고 하는 데서 그 성격을 짐작하게 한다.

그러던 것이 고려 중후기가 되면 불교 인구가 확대되면서 사월초파일 연등회로 변화하게 된다. 몽골의 침입으로 강화도로 황실을 옮겼을 때에도 당시 권력의 실세였던 최이는 연등회를 정월이나 2월이 아닌 4월 8일, 곧 부처님오신날에 열었는데, 이는 불법을 떠받듦으로써 국가를 지킬 수 있다는 믿음 때문이었다. 고려의 권력자들이 팔만대장경을 새김으로써 부처님의 영험으로 몽골을 물리치기를 빌었던 것과 같은 배경으로 연등회를 연 것이다.

그리고 원나라의 정치적 간섭이 있던 시기에는 승려 1만 명에게 음식을 대접하고 등불 1만 개를 켜는 만승회萬僧會, 만등회萬燈會라고 하는 행사까지 치러지는데 이는 국왕 자신의 공덕을 쌓기 위한 불교적 측면과 국왕의 위대함이나 부처에 대한 기원을 감동적으로 연출함으로써 정치적 위치를 공고히 하고자 하는 의도를 지닌 것이었다.[10] 왕실에서는 백성들로 하여금 그 규모에 놀라고 그 찬란함에 불교에 대한 신심, 국왕에 대한 존경심을 불러일으키게 하려는 의도를 지녔던 것이다.

공민왕 18년(1369)에 행해졌던 문수회文殊會와 화산희火山戲 같은 것

10 김인호, 「고려시대 잔치, 축제와 공감대」, 『연등회의 종합적 고찰』, 민속원, 2013, 429~430쪽.

도 있었는데, 이 역시 등불로 가득 채운 연등회의 또 다른 형태의 불교 행사였다. 수미산 모양의 장식대를 불상 앞에 설치하고, 촛불을 밝히고, 앞뜰에 인공의 산을 만들어 금과 은으로 치장하고, 각종 깃발을 펄럭이게 하는 행사가 문수회였다. 화산희는 백만 개의 등불을 단 등불산을 만들고 그 앞에서 온갖 놀이를 행하는 것이었다.

그런데 공민왕 시절부터 사월초파일의 연등회는 왕실 중심의 행사가 아니었다. 연등회는 2월에서 4월로 옮겨 가면서 민중의 풍속으로 자리를 잡아 갔던 것이다. 등놀이의 성격이 강해졌으며 지방에서 작은 무대를 만들고 주변에 등롱을 매달고 노래와 춤을 즐기는 놀이로 변화해 갔다.

조선은 불교를 억압하면서 성리학을 떠받들었다. 하지만 왕실의 부녀자들에 의해 불교가 숭앙되었고, 세조와 같은 호불好佛 군주도 존재했던 까닭에 연등회가 왕실에서 완전히 자취를 감추지는 않았다. 조선 개국 당시에 유학자들이 연등회 폐지를 건의하지만 태조 이성계는 받아들이지 않아 한동안 연등회는 지속된다. 개국 후 20여 년간 정월 연등이 지속되었고, 태종 대에 이르러 사월초파일 연등회로 일원화된다. 태종은 한나라 때에 행했던 상원일인 정월 15일의 풍습을 그대로 받아들여 연등회를 없앨 수 없다는 논리로 정월 연등회를 허용하다가 사월초파일 연등회만 허용했던 것이다. 그러다가 세종 13년(1431)에 절 이외의 곳에서의 연등을 일절 금하라는 명령을 사헌부에 내린다. 이리하여 궁궐 내나 민간에서 행해지던 사월초파일의 연등축제가 국가적으로 일절 금지되는 것이 공식화된다. 하지만 세조나 왕실 부녀자들은 사찰은 물론이고 간혹 궁궐 내에서도 연등회를 열었다. 그렇지만 이후

기록에서 궁궐 내의 연등축제는 나타나지 않고, 민간이나 사찰에서의 연등축제는 계속되었다. 조선 후기에는 왕실 자체에서 거행하는 초파일 연등회는 따로 존재하지 않았지만 궁궐에 등불을 걸어 두는 풍속이 완전히 사라진 것은 아니었다.

연등회는 왕실에서 끊어졌어도 종로를 비롯한 민간에서 관등놀이 형태로 성황리에 지속되었다. 한시 형태로 남아 있는 서울의 관등놀이 모습은 참으로 화려했다. 서거정의 〈종가관등鐘街觀燈〉을 보면, 종로에 밤새 켜 놓은 등불이 노을처럼 환하고, 온통 산호수라 하고, 스물네 개의 다리에는 부용꽃이 반짝인다고 묘사하였다. 여러 한시 작품은 관등놀이가 민간의 풍습으로 자리 잡아 모든 이들이 함께 즐겼음을 잘 보여 주고 있다.

지방의 연등회로 제주도의 영등굿을 볼 수 있다. 음력 2월 1일부터 15일까지 장내 열두 개를 세우고 신을 즐겁게 하면서 어부와 해녀, 집안과 마을의 풍요를 비는 굿놀이를 했던 것이다. 이는 고대에서부터 내려온 무속적 전통과 불교적 의식이 혼재되어 있는 것으로 보인다.

조선시대 불교 사찰에서는 욕불회라 하여 불상을 씻어 내는 행사가 있었던 것으로 보인다. 그렇지만 등불을 밝히는 연등회가 대중과 더불어 행해진 기록은 잘 보이지 않는다. 그런데 사찰에서 많이 행해졌던 수륙재에서 등불을 밝히면서 연등게燃燈偈를 읊조린 역사가 남아 있다. 이를 통해 사월초파일을 비롯한 다양한 불교 행사에서 연등을 밝혔을 것으로 추정된다.

조선 후기 민간에서는 지속적으로 관등놀이 형태로 연등회가 열렸다. 사월초파일에 행해진 이 관등놀이는 겉으로만 보면 일반 대중이 즐기는 행사로 불교적 색채가 전혀 없는 것처럼 보인다. 그런데 가사인 〈관등가〉속에 등장하는 등불들을 살펴보면 무속과 불교가 뒤섞이면서 복을 빌고 재앙을 물리치고 싶은 대중의 소망이 등불 제작과 관등놀이에 담겨 있었을 것으로 보인다.

개화기, 일제강점기, 광복 이후로 이어지는 근현대기에 연등회는 점차 활성화되면서 지금은 연등행렬로 수많은 이들이 어우러지는 축제로 자리를 잡았다. 불교계가 주도하면서 불교 행사로서 초파일 행사가 일제강점기에 들어서기 전부터 존재했던 것으로 보이며, 1909년에 등불을 들고 함께 행진하는 제등행렬이 나타나고 1927년까지 다양한 형태로 이어졌음을 확인할 수 있다. 그리고 제등행렬은 1955년에 다시 나타나고 지금까지도 우리나라의 초파일 행사로 중요한 위치를 점하게 된다. 이 시기의 연등회는 불교계가 주도하면서 불교 행사로서 정착하고 종교를 초월하여 다양한 시민들이 참여하는 행사로 이어지고 있다.

지금까지 연등이 지니는 종교적 측면을 살폈다. 연등은 불교, 도교, 무속 등의 종교와 함께 다양한 의미를 지니며 전승되었음을 확인할 수 있었다. 가난한 여인 난타의 연등 공양이나 연등불 이야기 등에서 드러나듯 불교는 깨달음을 얻는 방편으로 연등 공양을 강조하였다. 경전을 통해 만들어진 이 가르침은 변함없이 지금까지도 불교 신도들에게 전달되고 있다고 하겠다. 도교의 경우 태일신에게 제사 지내며 풍요와 안녕을 기원했던 풍속이라 하겠는데, 원소절이라 하여 정월대보름이 중국인들의 문화에 중요한 명절로 자리를 잡았다고 하겠다. 무속적인 전통 역시 기복적 성격을 강하게 가지면서 우리나라에서 이어서 오고 있다. 불교가 대승적 가르침에 따라 깨달음을 얻고 타인을 위한 보살행을 강조하는 데 연등의 의미를 부여하였지만, 도교나 무속이 어우러지면서 기복적 성격을 강하게 띠게 되었다.

권력의 상징

연등은 권력의 상징으로 기능하기도 했다. 불교가 연등을 밝히면서 시간과 공간을 초월하고 성별과 인종, 빈부와 귀천을 뛰어넘어 누구나 성불할 수 있다는 논리를 전개했지만, 실제 연등은 통치자들이 자신의 권력을 과시하는 도구로 이용되곤 했다.

바사닉왕과 가난한 여인 난타의 연등 공양 이야기는 연등 공양이 결코 빈부와 귀천으로 그 크기가 정해져 있지 않다는 것을 보여 준다. 바사닉왕은 부처님과 수많은 비구에게 옷을 올리고 연등을 바치면서 깨달음을 얻게 해 달라고, 성불하게 해 달라고 간청한다. 하지만 부처님은 1전어치 기름으로 등불을 올린 난타에게 부처가 되리라는 수기를 준다. 부처님은 바사닉왕이 바친 연등이 수많은 백성의 세금으로 만들어진 것이며, 그가 자만심에 빠져 가난한 여인의 등불 공양을 하찮게 여기는 모습에 대해 탐탁지 않게 여겼던 것이다. 가난한 여인 난타가 간절한 염원과 커다란 자비심으로 올린 연등은 부처가 될 것이라는 예언을 하게끔 했다. 불교의 연등 공양은 평등과 자비를 기반으로 할 때에 그 빛이 드러나는 것이었다.

하지만 이 연등은 권력을 드러내는 도구로 쓰이기도 했다. 고대로 중국에서 불은 권력의 상징으로 여겨졌다. '정료庭燎'라 하는 횃불은 어둠을 몰아내면서 피지배층으로 하여금 복종심을 불러일으키게 하는 도구였다. 계급에 따라 정료를 밝히는 수가 달라, 천자는 100개나 되는 횃불을 밝힐 수 있었지만 귀족이나 제후는 그보다 적은 불을 밝힐 수 있었다.

중국의 역대 황제들은 자신의 권력을 드러내는 데 화려한 등불을 이용하곤 했다. 713년 당唐나라 예종睿宗이 현종玄宗에게 황제의 자리를 넘겨줄 때, 예종은 정월 보름날 밤 안복문安福門 밖에 등륜燈輪을 만들게 했다. 그런데 그 높이가 20장丈이었고, 수놓은 비단으로 옷을 입힌 5만 개의 등불을 매달게 했다. 그리고 궁녀 1천 명에게 비단옷을 입히고, 장안의 젊은 아낙 1천여 명으로 하여금 등불 아래에서 춤을 추며 노래하게 했다. 이는 새로운 황제 등극을 축하하면서 황제의 권한을 아들에게 내어 준 아버지의 만수무강을 빌기 위한 축제였다. 그러면서 황제의 권력을 만천하에 떨치기 위한 잔치이기도 했다.

송나라의 황제들은 여민동락與民同樂이라는 선전 문구를 내걸고 원소절 저녁이 되면 황궁에서 신하들과 더불어 잔치를 벌였다. 백성들은 그 모습을 우러러보며 '황제폐하 만세萬歲'를 외쳤다. 원소절 기간에는 제단을 설치하고, 온갖 세금을 감면해 주고, 공연 무용단에 돈과 술을 주며 퍼레이드를 연출하게 했다. 가면무를 비롯하여 온갖 놀이와 무술, 음악이 화려하게 펼쳐졌다. 이 모든 일들은 황제의 권위를 상징하면서 통치의 수단으로 연등을 이용했음을 보여 주는 것이다.

명나라에서는 원소절을 최고의 명절로 여기면서 중국 역사에서 가장 풍성한 축제의 장을 열었다. 문제는 이 연등축제가 황실이나 민간

연등문화의 특징과 미래

할 것 없이 매우 세속화되어 갔다는 것이다. 값이 매우 비싼 꽃등을 매달곤 했다. 특히 정덕제正德帝 때의 등불 축제는 그 사치스러움이 극에 달했다. 어린 시절부터 꽃등에 매료되었던 그는 황제가 된 후 등절燈節이면 수만 냥을 들이면서 꽃등을 매달았다. 그는 창고에 있던 황백랍黃白蠟이 부족해 관리들에게 사서 보충하라고 명령을 내리기도 했고, 심지어 1514년 정월대보름에 실화失火로 인해 건청궁乾淸宮과 곤령궁坤寧宮이 불타는 것을 보며 장대한 불꽃놀이라고 감탄했을 정도이다. 그렇게 사치스러웠던 시간이 흐르고 만력제萬曆帝에 이르러 원소절 행사도 조용해지고 나라의 멸망까지 가져오게 된다. 명나라의 황제들은 화려한 연등축제를 통해 자신의 권력을 과시하였으며 지나친 과시욕과 사치가 나라를 망하게 하고 말았던 것이다.

청나라 때에도 연등축제는 화려했으며 황제의 권위와 민중의 소망을 담아내는 도구로 활용되었다. 북경에서는 등시燈市라 하여 정월 8일부터 13일까지 성대하게 이루어지고 17일이 되어서야 끝났다. 등시 내내 장등張燈이 밝혀지고 정양교正陽橋와 서랑방西廊坊의 등불이 매우 화려했다. 그 외 여러 지역에서도 연등축제는 화려했는데, 예컨대 항주 지역에서는 용신묘龍神廟를 향해 가는 사람들이 용등을 들고 갔다고 했다. 용은 최고의 신성과 권위를 상징하면서 재난을 없애고 복을 부르는 존재로 인식되어 마을 사람들이 떠받들었다고 한다.

근현대에 이르러서 한동안 연등축제는 쇠퇴하다가 1980년대 후반에 부활하였다. 1912년부터 1949년까지 중화민국의 시대에는 일본제국주의와 싸우고 국민당과 공산당 간의 협력과 갈등 관계가 이어지면서 전통문화가 퇴보하게 되는데, 이때 연등축제도 열리지 않았다. 그리고 1949년 10월 중화인민공화국이 수립되고 한국전쟁 참전, 대약진 운동(1958~1960), 문화대혁명(1966~1976) 등으로 이어진 역사 속에서 사회주의 체제와 관련이 없는 명절들은 맥을 못 추게 되었다. 그러다 1980년대 이후 개방정책이 시작되고 자본주의 사회의 경쟁 원리를 끌어들여 경제 발전과 국제 교류를 활발하게 시작하게 되면서 중국 정부는 정상적인 명절과 휴일 제도를 세우고 집행하게 된다. 이때부터 등불 축제를 비롯한 전통명절의 부활을 인정하게 된다. 헌법 제43조 '중화인민공화국 노동자의 쉴 수 있는 권리'라는 조항 아래 노동자의 휴식과 휴양 시설 발전이 규정됨으로써 연등축제의 대대적 부활을 가져오게 되었다. 중국 근현대 정치체제 변화 속에서 연등축제가 사라졌다가 되살아난 것이다.

한국에서도 연등은 권력 유지를 위한 도구로 이용되었다고 볼 수 있다. 득히 불교를 숭앙했던 고려시대에는 태조 왕건이 〈훈요십조〉에서 연등회와 팔관회를 열어 국가적 통합을 도모하도록 유훈을 남기고 있다. 연등은 부처를 섬기는 것이고 팔관은 하늘, 산과 물, 용신 등 전통적인 우리나라의 신앙 대상을 섬기는 것이었다. 이때 연등을 밝히는 행사를 대대적으로 했다. 궁궐의 뜰에 윤등輪燈을 설치하고 향등香燈을 곁에 놓고서 밤새도록 불을 밝혔다.

고려에서 연등회가 개최된 경우는 연평균 0.34회라고 한다. 특히 11세기 중기부터 14세기 초까지 시기에 가장 많이 개최되었다. 고려 초기에는 연등회가 매년 정월 15일에 열렸고, 성종 6년(987)에 중지되었다가 현종 원년(1010)에 부활해 주로 2월 15일에 열렸는데, 이는 고려 말까지 지속되었다. 현종 때 부활시킨 연등회는 사찰의 낙성회를 기념하여 5일 동안 벌이기도 했다. 뜰에서 절 문에 이르기까지 채붕綵棚을 꾸미고, 빗살[櫛]을 나란히 비늘처럼 차례로 잇달았으며, 임금이 지나는 길 좌우에 등산燈山과 화수火樹를 꾸며 대낮처럼 불을 밝혔다. 화려한 등불들을 궁궐에서 흥왕사까지 밝힌 연등 행사는 부처에 대한 믿음뿐만 아니라 국왕을 우러러보게 하는 장엄함을 연출했다. 연등회는 통치자의 정치적 입지를 확고히 하는 데 기여했던 것이다.

사월초파일에 연등회를 개최한 것은 고려 중후기부터였다. 불교가 대중화되는 가운데 연등회가 민간에서 많이 이루어지면서 사월초파일 연등회로 변화한 것으로 보인다. 그리고 몽골이 침입했을 때 강화도로 천도한 후에도 실질적인 권력자였던 최이는 연등회를 하면서 채붕綵棚을 가설하고 기악伎樂과 온갖 잡희를 베풀어 밤새도록 즐겼다. 그런데 이는 단순히 향락 생활을 즐기려는 데서 비롯된 것이 아니라 사월초파일에 불법을 떠받듦으로써 국가를 지킬 수 있으리라는 믿음 때문이었다. 팔만대장경을 새겨 부처님의 영험으로 몽골을 물리치고자 했던 것과 궤를 같이하는 것이다.

원나라의 정치적 간섭기에 충선왕이 상왕으로 있으면서 그의 아들 충숙왕이 즉위하던 해에 대대적인 연등회를 개최했다. 승려 1만 명에게 음식을 대접하고 등불 1만 개에 불을 켜는 만등회萬燈會라는 것이 열린다. 이는 국왕 자신의 불교적 공덕을 쌓으려는 측면과 부처님에 대한 기원을 감동적으로 연출함으로써 정치적 위치를 공고히 하고자 하는 의도가 짙게 깔려 있었다. 백성들로 하여금 그 규모에 놀라고 그 찬란함에 불교에 대한 신심이 깊어지고 국왕에 대한 존경심까지 불러일으키게 하려는 의도를 지닌 것이었다. 그런데 문제는 중국 명나라와 마찬가지로 그런 연등회를 만들기 위해 수많은 사람을 동원하고 국가의 재산을 탕진하는 것이었다.

공민왕 시절부터 사월초파일의 연등회는 왕이 주관자가 되는 왕실 중심의 행사가 아니었다. 석가탄신일을 기리는 사월초파일의 연등 행사는 국가 주도의 행사가 아니라 민중의 풍속으로 자리를 잡았다. 공민왕이 궁궐에 연등을 밝혔던 것은 사월초파일이 아니라 공민왕 18년(1369)에 있었던 문수회文殊會였다. 개혁을 이끌었던 신돈의 주재 아래 거행된 문수회에서는 불전에 수미산 모양의 장식대를 세우고 촛불을 밝힌 후, 왕과 신하가 함께한 가운데 등불의 대를 설치하고 한 장丈이 넘는 높이에 기둥과 같은 촛불을 밝혀 놓았다. 불전 앞뜰에는 인공의 산을 만들어 금은으로 치장하고 각종 깃발과 보개를 늘어놓아 화려함이 이를 데 없었다.

조선시대는 유교를 숭상하고 불교를 억압하는 상황에서 연등회가 왕실을 중심으로 열리지 않았다. 태조, 세조, 연산군 등에 의해 연등이 밝혀지긴 했지만 전체적으로 연등회를 왕실에서 주관하지는 않았다. 조선이 개국한 이후 20여 년간은 정월 연등이 지속되었고, 태종 대에 사월초파일 연등회로 일원화되어 한동안 지속되다가, 신하들이 계속 폐지를 요청하자 세종 때에 연등회를 일절 금지한다. 성리학적 질서를 구현하고자 했던 조선의 신하들은 부처의 생신이라며 사월초파일에 연등을 내걸고 남녀가 떼를 지어 밤새도록 노는 것은 폐습이며, 이단異端인 불교의 행사를 배척해야 한다는 논리를 폈다. 사월초파일 연등회는 권력의 중심에 있던 유학자들인 양반 사대부들의 눈에는 폐지해야만 하는 불교의 상징이었던 것이다. 하지만 이미 민간의 풍속으로 자

연등문화의 특징과 미래

리 잡은 연등회였으므로 수많은 연등이 왕실 밖 저잣거리와 민가의 대문 앞에 계속 내걸렸다.

일제강점기에는 사라져 가던 연등회가 부활한다. 일제강점기 초기에는 불교계를 중심으로 사월초파일 행사가 치러지면서 관불식이나 민간의 관등놀이가 한때 성황을 이루었다. 그런데 일제의 황국신민화 정책에 따른 일본식 초파일인 '화제花祭'가 강요되면서 등불이 아닌 꽃을 부처님께 올리는 것으로 사월초파일 행사는 변질되어 갔다. 자비와 평화를 간절히 기원하는 뜻을 저버리고 일제 말엽에는 전쟁에 광분하는 일본제국주의를 비호하는 행사로 연등회가 전락하기도 했다.

광복과 함께 주권을 찾은 한국은 초파일에 연등을 밝히는 행사를 다시금 시작했다. 한국전쟁이라는 비극을 경험하고 1955년부터는 등불을 밝히고 퍼레이드를 벌이는 제등행렬이 본격적으로 시작되었다. 1975년에는 부처님오신날이 국가공휴일로 지정되면서 종로 일대에서 행해지던 제등행렬이 여의도까지 넓혀지게 된다. 사찰을 중심으로 불교계에서 행하던 연등회가 일반 대중들도 함께 즐기는 행사로 변화해 나갔다.

그러다 1996년부터는 연등축제라고 이름을 바꾸고, 이전처럼 부처님오신날 행사가 불교 신자들만의 행사로 그쳐서는 안 되며 부처님 오신 참뜻을 사회에 회향하며 시대정신을 이끌어야 한다는 취지에서 한국인, 나아가 세계인까지 즐기는 축제로 연등회를 기획하고 실행하였다. 지역별로 흩어져 있던 봉축 행사를 통합하여 전국적으로 일관된 축제 형태를 갖추고, 범종파적으로 사용될 수 있는 기념 휘장과 캐릭터 등을 만들고, 민족의 전통을 계승하면서 창의적인 축제를 만들어

나갔다. 정말 수많은 이들이 연등을 들고 거리를 활보하며 연등의 의미를 되새기고 평화와 화합의 장을 만들었다. 그런 노력으로 2020년 12월 연등회는 유네스코가 지정하는 인류무형문화유산으로 등재되기에 이른다. 국적과 인종, 종교와 장애의 경계를 뛰어넘는 축제로 발돋움하며 연등회가 온전히 민중의 품에 안기게 된 것이다.

연등회의 역사는 권력의 이동을 명확히 보여 준다. 억압적 통치 권력이 지배하던 시대에서 민주주의 사회로 변화하면서 민중의 소망을 담으며 축제를 즐기는 문화로 변화한 것이다.

예술의 대상

연등은 어둠을 밝히는 조명으로, 종교적 바람, 소원 성취를 비는 도구이면서, 한편으로는 미적 대상이기도 했다. 연등을 제작하는 과정에서 공예, 회화 등의 미술 영역을 포함하고, 연등과 연등회를 노래한 운문이나 산문 등이 다양하게 남아 있어 문학 영역도 포함하는 미적 대상이다. 대나무나 금속을 이용해 뼈대를 만들고, 중앙에 불을 켜고, 종이나 비단 같은 것으로 겉을 감싸는 형태로 제작하여 일상생활에 사용한다는 점에서 연등은 공예이다. 한편 종이나 비단에 일정한 형태의 회화적 형상화와 채색이 가해진다는 점에서는 회화적 측면도 존재한다. 그리고 연등, 연등회와 관련하여 다양한 한시와 우리말 노래가 남아 있다는 점에서 문학 창작의 모티프로 연등은 다루어질 수 있다. 게다가 연등은 연희 공간을 밝히는 배경으로 면면히 이어져 왔다. 오랜 시간 거행된 중국의 원소절, 우리나라의 연등회는 온갖 연희가 행해지던 축제였고, 그 속에 연등이 찬란하게 밝혀져 있었다.

공예로서의 연등

공예적 측면에서 연등은 어둠을 밝히는 도구로 이용되어 오다가 실용성 이외에 종교적 의미나 예술적 감성이 보태지면서 그 형태나 의미가 다양화되었다. 그러다 보니 지금까지 전해지는 연등은 참으로 다양한 분류가 가능할 것이다. 연등을 재료나 형태에 따라 분류하여 살펴보면 연등의 공예적 특징을 짐작해 볼 수 있다.

① 이전에 언급된 연등의 종류

불교 전통 연등의 전승 실태를 살핀 김용덕은 전승 연등을 '등을 만드는 사람의 소망'을 기준으로 다음과 같이 분류하였다.[11]

아이의 출산을 기원하는 다산多産, 병 없이 오래 살기를 바라는 무병장수, 입신등용, 자손번영, 사악한 것을 물리치기를 소망하는 척사斥邪, 민속품들에 대한 취향을 뜻하는 민속취향 등으로 나누고 그에 해당하는 등불들을 이와 같이 들었다. 그런데 앞에서 보았던 많은 등불이 빠져 있다.

그리고 김용덕은 연꽃등, 팔모등, 초롱등, 수박등, 사각등(마늘등) 등 '형상등'을 대상으로 하여 그 형태와 의미에 대해 좀 더 자세하게 다루었다. 형상등이라 한 것에서는 『동국세시기』에 등장하는 갖가지 형상

---

11 김용덕, 「불교 전통 연등의 전승실태」, 『연등회의 종합적 고찰』, 민속자료원, 2013, 515~522쪽.

의 등을 밝혔다. 이를 다시 표로 나타내 보면 다음과 같다.

분류기준	제작자의 소망에 따른 등의 종류
다산多産	석류등, 수박등
무병장수	거북등, 학등, 수복등
입신등용	잉어등, 용등
자손번영	칠성등, 일월등
척사斥邪	호랑이등
민속취향	누각등, 가마등, 태평등, 북등, 방울등, 주마등

전승 연등 분류 (김용덕)

분류기준	형상등의 종류
동물	'난새 · 학 · 사자 · 호랑이 · 거북 · 사슴 · 잉어 · 자라' 등에 선관과 선녀가 올라탄 등불
주마등	말을 탄 사냥꾼이 매와 개를 데리고 호랑이 · 이리 · 사슴 · 노루 · 꿩 · 토끼를 사냥하는 모양의 그림자 등불
천체	칠성등 · 오행등 · 일월등
물건 모양	칠성등 · 일월등
문자 그림	수복등 · 태평등 · 만세등

『동국세시기』에 등장하는 형상등 (김용덕)

연등이 형상화된 대상을 중심으로 분류한 것인데, 전통등의 대체적인 윤곽은 보여 주고 있지만 『동국세시기』의 기록만을 대상으로 한 분류라서 전체적인 연등의 모습을 알아보는 데는 한계가 있어 보인다. 이후에 정형호는 용도, 형태, 분야, 착식着式 방식, 재질, 점화 여부, 시대 등 일곱 가지로 나눈 바 있다.[12]

이는 등불 전체를 두고 다양한 시각에서 분류한 것이어서 의미가 있다. 그런데 등불의 대상을 국내의 것으로 국한하고, 전통등을 『고려사』, 『경도잡지』, 『동국세시기』세 문헌에서 추출한 것만을 대상으로

---

12 정형호, 「전통 등(燈)의 역사적 변화와 유형분류 및 관련 의식」, 『한국전통등연구원 창립 20주년 기념 학술발표회』, 한국전통등연구원, 2016.

연등문화의 특징과 미래

한 점이 등불의 실상을 온전히 보여 주는 데 한계라 하겠다. 전통 연등에서부터 현대의 연등까지 총체적으로 아우르는 분류가 필요해 보인다. 아래는 일곱 가지 분류에 따른 등불의 종류이다.

분류기준	등의 종류
용도	①조명용(등롱과 초롱) ②종교의식용(불교-연등회/ 수륙재/ 영산재, 무속-굿판 상징 또는 무구) ③의례용(혼례 청사초롱과 장례 상여초롱) ④장식용 ⑤순시용(조족등) ⑥길놀이용(가면극) ⑦군사용(진주 유등) ⑧시위용(촛불시위)
형태	①식물등(연꽃등, 국화등) ②동물등(용등, 코끼리등, 학등/ 호랑이등, 사슴등, 삼족오등, 물개등, 달팽이등, 부엉이등) ③자연등(일월등, 칠성등, 남산등, 박등/ 산등) ④도구등(공등, 배등, 종등, 북등, 누각등, 난간등, 화분등, 가마등, 병등, 항아리등, 　　　　방울등/ 목탁등, 법고등, 향로등) ⑤기원등(수복등, 태평등, 만세등/ 법륜등, 염불등, 오체투지등) ⑥조형등(윤등/ 사각등, 육각등, 팔각등, 원형등, 탑등) ⑦인물등(근래 연등회의 잦구등, 오누이등, 동자등, 부처님등, 달마등) ⑧기타 창작등(근래 연등회의 초가집등, 도깨비등)
분야	①불교의식용 등 ②무속의식용 등 ③궁중용 등 ④혼례용 등 ⑤탈놀이용(행사용) 등 ⑥축제 및 놀이용 등(초롱등, 유등, 풍등) ⑦기타
착식 방식	①거는 괘등掛燈(거는 장소는 벽, 문, 입구, 긴 장대 형태의 등간) ②바닥에 놓는 좌등坐燈 ③손에 드는 제등提燈(초롱, 조족등) ④날리는 풍등風燈 ⑤물에 띄우는 유등流燈 ⑥접는 접등摺燈 ⑦도는 전등轉燈 ⑧그림자등[影燈] ⑨석등石燈
재질	①종이 ②목재(나무) ③죽제(대나무) ④깁[紗] ⑤철제(금속) ⑥돌 ⑦도자 ⑧유리 ⑨양뿔(양각등) ⑩보석(요사등) ⑪대와 싸리
점화 여부	①점화하는 등 ②점화하지 않는 등
시대	①전통등 ②변형등 ③현대창작등

일곱 가지 분류에 따른 등불 (정형호)

② 새롭게 살펴본 연등의 종류

앞에서 통시적 흐름을 따라 가며 등장하는 연등들을 자세하게 언급해 두었다. 불교 경전에서부터 인도, 중국, 한국으로 이어진 연등들을 위의 분류표에 집어넣어도 될 듯하다. 먼저 필자 나름대로 지금까지 언급된 등불들을 분류해 보겠다.

: 기름, 향유의 종류에 따른 연등

기름이나 향유의 종류에 따른 연등을 언급한 기록은 『법화경』, 『화엄경』 등에 나타나고 있다. 예컨대 '나바마리유등那婆摩利油燈'은 '나바마리'라는 재스민의 일종인 덩굴식물의 꽃에서 향료를 채취하여 그것으로 불을 밝히는 등불을 가리키는 것이다. 경전의 기록은 기름, 향유의 종류가 참으로 다양했음을 잘 보여 주고 있다. 이를 정리해 보면 다음과 같다.

재스민, 참기름, 침향, 고래기름, 생옻[生漆], 첨복瞻蔔의 기름, 전단향, 버터기름, 유락乳酪기름 등이 쓰였음을 보여 주고 있다. 경전 속에 언급된 것들은 주로 식물성 기름이고, 동물성인 고래기름은 19세기 국내 기록인 〈성전암장명등서聖殿庵長明燈序〉에 언급된 것이다. 버터인 유락乳酪이나 그 유락에 향유를 섞어서 만든 등불이 보이는데, 가축을 살생하여 얻는 것이 아니라 젖을 이용한 등불이므로 경전 속에 기록될 수 있었을 것이다. 이 밖에 기름의 종류에 따른 연등의 명칭은 나타나지 않는다.

그렇다면 연등의 전통을 이어 간 동아시아에서는 어떤 연료로 등불을 밝혔을까. 이에 대한 연구 결과가 없지는 않다. 등잔에 사용되었

	연등의 명칭	연등의 형태	출전
1	**나바마리유등** 那婆摩利油燈	나바마리는 재스민의 일종인 덩굴식물로, 꽃에서 향료를 채취한다. 그 식물 기름으로 켜는 등불	『법화경』
2	**무량색광염등** 無量色光焰燈	무량한 색과 빛을 내는 등불	『화엄경』
3	**바라나유등** 波羅羅油燈	바라나는 오동나무와 비슷하며 봄에 자줏빛 꽃이 피어 향기가 진한 나무. 그 나무 기름으로 켜는 등불	『법화경』
4	**바리사가유등** 婆利師迦油燈	바리사가는 재스민의 일종인 덩굴식물로, 꽃에서 향료를 채취한다. 그 식물의 기름으로 켜는 등불	『법화경』
5	**소등**蘇燈	유락乳酪에 향유香油를 섞어서 켜는 등불	『법화경』
6	**수등**酥燈	젖에서 얻은 버터로 만든 등불	『화엄경』
7	**수만나유등** 須曼那油燈	수만나須曼那는 소마나[須摩那]라고도 하는 재스민 기름으로 켜는 등불	『법화경』
8	**유등**油燈	기름으로 켜는 등불	『법화경』 『화엄경』
9	**일체향왕등** 一切香王燈	일체향왕의 등불. 향왕香王은 보살의 이름이기도 하다	『화엄경』
10	**전단향등** 栴檀香燈	전단나무의 향으로 밝히는 등불	『화엄경』
11	**참등**鱭燈	알락돌고래[江豚]의 지방으로 짠 기름을 넣어서 불을 켜는 등불	〈성전암 장명등서〉
12	**첨등**添燈	기름을 부은 등불	〈성전암 장명등서〉
13	**첨복유등** 瞻蔔油燈	황화수黃華樹·금색화수金色華樹라 의역되는, 향기가 진한 노란 꽃이 피는 나무인 첨복瞻蔔의 기름으로 켜는 등불	『법화경』
14	**칠등**漆燈	무덤 앞에 쇠로 된 동이를 놓고 그 속에 두어 말의 생옻[生漆]을 담은 다음에 심지를 꽂아 불을 켜놓은 것이다. 또는 칠등장명漆燈長明이라고 한다	『화엄경』
15	**침수향등** 沈水香燈	침향나무에서 분비되는 검은색의 진으로 만든 향으로 밝히는 등불	『화엄경』
16	**향유등**香油燈	향기로운 냄새가 나는 기름으로 켜는 등불. 참기름등	『법화경』
17	**화등**火燈	불 등불. 명확하지 않음	『화엄경』

기름이나 향유의 종류에 따른 연등

502

던 연료와 관련하여 중국에서는 고고학 자료에서 출토된 잔존물을 분석하여 고체 형태를 띠는 식물성 연료인 '유油'와 동물성 연료인 '지脂'가 있었음을 밝혔다.[13] 우리나라에서도 동물성 기름과 식물성 기름이 모두 쓰였던 것으로 보이는데, 『삼국사기』와 『삼국유사』를 통해 사슴·소·들깨·참깨 등의 기름이 쓰였고, 돼지기름·면棉기름·마麻기름 등이 쓰였음을 알 수 있다.[14] 그리고 고대 일본에서는 참깨기름[胡麻油], 들깨기름[荏油], 삼기름[麻子油], 산초기름[蔓楸油]이 쓰인 것으로 추정하고 있다.[15] 경전에 언급된 참깨기름이 동일하게 나타난다.

: 등기의 재료나 형태에 따른 연등

등불을 켜는 도구인 등 기구, 곧 등기燈器에는 기름을 담는 등잔燈盞, 등잔을 얹는 등경燈檠, 촛대[燭臺], 사람들이 들고 다니는 등불 형태인 제등提燈, 벽에 걸어 놓는 괘등掛燈, 집 안에 놓는 좌등坐燈이 있다. 이들 형태에서도 세밀한 분류가 가능하다. 예컨대 등잔으로 사용되는 재료에 따라 토기土器, 도기陶器, 자개(조개껍데기), 옥석제玉石製 등으로 나뉘고, 형태에 따라서는 종지형, 호형壺形(병 모양), 탕기형湯器形 등으로 나뉠 수 있다.[16] 여기서는 지금까지 언급되었던 등기 재료나 형태에 따른 전통 연

---

13 麻賽萍, 「汉代灯具燃料与形制关系考」, 『考与文物』 2019-01, 陝西省考古研究所, 2019, 60쪽.

14 이상일, 「삼국시대 등잔의 연료와 심지」, 『次世代 人文社會硏究』 16, 동서대학교 일본연구센터, 2020, 63~73쪽.

15 深澤芳樹 외, 「7, 8世紀の灯明油に關する覺え書き」, 『奈良文化財研究所紀要 2013』, 奈良文化財研究所, 2013. (이상일, 「삼국시대 등잔의 연료와 심지」, 『次世代 人文社會硏究』 16, 동서대학교 일본연구센터, 2020, 74쪽, 재인용.)

16 『한국민족문화대백과사전』, 「등기(燈器)」.

	연등의 명칭	연등의 형태	출전
1	강벽사롱 絳碧紗籠	붉은 빛깔의 사롱과 푸른 빛깔의 사롱	이규보 〈등롱시燈籠詩〉
2	그림자등 [영등影燈]	망석중놀이와 같은 무언인형극에 사용되던 등불. 속에 기구와 틀을 넣고 종이를 잘라 매와 범, 개, 이리, 사슴, 노루, 꿩, 토끼의 모양을 만들어 틀 안에 넣고 그것이 움직이는 모양들을 그림자로 보도록 만들었다.	『경도잡지』 『동국세시기』 〈관등가〉
3	금등金燈	붉은 칠을 한 장대 끝에 금으로 칠을 한 등자鐙子를 거꾸로 붙인 등롱	이규보 〈등롱시燈籠詩〉
4	마니등 摩尼燈	보배 구슬로 만든 등불	『화엄경』
5	명각등 明角燈	양羊의 뿔을 고아 만든, 얇고 투명한 껍질로 겉을 씌운 등불	『연경세시기』
6	모등牟燈	'牟'라는 글자를 쓰고 있지만 모가 진 등불	『동아일보』 (1928)
7	보등寶燈	보배 등불	『화엄경』
8	사견등 紗絹燈	비단과 명주로 만든 등불	『연경세시기』
9	사등紗燈	비단 등. 등롱燈籠이라고도 함. 한족漢族 특유의 수공예품으로 특히 빨간 등롱[紅燈籠]은 매년 춘절, 정월 보름 원소절 전후면 온가족이 단란하게 시냄을 싱징히면서, 깉하고 즐거운 분위기를 연출함	『연경세시기』 『동아일보』(1928)
10	사롱紗籠	등을 덮는 재질에 따라 깁(비단)을 씌운 등롱	이규보 〈등롱시燈籠詩〉
11	사초롱 紗燭籠	비단으로 만든 초롱	『한국민족문화 대백과사전』
12	서등書燈	얇은 나무판으로 만든 상자에 앞면에 문을 내고 윗면에 원형 환기 구멍을 낸 다음에 흑칠黑漆을 하여 그 안에 등잔을 넣도록 설계된 등불	『한국민족문화 대백과사전』
13	소주등 燒珠燈	구슬등. 밝게 빛나는 구슬 모양의 등불들을 매단 등불	『연경세시기』
14	시죽등 匙竹燈	대나무 끝에 사기 숟가락을 달고 그 안에 기름을 담아 불을 밝히는 등불	『입당구법 순례행기』
15	윤등輪燈	수레바퀴 모양의 등불	
16	은등銀燈	붉은 칠을 한 장대 끝에 은으로 칠을 한 등자鐙子를 거꾸로 붙인 등롱	이규보 『등롱시燈籠詩』

17	장등長燈	서등書燈과 함께 좌등의 한 종류. 각재角材나 반죽斑竹·오죽烏竹으로 기둥을 만들고 사각이나 육각, 팔각의 장방형 등을 만든 다음에 기름종이를 발랐다. 유리가 들어온 다음부터는 유리를 끼워 넣었다. 밑에는 서랍이 있어서 인광노引光奴나 초를 넣도록 했고, 짧은 촛대를 넣어 사용했다.	『한국민족문화대백과사전』
18	전기등電氣燈	전기를 이용한 등불	『동아일보』(1928)
19	전륜등轉輪燈	등륜燈輪, 윤등輪燈과 같은 것으로 추정	『사분율』
20	조족등照足燈	야간에 순찰을 돌던 순라꾼들이 휴대하고 다녔다는 초롱	
21	지초롱紙燭籠	종이로 만든 초롱	『한국민족문화대백과사전』
22	초롱[燭籠]	촉롱燭籠. 종이나 무명을 발라서 긴 네모꼴로 만든 촛불을 켜 드는 것. 등롱燈籠이 처마나 집 기둥 바깥에 거는 등 기구라면, 초롱은 사람들이 들고 다니기 편하게 만든 등불	『한국민족문화대백과사전』
23	칠지등七枝燈	연지등의 하나. 가느다랗고 긴 줄기에 여러 개의 가지들이 뻗어 나가 등잔을 올릴 수 있도록 만든 것	『다라니잡집』
24	통초등通草燈	등칡의 줄기를 말려 만든 종이를 이용해 제작한 등불	『연경세시기』
25	파리등玻璃燈	유리로 만드는 등. 파리玻璃는 유리琉璃와 같은 것이다. 금은, 채색, 조각 등으로 장식했다.	『연경세시기』
26	풍등風燈	천등天燈. 제갈공명諸葛孔明이 발명하였다 하여 '공명등孔明燈'이라고도 하는 이 등불은 일종의 열기구의 시조. 사천四川의 서부 지역 풍속	*현대중국의 연등

등기 재료나 형태에 따른 전통 연등과 특징

등의 형태를 제시하고 그 특징을 살펴본다.

위의 기록에서 보듯 연등에 주로 사용된 것은 대나무로 엮은 바구니 가운데에 초를 넣은 '초롱[燭籠]', 등잔을 놓은 '등롱燈籠' 형태가 나타난다. 초롱에는 겉을 비단으로 감싼 '사초롱[紗燭籠]', 종이로 감싼 '지초롱[紙燭籠]', 둥근 박 모양으로 만들고 겉에 기름종이를 바른 '조족등照足

燈'이 있었다. 등롱에는 강벽사롱絳碧紗籠, 사견등紗絹燈, 사등紗燈, 사롱紗籠, 사초롱紗燭籠, 지초롱紙燭籠과 같은 것이 있었다. 그리고 등자鐙子 곧 등잔 접시에 칠을 한 것에 따라 금등金燈이나 은등銀燈이 있었음을 알 수 있다.

그 외에 등불의 재료에 따라 양의 뿔을 고아 만든 명각등明角燈, 구슬을 이용한 마니등摩尼燈과 소주등燒珠燈이 있었고, 대나무 끝에 사기 숟가락을 달고 그곳에 기름을 넣어 불을 밝히는 시죽등匙竹燈, 등칡의 줄기를 이용한 통초등通草燈, 유리로 만든 파리등玻璃燈, 근대 들어서는 전기를 이용한 전기등電氣燈이 나타남을 알 수 있다. 그리고 등불의 모양에 따라서는 모가 졌다고 모등牟燈, 수레바퀴 모양이라고 윤등輪燈 또는 전륜등轉輪燈, 일곱 개의 가지를 지녔다고 칠지등七枝燈, 그림자로 움직이는 동물 모양을 만든다고 영등影燈이 있었음을 알 수 있다. 등불의 용도에 따라 한쪽에 놓아 실내 전체를 밝히는 장등長燈이나 서등書燈이 있었음을 알 수 있고, 하늘에 날리는 풍등風燈도 있었다.

: 신앙, 특정 목적의 연등

연등의 종류에는 신앙에 따라서 또는 특정한 목적을 위해 사용되었던 것도 있다.

등불을 사용하는 목적에 따라 실을 뽑으며 켜 놓는 방적등과 글을 읽을 때 켜 놓는 서등, 시를 창작할 때 밝히는 시등이 있었다. 그리고 종교적 측면에서 불교와 관련을 맺는 등불로 장명등長明燈이 있었고, 도교와 관련해서는 선등仙燈, 무속과 관련해서는 호개등昊蓋燈이 있었다. 도교나 무속과 관련되는 것으로는 오행등五行燈과 옥황등玉皇燈, 조등電

	연등의 명칭	연등의 목적	목적	출전
1	방적등 紡績燈	실을 뽑을 때 켜 놓는 등불	방적	〈성전암장명등서〉
2	서등 書燈	글을 읽을 때 켜 놓는 등불	독서	〈성전암장명등서〉
3	선등 仙燈	신선이 사는 세상으로 안내하는 등불	도교	〈관등가〉
4	시등 詩燈	시를 지을 때 켜 놓는 등불인지 시를 적은 등불인지 명확한 뜻을 알 수 없음	시작	〈성전암장명등서〉
5	오행등 五行燈	오행을 그려 넣은 등불	도교 무속	『동국세시기』
6	옥황등 玉皇燈	도교에서 하느님을 말하는 옥황상제玉皇上帝에게 복을 빌기 위해 만든 등불	도교 무속	중국 사천(四川) 서부 지역 풍속
7	일월등 日月燈	해와 달을 그려 넣은 등불	불교 도교 / 무속	『동국세시기』 〈관등가〉
8	장명등 長明燈	분묘나 사찰 또는 관가 등 공공 건축물의 처마 끝이나 마당에 기둥을 세워 불을 밝히는 등불. 석등롱石燈籠, 석등石燈	불교	〈성전암장명등서〉
9	조등 竈燈	청나라 때 강남江南 지역에서 정월 13일에서 18일 사이 부엌에 밝혔다는 등불	도교 무속	강남 지역 풍습
10	칠성등 七星燈	칠성, 곧 북두칠성을 형상화한 등불	불교 도교 / 무속	『경도잡지』 『동국세시기』 〈관등가〉
11	호개등 昊蓋燈	등노래굿에서 서낭당 곁에 매달아 놓았던 등. '하늘을 덮는 등불'을 뜻하는데 강릉단오제 때에 세워진 등불	무속	〈등노래굿〉
12	호랑이 탄 오랑캐 등	호랑이를 타거나 호랑이를 곁에 둔 산신의 모습을 그려 넣은 등불	도교 무속 / 불교	〈관등가〉

특정 목적을 위한 연등의 종류

燈이 있었고, 불교와 도교, 무속 모두와 관련된 등불로 일월등日月燈과 칠성등七星燈, 호랑이를 탄 오랑캐 등(호랑이와 신선을 형상화한 등불)을 언급해 볼 수 있다. 조선 후기 가사인 〈관등가〉에 함께 언급된 세 등불은 사월초파일 민간에서 밝혀졌는데 무속, 도교와 불교가 뒤섞이면서 복을 빌고 재앙을 물리치는 소망을 담아 제작된 것이었다. 떠나간 임을 간절하게 그리는 이 가사는 종교를 초월한 당대 민중의 정서를 잘 보여주고 있었다.

: 등불의 모양이나 그림에 따른 연등

연등에는 다양한 사물의 모양을 본뜨거나 그려 넣은 것들이 많았다. ①꽃이나 마늘과 같은 식물에서부터 ②거북이나 물고기와 같은 동물 ③가마나 난간과 같은 사물 ④봉래산이나 달과 같은 자연과 풍속

	연등의 명칭	연등의 형태	출전
1	**꽃잎등**[화엽등花葉燈]	꽃잎 모양을 그린 등불	『열양세시기』『동국세시기』
2	**마늘등** [산등蒜燈/산자등蒜子燈]	마늘 모양의 등불	〈관등가〉『경도잡지』『열양세시기』 『동국세시기』〈등노래굿〉
3	**머루등**[산류등山樏燈]	머루 모양의 등불	『동국세시기』
4	**모란등**[牧丹燈]	모란 모양의 등불	『연산군일기』 62권
5	**수박등**[서과등西瓜燈]	수박 모양의 등불	『경도잡지』『동국세시기』 〈관등가〉〈등노래굿〉
6	**연꽃등**[연화등蓮花燈]	연꽃 모양의 등불	『경도잡지』『동국세시기』『연산군 일기』 62권『동아일보』(1928)
7	**오곡등**五穀燈	풍년을 기원하며 만든 등불	사천(四川)의 서부 지역 풍속
8	**오이등**	오이 모양의 등불	『열양세시기』
9	**화등**花燈/**화등**華燈	꽃 등불	『연산군일기』 62권『몽양록』

식물 연등

등을 그려 넣은 연등이 찬란하게 빛났다. 그에 따른 연등을 정리해 보면 위와 같다.

꽃잎등, 화등과 같이 꽃을, 오곡등과 같이 곡식을 형상화했음을 알려 주고 있다. 그리고 마늘, 머루, 모란, 수박, 연꽃, 오이와 같이 구체적인 식물의 이름이 나타나기도 한다. 이런 식물들은 전통사회에서 가정이 평안하기를 바라고, 자식들이 출세하기를 바라는 소망을 담아내면서 연등의 형상으로 사랑받았다. 예컨대 마늘은 강한 향기를 내뿜어 악귀나 재액을 쫓아 낸다고 믿었고, 수박은 많은 씨와 줄기에 많은 열매가 달리는 것을 통해 자손의 번성이나 온갖 일에서 성과를 내 줄 것이라 생각하면서 제작되었다. 연꽃과 같은 경우는 예나 지금이나 불교적 깨달음을 발원하고 부처님의 가피가 내려지기를 소망하면서 연등으로 제작되었다고 하겠다.

연등의 형상으로 나타나는 동물들은 새나 짐승, 물고기나 용에 이르기까지 다양하다. 새의 종류로는 학이 유일한데, 학은 천 년 이상을 살고 은둔하는 현자賢者를 나타내는 신비로운 존재로 여겨졌다고 한다.[17]

그리고 길짐승으로 말, 사자, 토끼, 옥토끼, 코끼리, 호랑이 등과 사람 등이 연등으로 제작되는데, 이들 가운데 우리나라의 연등으로 옥토끼와 호랑이를 형상화한 기록만 보인다. 중국에서 말은 신령스러운 동물로 여겨졌는데 특히 흰 말을 더욱 신성하게 여긴 것은 우리와 같았다.[18] 중국에서 토끼는 달에 살고 있다고 여겨 장생불사를 표상하는 것

---

17 허균, 『전통미술의 소재와 상징』, 교보문고, 2001, 109쪽.
18 강주옥, 「말」, 『한국문화상징사전』, 동아출판사, 1992, 261쪽.

연등문화의 특징과 미래

	연등의 명칭	연등의 형태	출전
1	거북등[구등龜燈]	거북 모양의 등불	『동국세시기』
2	게등[해등蟹燈]	게의 모습을 형상화한 등불 (그림 속에 등장)	〈헌종행락도〉
3	광어등	물고기 광어 모양을 형상화한 등불	〈등노래굿〉
4	남생이등	거북이와 비슷하게 생긴 남생이를 형상화한 등불	〈관등가〉
5	대구등	물고기 대구 모양을 형상화한 등불	〈등노래굿〉
6	대용등大龍燈	커다란 용 형상의 등불	중국 자공등회
7	두꺼비등[섬등蟾燈]	두꺼비의 모습을 형상화한 등불 (그림 속에 등장)	〈헌종행락도〉
8	말등[마등馬燈]	말 모양을 형상화한 등불	〈신년원소경도〉
9	물고기등[어등魚燈]	물고기의 모양을 형상화한 등불	〈신년원소경도〉 김종직의 한시
10	봉황등[봉등鳳燈]	봉황 모양의 등불	『태종실록』 23권 『동국세시기』
11	봉학등鳳鶴燈	봉황과 학을 형상화한 등불	〈관등가〉
12	붕어등[은즉등銀鯽燈]	붕어 모양을 한 등불	『연산군일기』 62권
13	사람등[인등人燈]	사람의 모습을 형상화한 등불	〈신년원소경도〉
14	사자등[사등獅燈]	사자를 형상화한 등불	중국 자공등회
15	새등[조등鳥燈]	새 모양의 등불	『열양세시기』
16	안아등雁鵝燈	기러기와 물고기를 형상화한 등불	중국 사천(四川) 서부 풍속
17	알등[난등卵燈]	알 모양의 등불	『동국세시기』
18	어룡등魚龍燈	물고기와 용을 형상화한 등불	〈관등가〉
19	옥토등玉兎燈	옥토끼가 산다는 달을 형상화한 옥토끼 등불	『연산군일기』 62권

20	용등龍燈	용 모양의 등불	『태종실록』 23권 『동국세시기』 『항속유풍杭俗遺風』 중국 자공등회
21	잉어등[이등鯉燈]	잉어 모양의 등불	『경도잡지』 『동국세시기』 〈등노래굿〉
22	자라등[별등鼈燈]	자라 모양의 등불	『경도잡지』 『동국세시기』
23	자봉등紫鳳燈	봉황 모양의 자봉紫鳳 등불	『연산군일기』 62권
24	짐승등[수등獸燈]	짐승 모양의 등불	『열양세시기』
25	청란등靑鸞燈	공작을 닮은 청란靑鸞 모양의 등불	『연산군일기』 62권
26	초용등草龍燈	밀짚을 묶어 만든 용 형상의 등불	중국 자공등회의 등불
27	코끼리등[상등象燈]	코끼리의 모습을 형상화한 등불	〈신년원소경도〉
28	토끼등[卯燈]	토기의 모습을 형상화한 등불	〈헌종행락도〉
29	판등용등板凳龍燈	목판 걸상을 이용해 만든 일종의 '걸상용'의 등불	중국 자공등회의 등불
30	포의용등布衣龍燈	헝겊을 붙여 만든 용 형상의 등불	중국 자공등회의 등불
31	학등鶴燈	학 모양의 등불	헌종행락도 『경도잡지』 『동국세시기』
32	호랑이등[호표등虎豹燈]	호랑이 모양의 등불	『태종실록』 23권 〈등노래굿〉
33	황룡등黃龍燈	황룡黃龍을 형상화한 등불	『연산군일기』 62권

동물 연등

이었다고 하는데,[19] 우리나라의 등불에서 옥토등이란 기록이 보인다. 호랑이는 우리 민족에게 사람을 잡아먹는 무서운 존재이기도 하면서

---

19 정재서, 「토끼」, 위의 책, 603쪽.

사악한 잡귀를 물리치는 신령한 동물로도 인식되었다. 포악성과 용맹성은 점차 잡귀를 대상으로 한 벽사의 주재자로 인식되어[20] 연등의 모습으로까지 나타났다고 하겠다.

물고기 연등의 종류로 거북, 게, 광어, 남생이, 대구, 붕어, 잉어, 자라, 두꺼비 등 참으로 다양하다. 이들 역시 민중의 소원을 들어주는 길한 동물로 인식되었던 것이다. 거북은 학과 함께 십장생도+長生圖에 등장하여 불로장생을 기원하는 동물로 알려져 있다. 잉어는 과거에 급제하거나 입신양명하기를 소망하면서 많이 그려지던 물고기인데 연등으로도 제작되었음을 알 수 있다.

다음으로 상상의 동물들이 많이 나타난다. 봉학, 봉황, 대룡, 어룡, 용, 자봉紫鳳, 청란靑鸞, 초룡草龍, 판등용板凳龍, 포의용布衣龍 등으로 표현되고 있는 연등들을 간략히 추리면 용, 봉황, 청란靑鸞의 변형들이라 하겠다. 용은 최고의 신성과 권위를 드러내면서 사람들에게 많은 복을 내려 주는 존재로 인식되었고, 중국이나 우리나라에서 다양한 형태의 연등으로 사랑을 받았다. 봉황은 군왕의 덕성 그리고 세상의 평화를 상징하면서 연등으로 제작되었다. 공작을 닮았다는 청란도 봉황과 비슷한 의미를 가지며 연등의 형상화 대상이었다.

민중의 생활 속에서 흔히 접하는 사물들을 등불 형태로 제작한 경우도 보인다. 둥근 모양의 공·구슬·방울 형태가 나타나고, 전통가옥의 형태에서 따온 난간·누각·벽장 형태가 나타난다. 가마나 일산, 북, 병, 항아리, 소구(소쿠리), 종, 화분 등 일상 사물이 연등의 대상이 되

---

20 허균, 위의 책, 42~43쪽.

512

었음을 보여 준다. 사람들이 타는 배 모양으로 제작하기도 하였다. 이
들 가운데 북등은 사월초파일 행사 때 만들어져 불교적 의미를 담아내

	연등의 명칭	연등의 형태	출전
1	가마등[교자등轎子燈]	가마 모양의 등불	『동국세시기』
2	공등[구등毬燈]	공 모양의 등불	『동국세시기』
3	구슬등	구슬 모양의 등불	〈관등가〉
4	난간등欄干燈	난간 모양의 등불	〈관등가〉 『동국세시기』
5	누각등樓閣燈	누각 모양의 등불	『열양세시기』 『동국세시기』
6	방울등[영등鈴燈]	방울 모양의 등불	『동국세시기』
7	배등[선등船燈]	배 모양의 등불	『경도잡지』 『동국세시기』
8	벽장등壁欌燈	벽장 모양의 등불	〈관등가〉
9	병등瓶燈	병 모양의 등불	『경도잡지』 『동국세시기』
10	북등[고등鼓燈]	북 모양의 등불	『경도잡지』 『동국세시기』 〈관등가〉
11	소구등(소쿠리등)	소쿠리 모양의 등불	〈등노래굿〉
12	일산대등日傘大燈	일산日傘 모양의 등불	〈등노래굿〉
13	종등鐘燈	종 모양의 등불	『동국세시기』
14	종경등鐘磬燈	커다란 종과 작은 종의 모양을 딴 등불	〈관등가〉
15	항아리등[항등缸燈]	항아리 모양의 등불	『경도잡지』 『동국세시기』
16	화분등花盆燈	화분 모양의 등불	『동국세시기』

사물 연등

연등문화의 특징과 미래

	연등의 명칭	연등의 형태	출전
1	고소대등姑蘇臺燈	중국 강소성江蘇省의 고소대姑蘇臺를 형상화한 등불	『연산군일기』 62권
2	글자등	글자 모양을 새긴 등불	『동국세시기』
3	금오등金烏燈	태양 속에 세 개의 발을 가진 까마귀 전설에서 비롯된 '해'를 말하는 금오金烏의 등불	『연산군일기』 62권
4	봉래산등蓬萊山燈	봉래산蓬萊山 모양의 등불	『연산군일기』 62권
5	사자 탄 취발이 등	사자를 탄 취발이를 형상화한 등불	〈관등가〉
6	수자등壽字燈	목숨 수壽 글자를 넣은 등불	『경도잡지』
7	포등泡燈	환하게 빛나는 등불	『몽양록』

자연과 풍속 연등

기도 하였고, 조선 후기에는 『삼국지』가 유행하면서 북등에는 『삼국지』의 흥미로운 이야기를 그림으로 그려 넣기도 하였다. 소구등이나 일산대등은 무속 제의를 행하면서 만들어진 것이기도 하다.

중국 고소대, 봉래산(금강산), 금오(태양)와 같이 자연을 등불로 만든 경우도 보이고, 목숨 수壽와 같은 글자를 넣은 등불, 봉산탈춤과 같은 데 등장하는 사자를 탄 취발이를 그린 등불도 나타난다. 민중의 소망을 담아내던 글자 문양의 등불, 당시 유행하던 민중놀이를 반영한 등불 등 참으로 다양하다.

문학 창작의 모티프로서의 연등

인도의 등불 공양 풍습이나 중국에서 원소절에 펼쳐지는 등불 축제, 우리나라의 연등회 또는 관등놀이 등은 수많은 문학작품의 모티프가 되었다. 연등은 어둠을 밝히면서 불도의 깨달음과 중생구제의 신심을 불러일으키기도 하고, 연인들의 낭만적 사랑을 다루는 이야기의 배경으로, 또는 벗과 우정을 나누는 이야기의 창작 모티프로 기능하기도 했다.

불교적 깨달음과 관련하여 균여均如가 지은 향가 〈광수공양가廣修供養歌〉는 부처님 앞에 등불을 돋우고 기도하는 모습을 형상화한다. 등불의 심지는 수미산과 같고, 등의 기름은 큰 바다를 이루기를 바란다. 그리고 화자는 법계가 다하도록 등불을 향해 두 손 모아 합장하며 부처님께 등불 공양하기를 기도한다. 조선 후기에 나온 〈연등게燃燈偈〉는 등불을 밝혀 등불이 온 법계를 비추어 모든 중생이 성불하기를 기원한다. 이처럼 등불은 중생을 구제하는 상징으로 수많은 문학작품의 모티프로 자리를 잡았다.

한편 등불은 사랑과 이별을 노래하는 작품의 배경이 되기도 했다. 대표적으로 송나라 신기질辛棄疾이 지은 송사宋詞 〈청옥안青玉案 원석元夕〉이라는 작품은 정월대보름 원소절 축제가 벌어지는 곳에서 자신이 사랑하는 연인을 보게 되는 순간을 그려 냈다. 등불은 수천의 나무에 피어난 꽃들로, 비처럼 쏟아지는 별들로 묘사된다. 퉁소 소리가 들려오고 아름다운 장식을 한 아가씨들이 지나가는 가운데서 화자는 사랑하는 여인을 찾아다닌다. 그러다가 문득 고개를 돌려 등불이 잦아드는 그곳에서 사랑하는 여인을 발견한다. 송나라에서 행해졌던 원소절은 황실에서부터 일반 백성에 이르기까지 화려한 등불을 밝히고 노래하고 춤추며 사랑을 나누는 축제로 그려진다.

우리나라 한시로 쓰인 작품들은 연등 풍속을 담아내는 작품을 많이 남겼다. 고려시대 작품으로 임종비林宗庇의 〈등석치어燈夕致語〉, 이규보의 〈문기장자시文機障子詩〉와 〈등롱시燈籠詩〉 4수, 이곡의 〈정월 보름날 밤에 석진교 위에서〉, 원천석의 〈사월초파일 영천사의 등불〉 등은 연등 풍속을 잘 담아냈다. 15세기에는 7명의 한시 작품, 16세기에는 11명이 한시와 기행문을 남겼다. 이들 한시는 주로 관등놀이 풍습을 담아냈다. 예컨대 이중의 한시는 장대를 높이 세우고 깃발을 높이 받들고서 그네뛰기, 줄다리기, 닭싸움 등 연등절의 다양한 행사를 잘 그려 냈다. 그리고 조선 후기 한시들은 사월초파일 관등놀이에 대한 풍속들을 담아내면서 당대의 아픔을 노래하고, 모두가 평안한 세상이 되기를 꿈꾸는 지식인들의 소망을 오롯이 담고 있다. 제주도의 연등 풍속을 그려 낸 최부崔溥의 〈탐라시 삼십오절〉도 전한다. 제주도 영등굿을 행하면서 연등회가 함께 펼쳐지는 내용을 담아내면서 고대에서부터 내려온 무속적 전통과 불교적 전통이 뒤섞인 풍농과 풍어의 기원제를 그려 냈다.

연희의 배경

연등은 전통연희를 거행하는 공간을 밝히면서 오랜 기간 민중의 사랑을 받았다. 줄타기며 땅재주 등 온갖 산악과 백희가 행해지던 연등축제의 밤을 밝히면서 면면히 이어져 왔다.

인도에서는 4세기쯤부터 온갖 연희를 즐기면서 연등축제를 열고 있었다. 법현이 인도를 기행한 내용을 보면 마갈제국에서는 음력 2월

8일에 불상을 실은 수레를 만들었다. 대나무를 엮어 5층으로 만들고 채색된 깃발과 덮개를 매달고, 사방의 벽에는 부처님과 보살들을 안치한 수레를 20여 개나 만들어 가두행렬을 하였다. 이때 불상을 실은 수레를 초청해 성안에 들어가 이틀 밤 동안 등불을 밝히고 기악 연희를 공연했다.

중국 수나라에서도 등불을 밝힌 정월 보름에 칼 삼키기, 불 토하기, 말 묘기, 솟대 오르기, 줄타기 등 다양한 묘기들이 행해졌다. 중국 불교의 황금기에 해당하는 당나라 때에는 60m가량의 나무에 5만 개의 등륜을 만들고, 그 아래에서 1천 명이나 되는 궁녀들이 비단옷을 입고 춤을 추고, 1천여 명이나 되는 장안의 여인들이 발로 땅을 구르며 장단에 맞춰 노래하였다. 연등회는 임금과 신하, 뭇 백성들이 모두 정월대보름 밤에 소원을 빌며 춤과 노래, 곡예를 즐기는 축제로 자리를 잡았다. 송나라 때에는 궁궐 안에 비단을 사용하여 산붕山棚을 엮었다. 거기에 신선들의 이야기를 그림으로 그려 놓고, 오색五色 비단으로 문수보살과 보현보살이 사자와 흰 코끼리를 탄 모습을 엮어 손가락에서 다섯 줄기의 물이 흘러내리는 장관을 연출하였다. 그리고 풀로 만든 용을 푸른 막으로 덮은 다음에 만 개의 등불을 빽빽하게 배치해 놓아 쌍룡이 꿈틀대며 하늘로 오르는 모습을 연출했다. 사람들은 공연 퍼레이드를 하고 온갖 놀이, 무술, 음악 연주를 하면서 가면극 형태의 공연도 했다. 그들은 밤새도록 공연하고, 집들마다 환한 등불을 밝혀 놓았다. 명나라 때에도 궁궐 내에 저잣거리를 꾸미고, 폭죽을 터뜨리고 온갖 공연을 구경하기도 하면서 연등축제의 연희는 계속 이어졌다.

우리나라에서도 연등회 때 온갖 놀이와 가무, 교방 악대 공연이 이어졌다. 백희잡기와 교방 악대 공연이 있고, 군신동락君臣同樂의 연희 의례가 이어졌다. 이때 등불이 내걸려 아름다운 연희 공간의 배경이 되었다. 채붕을 만들고 음악 연주, 백희가 행해졌는데 탈놀이나 인형 극, 줄타기 등 다양한 공연 현장에는 등불이 함께하고 있었다.

고려시대 팔관회도 등불 축제의 모습을 보여 주었는데, 뜰에 윤등 을 설치하고 향등을 곁에 놓고서 밤새도록 불을 밝혔다고 했다. 뜰의 두 곳에 50척이 넘는 채붕을 설치하고 그 앞에서 가무백희가 펼쳐졌 다. 이때 노래와 춤, 놀이가 어떤 것이었는지 정확히 알 수는 없지만, 이색의 〈구나행驅儺行〉을 보면 불 토하기[吐火], 칼 삼키기[呑刀], 서역 오 랑캐들의 놀이[西域胡人戲], 화교華僑의 답교놀이, 처용무處容舞, 짐승의 탈 을 쓰고 추는 춤[百獸舞] 등이 이야기되어 탈춤이나 남사당패놀이의 모 습과 비슷한 놀이들이 일찌감치 연희로 행해졌음을 알 수 있다.

연등문화의 미래

대중이 사랑하는 문화는 성장하지만 대중과 멀어진 문화는 사라지기도 한다. 그리고 시대 변화에 발맞춘 문화는 살아남지만 옛것만 고집하다가는 뒤처졌다고 평가받으며 사라지기도 한다.

연등문화는 인도에서 중국을 거쳐 우리나라까지 이어지면서 찬란하게 등불을 밝힌 적도 있었고 꺼진 듯이 보이던 때도 있었다. 그 화려함이 지나쳐 중국의 황실을 무너뜨리는 데 일조하기도 했고, 불교를 숭상하던 고려에서는 찬란히 빛났지만 억불숭유의 조선에서는 민간에서 근근이 생명만 부지했으며, 근대 들어 일제강점기에는 일본풍의 연등이 제작되었고 일본식으로 꽃을 바치는 행사로 변질되기도 했다. 그러다 지금 우리나라의 연등회는 유네스코 인류무형문화유산으로 지정되어 부처님오신날을 기념하는 행사를 넘어 누구나 참여 가능한 축제로 봄철을 수놓고 있다.

이렇게 이어져 온 연등문화가 계속 발전해 나가려면 전통을 바르게 계승하면서도 시대에 부응하는 변화와 혁신을 꾀해야 한다. 그렇다면 연등문화의 전통이란 무엇일까. 앞서 살폈듯 연등은 기술성, 예술성, 종교성, 권력성, 산업성 등 다양한 측면이 연관을 맺으면서 하나의 문화로 계승되었다. 부처님오신날의 불교 축제로만 전해져 온 것은 아니었으며 연꽃 모양의 등불만 존재했던 것이 아니라, 민중의 소망을 담아내는 온갖 형태의 등불을 제작하여 축제의 장을 여는 데 중심 역할을 했다. 전통 한지를 이용하여 민중의 다양한 소망을 담아낸 형태에 형형색색 곱게 색을 입힌 연등은 아름다웠다. 그리고 이런 연등축제를 통해 수많은 종교인은 고통 속을 헤매는 대중들이 평화와 사랑을 실천하기를 천명하였고, 권력자들은 옥신각신 다툼이 끊이지 않는 민족이나 국가 구성원들을 통합하려 했다. 우리가 연등문화에서 계승해야 할 전통이란 이와 같은 순기능적 요소이다.

서구 근대의 인간중심주의, 기계화·산업화로 인해 지구는 생태학적 위기에 식면해 있다. 그리고 열강들이 패권을 유지하기 위해 위기를 조장하고, 전쟁이 끊이지 않고 있다. 한반도는 세계 유일의 분단국가로 핵전쟁이라도 일어날까 노심초사하고 있는 상황이다. 그런 가운데서도 통합과 평화를 지향해야 할 권력자나 정치인들이 오히려 사회 분열을 조장한다. 이런 현실을 타개하는 데 통합과 평화, 사랑을 지향했던 연등문화는 커다란 가치와 의미를 갖는다. 우리들 자신 속에 있는 등불의 마음, 곧 자신을 태워 세상을 밝히는 정신은 연등문화가 계승해야 할 가장 중요한 전통이다. 그런 연등문화의 정신을 세상 사람들에게 전하고 아이들에게 전함으로써 인류의 미래는 한층 밝아질 것이다.

한국의 문화 가운데 연등문화만큼 평화와 사랑의 정신을 잘 담아

낼 수 있는 것은 많지 않아 보인다. 인류의 기나긴 역사와 함께하면서 사람들을 어우러지게 하고, 상징성과 예술성, 오락성 등을 모두 지닌 문화로 연등문화만 한 것은 흔치 않기 때문이다. 연등문화는 인류 무형유산으로 지정될 만한 충분한 가치와 의미를 지녔다.

그런데 우리의 연등문화를 어떻게 계승해야 할 것인가를 생각해 보아야 한다. 부처님오신날이면 사찰과 공원, 지하철 주변에 연등을 내걸고 거리 행진을 하는 것만으로 연등문화의 계승이 이루어질 수 있을까. 연등문화는 온전하게 복원된 것이 아니며 시대에 부응하는 새로운 기획과 실천은 저절로 주어지는 것이 아니라는 점을 생각해야 한다.

20여 년 동안 전통등을 복원하기 위한 노력이 있었다. 명맥이 끊어질지도 모른다는 노파심으로 누군가는 밤잠을 설쳐 가며 환히 등불을 밝혔다. 그리고 학술대회가 여러 번 개최되며, 연등문화가 어떻게 이어져 왔는지를 밝히려 부단히 노력했다. 그렇지만 아직도 전통등의 복원과 연구는 부족하다. 많은 사찰과 지방자치단체에서는 값싼 중국산 연등을 사다가 화려하게 장식하는 데에만 신경을 쓴다. 종교 축제, 지역 축제에 밤을 밝히는 화려한 조명기구 이상의 가치와 의미를 부여하기 위한 정성과 노력이 없어 보일 때가 많다.

우리가 전통으로 계승할 연등문화는 인류의 유산으로 자리매김될 수 있도록 새로운 기획과 실천이 필요하다. 연등문화를 교육하고, 다양한 문화 콘텐츠들로 변화시켜야 한다. 그것은 저절로 되는 것이 아니라 수많은 이들이 지혜를 모으고, 지속적인 국가적 지원이 뒤따를 때 가능할 것이다. 그리하여 마침내 세계가 평화롭고 모든 사람들이 행복한 세상이 되는 것, 그것이 연등문화가 지향하는 미래이다.

| 참고문헌 |

『稼軒長短句』
『經律異相』
『古今事文類聚』
『高麗史』
『高麗史節要』
『高宗實錄』
『廣才物譜』
『舊唐書』
『根本說一切有部毘奈耶雜事』
『己丑進饌儀軌』
『唐會要』
『大華嚴首坐圓通兩重大師均如傳』
『東國歲時記』
『東文選』
『禮記 月令』
『明會典』
『牧隱先生文集』
『無量壽經』
『法華經』
『本生經』
『鳳巖寺智證大師寂照塔碑』
『北斗七星護摩法』
『佛本行集經』
『佛說普曜經』
『佛說施燈功德經』
『佛爲首迦長者說業報差別經』
『三國志』
『釋迦如來十地修行記』
『成宗實錄』
『世宗實錄』
『首楞嚴經』
『隋書』
『承政院日記』
『詩經』
『新增東國輿地勝覽』
『易經』
『燕山君日記』
『英祖實錄』
『仁祖實錄』
『莊子』
『正祖實錄』

『定宗實錄』
『進饌儀軌』
『淸平山堂話本』
『靑鶴集』
『陀羅尼雜集』
『太祖實錄』
『平壤志』
『漢文』
『韓非子』
『漢書』
『海內北經』
『賢愚經』
『顯宗改修實錄』
『華嚴經』
『孝經授神契』
姜希孟, 『私淑齋集』
鳩摩羅什, 『維摩詰所說經』
權近, 『陽村集』
權文海, 『大東韻府群玉』
權用正, 『漢陽歲時記』
權韠, 『石洲集』
克庵師誠, 『克庵集』
金邁淳, 『洌陽歲時記』
金富軾, 『三國史記』
金宗直, 『佔畢齋集』
金天澤, 『靑丘永言』
道宣, 『廣弘明集』
道世, 『法苑珠林』
敦崇, 『燕京歲時記』
劉侗·于奕正, 『帝城景物略』
李圭景, 『五洲衍文長箋散稿』
李奎報, 『東國李相國集』
李南珪, 『修堂集』
李萬敷, 『息山先生文集』
李民宬, 『敬亭集』
李承召, 『三灘先生集』
李時發, 『碧梧先生遺稿』
李植, 『澤堂先生集』
李安訥, 『東岳先生集』
李押, 『燕行記事』
李宜顯, 『庚子燕行雜識』

李珥, 『栗谷先生全書拾遺』
李荇, 『容齋先生集』
李賢輔, 『聾巖先生文集』
閔齊仁, 『立巖集』
潘榮陛, 『帝京歲時紀勝』
法顯, 『高僧法顯傳』
佛陀耶舍, 『四分律』
四溟堂, 『四溟堂大師集』
徐居正, 『治平要覽』
徐兢, 『宣和奉使高麗圖經』
成俔, 『慵齋叢話』
孫詒讓, 『周禮正義』
楊衒之, 『洛陽伽藍記』
吳自牧, 『夢粱錄』
王仁裕, 『開元天寶遺事』
圓仁, 『入唐求法巡禮行記』
元天錫, 『耘谷行錄』
柳得恭, 『京都雜志』
柳晩恭, 『歲時風謠』
義淨, 『浴佛功德經』
義淨, 『根本說一切有部毘奈耶藥事』
李增, 『南槎日錄』
一然, 『三國遺事』
任天常, 『窮悟集』
張爵, 『朝野僉載』
鄭士龍, 『湖陰雜稿』
鄭惟吉, 『林塘遺稿』
趙秀三, 『歲時記』
趙秀三, 『歲時記』
趙雲從, 『歲時記俗』
宗懍, 『荊草歲時記』
周世鵬, 『武陵雜稿』
池圭植, 『荷齋日記』
智遠, 『天地冥陽水陸齋儀梵音刪補集』
馮贄, 『雲仙雜記』
許筠, 『國朝詩刪』
玄奘, 『大唐西域記』
洪大容, 『湛軒書內集』
洪錫謨, 『都下歲時紀俗詩』
洪錫謨, 『東國歲時記』
休靜, 『淸虛集補遺』

『두산세계백과사전』. (주)두산. 1996.

『漢韓大辭典』. 단국대학교 동양학연구원. 2008.

국립국어원. 『표준국어대사전』(https://stdict.korean.go.kr/main/ma in.do)

吉祥. 『佛敎大辭典』. 弘法院. 2001.

세종대왕기념사업회. 『한국고전용어사전』. 2001.

한국문화상징사전편찬위원회. 『한국문화상징사전』. 동아출판사. 1992.

한국학중앙연구회 간행. 『한국민족문화대백과사전』. 1991.

『東亞日報』

『每日申報』

『釜山日報』

『朝鮮佛敎』

『朝鮮新聞』

『朝鮮日報』

『中廣新聞網』

『中外日報』

『中華人民共和國 憲法』第43條.

『韓國의 歲時風俗 I- 서울 · 경기 · 강원 · 충청도 편』. 국립민속박물관. 1997.

『皇城新聞』

Edward Burnett Tylor. 『Primitive Culture』(1871). (Cambridge University Press. 2010).

Jean Boisselier. 『La sagesse du Bouddha』(이종인 역. 『붓다, 꺼지지 않는 등불』. 시공사. 1996.)

Maria Angelillo. 『INDIA, HISTORY AND TREASURES OF AN ANCIENT CIVILIZATION』(이영민 역. 『인도』. 생각의 나무. 2007.)

김선풍. 『강릉 단오굿』. 열화당. 1987.

김완진. 『향가해독법연구』. 서울대학교출판부. 1980.

김정남. 『36시간의 한국사 기행 1』. 노느매기. 2015.

김태곤. 『한국무신도』. 열화당. 1989.

김태곤. 『한국민간신앙연구』. 집문당. 1987.

김택규. 『한국농경세시의 연구』. 영남대출판부. 1985.

김헌선. 『동해안 화랭이 김석출 오구굿 무가 사설집』. 월인. 2006.

김헌선. 『한국의 창세신화』. 길벗. 1994.

대한불교조계종 교육원 불학연구소 편찬. 『세계불교사』. 불광출판사. 2012.

대한불교조계종총무원문화부 · 한국민속학회. 『연등회의 문화재적 가치와 한 · 중 · 일 연등축제의 비교』. 2009.

滿空門徒會. 『滿空法語』. 수덕사 능인선원. 1982.

미하일 일리인 저. 박수현 편. 『책상 위의 태양-일리인이 들려주는 등불의 역사』. 아이세움. 2003.

박용운. 『고려시대사(下)』. 일지사. 1999.

부처님오신날 봉축위원회. 대한불교조계종 행사기획단. 『초파일 행사 100년』. 한국불교연구원. 2008.

사회과학원 역사연구소. 『조선문화사』. 오월. 1988.

山折哲雄. 『佛敎民俗學』. 講談社. 1994.

서윤길. 『한국밀교사상사연구』. 불광출판부. 1995.

선뻐진 · 탄리양샤오 저. 정원기 역. 『삼국지 사전』. 현암사. 2010.

蘇慧霜. 『華人社會與文化: 社會風俗篇』. 新學林出版股份有限公司. 2008.

손진태. 『조선신가유편』. 향토문화사. 1930.

안이루 저. 심규호 역. 『인생이 첫 만남과 같다면』. 에버리치홀딩스. 2009.

안지원. 『고려의 국가 불교의례와 문화』. 서울대학교출판부. 2005.

앤 팔루연 지음. 윤미경 옮김. 『중국 황제』. 갑인공방. 2004.

양주동. 『증정고가연구』. 일조각. 1965.

袁珂 저. 정석원 역. 『中國의 古代神話』. 문예출판사. 1992.

위앤커 저. 전인초 · 김선자 역. 『중국신화전설 I』. 민음사. 2007.

위치우위 저. 유소영 · 심규호 역. 『중국문화답사기』. 미래M&B. 2000.

이기백. 『한국사신론(신수판)』. 일조각. 1995.

이능화. 『朝鮮巫俗考』. 1927.(이재곤 역. 『조선무속고』. 동문선. 1991.)

이병주 외. 『한국한문학사』. 반도출판사. 1991.

이이화. 『역사속의 한국불교』. 역사비평사. 2002.

이창희 역. 『조선대세시기 II』. 국립민속박물관. 2005.

이혜화. 『龍 사상과 한국 고전문학』. 깊은샘. 1993.

임석제 · 장주근. 『관북지방무가(추가편)』. 문교부. 1966.

전경욱. 『한국전통연희사전』. 민속원. 2014.

정병삼. 『그림으로 보는 불교 이야기』. 풀빛. 2000.

천규석. 『잃어버린 민중의 축제를 찾아서』. 실천문학사. 2014.

최길성. 『한국무속지(1)』. 아세아문화사. 1992.

최승온. 『우리의 불그릇 등잔』. 재단법인한국등잔박물관. 2014.

코디 최. 『동시대 문화 지형도』. 컬처그라피. 2010.

타가와 준조 저. 박도화 역. 『돈황석굴』. 개마고원. 1999.

편무영. 『초파일민속론』. 민속원. 2002.

한국박물관연구회. 『한국의 박물관 4』. 문예마당. 2001.

한국불교연구원. 『초파일 행사 100년-연등축제를 중심으로』. 대한불교조계종 행사기획단. 2008.

한국전통등연구원. 『한 · 중 · 일 전통등 문화의 어제와 오늘』. 2006.

한중일 3국 공동 역사편찬위원회. 『한중일이 함께 쓴 동아시아 근현대사 1』. 휴머니스트. 2012.

한흥섭. 『고려시대음악사상』. 소명출판. 2009.

허균. 『전통미술의 소재와 상징』. 교보문고. 2001.

Uno Harvan Holmberg. 『Finno-Ugric Siberian Mythology』. 『The Mythology of the All Races』. New York. 1964.

고상현, 「제주 연등회의 역사와 지속성을 위한 제언」, 『한국불교학』 89, 한국불교학회, 2019.

구미래, 「천도재에서 관욕의 상징성과 수용 양상」, 『淨土學研究』 제22집, 정토학회, 2014.

구완회, 「금계 황준량의 관력과 목민 활동」, 『영남학』 63호, 경북대학교 영남문화연구원, 2017.

金敏鎬 譯, 「《몽량록(夢粱錄)》 역주(譯注)」, 『中國語文論譯叢刊』 제28輯, 2011.

김나래, 「그림으로 읽는 불교 상징-조왕竈王」, 『불광미디어』, 2018.

김명순, 「權用正의 歲時雜詠에 나타난 形象化 樣相과 作家意識」, 『東方漢文學』 9, 동방한문학회, 1993.

김명희, 「김부식의 인물됨과 詩話의 전승」, 『고려시대인물전승』, 이회, 1999.

김상현, 「1910년대 한국불교계의 유신론」, 『불교평론』 4호, 불교평론사, 2000.

김상현, 「황룡사 구층탑의 건립」, 『신라의 사상과 문화』, 1999.

김선자, 「신장 알타이의 신화」, 『알타이 스케치』, 동북아역사재단, 2015.

김성주, 「균여 향가의 해독과 한역시 그리고 보현행원품」, 『제42회 구결학회 전국학술대회 발표논문집』, 구결학회, 2010.

김순희, 「명대 궁정 연향(宴饗) 중 백희(百戱)에 관한 연구 -〈헌종행락도(憲宗行樂圖)〉(1485)를 중심으로」, 『중국문학연구』 44집, 한국중문학회, 2011년 8월.

김영만, 「향가의 善陵과 頓部叱에 대하여」, 『동양학』 21집, 단국대 동양학연구소, 1991.

김용덕, 「불교 전통 연등의 전승실태」, 『연등회의 종합적 고찰』, 민속자료원, 2013.

김유범, 「균여의 향가 〈광수공양가〉 해독」, 『구결연구』 25집, 구결학회, 2010.

김인호, 「고려시대 잔치, 축제와 공감대」, 『연등회의 종합적 고찰』, 민속원, 2013.

김인호, 「고려시대 잔치, 축제와 공감대」, 『연등회의 종합적 고찰』, 민속원, 2013.

김종진, 「균여가 가리키는 달 : 普賢十願歌의 비평적 해석」, 『淨土學研究』 19집, 정토학회, 2013.

김지오, 「균여전 향가의 해독과 문법」, 동국대 박사학위논문, 2012.

김호섭, 「중세등불놀이에 관한 연구」, 『력사과학』 112호, 과학백과사전종합판사, 1984.

逯欽立 立, 『先秦漢魏晋南北朝詩』, 中華書局, 1983.

류승주, 「일제의 불교정책과 친일불교의 양상」, 『佛敎學報』 제48집, 동국대학교 불교문화연구원, 2008.

麻賽萍, 「汉代灯具燃料与形制关系考」, 『考与文物』 2019-01, 陕西省考古研究所, 2019.

박은정, 「조선 후기 세시풍속, 그리고 일상-세시기 · 세시기속시를 중심으로-」, 『동아시아문화연구』 제58집, 한양대학교 동아시아문화연구소, 2014.

박진태, 「한국 연등회의 지속과 변화 양상-의미와 형태를 중심으로」, 『연등회의 종합적 고찰』, 민속원, 2013.

박진태, 「한국 연등회의 지속과 변화 양상-의미와 형태를

중심으로-」, 『연등회의 종합적 고찰』, 민속원, 2013.

방기중, 「1920 · 30年代 朝鮮物産獎勵會 研究- 再建過程과 主導層 分析을 중심으로-」, 『國史館論叢』 第67輯, 국사편찬위원회, 1996.

상기숙, 「中國 淸代의 歲時風俗 考察」, 『중국소설논총』 17호, 한국중국소설학회, 2003.

서대석, 「단군신화」, 『한국민속문학사전』 1, 국립민속박물관, 2012.

蕭放, 「當代中國의燈會慶典」, 「연등회의 문화재적 가치와 한 · 중 · 일 연등축제의 비교」, 대한불교조계종 총무원 문화부 · 한국민속학회, 2009.

송혜진, 「고구려 고분벽화에 표현된 북(鼓): 행렬악의 연주형태에 기하여」, 『동양음악』 28, 서울대학교 음악대학 동양음악연구소, 2006.

신장섭, 「歲時紀俗詩를 통한 조선 후기 歲時風俗의 의미와 양상」, 『比較文學』 46, 한국비교문학회, 2008.

深澤芳樹 외, 「7, 8世紀の灯明油に関する覚え書き」, 『奈良文化財研究所紀要 2013』, 奈良文化財研究所, 2013.

안계현, 「연등회고(燃燈會攷)」, 『한국불교사상사연구』, 동국대출판부, 1983.

안지원, 「고려시대 연등회의 기원과 성립」, 『진단학보』 88, 진단학회, 1999.

엄기영, 「志鬼 설화의 형성 배경과 역사적 의미」, 『민족문화연구』 제47호, 고려대학교 민족문화연구원, 2007.

오대혁, 「황룡사」, 『한국민속문학사전』, 국립민속박물관, 2012.

우가키 가즈시게(宇垣一成), 「精神界のために貢獻せよ」, 『朝鮮佛敎』 99호, 소화 9년(1933)(김순석, 『일제시대 조선총독부의 불교정책과 불교계의 대응』, 경인문화사, 2003.)

윤기엽, 「고려 경령전(景靈殿)의 건립과 동향」, 『한국사상과 문화』 69집, 한국사상문화학회, 2013.

윤치부, 「최부 〈탐라시〉의 이본 고찰」, 『새국어교육』 86권, 한국국어교육학회, 2010.

이두현, 「백희(百戱)」, 『한국문화대백과사전』, 한국학중앙연구원, 2012.

이상일, 「삼국시대 등잔의 연료와 심지」, 『次世代 人文社會研究』 16, 동서대학교 일본연구센터, 2020.

李時燦, 「≪淸平山堂話本≫을 둘러싼 몇 가지 문제에 관한 고찰」, 『중국문학연구』 제36집, 한국중문학회, 2008.

이신복, 「이곡」, 『한국민족문화대백과사전』, 한국학중앙연구원, 1991.

이우성, 「고려중기의 민족서사시-동명왕편과 제왕운기의 연구-」, 『한국의 역사인식 上』, 창작과비평사, 1994.

이종찬, 「극암집 해제」, 『한국불교전서』 11책, 동국대출판부, 1992.

이지영, 「석탈해신화」, 『한국민속문학사전』, 국립민속박물관, 2012.

이진, 「韓中 歲時名節 風俗史 比較와 文化政策 研究」, 한국학중앙연구원 한국학대학원 박사학위 논문, 2017.

이혜구, 「목은(牧隱)선생의 구나행(驅儺行)」, 『한국음악연구』, 국민음악연구회, 1957.

전경욱, 「연등의 기원과 역사적 전개양상」, 『연등제의 역사와 전통』, 대한불교조계종 총무원 문화부 · 행사기획단, 2008.

전경욱, 「연등회의 전통과 현대축제화의 방안」, 『연등회의 종합적 고찰』, 민속원, 2013.

전형택, 「내자시(內資寺)」 「내섬시(內贍寺)」, 『한국민족문화대백과사전』, 한국학중앙연구원, 1991.

鄭秀日, 「진고개, 서울맛·서울情調」, 『별건곤』 제23호, 1929년 9월 27일.

정원지, 「宋代元宵公演活動- 舞隊를 中心으로-」, 『中國人文科學』 제54輯, 중국인문학회, 2013.

정형호, 「전통 등(燈)의 역사적 변화와 유형분류 및 관련 의식」, 『한국전통등연구원 창립 20주년 기념 학술발표회』, 한국전통등연구원, 2016.

조성산, 「18세기 후반~19세기 전반 "朝鮮學" 형성의 전제와 가능성」, 『동방학지』 148, 연세대학교 국학연구원, 2009.

朱敏, 「憲宗元宵行樂圖卷賞析」, 《收藏家》 2009年 第1期).

진철승, 「불교와 세시 풍속」, 『한 해 사계절에 담긴 우리 풍속」, 국사편찬위원회, 2011.

진철승, 「사월초파일과 등놀이 축제」, 『연등회의 종합적 고찰』, 민속원, 2013.

채상식, 「고려시기 연등회의 운영과 추이」, 『한국민족문화』 54, 부산대학교 한국민족문화연구소, 2015.

최숙경, 「조왕의 성격과 전승양상」, 『지방사와 지방문화』 12, 역사문화학회, 2009.

최윤영, 「高麗 '火山戱'의 公演樣相」, 『한국민속학』 46, 2007.

崔晶姸, 「明朝의 統治體制와 政治」, 『講座 中國史 Ⅳ-帝國秩序의 完成-』, 지식산업사, 2006(6쇄).

최춘옥, 「사월초파일의 관불(觀佛)에 부쳐」, 『문화재칼럼』, 문화재청, 2009.

캉바오청(康保成), 김순희 번역, 「중국 등절(燈節)의 기원과 형성에 관한 새로운 탐색」, 『한·중·일 전통등(燈) 문화의 어제와 오늘』, 한국전통등연구원 10주년 기념 국제학술세미나 자료집, 2006.

편무영, 「일제하 사월초파일」, 『한국불교민속론』, 민속원, 1998, 「초파일 연등의 역사성과 고유사상」, 『연등회의 종합적 고찰』, 민속원, 2013.

夏仁虎, 記南京風俗習慣, 『歲華憶語』 一卷, 載民國三十七年(1948).

한금순, 「제주도 연등절의 시대적 변천」, 『연등회의 종합적 고찰』, 민속원, 2013.

한동민, 「근현대 불교인물 탐구⑤ 안진호」, 『불교평론』 48호, 불교평론사, 2011.

황패강, 「불」, 『한국문화상징사전』, 동아출판사, 1992.

「国家宝藏：西汉彩绘雁鱼铜灯, 史上最早的环保灯具」(http://www.twoeggz.com/news/5546554.html)

「明朝最看重的元宵节 究竟古人是怎么过的？」(https://www.kaiwind.com/n1790/c627096/content.html)

「運動盛況」, 『大韓每日申報』, 1907. 05. 24.(국립중앙도서관 『대한민국 신문 아카이브』 -http://www.nl.go.kr/newspaper/)

「元宵节：灯火阑珊处的"中国情人节"」(https://site.douban.com/119396/widget/notes/1807 9789/note/486918539/)

「元宵節一起欣賞國畫〈明憲宗元宵行樂圖〉」(https://kknews.cc/history/93n8aol.html)

「灯笼的起源」(http://www.tygyyp.com/news-x.php?id=4)

「中國評論新聞網：佛山秋色」(hk.crntt.com/doc/55_1158_100446404_5.html)

「清平山堂話本」(http://big5.quanben5.com/n/qingping-shantanghuaben/2084.html)

「天燈」『维基百科, 自由的百科全书』(https://zh.wikipedia.org/wiki/%E5%A4%A9%E7%87%88)

「Baidu百科」『浦江板凳龙』(https://baike.baidu.com/item/%E6%B5%A6%E6%B1%9F%E6%9D%BF%E5%87%B3%E9%BE%99)

「百度百科」『龙灯』(https://baike.baidu.com/item/%E9%BE%99%E7%81%AF)

林仲良, 「自贡灯会——民族艺术的丰碑」(https://www.docin.com/p-78417854.html)

주설송 편집, 「2천여 년의 역사를 가진 중국인의 '축제'이자 '밸런타인데이'인 위안샤오제(元宵節)」, 『新華網』(http://kr.xinhuanet.com/2017-02/10/c_136046162.htm)

서명 · 작품명

| 사진 출처 |

국립중앙박물관 e뮤지엄_ 96 106(좌, 우) 126(좌) 219(상, 하) 241 278(좌, 우) 283(좌상, 좌하, 우상, 우하) 287(좌) 291(좌상, 좌하, 우상, 우하) 300 312 316(하) 337(좌) 349 367 371(상, 하) 377 379(상, 하) 381 383 396 405 413(상, 하) 420 428 430

규장각 한국학연구원_ 287(우) 337(우)

무주군청_ 421(상, 하)

불교신문_ 455(우상, 우하) 457

블로그 〈바이오노마드 정성욱〉_ 174 175 185(하) 190(상)

블로그 〈유쾌한 사진공작소〉_ 223

서울기록원_ 455(좌하)

연등회보존위원회_ 465(상, 하)

이치하타 야쿠시(Ichibata Yakush, ichibata.jp)_ 439(상)

인삼박물관_ 380

장가계관광네트워크(张家界旅游网, okzjj.com)_ 190(하)

장인여행(巨匠旅遊, artisan.com.tw)_ 192(좌하, 우중, 우하)

체험 재팬(体験じゃぱん, ja.expjapan.net)_ 439(하)

코리아넷/해외문화홍보원(전한)_ 447(상, 하)

한국민족문화대백과사전_ 222

한국전통등연구원_ 311 376(좌, 우) 468

Alibaba Group(detail.1688.com)_ 171

e영상역사관_450 455(좌상) 458(좌, 우)

Unsplash_ 79 107(상, 하)

Wikipedia_ 185(상)

Wikimedia Commons_ 80(하) 88 95 99 126(우) 128 144 150 152~154 156 168(상, 좌하, 우하) 169 170 176 177 181 250 340 446

YAHOO! JAPAN_133

─
책에 실린 사진 중 일부는 저작권자 확인 불가하여 추후 저작권이 확인되는 대로 적법한 절차를 밟겠습니다.

연등
문화의
역사

초판 1쇄 발행 2024년 5월 2일

지은이	오대혁 · 백창호
펴낸이	오세룡
편집	박성화 손미숙 윤예지 여수령 허승 정연주
	김상미(한국전통등연구원)
기획	곽은영 최윤성
디자인	최지혜 고혜정 김효선
홍보·마케팅	정성진

펴낸곳	담앤북스
주소	서울특별시 종로구 새문안로3길 23 경희궁의 아침 4단지 805호
대표전화	02)765-1250(편집부) 02)765-1251(영업부)
전송	02)764-1251
전자우편	dhamenbooks@naver.com

출판등록	제300-2011-115호

ISBN 979-11-6201-460-8 (93380)

정가 36,000원